新时代万有文库

刘跃进 主编

孙尚勇 吴 瑶·校点

战国策

辽海出版社

图书在版编目（CIP）数据

战国策 / 孙尚勇，吴瑶校点. —沈阳：辽海出版
社，2025.1
（新时代万有文库 / 刘跃进主编）
ISBN 978-7-5451-6889-1

Ⅰ. ①战… Ⅱ. ①孙… ②吴… Ⅲ. ①《战国策》
Ⅳ. ①K231.04

中国国家版本馆CIP数据核字（2024）第007206号

出 版 者：辽海出版社
　　　　　（地址：沈阳市和平区十一纬路25号　邮编：110003）
印 刷 者：辽宁新华印务有限公司
发 行 者：辽海出版社
幅面尺寸：160mm×230mm
印　　张：37
字　　数：370千字
出版时间：2025年1月第1版
印刷时间：2025年1月第1次印刷
责任编辑：胡佩杰
装帧设计：新思维设计　刘清霞
责任校对：李子夏

书　　号：ISBN 978-7-5451-6889-1
定　　价：180.00元

《新时代万有文库》

编辑委员会

出版委员会

主　任： 邬书林

副主任： 郭义强　李　岩　焦万伟　张东平

委　员（以姓氏笔画为序）：

王　雪　王利明　邬书林　李　岩

杨　平　张东平　张国际　单英琪

柳青松　徐桂秋　郭义强　郭文波

焦万伟

◎马王堆汉墓出土帛书《战国纵横家书》

東周

高誘注

秦興師臨周〔續周顯王後語〕而求九鼎周君患之以告顏率〔續云率名也當如字或力出切後語注〕顏率曰大王勿憂臣請東借救於齊顏率至齊謂齊王〔續齊宣王續後語〕曰夫秦之為無道也欲興兵臨周而求九鼎周之君臣內自盡〔作畫錢集作 劉增集一〕計與秦不若歸之大國夫存危國美名也得九鼎厚寶也願大王圖之齊王大悅發師五萬人使陳臣思將以救周而秦兵罷齊將求九鼎周君又患之顏率曰大王勿憂臣請東解之顏率至齊謂齊王曰周賴大國之義得君臣父子相保也願獻九鼎不識大

◎黄丕烈旧藏宋绍兴刊姚宏校正高诱注《战国策》

鮑氏國策

序

國策史家流也其文辯博有煥而明有婉而微有約
而深太史公之所考本也自漢稱為戰國策難以短
長之號而有蘇張縱橫之說學者譚之置而不論非也
夫史氏之法具記一時事辭善惡必書初無所決擇
楚曰檮杌書惡也魯曰春秋善惡兼也司馬史記班
固漢書有佞幸等列傳學者豈以是為不正一舉而
弃之哉刿此書若張孟談魯仲連發策之煉億謀毅
觸讋之說之從容養卹之息射保功莫大焉逃人之
投石謀賢莫尚焉王孔之愛嫠慶國莫重焉諸如此

◎宋绍熙二年（1191）会稽郡斋刻鲍彪校注本《国策》

重校戰國策序錄 [印]

曾子固序

劉向所定著戰國策三十三篇崇文總目稱十一篇者
闕臣訪之士大夫家始盡得其書正其誤謬而疑其不
可考者然後戰國策三十三篇復完叙曰向叙此書言
周之先明教化修法度所以大治及其後詐謀用而仁
義之路塞所以大亂其說既美矣率以謂此書戰國之
謀士度時君之所能行不得不然則可謂惑於流俗而
不篤於自信者也夫孔孟之時去周之初已數百歲其
舊法已亡其舊俗已熄久矣二子乃獨明先王之道以

高元戰國策　序前　一

雅雨堂

◎清乾隆二十一年（1756）雅雨堂精寫刻顧廣圻批校本《戰國策》

总　序

刘慧晏

　　新时代、新征程、新伟业，更加迫切地需要"两个结合"提供支撑和滋养。辽宁出版集团贯彻落实习近平文化思想，着眼于服务"第一个结合"，集海内百余位专家之力，分国内传播、世界传播两辑，出版《马克思主义经典文献传播通考》。巨著皇皇，总二百卷，被誉为当代马克思主义基础研究扛鼎之作。着眼于服务"第二个结合"，辽宁出版集团博咨众意，精研覃思，决定出版《新时代万有文库》。

　　自古迄今，中华文化著述汗牛充栋。早在战国时，庄子就发"以有涯随无涯，殆已"的感慨。即使在知识获取手段高度发达的今天，我想，也绝对没有人敢夸海口：可尽一生精力遍读古今文化著述。清末好读书、真读书的曾国藩，在写给儿子的家书里，做过统计分析，有清一代善于读书且公认读书最多的王念孙、王引之父子，每人一生熟稔的书也不过十几种，而他本人于四书五经之外，最好的也不过《史记》、《汉书》、《庄子》、韩愈文四种。因此，给出结论："看书不可不知所择。"

高邮王氏父子也罢，湘乡曾国藩也罢，他们选择熟读的每一本书，当然都是经典。先秦以降，经典之书，积累亦多矣。虽然尽读为难，但每一本经典，一旦选择，都值得花精力去细读细研细悟。

中华文化经典，是中华优秀传统文化的物质载体和精神表达，凝聚着中华先贤的思想智慧，民族文化自信在焉。书海茫茫，典籍浩瀚，何为经典？何为经典之善本？何为经典之优秀注本？迷津得渡，知所择读，端赖方家指引。正缘于此，辽宁出版集团邀约海内古典文史专家，不惧艰辛，阅时积日，甄择不同历史时段文化经典，甄择每部文化经典的善本和优秀注本，拟分期分批予以整理出版，以助广大读者在创造性转化和创新性发展中赓续中华文脉。

《马克思主义经典文献传播通考》的美誉度，已实至名归。《新时代万有文库》耕耘功至，其叶蓁蓁、其华灼灼、下自成蹊，或非奢望！

出版说明

一、《新时代万有文库》（以下简称"《文库》"）拟收录中华传统文化典籍中具有根脉性的元典（即"最要之书"）500种，选择具有重要学术价值和版本价值的经典版本，给予其富有鲜明时代特征的整理与解读，致力于编纂一部兼具时代性、经典性、学术性、系统性、开放性的中华优秀传统文化经典丛书，深入挖掘和阐发中华优秀传统文化的精神内涵和时代价值，激活经典，熔古铸今，为"第二个结合"提供助力，满足新时代读者对中华文化经典的需求。

二、为满足不同读者的需求，《文库》收录的典籍拟采取"一典多版本"和"一版三形式"的方式出版。"一典多版本"是指每种典籍选择一最精善之版本予以重点整理，同时选择二至三种有代表性的经典版本直接刊印，以便读者比较阅读，参照研究。"一版三形式"是指每种典籍选择一最精善之版本，分白文本、古注本、今注本三种形式出版。各版本及出版形式，根据整理进度，分批出版。

三、典籍白文本仅保留经典原文，并对其进行严谨校勘，使其文句贯通、体量适宜，便于读者精析原文，独立思考，涵泳经典。考虑到不同典籍原文字数相差悬殊的实际情况，典籍白文本拟根据字数多少，或一种典籍单独出版，或几种典籍合为一册出版。合出者除考虑字数因素外，同时兼顾以类相从的原则，按照四部书目"部、类、属"三级分类体系，同一部、同一类或同一属的典籍合为一册出版。如子部中，同为"道家类"的《老子》与《庄子》合为一册出版。

四、典籍古注本选取带有前人注疏的经典善本整理出版。所选注本多有较精善的、学术界耳熟能详的汉、唐、宋、元人古注，如《老子》选三国魏王弼注，《论语》选三国魏何晏集解，《尔雅》选晋代郭璞注，等等。

五、典籍今注本在整理典籍善本基础上，对典籍进行重新注释，包括为生僻字、多音字注音；给难解的词语如古地名、职官、典制、典故等做注，为读者阅读、学习经典扫清障碍。

六、每部典籍卷首以彩色插页的形式放置若干面重要版本的书影，以直观展现典籍的历史样貌及版本源流。

七、每部典籍均撰写"导言"一篇，主要包括作者简介、创作背景、内容简介、时代价值、版本考释等方面内容。其中重点是时代价值，揭示每一种中华传统文化经典所蕴含的优秀基因和至今仍有借鉴意义的思想观念、人文精神、道德规范等，展示中华民族的独特精神标识，彰显中华传统文化经典的"魂"，满足读者借鉴、弘扬其积极内涵的需求，找准中华传统文化与社会主义核心价值观之间的深度契合点，指明每种经典在建设中华民族现代文明中能提供哪些宝贵资源。同时，对部分经典中存在的陈旧过时或已成为糟粕性的内容，予以明确揭示，提醒读者正确取舍，有鉴别地对待，有扬弃地继承，避免厚古薄今、以古非今。

八、校勘整理以对校为主，兼采他书引文、相关文献及前人成说，不做烦琐考证。选择一种或多种重要版本与底本对勘，以页下注的形式出校勘记，对讹、脱、衍、倒等重要异文进行说明，并适当指出旧注存在的明显问题。鉴于不同典籍在内容、体例、底本准确性等方面存在较大差异，《文库》对是否校改原文及具体校勘方式不作严格统一，每种典籍依具体情况灵活处理，并在书前列"整理说明"。

九、《文库》原则上采用简体横排的形式，施以现代新式标点，不使用古籍整理中的专名号。古注本的注文依底本排在正文字句间，改为单行，变更字体字号与正文相区别。

十、《文库》原则上使用规范简化字，依原文具体语境、语义酌情保留少量古体字、异体字、俗体字。《说文解字》《尔雅》等古代字书则全文使用繁体字排印。

《新时代万有文库》编辑委员会
2023年10月

目 录

卷二十三 / 375

卷二十四 / 391

卷二十六 / 427

战国策

导　言

　　《战国策》是先秦文献中较为特殊的一种，它不像诸子书那样专记一家一派的思想主张，也不像《春秋左传》那样按照严格的纪年顺序记录历史，而是以"国别"为体，杂录各种历史事件和人物言行。按照汉代刘向在《战国策书录》中所说，"其事继春秋以后，讫楚、汉之起，二百四十五年间之事"，也就是始于公元前453年的三家分晋，终于公元前209年楚、汉起兵反抗暴秦。这二百多年间，政治体制上，西周以来的封建制逐步瓦解，郡县制得以形成；思想文化上，继春秋末老子和孔子之后，涌现了子思、墨子、孟子、庄子、屈原、荀子、韩非子等一大批中国历史上重要的思想家。《战国策》所反映的便是这段波澜壮阔的历史。它自成书以来，代有传承，颇受欢迎，亦颇多訾议。

一

　　战国是一个政治上风云变幻、加速变革的时代。相较于春秋，战国时期的战争更加频繁，几乎每年都会发生，规模也越来越大，其目的主要是为了兼并。稍有力量的诸侯都希望获得土地，战争变成了攫取利益的手段，借用孟子的话说，便是"上下交征利"❶。国与国之间频繁交战的同时，诸侯国内部也经历着剧烈的政治变革，旧的贵族权力机制加速解体。刘向《战国策书录》以"田氏取齐，六卿分晋"为战国初期具有标志性的重大政治事件，其实卿大夫执掌权力甚至篡夺权力在当时各个诸侯国较为常见。公元前四世纪，先有太宰欣取郑、司城子罕取宋，后又有燕王哙禅位其相子之，而齐国孟尝君田文、赵国奉阳君李兑、秦之穰侯魏冉皆为专篡之臣。

政治变动的同时，战国文化也呈现出巨大的变化，旧有的文化传统逐渐被抛弃。顾炎武说："如春秋时，犹尊礼重信，而七国则绝不言礼与信矣；春秋时，犹宗周王，而七国则绝不言王矣；春秋时，犹严祭祀，重聘享，而七国则无其事矣；春秋时，犹论宗姓氏族，而七国则无一言及之矣；春秋时，犹宴会赋诗，而七国则不闻矣；春秋时，犹有赴告策书，而七国则无有矣。邦无定交，士无定主。"❷作为权力掌握者的诸侯国君和专篡之臣，实际能力、政治见识和精神追求却普遍较为低下。兼并战争的现实利益需要，使得各诸侯国不得不任用士人进行国家管理和政治改革。魏国的李悝、赵国的公仲连、楚国的吴起、秦国的商鞅、韩国的申不害、齐国的邹忌，以及游历各国的孟子、陈轸、张仪、苏秦、荀子等各派人物先后登上时

---

❶ 《孟子·梁惠王上》，［宋］朱熹：《四书章句集注》，中华书局，1983，第201页。

❷ ［清］顾炎武：《日知录》卷一三《周末风俗》，陈垣：《日知录校注》，安徽大学出版社，2007，第715页。

代政治和思想的大舞台，所谓"诸侯异政，百家异说"❶，呈现出各种思想交锋争鸣的空前盛况。故王夫之说："战国者，古今一大变革之会也。侯王分土，各自为政，而皆以放恣渔猎之情，听耕战刑名殃民之说。"❷一定程度上说，战国至汉初，知识和文化的权力主要掌握在出身于平民的士阶层手中。《战国策》的生成与战国士阶层的崛起直接相关。

刘勰《文心雕龙·诸子》曰："逮及七国力政，俊乂蜂起。孟轲膺儒以磬折，庄周述道以翱翔；墨翟执俭确之教，尹文课名实之符；野老治国于地利，驺子养政于天文；申商刀锯以制理，鬼谷唇吻以策勋；尸佼兼总于杂术，青史曲缀以街谈。承流而枝附者，不可胜算，并飞辩以驰术，餍禄而余荣矣。"❸又《论说》曰："暨战国争雄，辨士云踊；从横参谋，长短角势；转丸骋其巧辞，飞钳伏其精术；一人之辨，重于九鼎之宝；三寸之舌，强于百万之师；六印磊落以佩，五都隐赈而封。"❹诸子之"飞辩以驰术，餍禄而余荣"，与辩士之"从横参谋"以求闻达，是战国士阶层共有的生存样态。

如刘勰所言，士阶层欲成就功名富贵，势必要凭借自身的知识和能力，通过"飞辩""巧辞"以获得上层政治权力拥有

❶ 《荀子·解蔽》，[清] 王先谦撰，沈啸寰、王星贤点校：《荀子集解》，中华书局，1988，第386页。

❷ [清] 王夫之：《读通鉴论》卷末《叙论四》，中华书局，1975，第2549页。

❸ [清] 黄叔琳注，[清] 李详补注，杨明照校注拾遗：《增订文心雕龙校注》，中华书局，2000，第229页。

❹ [清] 黄叔琳注，[清] 李详补注，杨明照校注拾遗：《增订文心雕龙校注》，中华书局，2000，第247页。

者的信任和支持。徐中舒指出："战国时代贵族没落，武士失职，游说实为当时贵游之士唯一的利禄之途。"❶这是《战国策》出现的大背景。

《战国策》生成于战国，代有传习，其初步成书当在汉初❷，其定本则是由西汉末刘向整理而成的。据刘向《战国策书录》，他校理《战国策》主要依托"中秘书"，也就是皇家宫廷藏书。中秘之书较为杂乱，其称名有《国策》《事语》等数种，其中有八篇以诸侯国为题名。刘向以国别为参照，大略按照时间先后，调整编次，除去重复的篇章，得三十三篇，定名为《战国策》。

《战国策》三十三卷（篇），具体为：东周一卷、西周一卷、秦五卷、齐六卷、楚四卷、赵四卷、魏四卷、韩三卷、燕三卷、宋卫合一卷、中山一卷。战国时期，王室影响力虽每况愈下，但仍存在文化象征意义。诸侯国中国力较强、占据主导地位的是秦国、齐国、楚国，三晋中赵国、魏国亦曾一度左右天下形势。故《战国策》的编次大概综合考虑了战国时期周王室残存的政治传统和文化影响以及各国在当时政治中发挥作用的实际状况。

《战国策》不少篇章重见于《韩非子》《吕氏春秋》《淮南子》《新序》《说苑》《列女传》《孔丛子》等书，这一现象引人关注。齐思和指出，《战国策》各章可分为记事、

❶ 徐中舒：《论〈战国策〉的编写及有关苏秦诸问题》，《历史研究》1964年第1期。

❷ 齐思和：《〈战国策〉著作时代考》，《中国史探研》，中华书局，1981，第237页。

记言两大类，其渊源于春秋中叶。以《战国策》为"纵横家所录以资揣摩而资助者"，其说近是，但"《战国策》亦有纯为战国遗事，而非说辞者，如豫让刺襄子，荆轲刺秦王事，皆仅记故事，无关从横，盖出于各国之事语"。❶刘向《战国策书录》中提到其校书所据底本共六种，其中第四种即"事语"。张政烺认为，马王堆汉墓出土帛书《春秋事语》及《战国纵横家书》当与此"事语"形式近似，记言和记事兼具。❷李零进而将《战国策》和之前的《国语》视作故事类史书之一种，其特点是"口口相传，带有追忆的性质，最后由文化精英，用书面语再创造"❸。廖群认为，《韩非子》中《说林》《储说》等八篇与《战国策》等书所载相近的故事，古代称之为"说""传"或"语"，它们的来源都是口头讲史或讲故事❹。综合来看，《战国策》中的书信可能源于书面传抄，其余大部分篇章则源于口头故事，是经过较长时间口头传播之后才写定的。❺《战国策》与《韩非子》等文献重见的内容未必是传抄关系，口头文本可能是它们共同的来源。

---

❶ 齐思和：《〈战国策〉著作时代考》，《中国史探研》，中华书局，1981，第237页。

❷ 张政烺：《〈春秋事语〉解题》，《文物》1977年第1期。

❸ 李零：《简帛古书与学术源流》，生活·读书·新知三联书店，2020，第263页。

❹ 廖群：《"说"、"传"、"语"：先秦"说体"考索》，《文学遗产》2006年第6期。

❺ 任子田：《战国策比异·前言》，齐鲁书社，2023，第21-26、40页。

《战国策》记载最多的是士人如何分析、处理诸侯国之间的争战讨伐和利益冲突，士人在这些记述中占据核心位置。尽管士在当时地位低下❶，但《战国策》多处强调士在政治上的重要作用❷，甚至有"万乘之君，得罪一士，社稷其危"（《楚策一·威王问于莫敖》）的说法，可知战国是士人独立精神高涨的时代。尤其值得注意的是，《战国策》多见类似"天下之士"之语❸，其中辛垣衍"吾乃今日而知先生为天下之士也"和鲁连"所贵于天下之士者"两句（《赵策三·秦围赵之邯郸》）最能说明问题，可知战国人的观念当以士之关怀本系天下，而不在一国一己。公孙弘称扬贤士的品格说："义不臣乎天子，不友乎诸侯，得志不惭为人主，不得志不肯为人臣。"（《齐策四·孟尝君为从》）颜斶告诉齐宣王，"士贵耳，王者不贵"，"君王无羞亟问，不愧下学"，需"明乎士之贵"（《齐策四·齐宣王见颜斶》）。王斗对齐宣王说："斗生于乱世，事乱君，焉敢直言正谏。"（《齐策四·先生王斗》）鲁连曰："所贵于天下之士者，为人排患释难解纷乱

---

❶ 《战国策》卷三《秦策一·张仪说秦王》："当是时，赵氏上下不相亲也，贵贱不相信。"高诱注："贵，谓卿。贱，谓士。"

❷ 如《战国策》卷一《东周策·石行秦》所称"辩知之士"，《杜赫欲重景翠》所称"穷士"，《周相吕仓》所称"辩士"。

❸ 如《战国策》卷五《秦策三·天下之士》，卷六《秦策四·或为六国说秦王》，卷七《秦策五·谓秦王曰臣窃惑》，卷十《齐策三·楚王死太子在齐》《孟尝君宴坐》，卷十一《齐策四·齐宣王见颜斶》，卷十三《齐策六·貂勃常恶田单》，卷十七《楚策四·客说春申君》，卷十八《赵策一·晋毕阳之孙》，卷二十二《魏策一·张仪为秦连横说魏》，卷二十九《燕策一·燕昭王收破燕》。

而无所取也。"（《赵策三·秦围赵之邯郸》）秦王想会见顿弱，顿弱说："臣之义不参拜，王能使臣无拜，即可矣。不，即不见也。"（《秦策四·秦王欲见顿弱》）中期与秦王争论，秦王辞穷理屈，大怒，中期则"徐行而去"（《秦策五·秦王与中期》）。上述与孟子所言"得志"之士相当，可谓大丈夫人格。这种独立于世俗政治和名利之外的卓绝人格，虽记载不多，但显然是战国时期一股强劲有力的思想潮流。正是在此基于"道"之独立人格思潮的影响下，才有了田骈那样"设为不宦"，而能"訾养千钟，徒百人"（《齐策四·齐人见田骈》）的士人；才有了如陈轸那样游走于秦、楚、魏、齐诸国，不专一主，而谋求发挥个人价值的士人。士人独立人格的张扬，是战国昏暗政局中的一抹亮色，对后世中国文人的人格塑造产生了深远影响，也是《战国策》一书在今天看来最值得吸取、借鉴的积极内核。

《战国策》关注士人群体之发展，但士人之间相互竞争乃至倾轧，却是活生生的现实。如张仪之于樗里疾、张仪之于陈轸、公孙衍之于张仪、樗里疾与公孙衍之于甘茂、甘茂之于公孙衍、邹忌之于田忌、江乙之于昭奚恤、张仪之于惠施、公孙衍之于田需。这是战国那个特定时代高扬自我价值势必出现的现象。与之相伴的，便是现实政治上有所作为的士人，其人生多以悲剧告终。《战国策》卷三《秦策一·卫鞅亡魏入秦》曰：

> 卫鞅亡魏入秦，孝公以为相，封之于商，号曰商君。商君治秦，法令至行，公平无私，罚不讳强大，赏不私亲近，法及太子，黥劓其傅。期年之后，

道不拾遗，民不妄取，兵革大强，诸侯畏惧。然刻深寡恩，特以强服之耳。孝公行之八年，疾且不起，欲传商君，辞不受。孝公已死，惠王代后。莅政有顷，商君告归。人说惠王曰："大臣太重者国危，左右太亲者身危。今秦妇人婴儿皆言商君之法，莫言大王之法。是商君反为主，大王更为臣也。且夫商君，固大王仇雠也，愿大王图之。"商君归还，惠王车裂之，而秦人不怜。

卫鞅之悲剧最为典型。出色士人较为普遍的悲剧人生，是统治阶层的凡庸和士人之间的倾轧合力造成的。

当然，与商君之遭际直接缘于其人之"刻深寡恩"一样，战国士人的悲剧人生亦决定于他们群体性的行为准则和处世方式。战国士阶层普遍缺少文化关怀和宏大理想。典型者如苏秦，其平生追求不过"说当世之君""廷说诸侯之王"。游说秦王失败，苏秦"归至家，妻不下纴，嫂不为炊，父母不与言"；游说赵王成功，"天下之大，万民之众，王侯之威，谋臣之权，皆欲决苏秦之策"，烜赫一时。"路过洛阳，父母闻之，清宫除道，张乐设饮，郊迎三十里。妻侧目而视，倾耳而听。嫂蛇行匍伏，四拜自跪而谢"，苏秦感慨说："贫穷则父母不子，富贵则亲戚畏惧。人生世上，势位富贵，盖可忽乎哉！"（《秦策一·苏秦始将连横》）其小人得志，沾沾自喜，溢于言表。

张仪靠外交欺诈为秦国做出了大贡献。但伐蜀一事，足可见出张仪的政治见识亦仅在与六国争衡层面。司马错主张伐蜀，张仪主张伐韩。张仪的理由是，秦应该"挟天子以令天下"以成"王业"，因为"争名者于朝，争利者于市。今三川、周室，天下之市朝也，而王不争焉，顾争于戎狄，去王业远矣"。司马错则以为伐蜀之利在于获得"广其地""富其民""博其德"之收效，"三资者备，而王随之矣"（《秦策一·司马错与张仪》）。很显然，司马错的政治远见是张仪难以比拟的。张仪另一短视行为，是建议秦将汉中送还楚国。

张仪说："夫从人者，饰辩虚辞，高主之节行，言其利而不言其害。"（《楚策一·张仪为秦破从连横》）又说："从人多奋辞而寡可信，说一诸侯之王，出而乘其车，约一国而反，成而封侯之基。是故天下之游士，莫不日夜扼腕瞋目切齿以言从之便，以说人主。"（《魏策一·张仪为秦连横说魏》）天下之士聚于赵，谋合从攻秦。秦昭王为此忧虑，范雎说："秦于天下之士非有怨也，相聚而攻秦者，以己欲富贵耳。王见大王之狗，卧者卧，起者起，行者行，止者止，毋相与斗者。投之一骨，轻起相牙者。何则？有争意也。"（《秦策三·天下之士》）。从张仪和范雎的夫子自道可知，战国大多数士人之所以游走各国，不过是为了"封侯"和"富贵"。

张仪称苏秦"诈伪反覆"（《楚策一·张仪为秦破从连横》《魏策一·张仪为秦连横说魏》），张仪何尝不是如此呢？《战国策》卷二十九《燕策一·燕王谓苏代曰》：

> 燕王谓苏代曰："寡人甚不喜訑者言也。"苏代对曰："周坁贱媒，为其两誉也。之男家曰女美，之女家曰男富。然而周之俗，不自为取妻。且夫处女无媒，老且不嫁，舍媒而自衒，弊而不售。顺而无败，售而不弊者，唯媒而已矣。且事非权不立，非势不成。夫

使人坐受成事者，唯訑者耳。"王曰："善矣。"

屈原《九章·惜往日》曰："或忠信而死节兮，或訑谩而不疑。"王逸注："张仪诈欺，不能诛也。"❶苏代"事非权不立，非势不成""使人坐受成事者，唯訑者耳"等言论，可与上面所引张仪的话相映照。《战国策》卷十《齐策三·孟尝君在薛》以为游说之要不在于"颠蹶之请，望拜之谒"，而在于"陈其势，言其方，人之急也，若自在隘窘之中"。如果说，奔走恭敬的请谒与"忠信"相近，那么陈述形势、讲清道理，让被游说者仿佛处于某种困境而听从游说者之言，就相当于《惜往日》所说的"訑谩"了。

"诈伪"可视作处于战国"大变局"特殊时代士人精神的关键词。刘向《战国策书录》三次提到"诈伪"，一曰战国"兵革不休，诈伪并起"，二曰秦始皇"抚天下十四岁，天下大溃，诈伪之弊也"，三曰"苟以诈伪，偷活取容，自上为之，何以率下"。而由刘向的表述来看，"诈伪"的根源其实并不在士人，而是"自上为之"。

《惜往日》所言"忠信"和"訑谩"的对立，反映了战国时代文化的混沌和重整。就此而言，屈原《离骚》等作品只能产生于战国时期。《战国策》卷二十九《燕策一·人有恶苏秦于燕王》记载了苏秦和燕王之间关于孝廉忠信的讨论，较为典型地反映了战国思想文化的这一新特点。有人对燕王说苏秦是"天下不信人"，苏秦辩解说，如果像曾参那样强调孝的准

---

❶ ［宋］洪兴祖撰，白化文、许德楠、李如鸾、方进点校：《楚辞补注》，中华书局，1983，第152页。

则，他就不可能离开父母远行，也不会为燕国出使到齐国；如果像伯夷那样奉行廉的准则，他就不可能离开家乡远涉千里，不可能到弱小的燕国来谋求发展；如果像尾生那样持守信的准则，他就不可能扬燕国之威，而立大功。苏秦的结论是，"信行者，所以自为也，非所以为人也；皆自覆之术，非进取之道也"，而他作为替燕国谋划的"进取之臣"，却"以忠信得罪于君"。类似的记载亦见于《燕策一·苏代谓燕昭王曰》，苏代说："孝如曾参、孝己，则不过养其亲其（耳）。信如尾生高，则不过不欺人耳。廉如鲍焦、史鳍，则不过不窃人之财耳。今臣为进取者也。臣以为廉不与身俱达，义不与生俱立。仁义者，自完之道也，非进取之术也。"士人只有依靠欺诈和骗术才能"进取"，才能获得成功，这种伦理价值观显然与西周礼乐政治所倡导的仁义忠信背道而驰，难怪刘向《战国志书录》感慨"滔然道德绝矣"。

与士人生动鲜活的形象相比，《战国策》记载的国君形象则大多比较模糊。从这些记载中能窥见战国国君的共通性，那就是贪图享乐，缺少政治见识，没有担当。国君与士人在《战国策》中可以说是相互对照的正反两面，国君的昏聩无能进一步衬托出了士人的见识卓绝与特立独行。

国君之平庸无智，是战国较为普遍的现象。长平之战，秦围邯郸，魏王称不欲救赵的原因是"秦许吾以垣雍"（《魏策四·长平之役平都君说》）。怀王的继承人襄王亦"专淫逸侈靡，不顾国政"（《楚策四·庄辛谓楚襄王》）。其他的，如齐王"好高人以名"（《楚策二·魏相翟强死》）；又如犀武兵败伊阙，周君到魏国请求救援，被魏王拒绝，周君只得返回，途中却"见梁囿而乐之"（《西周策·犀武败于伊阙》）。又如宋王，齐国和楚国发生冲突，宋请求中立。齐国强迫宋国站在齐国一边，宋国应允。楚人子象对宋王说：如果遭遇强迫就顺从，楚国也会用强迫的手段达成愿望，长此以往，宋国就将面临覆国的危险。（《楚策一·齐楚构难》）

这些国君之中，楚王最具代表性。楚怀王是一个自大却容易上当受骗，喜怒形于色且缺少政治判断力的人。比如秦国樗里疾入周，周君恭敬地到郊外迎接，怀王先是怒而责让周人，等到游腾给他讲了一番道理，说周君"恐一日之亡国，而忧大王"，怀王转而"乃悦"。（《西周策·秦令樗里疾》）又如秦令张仪出使楚国，破坏楚、齐联盟。张仪告诉怀王，秦国将讨伐齐国，但楚、齐交好，只要楚"闭关绝齐"，秦将献"商於之地，方六百里"。怀王应允，为此他兴高采烈地向所有人宣称楚不费一兵一卒就得到商於六百里的土地。达成离间齐、楚联盟关系的目的之后，张仪反悔，称当初说的是"从某至某，广从六里"。怀王"大怒"，兴兵伐秦，结果大败。（《秦策二·齐助楚攻秦》）由于贪恋土地，怀王不止一次上当受骗。秦攻宜阳，令冯章出使楚国，说只要楚国不干涉，秦就把汉中还给楚国。等到攻占宜阳之后，秦人没有兑现承诺，"楚王以其言责汉中于冯章"。（《秦策二·宜阳之役冯章谓》）后来，张仪让昭雎告诉怀王，只要驱逐陈轸、昭过，秦国可以把汉中等地还给楚国，"昭雎归报楚王，楚王说之"。当时有识之士认为，张仪此举目的是在绝齐、楚之交好后，"内逐其谋臣"（《楚策一·张仪相秦谓昭雎》）。鲍彪注亦曰："二臣，楚之良也。无此二臣，不能复得良臣。此仪为秦谋去楚谋臣也。"❶奇怪的是，怀王却"说之"。堂堂大国之君，其"怒"与"悦"，竟然如此具有讽刺意味，显示出他对政治的懵懂无知，令人难以想象。怀王的昏聩让楚国政治生态极度糟糕。怀王溺于个人享乐，轻易不见士人，所谓"谒者难得见如鬼，王难得见如天帝"（《楚策三·苏秦之楚三日乃得见》）。由是，楚国之大臣"好伤贤以为资"，"无妒而进贤，未见一人"（《楚策三·苏子谓楚王曰》）。

《战国策》贬低国君、蔑视权贵的思想倾向与士人精神的张扬互为表里，共同根植于战国这一特殊的时代背景中，体现了《战国策》独特的思想文化价值。

三

《战国策》三十三篇在《汉书·艺文志》中著录于"六艺略"《春秋》类。《艺文志》"诸子略"纵横十二家百七篇，先秦有苏子、张子等六家六十二篇，汉代有蒯子、邹阳等六家四十五篇。汉代六家中，主父偃、徐乐、庄安、聊苍四家三十三篇，皆武帝时。刘向将《战国策》归入《春秋》类，直接的原因大约有二：一是司马迁《史记》大量采用《战国策》，二是中秘书本来就将纵横十二家和《战国策》分置两处。《战国策》和先秦纵横六家，都属于中秘书，刘向一定都曾亲见。如此说来，刘向将它们分别放在"六艺略"和"诸子略"，应当还有更切实的缘由，那便是，二者撰述性质不同。

---

❶ ［宋］鲍彪校注，［元］吴师道重校：《战国策校注》卷五第二十一叶，《四部丛刊》景印元至正刊本。

《隋书·经籍志二》史部杂史类序曰："汉初，得《战国策》，盖战国游士记其策谋。"❶《郡斋读书志》卷十一子部纵横家类《战国策》三十三卷提要："历代以其纪诸国事，载于史类。予谓其纪事不皆实录，难尽信，盖出于学纵横者所著，当附于此。"❷假如的确是"战国游士记其策谋"，或"学纵横者所著"，那么《战国策》与以先秦纵横家命名的诸子书又有什么区别呢？❸质言之，若果如《隋志》和《郡斋》所言，则西汉中秘书和整理者刘向绝不可能将《战国策》与纵横家之书归于不同的类别。陈一风检讨各家目录书著录，认为《战国策》应为战国时期的"史料汇编类文献"❹。从其内容之驳杂来看，《战国策》是一部记录战国士人政治活动和个人遭际的书。《战国策》以纵横家言行事迹为主，缘于纵横家作为战国士人群体核心所形成的巨大社会影响力。

《史记·六国年表》曰："及田常杀简公而相齐国，诸侯晏然弗讨，海内争于战功矣。三国终之卒分晋，田和亦灭齐而有之，六国之盛自此始。务在强兵并敌，谋诈用而从横短长之说起。"❺纵横家是适应战国时代现实的需要而出现的，正所谓应运而生。《孟子·滕文公下》曰："景春曰：'公孙衍、

---

❶ ［唐］魏徵等：《隋书》，中华书局，1973，第962页。

❷ ［宋］晁公武撰，孙猛校证：《郡斋读书志校证》，上海古籍出版社，1990，第506页。

❸ 参见郑良树：《论帛书本〈战国策〉的分批及命名》，《竹简帛书论文集》，中华书局，1982，第218页。

❹ 陈一风：《论刘向对〈战国策〉的部属归类》，《史学史研究》2015年第2期。

❺ ［汉］司马迁：《史记》，中华书局，1959，第685页。

张仪岂不诚大丈夫哉？一怒而诸侯惧，安居而天下熄。'孟子曰：'是焉得为大丈夫乎？……以顺为正者，妾妇之道也。居天下之广居，立天下之正位，行天下之大道。得志与民由之，不得志独行其道。富贵不能淫，贫贱不能移，威武不能屈。此之谓大丈夫。'"❶《战国策》所见公孙衍、张仪等纵横之士，富贵能淫，贫贱能移，威武能屈，人格普遍较为卑下。但纵横家也确如景春所言，"一怒而诸侯惧，安居而天下熄"，他们是战国士人群体中最活跃的一类。《战国策》以纵横家为主体，并不是囿于一家之学说，而是以其为代表，对士人群体进行了普遍观照。

《战国策书录》"其事继春秋以后，讫楚、汉之起，二百四十五年间之事"云云表明，刘向视《战国策》为继《春秋》而作之书。联系《史记·太史公自序》所引董生论《春秋》"是非二百四十二年之中"❷一语，刘向的这一意图就更加明显。《战国策书录》末云："皆高才秀士，度时君之所能行，出奇策异智，转危为安，运亡为存，亦可喜，皆可观。"由此似可推测，刘向以《战国策》为战国士人的生活史。进言之，如果我们承认《史记》是以人为中心的一部史书，那么就可以说，《战国策》是最初以人为中心，以记录战国时代普通士人政治追求和人生遭际为职志的书。就此而言，《战国策》对《史记》具有至关重要的影响。可以说，《史记》发展了

---

❶ 《孟子·滕文公下》，[宋]朱熹：《四书章句集注》，中华书局，1983，第265-266页。

❷ [汉]司马迁：《史记》，中华书局，1959，第3297页。

《战国策》以人为中心去观察、去撰写历史的新范式。不以观念为中心，转而以士人为中心来撰写历史，这是《战国策》的重大意义之所在。

四

《战国策》之传本，今知最早者当是与马王堆汉墓出土的《战国纵横家书》相近之本，太史公撰《史记》曾广泛采用。经刘向整理，传世《战国策》大致定型。

《史记》采用《战国策》故事，十二国皆有，合计一百四十九则❶。将二书相比照，可以发现一些有趣的问题。比如冯谖故事，"《战国策》重点是'市义'，《史记》重点是'门客见孟尝君废，皆去；见孟尝君复位，皆返'"。故事主题不同，也许并不出于司马迁的改写，最大的可能是司马迁采用的篇目，因刘向等人"除复重"而删掉了❷。刘向亦有删而未尽者，最典型的是卷十六《楚策三·陈轸告楚之魏》和卷二十二《魏策一·张仪恶陈轸于魏》，两章所记事件和语言均没有多少差异。

东汉延笃和高诱据刘向本作注，稍后有楼兰写本。《隋书·经籍志二》著录刘向录《战国策》三十二卷、高诱撰注《战国策》二十一卷❸，据此可推知刘向定本和高诱注本长期

---

❶ 郑良树：《论帛书本〈战国策〉的分批及命名》，《竹简帛书论文集》，中华书局，1982，第211页。

❷ 郑良树：《论帛书本〈战国策〉的分批及命名》，《竹简帛书论文集》，中华书局，1982，第216-217页。

❸ ［唐］魏徵等：《隋书》，中华书局，1973，第959页。

并行于世。

北宋时，先后有李格非（文叔）跋本、王觉校钱塘颜氏印本、曾巩校本等。曾巩校本将刘向定本和高诱注本合于一编，而基本保留了刘向定本原貌，凡三十三卷。其时又有苏颂、钱藻、刘敞手校书肆印卖本以及集贤院新本等，曾本则为此后诸本之源。元祐八年（1093），孙朴（元忠）据诸本以校曾巩校定本。

南宋绍兴十六年（1146），姚宏据诸本校补孙朴本，点勘精密，称为善本，是为姚本。姚本于高诱注之外，夹行校语提及曾、钱、刘、集，分别指曾巩本、钱藻本、刘敞本、集贤院本；不题校人及题"续"字者，皆姚宏之校正补注。姚本绍兴末付梓，今藏中国国家图书馆，《国学基本典籍丛刊》之《宋本战国策》即据此影印。《四部丛刊》景印元至正本吴师道《战国策校注》卷末附署绍兴三十年"姚宽书"之后序云："某以所闻见，以为集注，补高诱之亡云。"吴氏识语曰："考其岁月则在后，乃知姚氏兄弟皆尝用意此书。宽所注者，今未之见，不知视宏又何如也。"实际情形则如黄丕烈《战国策札记》所云，吴氏有误，此后序即姚宏所撰，而姚宽只是书者。

与姚宏同时，鲍彪据绍兴四年（1134）括苍耿延禧刊刻曾巩本，依国别重编为十卷，各国之内依次列王君之号，各章大略按事件发生的时间先后为次。鲍序作于绍兴十七年（1147），卷首识语云："彪校此书，四易稿，而后缮写。己巳仲春重校……"卷末识语云："庚午晦重校，脱误犹数十处。此书手所撰次书也而若此。是以知校正之难也。"知其定稿在绍兴十九年、二十年。鲍本王信跋云："《国策》旧有高诱注，甚略。吾乡先生鲍公彪守习孤学，老而益坚，取班、马二史及诸家书，比辑而为之注，条其篇目，辨其讹谬，缺则补，衍则削，乖次者悉是正之，时出己意论说。四易稿始成，其用功亦廑矣，而世罕传。余得其本，刊之会稽郡斋，使学者知前辈读书不苟如此。……绍熙辛亥日南至括苍王信书。"可知鲍本初刻于绍熙二年（1191）。此本今藏中国国家图书馆，《中华再造善本》之《鲍氏国策》即据此影印。因编年便于使用，鲍本遂流行于世。然鲍本存在明显缺憾。《四库全书总目》卷五十一史部杂史类《鲍氏战国策注》提要说："彪书……自以己意改移，非复向、巩之旧。是书窜乱古本，实自彪始。"❶

元泰定二年（1325），吴师道据鲍本撰成《战国策校注》，于鲍本是正颇多。《四库全书总目》卷五十一《战国策校注》提要称："前有师道自序，撮举彪注之大纰谬者凡十九条，议论皆极精审。其他随文驳正，亦具有条理。古来注是书者，固当以师道为最善矣。"❷至顺四年（1333），吴师道得宝庆年间（1225—1227）刊刻姚本，据以完善《校注》一书❸。吴本卷首《校正凡例》第一条曰："鲍更易策文，元次淆乱，欲从旧本，则不见驳正之意。……今据其本疏辨，凡注之谬误者

---

❶ 魏小虎：《四库全书总目汇订》，上海古籍出版社，2012，第1683页。

❷ 魏小虎：《四库全书总目汇订》，上海古籍出版社，2012，第1684页。

❸ 参见［宋］鲍彪校注，［元］吴师道重校：《战国策校注》卷末识语，《四部丛刊》景印元至正十五年刊本。

抹之，辨正则以正曰著之，未明而改定者亦从此例，阙遗及他有发明者以补曰著之。"吴氏大概有过更换底本的考虑。

姚本传世无多，至乾隆二十一年（1756）卢见曾据陆贻典抄校宝庆姚本刊刻行世，卷末有钱谦益识语一篇、陆贻典识语三篇，是为雅雨堂本。嘉庆三年（1798）冬，黄丕烈购得宋绍兴末姚本初刻本，视为奇书。嘉庆八年（1803），黄丕烈命刻工影刻重刊，并与元至正刻吴本互勘，撰成《札记》三卷❶，附于卷末。绍兴初刻姚本卷末顾广圻题识云："是书雅雨堂刊行者，颇有改易。"事实上，黄丕烈影宋刻本亦有改字。1824年，日人横田惟孝以鲍本为底本，撰成《战国策正解》。

现代整理本主要有上海古籍出版社标点本《战国策》、诸祖耿《战国策集注汇考》、郭人民《战国策校注系年》、何建章《战国策注释》、《新世纪万有文库》本《战国策》、缪文远《战国策新校注》、范祥雍《战国策笺证》等❷，皆以黄丕烈影宋本（或同治崇文书局重刻黄丕烈影宋本）为底本。本次整理点校以黄丕烈旧藏绍兴初刻姚本为底本，尽可能吸收诸家校理成果，只是限于丛书体例，未能一一详述诸家之见。

---

❶ 柳湘瑜认为《札记》的实际作者可能是顾广圻，参见柳湘瑜：《清代〈战国策〉文献整理研究》第三章《清代〈战国策〉校勘类文献研究》第二节《［旧题］黄丕烈〈战国策札记〉研究》，山东大学2022年博士论文，第110-115页。

❷ ［西汉］刘向集录：《战国策》，上海古籍出版社，1978、1985。诸祖耿：《战国策集注汇考》，江苏古籍出版社，1985。郭人民：《战国策校注系年》，中州古籍出版社，1988。何建章：《战国策注释》，中华书局，1990。周晓薇、王其祎校点：《战国策》，辽宁教育出版社，1997。缪文远：《战国策新校注》，巴蜀书社，1998。范祥雍：《战国策笺证》，上海古籍出版社，2006。

整理说明

一、本书底本为中国国家图书馆藏黄丕烈旧藏宋绍兴刊姚宏校正、高诱注《战国策》（国家图书馆出版社《国学基本典籍丛刊》之《宋本战国策》即据此本影印），简称姚本。

二、本书对校本有二：中国国家图书馆藏宋绍熙二年会稽郡斋刻鲍彪校注本《国策》（《中华再造善本》之《鲍氏国策》即据此本影印），简称鲍本；《四部丛刊》景印元至正刊鲍彪校注、吴师道重校《战国策校注》，简称吴本。

三、本书参校本主要有：

1. 马王堆汉墓出土帛书《战国纵横家书》中直接相关之篇章，简称帛书，参考裘锡圭主编《长沙马王堆汉墓简帛集成》（中华书局2014年）。

2. 斯文赫定所发现的楼兰《战国策》写本残卷，简称楼兰残卷，参考侯灿、杨代欣编著《楼兰汉文简纸文书集成》（天地出版社1999年）。

3. 横田惟孝《战国策正解》（群玉堂、温故堂、青山堂文正九年刊），简称横田本。

4. 郭希汾《战国策详注》（文明书局1924年），简称郭本。

5. 何建章《战国策注释》（中华书局1990年），简称何本。

6. 缪文远《战国策新校注》（巴蜀书社1998年），简称缪本。

7. 范祥雍《战国策笺证》（上海古籍出版社2006年），简称范本。

又参考黄丕烈《重刻剡川姚氏本战国策札记》（《四部备要》据士礼居黄氏覆剡川姚氏本校刊《战国策》卷末），王念孙《读书杂志》（中国书店1985年），张琦《战国策释地》（商务印书馆1936年《丛书集成初编》本），吴曾祺《战国策补注》（商务印书馆1915年），孙诒让《札迻》（梁运华点校，中华书局1989年），金正炜《战国策补释》（《续修四库全书》影印金氏十梅馆刻本），钟凤年《国策勘研》（《燕京学报》1936年专号之十一）等。

四、本书采用简体横排，底本中的小字夹注仍置于原位，变换字体、缩小字号以与正文区分。底本小字夹注中复有小字夹注的，整理时以圆括号（）标示，字体、字号上不更作区别。

五、本书文字一依底本，仅出校记，不作改动。底本中的异体字、因避讳产生的缺笔字等径改为规范字形，不出校记。个别人名、地名及具体语境中的特殊用字，酌情保留繁体、异体字形。

六、姚本三十三卷，每卷各章另起一行。鲍本、吴本皆十卷，大体以国别分卷，卷内各章首行提一格。本书各章起讫，参稽鲍本、吴本略有调整的，皆出校。

七、《战国策》各章初皆无题，吴师道为保存旧本之貌，始用各章首若干字为题。本书各章题目以吴本卷首所列为主，吴本所无者则酌以章首若干字为题。为便读者翻检，各章题目前以阿拉伯数字标示卷次、章次，如"1.1"代表卷一第一章。

八、底本书前原有孙延题签，并有《新雕重校战国策目录》分列"定著三十三篇"篇题，各卷卷首题"高诱注"，今一并删去。底本书后刊有姚宏整理的《重校战国策序录》，含《曾子固序》《李文叔书战国策后》《王觉题战国策》《孙元忠书阁本战国策后》《孙元忠记刘原父语》以及姚宏自题共六篇；书前和卷五后各有黄丕烈题识一篇，书前有黄丕烈与友人相和题诗五首，书后有顾广圻跋，今一并置于书后，供读者参阅。

战国策书录❶

护左都水使者光禄大夫臣向言：所校中《战国策》书，中书余卷错乱相糅莒。又有国别者八篇，少不足。臣向因国别者，略以时次之，分别不以序者以相补，除复重，得三十三篇。本字多误脱为半字，以"赵"为"肖"，以"齐"为"立"，如此字字，一本作类字。者多。中书本号，或曰《国策》，或曰《国事》，或曰《短长》，或曰《事语》，或曰《长书》，或曰《修书》。臣向以为战国时，游士辅所用之国，为之策谋，宜为《战国策》。其事继春秋以后，讫楚、汉之起，二百四十五年间之事，皆定以杀青，书可缮写。

叙曰：集曰下有夫字。周室自文、武始兴，崇道德，隆礼义，设辟雍泮宫庠序之教，陈礼乐弦歌移风之化，叙人伦，正夫妇。天下莫不晓然论孝悌之义，惇笃之行。故仁义之道，满乎天下。卒致之刑错四十余年，远方慕义，莫不宾服，《雅》《颂》歌咏，以思其德。下及刘作其德下及，曾作德下及，钱作以思其德下及，集作其恩德下及。康、昭之后，虽有衰德，其纲纪尚明。及春秋时，已

---

❶ 此篇书录原在底本目录后，标题为整理者所加。

四五百载矣，然其余业遗烈，流而未灭。

五伯之起，尊事周室。五伯之后，时君虽无德，人臣辅其君者，若郑之子产、晋之叔向、齐之晏婴，挟君辅政，以并立于中国。犹以义相支持，歌说以相感，聘觐以相交，期会集作朝会。以相一，盟誓以相救。天子之命，犹有所行；会享之国，犹有所耻。小国得有所依，百姓得有所息。故孔子曰：能以礼让为国乎何有。周之流化，岂不大哉！

及春秋之后，众贤辅国者既没，而礼义衰矣。孔子虽论《诗》《书》，定《礼》《乐》，王道粲然分明，以匹夫无势，化之者七十二人而已，皆天下之俊也。时君莫尚之，是以王道遂用不兴。故曰：非威不立，非势不行。

仲尼既没之后，田氏取齐，六卿分晋，道德大废，上下失序。至秦孝公，捐礼让而贵战争，弃仁义而用诈谲，苟以取强而已矣。夫篡盗之人，列钱、刘同，曾作例。为侯王；诈谲之国，兴立钱、集作立，曾作兵。为强。是以传一作转。相放效，后生师之，遂相吞灭，并大兼小，暴师经岁，流血满野；父子不相亲，兄弟不相安，夫妇离散，莫保其命，潸然道德绝矣。

晚世益甚，万乘之国七，千乘之国五，敌侔争权，盖为战国。贪饕无耻，竞进无厌。国异政教，各自制断。上无天子，下无方伯。力功曾、集作巧，刘作功。争强，胜者为右，兵革不休，诈伪并起。当此之时，虽有道德，不得施谋。有设之强，负阻而恃固，连与交质，重约结誓，以守其国。故孟子、孙卿，儒术之士，弃捐于世，而游说权谋之徒，见贵于俗。是以苏秦、张仪、公孙衍、陈轸、代、厉之属，生从横短长之说，左右倾侧。苏秦为从，张仪为横，横则秦帝，从则楚王，所在国重，所去国轻。然当此之时，秦国最雄，诸侯方弱。集、曾无弱字。苏秦结钱、刘结下有从字。之时，六国为一，以傧背秦。秦人恐惧，不敢窥兵于关中❶。天下不交兵者，二十有九年。然秦国势便形利，权谋之士，咸先驰之。苏秦初欲横，秦弗用，故东合从。及苏秦死后，张仪连横，诸侯听之，西向事秦。是故始皇因四塞之固，据崤、函之阻，跨陇、蜀之饶，听众人之策，乘六世之烈，以蚕食六国，兼诸侯，一本下有而字。并有天下。杖于谋诈之弊，终❷于❸信笃之诚。无道德之教，仁义之化，以缀天下之心。任刑罚以为治，信小术以为道，遂燔烧《诗》《书》，坑杀儒士，上小尧舜，下邈三王。二世愈甚，惠不下施，情不上达。君臣相疑，骨肉相疏，化道浅薄，纲纪坏败，民不见义，而悬于不宁。抚天下十四岁，天下大溃，诈伪之弊也。其比王德，岂不远哉。

孔子曰：道之以政，齐之以刑，民免而无耻。道之以德，齐之以礼，有耻且格。夫使天下有所耻，故化可致也。苟以诈伪，偷活取容，自上为之，何以率下？秦之败也，不亦宜乎！战国之时，君德浅薄，为之谋策者，不得

❶ "关中"，金正炜以为当作"关东"。
❷ "终"，金正炜疑当作"缪"。
❸ "于"，黄丕烈以为当作"无"。

不因势而为资，据时而为。脱字。故其谋扶急持倾，为一切之权，虽不可以临国教，化兵革，钱革下有亦字。救急之势也。皆高才秀士，度时君之所能行，出奇策异智，转危为安，运亡为存，亦可喜，皆可观。

护左都水使者光禄大夫臣向所校《战国策》书录。

卷
一

东周

1.1 秦兴师临周

秦兴师临周续：周显王，《后语》。而求九鼎，周君患之，以告颜率。续：率，名也。当如字。或云力出切，《后语》注。颜率曰："大王勿忧，臣请东借救于齐。"颜率至齐，谓齐王续：齐宣王，《后语》。曰："夫秦之为无道也，欲兴兵临周而求九鼎。周之君臣内自尽刘、曾、集，一作画，钱作尽。计，与秦，不若归之大国。夫存危国，美名也；得九鼎，厚宝❶也。愿大王图之。"齐王大悦❷，发师五万人，使陈臣思将以救周，而秦兵罢。

齐将求九鼎，周君又患之。颜率曰："大王勿忧，臣请东解之。"颜率至齐，谓齐王曰："周赖大国之义，得君臣父子相保也。愿献九鼎，不识大国何涂之从而致之齐？"齐王曰："寡人将寄径于梁。"颜率曰："不可。夫梁之君臣，欲得九鼎，谋之晖台之下，少海之上，

---

❶ "宝"，黄丕烈、金正炜以为当作"实"。

❷ "悦"，鲍本、吴本无。

其日久矣。鼎入梁，必不出。"齐王曰："寡人将寄径于楚。"对曰："不可。楚之君臣，欲得九鼎，谋之于叶庭之中，<small>续：《后语》作章华之庭，注云：徐广曰：华容有章华亭。</small>其日久矣。若入楚，鼎必不出。"王曰："寡人终何涂之从而致之齐？"颜率曰："弊邑固窃为大王患之。夫鼎者，非效醯壶酱甀<small>一作瓿</small>耳，可怀挟提挈以至齐者；非效鸟集乌飞、兔兴马逝，<small>曾、集作免逝。</small>漓然止止<small>，一作可至。</small>于齐者。昔周之伐殷，得九鼎，<small>一本得上有凡字。</small>凡一鼎而<small>一本无凡一二字，鼎而作而鼎。</small>九万人挽之，九九八十一万人，士卒师徒，器械被具，所以备者称此。今大王纵有其人，何涂之从而出，臣窃为大王私忧之。"齐王曰："子之数来者❶，犹无与耳。"颜率曰："不敢欺大国，疾定所从出，弊邑迁鼎以待命。"齐王乃止。

1.2　秦攻宜阳

秦攻宜阳，周君谓赵❷累曰："子以为何如？"对曰："宜阳必拔也。"君曰："宜阳城方八里，材士十万，粟支数年。公仲之军二十万，景翠以楚之众临山而救之，秦必无功。"对曰："甘茂，羁旅也，攻宜阳而有

---

❶　"者"，鲍本、吴本无。
❷　"赵"，鲍本、吴本作"周"。

功，则周公旦也。无功，则削迹于秦。秦王不听群臣父兄之义❶而攻宜阳，宜阳不拔，秦王耻之。臣故曰拔。"君曰："子为寡人谋，且奈何？"对曰："君谓景翠曰：公爵为执圭，官为柱国，战而胜，则无加焉矣；集、曾作耳，刘、钱作矣。不胜，则死。不如背秦援宜阳❷，公进兵。秦恐公之乘其弊也，必以宝事公。公中❸慕公之为己乘秦也，亦必尽其宝。"秦拔宜阳，景翠果进兵。秦惧，遽效煮枣，韩氏果亦效重宝。景翠得城于秦，受宝于韩，而德东周。

1.3　东周与西周战

东周与西周战，韩救西周。为东周谓集本改作谪，一作谓。韩王曰："西周者，故天子之国也，多名器重宝。案兵而勿出，可以德东周，西周之宝可尽矣。"

---

❶ "义"，鲍本、吴本作"议"。

❷ "不如背秦援宜阳"，吴本："窃谓此策上既言秦之必拔，翠之不胜则死，而又曰不如背秦援宜阳，意殊不类。恐此胜有缺误，背下或有之字，或秦不复有秦字，援字或作拔。劝之避秦兵，待秦既拔，然后进兵乘其敝。"金正炜："背字义不可通，当为胥字之误。"

❸ "中"，鲍本、吴本作"仲"。

1.4　东周与西周争[1]

东周与西周争，西周欲和于楚、韩。齐明谓东周君曰："臣恐西周之与楚、韩宝，令之为己求地于东周也。不如谓楚、韩曰：西周之欲入宝，持二端。今东周之兵不急西周，西周之宝不入楚、韩。楚、韩欲得宝，即且趣我攻西周。西周宝出，是我为楚、韩取宝，以德之也，西周弱矣。"

1.5　东周欲为稻

东周欲为稻，西周不下水，东周患之。苏子谓东周君曰："臣请使西周下水，可乎？"乃往见西周之君，曰："君之谋过矣。今不下水，所以富东周也。今其民皆种麦，无他种矣。君若欲害之，不若一为下水，以病其所种。下水，东周必复种稻，种稻而复夺之。若是，则东周之民可令一仰西周，而受命于君矣。"西周君曰："善。"遂下水。苏子亦得两国之金也。

---

[1] 本章原与上"东周与西周战"章接续，今依鲍本、吴本单列一章。

1.6　昭献在阳翟

　　昭献在阳翟，周君将令相国往，相国将不欲。苏厉为之谓周君曰："楚王与魏王遇也，主君令陈封之楚，令向公之魏。楚、韩之遇也，主君令许公之楚，令向公之韩。今昭献非人主也，而主君令相国往，若其王在阳翟，主君将令谁往？"<small>曾作谁往周，集、刘、钱无周字。</small>周君曰："善。"乃止其行。

1.7　秦假道于周❶

　　秦假道于周以伐韩，周恐假之而恶于韩，不假而恶<small>续：《史记》两恶作畏。</small>于秦。史黡<small>一作史厌。</small>谓周君曰："君何不令人谓韩公叔曰：秦敢绝塞而伐韩者，信东周也。公何不与周地，发重使，使之楚，秦必疑，不信周，是韩不伐也。又谓秦王曰：韩强与周地，将以疑周于秦，寡人不敢弗<small>集一去弗字。</small>受。秦必无辞而令周弗受，是得地于韩，而听于秦也。"

---

　　❶ 本章原与上"昭献在阳翟"章接续，今依鲍本、吴本单列一章。

1.8 楚攻雍氏

楚攻雍氏，周粮秦、韩。楚王怒周，周之君患之。为周谓楚王曰："以王之强而怒周，周恐，必以国合于所与粟之国，则是劲王之敌也。故王不如速解周恐，彼前得罪而后得解，必厚事王矣。"

1.9 周最谓石礼

周最❶谓石❷礼曰："子何不以秦攻齐？臣请令齐相子，子以齐事秦，必无处矣。子因令周❸最居魏以共之，是天下制于子也。子东重于齐，西贵于秦，秦、齐合，则子常重矣。"

1.10 周相吕仓

周相吕仓见客于周君。前相工师藉恐客之伤己也，因

---

❶ "周最"，范本疑上脱"为"字。
❷ "石"，鲍本、吴本作"吕"。
❸ "周"，鲍本以为衍文。

令人谓周君曰："客者，辩士也。然而所以不可者，好毁人。"

1.11 周文君免士工师藉[1]

周文君免士集、曾，一去士字。工师藉，相吕仓，国人不说也。君有闵闵之心。谓周文君曰："国必有诽誉，忠臣令诽在己，誉在上。宋君夺民时以为台，而民非之，无忠臣以掩盖之也。子罕释相，为司空，民非子罕而善其君。齐桓公宫中七市，女闾七百，国人非之。管仲故为三归之家，以掩桓公非，自伤于民也。《春秋》记臣弑君者以百数，皆大臣见誉者也。故大臣得誉，非国家之美也。故众庶成强，增积成山。"周君遂不免。

1.12 温人之周

温人之周，周不纳。客即对曰：一本周不内问曰客耶对曰。续：《韩非子》文与一本同。"主人也。"问其巷而不知也，吏因囚之。君使人问之曰："子非周人，而自谓非客，何也？"对曰："臣少而诵《诗》，《诗》曰：

---

[1] 本章原与上"周相吕仓"章接续，今依鲍本、吴本单列一章。

普天之下，莫非王土。率土之滨，莫非王臣。今周君天下，则我天子之臣，而又为客哉？故曰主人。"君乃使吏出之。

1.13　或为周最

或为周最谓金投曰："秦以周最之齐疑天下，而又知赵之难子曾本作予，集本改作予，刘作子。齐人战，恐齐、韩❶之合，必先合于秦❷。秦、齐合，则公之国虚矣。公不如救❸齐，因佐秦而伐韩、魏，上党、长子，赵之有已。公东❹收宝于秦❺，南取地于韩、魏，因以因❻徐为之东，则有合矣。"

1.14　周最谓金投❼

周最谓金投曰："公负令钱、刘作全。秦与强齐战，战胜，秦且收齐而封之，使无多割，而听天下之战。不

---

❶ "韩"，何本、范本改作"赵"。
❷ "秦"，何本、范本改作"齐"。
❸ "救"，金正炜以为当作"收"。
❹ "东"，范本改作"西"。
❺ "秦"，何本改作"齐"。
❻ "因"，鲍本、吴本作"困"。
❼ 本章原与上"或为周最"章接续，今依鲍本、吴本单列一章。

胜，国大伤，不得不听秦。秦尽韩、魏之上党、大原，西曾、钱、集作西，钱一作而。止，秦之有已。秦地，天下之半也，制齐、楚、三晋之命。复国且身危，是何计之道也？"

1.15　石行秦

石行秦刘本作右行楚。谓大梁造续：商子作大梁造。曰："欲决霸王之名，不如备两周辩知之士。"谓周君曰："君不如令辩知之士，为君争于秦。"

1.16　谓薛公❶

谓薛公曰：刘本题起谓字。"周最于齐王也❷，而逐之。听祝弗，续：《史记》作亲弗，注云：人姓名。《索隐》引《战国策》作祝弗。盖祝为得也。相吕礼者，欲取秦。秦、齐合，弗与礼重矣。有周❸齐，秦必轻君。君弗如急北兵，趋赵以❹秦、魏，收周最以为后行，且反齐王

---

❶ 本章原与上"石行秦"章接续，今依鲍本、吴本单列一章。

❷ "也"，鲍本、吴本上有"厚"字。

❸ "周"，鲍本以为衍字。吴本："《史》作用。"

❹ "以"，吴本："从《史》，以下有和字，是。"

之信，又禁天下之率❶。齐无秦，天下果❷，弗必走，齐王谁与为其国？”

1.17 齐听祝弗❸

齐听祝弗，刘本题起齐字。外周最。谓齐王曰：“逐周最，听祝弗，相吕礼者，欲深取秦也。秦得天下，则伐齐深矣。夫❹齐合，则赵恐伐，故急兵以示秦。秦以赵攻❺，与之齐伐赵，其实同理，必不处矣。故用祝弗，即天下之理❻也。”

1.18 苏厉为周最

苏厉为周最谓苏秦曰：“君不如令王听最，以地合于魏，赵故曾无故字。必怒，怒，一作恐。合于齐，是君以

---

❶ “率”，吴本：“《史》作变。”

❷ “果”，吴本：“当从《史》作集。”

❸ 本章原与上“石行秦”章、“谓薛公”章接续，今依鲍本、吴本单列一章。

❹ “夫”，鲍本下补“秦”字。吴本：“此下云急兵以示秦，则无秦字尤明矣。”

❺ “攻”，范本下补“齐”字。

❻ “理”，范本疑当作“利”。

合一作全以。齐与强楚吏❶产子。君若欲因最之事，则合❷齐者君也，割地者最也。"

1.19　谓周最曰

谓周最曰："仇赫续：《史记》机郝。之相宋，将以观秦之应赵、宋，败三国。三国不败，将兴❸赵、宋合于东方以孤秦。亦将观韩、魏之于齐也。不固，则将与宋❹败三国，则卖赵、宋于三国。公何不令人谓韩、魏之王曰：欲秦、赵之相卖乎？何不合❺周最兼相，视之不可离，则秦、赵必相卖以合于王也。"

1.20　为周最谓魏王

为周最谓魏王曰："秦知赵之难与齐战也，将恐齐、赵之合也，必阴劲曾、集改劲作助。之。赵不敢战，恐秦不己收也，先合于齐。秦、赵争齐，而王无人焉，不可。

---

❶ "吏"，吴本："刘辰翁云：吏字当作更，平声。"
❷ "合"，何本改作"全"。
❸ "兴"，鲍本、吴本作"与"。
❹ "宋"，钟凤年以为上脱"赵"字。
❺ "合"，范本改作"令"。

王不去周最，合❶与收齐，而以兵之急则伐齐，无因事也。"

1.21　谓周最曰魏王❷

谓周最曰："魏王以国与先生，贵合于秦以伐齐。薛公故主❸，轻忘其薛，不顾其先君之丘墓。而公独修虚信为曾为下有物字，刘无。茂行，明群臣据故主，不与伐齐者❹，产以忿强秦，不可。公不如谓魏王、薛公曰：请为王入齐，天下不能伤齐，而有变，臣请为救之，无变，王遂伐之。且臣为齐奴也，如累王之交于天下，不可。王为臣赐厚矣，臣入齐，则王亦无齐之累也。"

1.22　赵取周之祭地

赵取周之祭地，周君患之，告于郑朝。郑朝曰："君勿患也，臣请以三十金复取之。"周君予之。郑朝献之赵

---

❶ "合"，何本、范本疑当作"令"。
❷ 本章原与上"为周最谓魏王"章接续，今依鲍本、吴本单列一章。
❸ "故主"，吴本："上恐缺一字。盖言文犹背齐，以起下文最不与伐齐之意。"钟凤年以为所缺为"倍"字。
❹ "者"，鲍本、吴本无。

太卜，因告以祭地事。及王病，使卜之，太卜谴之曰：
"周之祭地为祟。"赵乃还之。

1.23 杜赫欲重景翠

　　杜赫欲重景翠于周，谓周君曰："君之国小，尽君
子❶重宝珠玉以事诸侯，不可不察也。譬之如张罗者，张
于无鸟之所，则终日无所得矣。张于多鸟处，则又骇鸟
矣。必张于有鸟无鸟之际，然后能多得鸟矣。今君将施于
大人，大人轻君，施于小人，小人无可以求，又费财焉。
君必施于今之穷士，不必且为大人者，故能得欲矣。"

1.24 周共太子死

　　周共太子死，续：《史记》：西周武公之共太子死。
徐广云：惠王，公之长子。今乃编在东周。有五庶子，皆爱
之，而无适立也。司马翦谓楚王曰：一本无楚字。"何
不封公子咎，咎，一作右。而为之请太子？"左成左，一
作右。谓司马翦曰："周君不听，是公之知困而交绝于
周也。不如谓周君曰：孰欲立也？微告翦，翦今❷楚王资

---

❶ "子"，鲍本、吴本作"之"。
❷ "今"，鲍本、吴本作"令"。

资，一作奉。之以地。"公若欲为太子，因令人谓相国御展子、廧夫空曰："王类欲令若为之，此健士也，居中不便便，刘作使，曾云：恐作便。于相国。"相国令之为太子。

卷一 ◉ 东周

1.25　三国隘秦

三国隘秦，周令其相之秦，以秦之轻也，留其行。有人谓相国曰："秦之轻重，未可知也。秦欲知三曾、集、刘、钱作亡。国之情，公不如遂见秦王，曰：请谓❶王听东方之处。秦必重公。是公重周，重周以取秦也。齐重故有周，而已取齐，是周常不失重国之交也。"

1.26　昌他亡西周

昌他亡西周，之东周，尽输西周之情于东周。东周大喜，西周大怒。冯旦❷曰："臣能杀之。"君予金三十斤。冯旦使人操金与书，间遗昌他。书曰："告昌他：事可成，勉成之；不可成，亟亡来亡来。一本止一亡来字。事久且泄，自令身死。"因使人告东周之候曰："今夕有

---

❶ "谓"，鲍本、吴本作"为"。
❷ "旦"，鲍本作"雎"，夹注："元作旦，雎之省也。"吴本作"旦"，下同。

043

奸人当入者矣。"候得而献东周，东周立杀昌他。

1.27　昭翦与东周恶

昭翦与东周恶。或谓照❶翦曰："为公画阴计。"照翦曰："何也？""西周甚憎东周，尝欲东周与楚恶，西周必令贼贼公，因宣言东周也，以西周❷之于王也。"照翦曰："善。吾又恐东周之贼己，而以轻❸西周恶之于楚。"遽和东周。

1.28　严氏为贼

严氏为贼，而阳竖 _{曾一作坚}。与焉。道周，周君留之十四日，载以乘车驷马而遣之。韩使人让周，周君患之。客谓周君曰："正语之曰：寡人知严氏之为贼，而阳竖与之，故留之十四日，以待命也。小国不足亦❹以容贼，君之使又不至，是以遣之也。"

战国策卷第一

❶　"照"，鲍本、吴本作"昭"。下同。
❷　"西周"，鲍本改作"恶"。
❸　"轻"，王引之以为"诬"字之讹。
❹　"亦"，鲍本："衍亦字。"吴本："疑在不字上，一本无。"

卷二

西周

2.1 薛公以齐

薛公以齐为韩、魏攻楚，薛，齐邑也。齐公子田婴也，孟尝君田文之父也。封于薛，号靖郭毛君❶，今属鲁国也。又与韩、魏攻秦，而藉兵乞食于西周。食，粮也。韩庆为西周续：《史记》：苏代为西周。谓薛公韩庆，西周臣也。曰："君以齐为韩、魏攻楚，九年而取宛、叶以北，以❷强韩、魏，今又攻秦以益之。益韩、魏之强也。韩、魏南无楚忧，西无秦患，则地广❸而益重，厚❹，多也。重，尊也。齐必轻矣。益韩、魏，韩、魏重而齐轻也。夫本末更盛，虚实有时，窃为君危之。谓薛公。危，不安也。君不如令弊邑阴合于秦，而君无攻，阴，私也。无攻秦也。又无藉兵乞食。勿示秦以少兵少粮也。君临函谷而无攻，临，犹守也。函谷，关名也，在弘农城北，今在新安东。无

---

❶ "靖郭毛君"，《战国策》他处皆称田婴为靖郭君，疑衍"毛"字。

❷ "以"，鲍本、吴本作"为"。

❸ "广"，何本据于鬯说改作"厚"。

❹ "厚"，范本以为当作"广"。

攻秦。令弊邑以君之情谓秦王曰：薛公必❶破秦以张韩、魏。张，强也。所以进兵者，欲王令楚割东国以与齐也。秦王出楚王以为和，出，归也。是时张仪诱楚怀王令召秦，秦使质之，故曰归楚王以为和。君令弊邑以此忠❷秦，秦得无破，而以楚之东国自免也，必欲之。楚东国，近齐南境者也。楚王出，必德齐。齐得东国而益强，恩德。齐使得归，楚王必以东国与齐也。而薛世世无患。秦不大弱，而处之三晋之西，三晋，晋三卿韩氏、魏氏、赵氏，分晋而君之，故曰三晋也。三晋必重齐。"薛公曰："善。"因令韩庆入秦，而使三国无攻秦，而使不藉兵乞食于西周。

2.2　秦攻魏将犀武

秦攻❸魏将犀武军于伊阙，进兵而攻周。秦攻❹魏将犀武军于伊阙，秦遂进攻周。伊阙，在洛阳西南六十里，禹所辟也，水所由比流入于洛川也。为周最谓李兑曰：李兑，赵将也。"君不如禁秦之攻周，禁，止也。赵之上计莫如令秦、魏复战。今秦攻周而得之，则众必多伤矣。秦欲待周之得，必不攻魏。秦若攻周而不得，前有胜魏之劳，后有攻周之败，又必不攻魏。今君禁之，而秦未与魏讲也。讲，和也。

---

❶ "必"，鲍本下补"不"字。吴本："《史》：此下有不字，是。"
❷ "忠"，吴本作"惠"。
❸ "攻"，王念孙以为宜作"败"。
❹ "攻"，王念孙以为宜作"败"。

一曰战。而曾一作攻，刘作而。**全赵令其止，必不敢不听，是君却秦而定周也。秦去周，必复攻魏，魏不能支，**支，犹拒也。**必因君而讲，则君重矣。**君，谓李兑也。**若魏不讲，而疾支之，是君存周而战秦、魏也，重亦尽在赵。"**

2.3　秦令樗里疾

秦令樗里疾以车百乘入周，周君迎之以卒，甚敬。疾，秦公子名也。其里有大樗树，因号樗里子也。百人为卒。甚敬，敬樗里疾也。**楚王怒，让周，以其重秦客。**楚王，怀王也。一曰顷襄王之子，怀王之孙也。怒周敬重秦客，故责让之也。**游腾**续：《后语》：游胜。**谓楚王曰：**游腾，周臣也。**"昔智伯欲伐厹由，**智伯，晋卿智襄子孙也。厹由，狄国。或作仇首也。**遗之大钟，载以广车，因随入以兵，厹由卒亡，无备故也。**广，大车也。厹由贪大钟之赂，开道至晋以受钟，智伯随入兵，伐而取之也。**桓公伐蔡也，号言伐楚，其实袭蔡。**桓归蔡姬，未绝，蔡人嫁之，故伐蔡也。不欲令蔡知，故诈言诛楚也。**今秦者，虎狼之国也，**秦欲吞灭诸侯，故谓虎狼国也。**兼有吞周之意。**吞，灭也。**使樗里疾以车百乘入周，周君惧焉，以蔡、厹由戒之，**戒，以二国为戒也。**故使长兵在前，强弩在后，名曰卫疾，而实囚之也。周君岂能无爱国哉？恐一日之亡国，**钱、刘一无国字。**而忧大王。"**恐不敬其使，一日之中以灭亡国，而为大王忧也。**楚王乃悦。**

2.4 雍氏之役

雍氏之役，韩征甲与粟于周。雍，韩别邑也。楚攻韩，围雍氏，故曰役。役，事也。韩召兵及粮于周也。周君患之，告苏代。苏代曰："何患焉？苏代，苏秦兄也。患，忧。代能为君令韩不征甲与粟于周，又能为君得高都。"高都，韩邑，今属上党。周君大悦，曰："子苟能，寡人请以国听。"听，从也。苏代遂往见韩相国公中，公中，韩公侈，为相国也。曰："公不闻楚计乎？昭应谓楚王曰：昭应，楚将也。韩氏罢于兵，仓廪空，无以守城，吾收❶之以饥，不过一月，必拔之。今围雍氏五月不能拔，是楚病也。病，困也。楚王始不信昭应之计矣。今公乃征甲及粟于周，此告楚病也。昭应闻此，必劝楚王益兵守雍氏，雍氏必拔。"公中曰："善。然吾使者已行矣。"代曰："公何不以高都与周？"公中怒曰："吾无征甲与粟于周，亦已多矣。何为与高都？"代曰："与之高都，则周必折而入于韩。折，屈也。秦闻之，必大怒而焚周之节，不通其使，节，符信也。是公以弊高都得完周也。何不与也？"弊，破也。公中曰："善。"不征甲与粟于周，而与高都。楚卒不拔雍氏而去。

---

❶ "收"，鲍本、吴本作"攻"。

2.5　周君之秦

周君之秦。谓周最曰：谓，有人谓周最，姓名不见也。最，周公子也。"不如誉秦王之孝也，因以应❶为太后养地。原，周邑也。太后，秦昭王母也。秦王、太后必喜，是公有秦也。交善，周君必以为公功；公，周最也。交恶，劝周君入秦者必有罪矣。"

2.6　苏厉谓周君

苏厉谓周君曰："败韩、魏，杀犀武，犀武，魏将。攻赵，取蔺、离石、祁者，皆白起。白起，秦将也，杀犀武于伊阙。蔺、石❷本属西河，祁本属太原也。是攻用兵，又有天命也。是，实也。攻，巧玄也。白起用兵又有天命之助也。今攻梁，梁必破，破则周危。君不若止之，谓白起曰：楚有养由基者，善射。养，姓。由基，名。楚善射人也。去柳叶者百步而射之，百发百中。左右皆曰善。有一人过曰：善射，可教射也矣。集、刘、钱无也字。养由基曰：人皆刘、钱下有曰字。善，子乃曰可教射，子何不代

---

❶ "应"，鲍本、吴本作"原"。据下夹注，作"原"是。
❷ "石"，上当脱"离"字。

我射之也？客曰：我不能教子支左屈右。支左屈右，善射法也。夫射柳叶者，百发百中，而不已己，钱、刘作以。善息，少焉气力倦，弓拨矢钩，一发不中，前功尽矣。今公破韩、魏，杀犀武，而北攻赵，取蔺、离石、祁者，公也。公之功甚多。今公又以秦兵出塞，过曾一作週，集、刘作过。两周，践韩而以攻梁。一攻而不得，前功尽灭。灭，没也。公不若称病不出也。"

2.7　楚兵在山南

楚兵在山南，在周之山南也。吾得将，为楚王属怒❶于周。吾得，楚将也。吾当为五，楚五将者也。或谓周君曰："不如令太子将军正迎吾得于境，或，犹有人谓周君也。使太子与军正于境迎吾得也。而君自郊迎，令天下皆知君之重吾得也。因泄之楚，泄，犹使楚闻之也。曰：周君所以事吾得者器，必一无必字。名曰谋。曾、集作谋，钱、刘作某。楚王必求之，而吾得无效也，王必罪之。"效，致也。

---

❶ "怒"，鲍本、吴本作"怨"。

2.8　楚请道于二周[1]

楚请道于二周之间，以临韩、魏，临，犹伐也。周君患之。苏秦谓曾一作调，集、刘作谓。周君曰："除道属之于河，属，犹至也，通也。韩、魏必恶之。齐、秦恐楚之取九鼎也，必救韩、魏而攻楚。楚不能守方城之外，方城，楚塞也。外，北也。安能道二周之间？若四国弗恶，君虽不欲与也，楚必将自取之也矣。"四国，韩、魏、齐、秦也。

2.9　司寇布

司寇布为周最谓周君曰：布，周臣也。"君使人告齐王以周最不肯为太子也，臣为君不取也。函冶氏为齐太公买良剑，公不知善，归其剑而责之金。齐太公，田常孙田和也，始代吕氏为齐侯，号曰太公。函，姓。冶，官名也。因以为氏。知铸冶，晓铁理，能相剑。太公不知其剑善，故归之而责其买剑金。越人请买之千金，折而不卖。虽愿千金，犹未尽其本价也，故折其（钱、刘下有剑字），不卖与越人也。将死，而属其子曰：必无独知。函冶氏属其子曰：必无以语

---

[1] 吴本题作"楚谓道于二周"，今据正文改。

人，独知其利。今君之使最为太子，独知之契也，天下未有信之者也。臣恐齐王之为君实立果，果，周太子也。而让之于最，以嫁之齐嫁，卖。也。君为多巧，最为多诈，君何不买信货哉？奉养无有爱于最也，使天下见之。"

2.10　秦召周君

秦召周君，周君难往。或为周君谓魏王《史记》作韩王。曰："秦召周君，将以使攻魏之南阳。南阳，魏邑也。王何不出❶于河南？《史记》作南阳。周君闻之，将以为辞于秦而不往。以魏兵在河南为辞，不往诣秦也。周君不入秦，秦必不敢越河而攻南阳。"

2.11　犀武败于伊阙

犀武败于伊阙，周君之魏求救，秦将白起败魏将犀武于伊阙，遂进攻周，君故求救于魏也。魏王以上党之急辞之。故不救周。周君反，见梁囿而乐之也。梁，魏惠王之都也。畜禽曰苑，园有林池曰园❷也。綦母恢谓周君曰："温囿不下此，而又近。臣能为君取之。"綦母恢，周臣也。

---

❶ "出"，鲍本、吴本下有"兵"字。金正炜以为当作"田"。
❷ "园"，当作"囿"。鲍本："有林池曰囿。"

温圃，今在河内，是时属魏。下，犹减也。此梁圃（一作梁园）也，温圃近周。能为君取温圃也。反，见魏王，王曰："周君怨寡人乎？"对曰："不怨。且谁怨王❶？臣为王有患也。患，忧也。周君，谋主也。周，天子也，故曰谋主也。而设以国为王扞秦，扞，御也。传曰：扞御北狄也。而王无之扞也，言魏为周无所扞御也。臣见其必以国事秦也。秦悉塞外之兵，与周之众，以攻南阳，南阳，魏邑。而两上党绝矣。"魏王曰："然则奈何？"綦母恢曰："周君形不小❷利事秦，而好小利。形，势也。小利，谓温圃也。今王许戍三万人，与温圃。戍，守也。周君得以为辞于父兄百姓，而利利，钱作私。温圃以为乐，私，爱也。必不合于秦。臣尝闻温圃之利，岁八十金，周君得温圃，其以事王者，岁百二十金，是上党每❸患而赢四十金。"温圃贡于魏王八十金耳，周君得之，则贡百二十金，故曰是赢四十金也。魏王因使孟卯致温圃于周君，而许之戍也。

2.12　韩魏易地

韩、魏易地，西周弗利。樊余曾下有为周字。谓楚王

---

❶ "王"，鲍本、吴本作"乎"。
❷ "小"，范本以为衍文。
❸ "每"，鲍本、吴本作"无"。

曰：“周必亡矣。利，便也。樊余，周臣也。为周谓楚王。楚王，怀王。韩、魏之易地，韩得二县，魏亡二县。所以为之者，尽包二周，多于二县，九鼎存焉。且魏有南阳、郑地、三川，而包二周，则楚方城之外危。韩兼两上党以临赵，即赵羊肠以上危。羊肠，赵险塞名也。山形屈壁（钱作辟），状如羊肠。今在太原晋阳之西北也。故易成之日，楚、赵皆轻。”楚王恐，因赵以止易也。

2.13　秦欲攻周

秦欲攻周，周最谓秦王曰：“为王之国计者，不攻周。攻周实不足以利国，而声畏天下。天下以声畏秦，必东合于齐。兵弊于周，弊，罢也。而合天下于齐，则秦孤而不王矣。是天下欲罢秦，故劝王攻周。秦与天下俱❶罢，则令不横行于周矣。”横行，东行。

2.14　宫他谓周君

宫他谓周君曰：宫他，周臣也。“宛恃秦而轻晋，秦饥而宛亡。谷不熟曰饥。亡，灭也。郑恃魏而轻韩，魏攻

---

❶ “俱”，王念孙以为衍文。

蔑❶而郑亡。韩哀侯灭亡郑。邾、钱、刘下有臣字。莒亡于齐，陈、蔡亡于楚，为齐、楚所灭亡。此皆恃援国而轻近敌也。今君恃韩、魏而轻秦，国恐伤矣。君不如使周最阴合于赵以备秦，则不毁。"

2.15　谓齐王曰

谓齐王曰："王何不以地赍周最以为太子也？"赍，进也。周最为周之太子。齐王令司马悍刘一作程。以赂续：一作地。进周最于周。左尚谓司马悍曰："周不听，是公之知困而交绝于周也。公不如谓周君曰：何欲置？置，立也。欲立谁为太子也。令人微告悍，悍请令王进之以地。"左尚以此得事。左尚以教司马悍劝王赍周最地，以此得尊宠之职。

2.16　三国攻秦反

三国攻秦反，三国，魏、韩、齐也。反，还也。西周恐魏之藉道也。为西周谓魏王曰："楚、宋不利秦之德❷

---

❶ "蔡"，金正炜以为当作"楚"或"荆"。
❷ "德"，鲍本改作"听"。

三国也，彼且攻王之聚以利❶秦。"魏王惧，令军设舍❷速东。

2.17　犀武败周

　　犀武败，周使周集、曾、钱一无下周字，刘有。足之秦。或谓周足曰："何不谓周君曰：臣之秦，秦、周之交必恶。主君之臣，又秦重而欲相者，且恶臣于秦，而臣为不能使矣。臣愿免而行，君因相之，彼得相，不恶周于秦矣。君重秦，故使相往，行而免，且轻秦也，公必不免。公言是而行，交善于秦，为秦所善。且❸公之成事也。交恶于秦，不善于公❹，且诛矣。"

　　战国策卷第二

---

❶ "利"，鲍本："元作到。"王念孙以为当作"劲"。
❷ "设舍"，孙诒让、金正炜疑当作"拔舍"。
❸ "且"，鲍本、吴本作"是"。
❹ "公"，鲍本、吴本下补"者"字。

卷三

秦一

3.1 卫鞅亡魏入秦❶

卫鞅亡魏入秦，卫鞅，卫公子叔痤之子也。痤仕魏，相惠王。痤病，惠王视之，曰："若疾不讳，谁可与为国者？"痤曰："臣庶子鞅可也。"王不听。又曰："王若不能用，请杀之，无令他国得用也。"鞅由是亡奔秦。秦孝公封之于商，曰商鞅。卫公之后孙也，或曰公孙鞅也。**孝公以为相，封之于商，号曰商君。商君治秦，法令至行，**至，犹大也。**公平无私，罚不讳强大，**讳，由辟也。《诗》云：仲山甫不辟强御，不侮鳏寡。此其一隅也。**赏不私亲近，**私，犹曲也。**法及太子，**太子卒为惠王。**黥劓其傅。**太子犯法，刑之不赦，故曰法及太子，并罪其傅。刻其颡，以墨实其中曰黥，截其鼻曰劓也。**期年之后，道不拾遗，**遗物在道，不敢拾也。**民不妄取，**民非其物，不敢取也。**兵革大强，**革，犹甲也。**诸侯畏惧。然刻深寡恩，**刻，急也。寡，少也。深，重也。言少恩仁也。**特以强服之耳。孝公行之**一本下有十字。**八年，疾且不起，欲传**刘作欲傅。**商君，**传，犹禅也。传，或

---

❶ 吴本题作"魏鞅亡魏入秦"，今据正文改。

作傅也。**辞不受。孝公已死，惠王代后。**惠王，孝公太子
也。**莅政有顷，**莅，临也。有顷，言未久。**商君告归。**惧惠
王诛之，欲还归魏也。**人说惠王曰："大臣太重者国危，
左右太亲者身危。今秦妇人婴儿皆言商君之法，莫言大
王之法。**莫，无也。**是商君反为主，大王更为臣也。且夫
商君，固大王仇雠也，愿大王图之。"**图，谋也。**商君归
还，惠王车裂之，而秦人不怜。**商君惧诛，欲之魏，商人
禁之，曰：商君之法急。不得出，穷而还。一曰，魏以其谲公
子卬而没其军，魏人怨而不纳。故（曾下有还而字）惠王车裂
之也。

3.2　苏秦始将连横

　　苏秦始将连横，合关东从，通之于秦，故曰连横者也。
说秦惠王曰："大王之国，西有巴、蜀、汉中之利，
利，饶也。**北有胡、貉、代、马之用，**用，用武也。**南有
巫山、黔中之限，**皆有塞险要也，故曰之限也。**东有肴、
函之固。**肴在渑池西。函关，旧在弘农城北门外，今在新安
东。固，牢坚，难攻易守也。**田肥美，民殷富。战车万乘，
奋击百万。沃野千里，蓄积饶多。**关中沃野千里，故田美
民富。**地势形便，**攻之不可得，守之不可坏，故曰形便也。
此所谓天府，府，聚也。**天下之雄国也。以大王之贤，士
民之众，车骑之用，兵法之教，**教，习也。**可以并诸侯，
吞天下，**吞，灭也。**称帝而治。愿大王少留意，臣请奏其**

效。"奏，事。效，验也。

秦王曰："寡人闻之，毛羽不丰满者不可以高飞，文章不成者不可以诛罚，文章，旌旗文章。青与赤谓之文，赤与白谓之章也。道德不厚者不可以使民，厚，犹大也。政教不顺者不可以烦大臣。烦，劳也。今先生俨然不远千里而庭教之，愿以异日。"俨然，矜庄貌。不以千里之道为远而来在秦庭，寡人愿以他日敬承之也。

苏秦曰："臣固疑大王之不能用也。昔者神农伐补遂，神农，炎帝号也，少典之子也。补遂，国名也。续：《后语》：辅遂。黄帝伐涿鹿而禽蚩尤，蚩尤，九黎民之君子（子，刘、钱作好兵）也。尧伐骥兜，舜伐三苗，翼善传圣曰尧，仁圣盛明曰舜。骥兜、三苗，皆国名。禹伐共工，共工，官名也。霸于水火之间，任知训（一无训字）刑之后子孙也。汤伐有夏，文王伐崇，武王伐纣，夏桀为无道，故成汤伐之。崇侯虎为纣卿士，道纣为恶，故文王伐之。纣淫虐，故武王伐之。齐桓任战而伯天下。齐桓公小白，僖公之子也。用兵战而尚仁义，师❶诸侯朝天子，故曰伯天下。由此观之，恶有不战者乎？恶，安也。古者使车毂击驰，言语钱、刘本无语字。相结，天下为一。击，一也。兵车之毂比相当，驰传言语相约结，使天下知同为一。约从连横，兵革不藏，藏，戢也。文士并饬，一作饬。诸侯乱惑。饬，巧也。惑，疑也。万端俱起，不可胜理，理，治也。科条既备，民多伪态，书策稠浊，百姓不足，稠，多。浊，乱

---

❶ "师"，当作"帅"。

也。**上下相愁，民无所聊。**上下，君臣也。刑罚失中故相愁。愁（钱、刘作愁怨）则民无所聊赖者也。**明言章理，兵甲愈起，**愈，益也。**辩言伟服，战攻不息，**息，休。**繁称文辞，天下不治。**去本事末，多攻文辞以相加诬，故曰天下不治也。**舌弊耳聋，不见成功，行义约信，天下不亲。**不能使天下相亲也。**于是乃废文任武，厚养死士，**死士，勇战之士也。**缀甲厉兵，效胜于战场。**缀，连也。厉，利也。利其兵器，致其胜功于战斗之场也。**夫徒处而致利，安坐而广地，**徒处、安坐，不修其兵事，欲以利国广地，不可得者也。**虽古五帝、三王、五伯，**刘、钱无五伯字，集有。**明主贤君，常欲坐而致之，其势不能，**势，力也。**故以战续之。**续，犹备其势也。**宽则两军相攻，迫则杖戟相橦，**攻，击。橦，刺。**然后可建大功。**建，立。**是故兵胜于外，义强于内，**故仁义而行，故强于内也。**威立于上，民服于下。今欲并天下，凌万乘，诎敌国，**诎，服也。**制海内，子元元，臣诸侯，**子，爱也。元元，善也。钱、刘止一元字。**非兵不可。**传曰：天生五材，民并用之，废一不可，谁能去兵？兵之设久矣。圣人以兴，乱人以废，废兴存亡，皆兵之由也。故服诸侯，非兵不可也。**今之嗣主，忽于至道，皆惛于教，乱于治，**惛，不明也。**迷于言，惑于语，沉于辩，溺于辞。以此论之，王固不能行也。"**固，必也。必不能行霸事。

　　说秦王书十上，而说不行。苏秦之说不见用也。**黑貂之裘弊，黄金百斤尽，**弊，坏也。苏秦仕赵，赵王资貂裘、黄金，使说秦王，破关中之横，使与赵同从，从则相亲也。秦王不肯从，故苏秦用金尽而貂裘坏弊也。**资用乏绝，去秦而归。归洛阳也。**嬴縢履蹻，负书担橐，**橐，囊也。无底曰囊，有底曰橐。**形容枯槁，面目犁黑，状有归色。**归当终愧。愧，惭也。音相近，故作归耳。**归至家，妻不下纴，嫂不为炊，**不炊饭也。**父母不与言。**

苏秦喟❶叹曰："妻不以我为夫，嫂不以我为叔，父母不以我为子，是皆秦之罪也。"乃夜发书，陈箧数十，得太公《阴符》之谋，伏而诵之，简练以为揣摩。简，汰也。练，濯。濯治（刘、钱无濯治二字，集、曾有）《阴符》中奇异之谋，以为揣摩。揣，定也。摩，合也。定诸侯使仇其术，以成六国之从也。读书欲睡，引锥自刺其股，血流至足❷。曰："安有说人主不能出其金玉锦绣，取卿相之尊者乎？"期年，揣摩成，曰："此真可以说当世之君矣。"

于是乃摩燕乌集阙，阙，塞名也。见说赵王于华屋之下，华，夏。华屋（钱、刘作华屋夏屋），山名也。言赵王屋清高似山也。抵掌而谈。抵，据也。赵王大悦，封为武安君，武安，赵邑。今属广平。受相印。革车百乘，革车，兵车。绵❸绣千纯，纯，束也。白璧❹百双，黄金万溢，万溢，万金也。二十两为一溢也。以随其后，约从散横，以抑强秦。约合关东六国之从，使相亲也。散关中之横，使秦宾服也。故曰抑强秦也。故苏秦相于赵而关不通。

---

❶ "喟"，鲍本、吴本下有"然"字。
❷ "足"，裴骃引作"踵"。
❸ "绵"，鲍本、吴本作"锦"。
❹ "璧"，鲍本、吴本作"璧"。

　　当此之时，天下之大，万民之众，王侯之威，谋臣之权，皆欲决苏秦之策。不费斗粮，未烦一兵，未战一士，未绝一弦，未折一矢，诸侯相亲，贤于兄弟。贤，犹厚也。夫贤人在而天下服，一人用而天下从。故曰：式于政，不式于勇，式于廊庙之内，不式于四境之外。式，皆用也。当秦之隆，隆，盛。黄金万溢为用，经用。转毂连骑，炫熿于道，炫熿也，犹焜光也。山东之国，从风而服，风，化也。使赵大重。重，尊也。使天下诸王侯尊赵王也。

　　且夫苏秦，特穷巷掘门❶、桑户棬枢之士耳，捲揉桑条，假以为户枢耳。伏轼撙衔，横历天下，徐，勒也。历，行也。廷说诸侯之王，杜左右之口，天下莫之能伉。伉，当。钱、刘一作抗。

　　将说楚王，路过洛阳，父母闻之，清宫除道，张乐设饮，郊迎三十里。张，施也。设，置也。施乐置酒，远迎上郊邑培也。妻侧目而视，倾耳而听。嫂蛇行匍伏，蛇行匍匐，匀曳地也。四拜自跪而谢。谢前不炊之过也。苏秦曰："嫂何前倨而后卑也？"嫂曰："以季子之位尊而多金。"苏秦曰："嗟乎！贫穷则父母不子，不以为己子也。富贵则亲戚畏惧。人生世上，势位富贵❷，盖可忽乎哉！"信不可轻忽，故曰乎哉。

---

❶ "穷巷掘门"，吴本："掘即窟，古字通。《齐策》：掘穴穷巷。邹阳《书》：伏死掘穴。《楚策》亦有。"今按，据吴说，"门"字当作"穴"。

❷ "贵"，鲍本、吴本作"厚"。

3.3 秦惠王谓寒泉子

秦惠王谓寒泉子曰：秦惠王，孝公子也。寒泉子，秦处士也。"苏秦欺寡人，欲以一人之智，反覆东山❶之君，从以欺秦。东山，山东。欺，诈也。赵固负其众，负，恃也。故先使苏秦以币帛约乎诸侯。诸侯不可一，犹连鸡之不能俱止于栖之明矣。约，谋约也。一，同也。续：李善引作俱上于栖亦明矣。寡人忿然含怒日久，含，怀也。吾欲使武安子起往喻意焉。"武安子起，秦将白起。寒泉子曰："不可。夫攻城堕邑，请使武安子，堕，坏也。善我国家，使诸侯，请使客卿张仪。"张仪，魏人也，仕秦以为客卿。秦惠王曰："敬受命。"受寒泉子之教。

3.4 泠向谓秦王

泠向谓秦王曰：泠，姓。向，名也。秦臣也。"向欲以齐事王，使一作故。攻宋也。以，犹使也。宋破，晋国危，安邑，王之有也。晋国，魏都大梁也，宋在其东。若齐攻宋破之，则大梁危，不能复获其安邑。安邑在河东，近秦，

---

❶ "东山"，鲍本改作"山东"。

秦可兼取，故安邑王之有也。**燕、赵恶齐、秦之合，必割地以交于王矣。**割，犹分也。交，齐也。**齐必重于王，则向之攻宋也，且以恐齐而重王。王何恶向之攻宋乎？向以王之明为先知之，故不言。**"向言以秦王之聪明为先自知之，故不言道也。

3.5　张仪说秦王

张仪❶说秦王曰：秦惠王也。续：《韩非子》第一篇《初见秦》，文与此同。**"臣闻之，弗知而言为不智，知而不言为不忠。**知可言利国安君而不言，故曰不忠。**为人臣不忠当死，言不审亦当死。虽然，臣愿悉言所闻，大王裁其罪。**裁，制也。**臣闻天下阴燕阳魏，**阴，小。阳，大。**连荆固齐，收余韩成从，将西南❷以与秦为难。**难，犹敌也。**臣窃笑之。世有三亡，而天下得之，其此之谓乎！臣闻之曰：以乱攻治者亡，以邪攻正者亡，以逆攻顺者亡。今天下之府库不盈，囷仓空虚，悉其士民，张军**曾作张军声。**数千百万，白刃在前，斧质在后，而皆去走不能死，罪❸**一本有也字。**其百姓不能死也，**钱、刘本无此七字，曾、集有。**其上不能杀也。言赏则不与，言罚则不行，赏**

---

❶ "张仪"，吴本："误，当作韩非。"

❷ "南"，吴本："《韩》作面，是。下文有。"

❸ "罪"，鲍本、吴本改作"非"。

罚不行，故民不死也。民不为尽节致死。传曰：赏罚无章，何以沮劝。此之谓也。

今秦出号令而行赏罚，不攻无攻曾作有功无功。相事也。出其父母怀衽之中，生未尝见寇也，闻战，顿足徒裼，犯白刃，蹈煨炭，断死于前者比是也。夫断死与断生也不同，死生异也。而民为之者，是贵奋也。奋，勇也。一可以胜十，十可以胜百，百可以胜千，千可以胜万，万可以胜天下矣。今秦地形，断长续短，方数千里，名师数百万。秦之号令赏罚，地形利害，天下莫如也。以此与天下，天下不足兼而有也。是知秦战未尝不胜，攻未尝不取，所当未尝不破也。当，敌。开地数千里，此甚大功也。然而甲兵顿，士民病，病，困也。蓄积索，索，尽也。田畴荒，垦不治也。囷仓虚，四邻诸侯不服，威德不能怀也。伯王之名不成。此无异故，异，怪。谋臣皆不尽其忠也。

臣敢言往昔。昔者齐南破荆，中破宋，西服秦，北破燕，中使韩、魏之君，地广而兵强，战胜攻取，诏令天下，济清河浊，济水清，河水浊。一作诏令天下齐清济浊河。足以为限，限，难也。长城巨坊，钱、刘坊作防。足以为塞。齐，五战之国也，一战不胜而无齐。故由此观之，夫战者，万乘之存亡也。胜则存，败则亡也。胜败若此，故曰万乘之存亡也。

且臣闻之曰：削株掘根，无与祸邻，祸乃不存。秦与荆人战，大破荆，袭郢，取洞庭、五都、续：《史记》引《战国策》作五渚。江南。郢，楚都也。洞庭、五都、江南，皆楚邑也。荆王亡奔❶曾作亡命。走东，伏于陈。当是之时，随荆以兵，则荆可举。举荆，则其民足贪也，地足利也。东以强齐、燕，言（钱、刘下有秦字）以强于齐燕也。中刘下有以字。陵三晋。三晋，赵、韩、魏也。然则是一举而伯王之名可成也，四邻诸侯可朝也。可使韩魏。而谋臣不为，不为此谋也。引军而退，与荆人和。和，平也。今一作令。荆人收亡国，聚散民，立社主，置宗庙，令帅天下西面以与秦为难，此固已无伯王之道一矣。

天下有比志而军华下，华下，华山之下也。大王以诈破之，兵至梁郭，围梁数旬，梁，大梁，魏王所都也。则梁可拔。拔梁，则魏可举。举魏，则荆、赵之志绝。荆、赵之志绝，则赵危。赵危而荆孤。东以强齐、燕，中陵三晋，然则是一举而伯王之名可成也，四邻诸侯可朝也。而谋臣不为，引军而退，与魏氏和。令魏氏收亡国，聚散民，立社主，置宗庙，此固已无伯王之道二矣。

前者穰侯之治秦也，用一国之兵，而欲以成两国之功。穰国（钱、刘本无国字）侯，魏人也。治，犹相也。穰侯相秦，欲兴秦而安魏，故曰欲成两国之功也。是故兵终身暴灵❷于外，士民潞病于内，潞，羸于内。伯王之名不成，此固已无伯王之道三矣。

赵氏，中央之国也，杂民之所居也。其民轻而难用❸，号令不治，赏罚不信，地形不便，赵王都邯郸，无

---

❶ "奔"，鲍本、吴本无。
❷ "灵"，鲍本、吴本作"露"。
❸ "用"，鲍本、吴本下有"也"字。

险固，故曰不便。上非能尽其民力。彼固亡国之形也，而不忧民氓，野民曰氓。悉其士民，军于长平之下，以争韩之上党。大王以诈破之，刘下有兵字。拔武安。赵括封于武安（曾更有武安字）君，将赵四十万众拒秦，秦将白起坑括四十万众于长平下。故曰武安。当是时，赵氏上下不相亲也，上下，君臣也。贵贱不相信，贵，谓卿。贱，谓士。然则是邯郸不守。拔邯郸，完河间，引军而去，西攻修武，逾羊肠，修武，赵邑（一本有也字），合属河内。羊肠，塞名也。降代、上党。代三十六县，上党十七县，代属赵，上党属韩。不用一领甲，不苦一民，甲，铠。苦，劳。皆秦之有也。代、上党不战而已曾下有反字。为秦矣，为，犹属也。东阳、河外不战而已反为齐矣，中呼池❶池，续作沲。以北不战而已为燕矣。然则是举赵则韩必亡，韩亡则荆、魏不能独立。荆、魏不能独立，则是一举而坏韩、蠹魏、蠹，害也。挟荆，以东弱齐、燕，决白马之口，以流魏氏。白马，津名。魏氏，今魏郡县也。流，灌也。一举而三晋亡，从者败。从者，山东六国从。败，不成也。大王拱手以须，天下遍随而伏，伯王之名可成也。而谋臣不为，引军而退，与赵氏为和。以大王之明，秦兵之强，伯王之业地，刘作伯王业也。尊❷不可得，乃取欺于亡国，亡国，谓赵也。是谋臣之拙也。且夫赵当亡不亡，秦当伯不伯，天下固量秦之谋臣一矣。乃复悉卒乃一作以。攻邯郸，不

---

❶ "池"，鲍本作"沲"。
❷ "尊"，吴本："韩尊作曾。"

能拔也，弃甲兵怒，战慄而却，却，退也。天下固量秦钱本有之字。力二矣。军乃引退，并于李下，李下，邑名，在河内也。大王又并军而致，一作至。与战非能厚胜之也，厚，大也。又交罢却，天下固量秦一本有之字。力三矣。

内者量吾谋臣，外者极吾兵力。由是观之，臣以天下之从，岂其难矣。内者，吾甲兵顿，士民病，顿，罢也。病，困也。蓄积索，田畴荒，囷仓虚。员曰囷，方曰仓。虚，不实（一本下有也字）。外者，天下比志甚固。愿大王有以虑之也。虑，谋也。

且臣闻之，战战慄慄，日慎一日。苟慎其道，天下可有也。苟，诚也。何以知其然也？昔者纣为天子，帅天下将甲百万，左饮于淇谷，右饮于洹水，淇水竭而洹水不流，以与周武为难。武王将素甲三千领，战一日，一日，甲子之日也。太公望为号，到牧野，便克纣，故曰一日。破纣之国，禽其身，据其地而有其民，天下莫不刘无不字。伤。伤，愍也。智伯帅三国之众，三国，晋（曾、集晋作智）、韩、魏也。以攻赵襄主于晋阳，襄主，赵襄子也。大夫称主。晋阳，赵氏邑也。决水灌之，三年，城且拔矣。且，将也。襄主错龟，数策占兆，策，蓍也。兆，占龟兆也。以视利害，何国可降，何国可降，使为反间。而使张孟谈。张孟谈，赵襄子臣也。于是潜行而出，反智伯之约，得两国之众，以攻智伯之国，禽其身，以成襄子❶之功。潜行，私行。两国，韩、魏也。智伯与韩、魏攻襄子，张孟谈

---

❶ "襄子"，据前文及下高注，当作"襄主"。

辞于韩、魏，魏与赵同，故曰反智伯之约也。国犹军。（一本有攻字）智伯之军而破，以杀其身，故曰以成襄主之功也。**今秦地断长续短，方数千里，名师数百万，秦国号令赏罚，地形利害，天下莫如也。**无如秦国安固者也。**以此与天下，天下可兼而有也。**与天下争，可并而有。

臣昧死望刘作臣愿望。**见大王，言所以举^❶**一本无举字。**破天下之从，举赵亡韩，臣荆、魏，亲齐、燕，以成伯王之名，**成，立也。**朝四邻诸侯之道。大王试听其说，一举而天下之从不破，赵不举，韩不亡，荆、魏不臣，齐、燕不亲，伯王之名不成，四邻诸侯不朝，大王斩臣以徇于国，以主为谋**曾：恐当作主谋。**不忠者。"**

3.6　张仪欲假秦兵

张仪欲假秦兵以救魏。左成谓甘茂曰："子不^❷予之。魏不反秦兵，张子不反秦。言魏以秦兵战，死亡之而不反，则张仪亦惧诛，不敢反秦也。**魏若反秦兵，张子得志于魏，不敢反于秦矣。**魏用秦兵战，得反之，则张仪有功于魏，故得志。得志于魏，亦不反于秦也。**张子不去秦，张子必高子。"**高，贵也。子，谓甘茂也。

---

❶ "举"，黄丕烈以为上脱"一"字。
❷ "子不"，鲍本、吴本作"不如"。

3.7　司马错与张仪

司马错与张仪争论于秦惠王前。司马错欲伐蜀，张仪曰："不如伐韩。"王曰："请闻其说。"钱云：闻，旧作问。曾、刘、集亦作问。对曰："亲魏善楚，下兵三川，三川，宜阳也。下兵，出兵也。塞轘辕、缑氏之口，塞，断。当屯留之道，屯留，今上党县。魏绝南阳，魏与南阳绝也。楚临南郑，郑，今河南新郑也。秦攻新城、宜阳，以临二周之郊，二周，东周、西周也。诛周主之罪，周主，周君。侵楚、魏之地。周自知不救，九鼎宝器必出。自知不可复救，必出其宝器，不敢爱惜也。据九鼎，桉图籍，挟天子以令天下，令，教。天下莫敢不听，此王业也。钱本作此不世之业也。今夫蜀，西僻之国，而戎狄之长也，续云：《新序》长字作偷，《后语》作伦字。弊兵劳众不足以成名，僻远不足以成伯王之名。得其地不足以为利。臣闻争名者于朝，争利者于市。今三川、周室，天下之市朝也，而王不争焉，顾争于戎狄，去王业曾、钱、刘无业字。远矣。"顾，反也。

司马错曰："不然。臣闻之，欲富国者曾、钱、集本富国作国富。务广其地，欲强兵者务富其民，欲王者务博其德。三资者备，而王随之矣。随，从也。今王之地小民贫，故臣愿从事于易。夫蜀，西僻之国也，而戎狄之长也，而有桀、纣之乱。以秦攻之，譬如使豺狼逐群羊也。

取其地，足以广国也，得其财，足以富民，缮兵不伤众，而彼已服矣。故拔一国，而天下不以为暴；利尽西海，诸侯不以为贪。是我一举而名实两附，而又有禁暴正乱之名。今攻韩劫天子，劫天子，恶名也，而未必利也，又有不义之名，而攻天下之所不欲，危。臣请谒其故。谒，白。周，天下之宗室也。齐❶、韩，周之与国也。周自知失九鼎，韩自知亡三川，则必将二国并力合谋，二国，周、韩也。以因于齐、赵，而求解乎楚、魏。以鼎与楚，以地与魏，王不能禁。禁，止也。此臣所谓危，不如伐蜀之完也。"必不伤败，故曰完也。惠王曰："善！寡人听子。"司马错也。

卒起兵伐蜀，十月取之，遂定蜀。蜀主更号为侯，而使陈庄续：《新序》作陈叔。相蜀。陈庄，秦臣也。蜀既属，秦益强富厚，轻诸侯。厚，大也。

3.8　张仪之残樗里

张仪之残樗里疾也，残，害也。重而使之楚，因令楚王为之请相于秦。请使秦用樗里疾为相也。张子谓秦王曰："重樗里疾而使之者，将以为国交也。今身在楚，楚王因为请相于秦。臣闻其言曰：王欲穷仪于秦乎？臣请助王。斯言，樗里子言也，张仪诬樗里疾以自解说也。楚王以

---

❶ "齐"，吴本："齐字恐衍。"

为然，故为请相也。今王诚听之，彼必以国事楚王。"
彼，谓樗里疾也。钱、刘作楚矣。秦王大怒，樗里疾出走。
走，奔也。

3.9　张仪欲以汉中

张仪欲以汉中与楚，请❶秦王曰："有汉中，蠹。
蠹，害也。种树不处者，人必害之，家有不宜之财，则伤
伤，亦害也。本。汉中南边为楚利，此国累也。"累，忧
也。甘茂谓王曰："地大者，固多忧乎？固，必也。天下
有变，王割汉中以为一本无为字。和楚，楚必畔天下而与
王。与王相亲也。王今以汉中与楚，即天下有变，王何以
市楚也？"

3.10　楚攻魏张仪谓秦

楚攻魏。楚威王也。张仪谓秦王曰：秦惠王也。"不
如与魏以劲之。与，犹助也。劲，强也。魏战胜，复听
于秦，钱、刘作魏战胜德于秦。必入西河之外。西河，魏
邑。之外，近秦，故必以与秦也。不胜，魏不能守，王必
取之。"取之河西。王用仪言，取皮氏皮氏，魏邑。卒万

---

❶ "请"，吴本："当是谓字。"

人、车百乘，以与魏。犀首战胜威王。犀首，公孙衍也。魏兵罢弊恐畏秦，果献西河之外。献，致也。

3.11　田莘之为陈轸

田莘之为陈轸说秦惠王曰：陈轸，夏人，仕齐，亦仕楚也。"臣恐王之如郭君。古文，言虢也。夫晋献公欲伐郭，而惮舟之侨存。舟之侨，郭大夫也。荀息曰：荀息，晋大夫也。《周书》有言，美女破舌❶。乃遗之女乐，以乱其政。舟之侨谏而不听，遂去。传曰：舟之侨谏而不从，以其孥适西山（一本有也字）。因而伐郭，遂破之。又欲伐虞，而惮宫之奇存。宫之奇，虞大夫也。荀息曰：《周书》有言，美男破老。乃遗之美男，教之恶宫之奇。宫之奇以谏而不听，遂亡。亡去适秦。因而伐虞，遂取之。今秦自以为王，惠王，孝公子也。始僭尊号为王，故曰自以为王。能害王者一本无者字。之国者，楚也。楚智一本作知字。横一本有门字。君之善用兵，用兵钱、刘只一用兵字。与陈轸之智，横门君，秦将。陈轸，夏人，仕秦亦仕楚也。故骄张仪以五国。骄，宠也。来，必恶是二人。二人，横门君、陈轸也。愿王勿听也。"张仪果来辞，因言轸也，王怒而不听。

---

❶ "舌"，王念孙以为当作"后"。

3.12　张仪又恶陈轸❶

张仪又恶陈轸于秦王，曰："轸驰楚、秦之间，一本作驰走秦楚之间。钱、刘作驰楚。今楚❷不加善秦而善轸，然则是轸自为而不为国也。且轸欲去秦而之楚，王何不听乎？"听，察也。

王谓陈轸曰："吾闻子欲去秦而之楚，信乎？"陈轸曰："然。"王曰："仪之言果信也。"曰："非独仪知之也，行道之人皆知之。曰：孝己爱其亲，天下欲以为子；孝己，殷王高宗戊丁之子也。子胥忠乎钱、刘无乎字，集有。其君，天下欲以为臣。子胥，楚王大夫伍奢之子。平王杀伍奢，子胥奔吴，为阖闾、夫差臣。谒符也❸。卖仆妾售乎闾巷者，良仆妾也；出妇嫁乡曲者，良妇也。吾不忠于君，楚亦何以轸为忠❹乎？钱、刘本无乎字。忠且见弃，吾不之楚，何适乎？"秦王曰："善。"乃必之也❺。

---

❶ 本章原与上"田莘之为陈轸"章接续，今依鲍本、吴本单列一章。

❷ "楚"，鲍本、吴本作"遂"。

❸ "谒符也"，范本："于正文无涉，疑是他章之脱文，误淆于此。"

❹ "忠"，金正炜以为当作"恶"。

❺ "必之也"，鲍本、吴本作"止之"。

3.13　陈轸去楚之秦

陈轸去楚之秦。张仪谓秦王秦惠王也。曰："陈轸为王臣，常以国情输楚。输，语也。仪不能与从事，愿王逐之，即复之楚，愿王杀之。"王曰："轸安敢之楚也。"

王召陈轸告之曰："吾能听子言，子欲何之？言欲何之适也。曾作子欲何适。请为子车约❶。"约，具也。对曰："臣愿之楚。"王曰："仪以子为之楚，吾又自知子之楚。子非楚且安之也？"轸曰："臣出，必故之楚，以顺王与仪之策，顺，从。策，谋。而明臣之楚与不也。楚人有两妻者，人誂续：《后语》作挑。其长者，一本更有长者二字。詈之；誂其少者，少者许之。居无几何，有两妻者死。客谓誂者曰：汝取长者乎？少者乎？一本有曰字。取长者。客曰：长者詈汝，少者和汝，汝何为取长者？曰：居彼人之所，则欲其许我也。今为我妻，则欲其为我詈人也。今楚王明主也，而昭阳贤相也。昭阳，姓名也，楚怀王之相也。轸为人臣，而常以国❷输楚，王王，刘作楚。王必不留臣，昭阳将不与臣从事矣。以此明臣之楚与不。"

轸出，张仪入，问王曰："陈轸果安之？"王曰：

---

❶ "车约"，鲍本、吴本作"约车"。
❷ "国"，鲍本、吴本下补"情"字。

"夫轸天下之辩士也，孰视寡人曰：轸必之楚。寡人遂无奈何也。寡人因问曰：子必之楚也，则仪之言果信矣。轸曰：非独仪之言也，行道之人皆知之。昔者子胥忠其君，天下皆欲以为臣；孝己爱其亲，天下皆欲以为子。故卖仆妾不出里巷而取者，良仆妾也。出妇嫁于乡里者，善妇也。臣不忠于王，楚何以欲为臣乎。轸为忠？一本更添一忠字。尚❶见弃，轸不之楚而何之乎？"集与此本同。曾：臣不忠于王，楚何以为臣乎？轸为忠见弃，轸不之楚而何之乎？王以为然，遂善待之。

战国策卷第三

---

❶ "尚"，鲍本、吴本作"且"。

卷四

秦二

4.1 齐助楚攻秦

齐助楚攻秦，取曲沃。曲沃，晋桓叔所封也，在今弘农县东三十五里，道北曲沃城是。战国时秦兼有之，故齐助楚攻秦取之也。其后，秦欲伐齐，伐齐，报曲沃也。齐、楚之交善，善，犹亲也。惠王患之，谓张仪曰："吾欲伐齐，齐、楚方欢，子为寡人虑之，奈何？"虑，计也。张仪曰："王其为臣约车并币，臣请试之。"约，具也。币，货。试，犹尝视❶也。

张仪南见楚王楚怀王也。曰："弊邑之王所说甚者，无大大王。说，敬也。大王，楚王也。唯仪之所甚愿为臣者，亦无大大王。唯，独也。愿为王臣，无有与大王比者也。弊邑之王所甚憎者，亦无先❷齐王。齐威王也。唯仪之甚憎者，亦无大齐王。今齐王之罪，其于弊邑之王甚厚，厚，重也。弊邑欲伐之，而大国与之欢。欢，犹合也。是以弊邑之王不得事令，令，善也。不得善事于楚王也。而仪

---

❶ "视"，当作"试"。

❷ "先"，鲍本、吴本作"大"。

不得为臣也。大王苟能闭关绝齐，苟，诚也。关，楚北方城之塞也。绝齐欢合之交也。臣请使秦王献商於之地，方六百里。商於，秦邑。献，贡也。若此，齐必弱，齐无援必弱也。齐弱，则必为王役矣。则是北弱齐，西德于秦，而私商於之地以为利也。曾一作己利。钱、刘一作利也。德，恩也。楚与齐绝，为施恩德于秦，私得秦地以为己利也。则此一计而三利俱至。"

楚王大说，宣言之于朝廷宣，遍也。曰："不穀得商於之田，方六百里。"群臣闻见者毕贺。毕，尽。陈轸后见，独不贺。轸仕楚，为楚怀王臣。楚王曰："不穀不烦一兵，不伤一人，而得商於之地六百里，寡人自以为智矣。诸士大夫皆贺，子独不贺，何也？"陈轸对曰："臣见商於之地不可得，而患必至也，故不敢妄贺。"妄，独❶空也。王曰："何也？"对曰："夫秦所以重王者，以王有齐也。今地未可得而齐先绝，是楚孤也，秦又曾、钱、刘：夫秦有。何重孤国？且先出地❷绝齐，秦计必弗为也。先绝齐后责地，且必受欺于张仪。言张仪必欺王也。受欺于张仪，王必悁之。是西生秦患，北绝齐交，则两国兵必至矣。"两国，秦与齐也。楚王不听，曰："吾事善矣。子其弭口无言，以待吾事。"弭，止。

楚王使人绝齐，使者未来，来，犹还也。又重绝之。张仪反，秦反，还也。使人使齐，齐、秦之交阴合。阴，

---

❶ "独"，范本："疑是'犹'字之伪。"
❷ "出地"，金正炜以为下当有"后"字。

私也。

楚因使一将军受地于秦。张仪至，称病不朝。楚王曰："张子以寡人不绝齐乎？"乃使勇士往詈齐王。詈，骂也。张仪知楚绝齐也，乃出见使者，曰："从某至某，广从钱、刘作从，曾一作袤。六里。"使者曰："臣闻六百里，不闻六里。"仪曰："仪固以小人，安得六百里？"

使者反报楚王，楚王大怒，欲兴师伐秦。陈轸曰："臣可以言乎？"王初使弭口，今可以言未也。王曰："可矣。"轸曰："伐秦非计也。王不如因而赂之一名都，与之伐齐，名，大也。都，邑。与秦俱伐齐也。是我亡于秦而取偿于齐也。言失邑于秦，而大得报偿于齐也。故曰是我亡于秦也。楚国不尚全事。不尚，尚也。全，空也。事，一云乎。王今已绝齐，而责欺于秦，是吾合齐、秦之交也，固曾固作国。必大伤。"伤，病也。楚王不听，遂举兵伐秦。秦与齐合，韩氏从之。韩王见齐、秦合为一，故复合之也。楚兵大败于杜陵。杜陵，楚邑。

故楚之土壤士民非削弱，仅以救亡者，计失于陈轸，仅，犹裁。得不灭大者，坐不从陈轸之计故也。过听于张仪。过，误也。听于张仪之欺六百里地。

4.2 楚绝齐

楚绝齐，齐举兵伐楚。陈轸谓楚王曰："王不如以地东解于齐，西讲于秦。"楚王使陈轸之秦，秦王谓轸曰："子秦人也，轸先仕于秦，故言秦人也。寡人与子故也，故，旧。寡人不佞，不能亲国事也，亲，犹知也。故子弃寡人，事楚王。弃，去也。今齐、楚相伐，或谓救之便，或谓救之不便，便，利也。子独不可以忠为子主计，以其余为寡人乎？"以余计为寡人计也。

陈轸曰："王独不闻吴人之游楚者乎？游，仕也。楚王甚爱之，病，故使人问之，曰：诚病乎？意亦思乎？思，思吴乎。左右曰：臣不知其思与不思，诚思则将吴吟。吟，歌吟也。今轸将为王吴吟。王不闻夫管曾管作卞。与之说乎？管，姓也。说，言也。有两虎诤一作争。人而斗者，管庄子将刺之，管与止之曰：虎者，戾虫；戾，贪也。人者，甘饵也。今两虎诤人而斗，小者必死，大者必伤。子待伤虎而刺之，则是一举而兼两虎也。兼，得也。无刺一虎之劳，而有刺两虎之名。刺，杀也。齐、楚今战，战必败。败，钱、刘一无下败字。王起兵救之，有救齐之利，而无伐楚之害。"害，危也。

计听知覆逆者❶，唯王可也。计者事之本也，听者存亡之机。机，要也。计失而听过，能有国者寡也。寡，少也。故曰：计有一二者难悖也，悖，误也。一本无也字。听无失本末者难惑。惑，乱也。

---

❶ "计听知覆逆者"，王念孙、横田本以此下凡五十一字，当在上章末尾。

4.3　秦惠王死

秦惠王死，公孙衍欲穷张仪。公孙衍，魏人也，仕于秦，当六国时，号曰犀首。穷，困也。李雠谓公孙衍曰：李雠，秦人也。"不如召甘茂于魏，召公孙显于韩，起樗里子于国。起，犹举也。三人者，皆张仪之雠也，雠，仇也。公用之，则诸侯必见张仪之无秦矣。"公，谓公孙衍。用此三人，则诸侯知张仪无权宠于秦（一下有也字）。

4.4　义渠君之魏

义渠君之魏，义渠，西戎之国名也。之，至也。公孙衍谓义渠君曰："道远，臣不得复过矣，请谒事情。"过，见也。谒，告也。情，实也。言义渠君道里长远，不能复得相（相，一本作数）见也，请告事之情实。义渠君曰："愿闻之。"对曰："中国无事于秦，无征伐之事于秦也。则秦且烧焫获君之国。烧焫，犹灭坏。灭坏君国也（钱止一灭坏字）。中国为有事于秦，则秦且轻使重币而事君之国也。"将致重币，求援助于义渠国也。义渠君曰："谨闻令。"闻，犹受也。令，教也。

居无几何，五国伐秦。五国，齐、宋、韩、魏、赵也。陈轸谓秦王曰："义渠君者，蛮夷之贤君，王不如赂之以抚其心。"抚，安也。秦王曰："善。"因以文绣千匹，好女百人，遗义渠君。义渠君致群臣而谋曰："此乃公孙衍之所谓也。"因起兵袭秦，大败秦人于李帛之下。谓，犹言也。李帛，秦邑。

4.5　医扁鹊

医扁鹊见秦武王，武王示之病，扁鹊，卢人也，字越人。武王，惠王子也。示，语也。扁鹊请除。除，治也。左右曰："君之病在耳之前，目之下，除之未必已也，将使耳不聪，目不明。"君以告扁鹊。扁鹊怒而投其石：刘本石下有曰字。投，弃也。石，砭，所以砭弹人臃肿也（臃，曾作瘫）。"君与知之者一本无之字。谋之，而与不知者败之。使此知秦国之政也，则君一举而亡国矣。"

4.6　秦武王谓甘茂

秦武王谓甘茂曰："寡人欲车通三川，以窥周室，三川，义阳川。周室，洛邑，王城也，今河南县也。而寡人死不朽乎。"乎，一作矣。甘茂对曰："请之魏，约伐韩。"王令向寿辅行。辅，副介也。

甘茂至魏，谓向寿："子归，告王曰：魏听臣矣，听，从。然愿王勿攻也。事成，尽以为子功。"向寿归以告王，王迎甘茂于息壤。息壤，秦邑也。甘茂至，王问其故，对曰："宜阳，大县也，上党、南阳积之久矣，名为县，其实郡也。今王倍数险，行千❶里而攻之，难矣。臣闻张仪西并巴、蜀之地，北取西河之外，南取上庸，上庸，楚邑，今汉中东县也。天下不以为多张仪，钱、刘本作不以多张子。而贤先王。先王，谓惠王也。魏文侯令乐羊将，攻中山，中山，狄都，今卢奴中山也。三年而拔之。乐羊反而语功，语，言也，拔（一本拔上有言字）中山之功也。文侯示之谤书一箧，乐羊再拜稽首曰：此非臣之功，主君之力也。今臣羁旅之臣也，甘茂，本齐人。故曰羁旅也。樗里疾、公孙衍二人者，挟韩而议，王必听之，是王欺魏而臣受公仲侈❷之怨也。昔者曾子处费，费人有与曾子同名族者费，邑名也。名，字。族，姓。而杀人，人告曾子母曰：曾参杀人。曾子之母曰：吾子不杀人。织自若。若，如故也。有顷焉，人又曰：曾参杀人。其母尚织自若也。顷之，一人又告之曰：曾参杀人。一本无已上十九字。其母惧，投杼逾墙而走。逾墙逃走也。夫以曾参之贤，与母之信也，而三人疑之，疑，犹惑也。则慈母不能信也。信，犹保也。今臣之贤不及曾子，而王之信臣又未若曾子之母也，疑臣者不适三人，适，音翅。臣恐王为一本为上有之字。臣之投杼也。"王曰："寡人不听也，请与子盟。"听，受也。于是与之

---

❶ "千"，鲍本、吴本上有"数"字。

❷ "侈"，鲍本改作"朋"。

盟于息壤。

果攻宜阳，五月而不能拔也。樗里疾、公孙衍二人在，在，续：《新序》作谗。争之王。王将听之，召甘茂而告之。甘茂对曰："息壤在彼。"王曰："有之。"因悉起兵，复使甘茂攻之，遂拔宜阳。

4.7　宜阳之役冯章谓

宜阳之役，役，事也。冯章谓秦王曰："不拔宜阳，韩、楚乘吾弊，弊，极也。国必危矣。不如许楚汉中以欢之。与楚汉中以喜之也。楚欢而不进，韩必孤，无奈秦何矣。"韩失楚援，故孤，无如秦何。王曰："善。"果使冯章许楚汉中，而拔宜阳。宜阳，韩邑也。楚王以其言责汉中于冯章，冯章谓秦王曰："王遂亡臣，固❶谓楚王曰：寡人固无地而许楚王。"

4.8　甘茂攻宜阳

甘茂攻宜阳，三鼓之而卒不上。卒，士也。士不上攻也。秦之右将有尉对曰："公不论兵，必大困。"甘茂曰："我羁旅而得相秦者，我以宜阳饵王。饵，犹喜也。

---

❶ "固"，鲍本、吴本作"因"。

今攻宜阳而不拔，公孙衍、樗里疾挫我于内，<small>挫，犹毁也。</small>而公中以韩穷我于外，<small>公中，韩侈也。</small>是无伐❶之日已。请明日鼓之，而不可下，因以宜阳之郭为墓。"<small>墓，葬也。</small>于是出私金以益公赏。<small>益，助也。</small>明日鼓之，宜阳拔。<small>拔，得也。</small>

4.9　宜阳未得

宜阳未得，<small>得，一本作拔。宜阳，韩邑，韩武子所都也。</small>秦死伤者众，甘茂欲息兵。<small>息，休也。甘茂，秦将也。</small>左成谓甘茂曰："公内攻于樗里疾、公孙衍，<small>恶甘茂，谮毁之于内。故曰内攻疾、衍（一本下有也字）。</small>而外与韩侈为怨，<small>韩侈，韩相。</small>今公用兵无功，公必穷矣。公不如进兵攻宜阳，宜阳拔，则公之功多矣。<small>战功日多也。</small>是樗里疾、公孙衍无事也，秦众尽，怨之深矣。"<small>无事，樗里疾、公孙衍无以复攻毁甘茂之事也。秦死伤众，尽怨樗里疾、公孙衍之造谋伐宜阳，怨深之重也。</small>

4.10　宜阳之役楚畔秦

宜阳之役，楚畔秦而合于韩，秦王惧。<small>秦武王也。</small>

---

❶ "无伐"，吴本："一本作无茂，是。盖字讹。"

甘茂曰："楚虽合韩，不为韩氏先战，言楚不能为韩氏先与秦战也。韩亦恐战而楚有变其后。恐楚作变难，伐其后也。韩、楚必相御也。御，犹相瞰望也（瞰，钱、刘作詹）。楚言与韩，而不余怨于秦，臣是以知其御❶也。"
楚虽与韩合，不有余怨于秦，无怨亦可复合也，故曰以是知其相御。

4.11　秦王谓甘茂

秦王谓甘茂曰："楚客来使者多健，健者，强也。与寡人争辞，寡人数穷焉，为之奈何？"甘茂对曰："王勿患也。患，忧也。其健者来使者❷，则王勿听其事。听，从也，受也。其需弱者来使，则王必听之。然则需弱者用，而健者不用矣，王因而制之。"制，御也。

4.12　甘茂亡秦且之齐

甘茂亡秦，且之齐。且，将也。出关，遇苏子，遇，见也。苏子，苏代也。曰："君闻夫江上之处女乎？"苏子曰："不闻。"曰："夫江上之处女，有家

❶ "御"，据上文及下注，上当有"相"字。
❷ "者"，吴本："者字疑衍。"

贫而无烛者，处女相与语，欲去之。去，犹遣之也。遣无烛者。家贫无烛者将去矣，谓处女曰：妾以无烛，故常先至，扫室布席。何爱余明之照四壁者？幸以赐妾，何妨于处女？妾自以有益于处女，何为去我？处女相语以为然而留之。今臣不肖，弃逐于秦而出关，甘茂言，我不肖，为秦所弃逐也。愿为足下扫室布席，幸无我逐也。"苏子曰："善。请重公于齐。"重，尊也。言将使齐尊重公。

乃西说秦王曰："甘茂，贤人，非恒士也。其居秦，累世重矣，自殽塞、溪谷，续：《后语》槐谷注：槐里之谷，今京兆始平之地。言周秦之地悉知也。或作鬼谷，大非。地形险易尽知之。彼若以齐约韩、魏，反以谋秦，是非秦之利也。"约，结也。以齐之强，合韩、魏，还以图秦，能倾之。故曰非秦之利也。秦王曰："然则奈何？"苏代曰："不如重其赘、刘作重贽。厚其禄以迎之。彼来则置之槐谷，终身勿出，天下何从图秦？"秦王曰："善。"与之上卿，以相迎之钱一作相印迎之。齐，甘茂辞不往。

苏秦秦，一作代。伪谓王曰：一作伪谓齐湣王曰。"甘茂，贤人也。今秦与之上卿，以相迎之，刘作以相印迎之齐。茂德王之赐，故不往，愿为王臣。今王何以礼之？王若不留，必不德王。德，恩也。彼以甘茂之贤，得擅用强秦之众，则难图也。"齐王曰："善。"赐之上卿，命而处之。处，居也。续：《后语》：而厚处之。

4.13　甘茂相秦[1]

甘茂相秦。秦王爱公孙衍，与之间有所立[2]，因自谓之曰："寡人且相子。"子，公孙衍也。甘茂之吏道而刘无道而二字。闻之，以告甘茂。甘茂因入见王曰："王得贤相，敢再拜贺。"王曰："寡人托国于子，焉更得贤相？"对曰："王且相犀首。"犀首，公孙衍也。王曰："子焉闻之？"对曰："犀首告臣。"告，语也。王怒于犀首之泄也，乃逐之。言甘茂知之，且不欲使公孙衍得相而分（一本无而字）其宠也，故言犀首告臣，欲王逐之也。

4.14　甘茂约秦

甘茂约秦、魏而攻楚。楚之相秦者屈盖为楚和于秦，屈盖，楚臣也，楚仕于秦，使秦相之也。秦启关而听楚使。甘茂谓秦王曰："怵于楚，而不使魏制和，楚必曰秦鬻魏。不悦，而合于楚，楚、魏为一，国恐伤矣。伤，害也。王不如使魏制和，魏制和，必悦。王不恶于魏，则寄地必多矣。"

---

❶ 本章原与上"甘茂亡秦且之齐"章接续，今依鲍本、吴本单列一章。
❷ "间有所立"，王引之以为当作"间有所言"。

4.15　陉山之事

陉山之事，陉山，盖赵井陉塞也。事，役也。赵且与秦伐齐。齐惧，令田章以阳武合于赵，阳武，齐邑也。和，合也。而以顺子为质。顺子，齐公子。质，保也。赵王喜，乃案兵告于秦曰：“齐以阳武赐弊邑而纳顺子，欲以解伐。解赵，使不与秦俱伐齐。敢告下吏。”下吏，秦吏。

秦王使公子他之赵，谓赵王曰：“齐与大国救魏而倍约，不可信恃，大国不义，不，一作弗。钱、刘一作不以为义。续：若下注作弗，则上当作弗义。以告弊邑，大国，赵也。弗义，不以为义也。弊邑，秦自谓也。而赐之二社之地，以奉祭祀。今又刘、钱又作有。续：古人有多作又。案兵，且欲合齐而受其地，地，武阳❶也。非使臣之所知也。请益甲四万，大国裁之。”

苏代为齐献书穰侯苏代，苏秦弟。穰侯，秦相也。曰：“臣闻往来之者❷言钱、刘一作往来之言者。曰：秦且益赵甲四万人以伐齐。臣窃必之弊邑之王曰：秦王明而熟于计，穰侯智而习于事，必不益赵甲四万人以伐齐。是何也？夫三晋相结，秦之深仇也。深，重也。三晋百背秦，百欺秦，不为不信，不为无行。今破齐以

---

❶ “武阳”，本章前文及注作“阳武”。
❷ “之者”，鲍本作“者之”。吴本：“宜作者之，《史》无之字。”

肥赵。赵，《史记》有赵赵二字，曾、刘无。秦之深仇，不利于秦。一也。秦之谋者必曰：破齐弊晋❶，而后制晋、楚之胜。夫齐，罢国也，以天下击之，譬犹以千钧之弩溃痈也。钱、刘弩下有射字。秦王安能制晋、楚哉？二也。秦少出兵则晋、楚不信，多出兵则晋、楚为制于秦。齐恐，则必不走于秦且走晋、楚。三也。齐割地以实晋、楚，则晋、楚安。齐举兵而为之顿剑，则秦反受兵。四也。是晋、楚以秦破齐，以齐破秦，何晋、楚之智，而齐、秦之愚？五也。齐、秦为晋、楚所帅，故谓之愚也。秦得安邑，善齐以安之，亦必无患矣。秦有安邑，则韩、魏必无上党哉。哉，刘作矣。秦将取之，故曰无上党哉也。夫取三晋之肠胃，肠胃，喻腹心也。与出兵而惧其不反也，孰利？故臣窃必之曾、集之上有为字。弊邑之王曰：秦王明而熟于计，穰侯智而习于事，必不益赵甲四万人以伐齐矣。”

4.16　秦宣太后

秦宣太后惠王之后，昭襄王母，故曰太后也。爱魏丑夫。太后病将死，出令曰：“为我葬，必以魏子为殉。”魏子患之。庸芮为魏子说太后殉，杀人以葬。庸芮，秦臣也。续：《十二国史》作虞其为丑夫说太后。曰：“以死者

---

❶ “晋”，何本下补“楚”字。

为有知乎？"太后曰："无知也。"曰："若太后之神灵，明知死者之无知矣，何为空以生所爱，葬于无知之死人哉！若死者有知，先王积怒之日久矣，怒，诟。太后救过不赡，何暇乃乃，曾、钱、刘作及。私魏丑夫乎？"太后曰："善。"乃止。止不以魏丑夫为殉者也。

战国策卷第四

卷五

秦三

5.1　薛公为魏谓魏冉

薛公为魏谓魏冉曰："文闻秦王欲以吕礼收齐以济天下，君必轻矣。齐、秦相聚，以临三晋，礼必并相之，是君收齐以重吕礼也。齐免于天下之兵，其仇君必深。君不如劝秦王令弊邑卒攻齐之事。齐破，文请以所得封君。齐破晋强，秦王畏晋之强也，必重君以取晋。齐予晋弊邑而不能支秦，晋必重君以事秦。是君破齐以为功，操晋以为重也。一本□❶君字。破齐定封，而秦、晋皆重君，若齐不破，吕礼复用，子必大穷矣。"

5.2　秦客卿造

秦客卿造谓穰侯曰："秦封君以陶，藉君天下数年矣。攻齐之事成，陶为万乘，长小国，率以朝天子❷，

---

❶ 所阙者当为"有"字。

❷ "率以朝天子"，鲍本、吴本无"率"字。吴本："姚本：率以朝。"帛书无"天子"二字。

天下必听，五伯之事也。攻齐不成，陶为邻恤，而莫之据也。故攻齐之于陶也，存亡之机也。君欲成之，何不使人谓燕相国曰：圣人不能为时，时至而弗失。舜虽贤，不遇尧也，不得为天子。汤、武虽贤，不当桀、纣，不王。故以舜、汤、武之贤，不遭时不得帝、王。今攻齐，此君之大时也已。因天下之力，伐仇国之齐，报惠王之耻，成昭王之功，除万世之害，此燕之长利，而君之大名也。《书❶》云：树德莫如滋，除害莫如尽。吴不亡越，越故亡吴。齐不亡燕，燕故亡齐。齐亡于燕，吴亡于越，此除疾不尽也。以非此时也，成君之功，除君之害，秦卒有他事而从齐，齐、赵❷合，其仇君必深矣。挟君之仇以诛于燕，后虽悔之，不可得也已。君悉燕兵而疾僭❸之，天下之从君也，若报父子之仇。诚能亡齐，封君于河南，为万乘，达途于中国，南与陶为邻，世世无患。愿君之专志于攻齐，而无无，一作毋。他虑也。"

附：马王堆汉墓出土帛书《战国纵横家书》第201-209行"秦客卿造谓穰侯章"❹

谓穰侯："秦封君以陶，假君天下数年矣。攻齐之

---

❶ "书"，鲍本、吴本作"诗"。

❷ "赵"，鲍本改作"秦"。

❸ "僭"，鲍本改作"攻"，吴本以为当作"从"。

❹ 图版见裘锡圭主编《长沙马王堆汉墓简帛集成》（壹），中华书局2014年，第88页；释文见《长沙马王堆汉墓简帛集成》（叁），第243页。

事成，陶为万乘，长小国，率以朝，天下必听，五伯之事也。攻齐不成，陶为碜磕而莫之据。故攻齐之于陶也，存亡之机也。君欲成之，侯不使人谓燕相国曰：圣人不能为时，时至亦弗失也。舜虽贤，非适遇尧，不王也。汤、武虽贤，不当桀、纣，不王天下。三王者皆贤矣，不遭时不王。今天下攻齐，此君之大时也。因天下之力，伐仇国之齐，报惠王之耻，成昭襄王之功，除万世之害，此燕之利也，而君之大名也。《诗》曰：树德者莫如滋，除怨者莫如尽。吴不亡越，越故亡吴。齐不亡燕，燕故亡齐。吴亡于越，齐亡于燕，除疾不尽也。非以此时也，成君之功，除万事之害，秦有它事而从齐，齐赵亲，其仇君必深矣。挟君之仇以于燕，后虽悔之，不可得已。君悉燕兵而疾赞之，天下之从君也，如报父子之仇。诚为傈，世世无患。愿君之专志于攻齐，而毋有它虑也。"

5.3 魏谓魏冉

魏[1]曾、钱本有文字。谓魏冉曰："公闻东方之语乎？"曰："弗闻也。"曰："辛张、阳毋泽说魏王、薛公、公叔也，曰：臣战，载主契国以与王约，必无患矣。若有败之者，臣请挈领。然而臣有患也。夫楚王之以

---

[1] "魏"，鲍本、吴本上补"为"字。

其臣请挈领，然而臣有患也。一无已上十六字。夫楚王之以其国依冉也，而事臣❶之主，此臣之甚患也。今公东而因言于楚，是令张仪一本无仪字。之言为禹，而务败公之事也。公不如反公国，德楚而观薛公之为公也，观三国之所求于秦而不能得者，请以号三国以自信也。观张仪一本无仪字。与泽之所不能得于薛公者也，而公请之以自重也。"

5.4　谓魏冉曰和不成

谓魏冉曰："和不成，兵必出。白起者且复将。战胜，必穷公。不胜，必事赵从公，公又轻。公不若毋多，则疾到。"续云：到，恐作封字。

5.5　谓穰侯曰

谓穰侯曰："为君虑封，若于除❷。宋罪重，齐怒

---

❶ "臣"，金正炜以为当作"以"。

❷ "若于除"，王念孙以为宜作"莫若于陶"。

须，残伐乱宋❶，德强齐，定身封。此亦百世之时也❷已。"

5.6　谓魏冉曰楚破秦

谓魏冉曰："楚破，秦不能与齐县衡矣。秦三世积节于韩、魏，而齐之德新加与。与，一作焉。齐、秦交争，韩、魏东听，则秦伐矣。齐有东国之地，方千里。楚苞九夷，又方千里。南❸有符离之塞，北有甘鱼之口。权县宋、卫，宋、卫乃当阿、甄耳。利有千里者二，富擅越隶，秦乌能与齐县衡？韩、魏支分方城膏腴之地以薄郑，兵休复起，足以伤秦，不必待齐。"

5.7　五国罢成皋

五国罢成皋，秦王欲为成阳君求相韩、魏，韩、魏弗听。秦太后为魏冉谓秦王曰："成阳君以王之故，穷而居于齐，今王见其达而收之，亦能翕其心乎？"王曰："未

---

❶　"宋罪重齐怒须残伐乱宋"，吴本补曰："须、残，字有衍误。《赵策》作：宋罪重，齐怒深，残伐乱宋云云。又作：宋之罪重，齐之怒深，残乱宋云云。凡两见，彼言为奉阳君定封，见彼策。"

❷　"时也"，鲍本、吴本作"一时"。

❸　"南"，张琦以为当与下句"北"字互易。

也。"太后曰："穷而不收，达而报之，恐不为王用。且收成阳君，失韩、魏之道也。"

5.8　范子因王稽

范子因王稽入秦，献书昭王曰："臣闻明主莅正，有功者不得不赏，有能者不得不官，劳大者其禄厚，功多者其爵尊，能治众者其官大。故不能者不敢当其职焉，能者亦不得蔽隐。使以臣之言为可，则行而益利其道，若将弗行，则久留臣无为也。语曰：人主《后语》作庸主。赏所爱而罚所恶。明主则不然，赏必加于有功，刑必断于有罪。今臣之胸不足以当椹质，要不足以待斧钺，岂敢以疑事尝试于王乎？虽以臣为贱而轻辱臣，独不重任臣者后无反覆于王前耶！臣闻周有砥厄，宋有结绿，梁有悬黎，楚有和璞。此四宝者，工之所失也，而为天下名器。然则圣王之所弃者，独不足以厚国家乎？臣闻善厚家者，取之于国；善厚国者，取之于诸侯。天下有明主，则诸侯不得擅厚矣。是何故也？为其凋荣凋荣，曾、钱、刘一作凋弊。《史记》：割荣，《后语》：害荣。也。良医知病人之死生，圣主明于成败之事，利则行之，害则舍之，疑则少尝之，虽尧舜禹汤复生，弗能改已。语之至者，臣不敢载之于书，其浅者又不足听也。意者，臣愚而不阖《史记》阖作概。于王心耶？已已，钱作亡，一作以，一作抑。曾作亡。其言臣者，将贱而不足听耶？非若是也，则臣之志，愿少赐游观之间，望见足下而入之。"书上，秦王说之，因谢王稽说。_{一无说字。}使人❶持车召之。

5.9　范雎至

范雎至，秦王庭迎，谓范雎曰："寡人宜以身受令久矣。今者❷义渠之事急，寡人日自请太后。今义渠之事已，寡人乃得以身受命。躬窃闵然不敏，敬执宾主之礼。"范雎辞让。是日见范雎，见者无不变色易容者。

秦王屏左右，宫中虚无人。秦王跪而请曰："先生何以幸教寡人？"范雎曰："唯唯。"有间，秦王复请，范雎曰："唯唯。"若是者三。

秦王跽曰："先生不幸教寡人乎？"范雎谢曰："非敢然也。臣闻始时吕尚之遇文王也，身为渔父而钓于渭阳之滨耳。若是者，交疏也。已一说而立为太师，_{曾作已而立为太师。}载与俱归者，其言深也。故文王果收功于吕尚，卒擅天下而身立为帝王。即使文王疏吕望而弗与深言，是周无天子之德，而文、武无与成其王也。今臣，羁旅之臣也，交疏于王，而所愿陈者，皆匡君之_{臣字。}之事，处人骨肉之间，愿以陈臣之陋忠，而未知王心也。所以王三问而不对者是也。臣非有所畏而不敢言也，知今日

---

❶ "人"，何本删。
❷ "今者"，王念孙以为宜依《史记·范雎列传》作"会"。

言之于前，而明日伏诛于后，然臣弗敢畏也。大王信行臣之言，死不足以为臣患，亡不足以为臣忧，漆身而为厉，被发而为狂，不足以为臣耻。五帝之圣钱圣下有焉字。而死，三王之仁钱仁下有焉字。而死，五伯之贤钱贤下有焉字。而死，乌获之力钱力下有焉字。而死，奔、育之勇焉而死。死者，人之所必不免也。处必然之势，可以少有补于秦，此臣之所大愿也，臣何患乎？伍子胥橐载而出昭关，夜行而昼伏，至于菱水，《史记》作陵水。无以饵其口，坐行蒲服，乞食于吴市，卒兴吴国，阖庐为霸。使臣得进谋如伍子胥，加之以幽囚，终身不复见，是臣说之行也，臣何忧乎？箕子、接舆，漆身而为厉，被发而为狂，无益于殷、楚。使臣得同行于箕子、接舆，漆身一本无漆身字。可以补所贤之主，是臣之大荣也，臣又何耻乎？臣之所恐者，独恐臣死之后，天下见臣尽忠而身蹷也，是以杜口裹足，莫肯即秦耳。足下上畏大❶后之严，下惑奸臣之态，居深宫之中，不离保傅之手，终身暗惑，无与照奸。大者宗庙灭覆，小者身以孤危。此臣之所恐耳。若夫穷辱之事，死亡之患，臣弗敢畏也。臣死而秦治，贤于生也。”

秦王跽曰：“先生是何言也！夫秦国僻远，寡人愚不肖，先生乃幸至此，此天以寡人恩恩，《后语》作授。先生，而存先王之庙也。寡人得受命于先生，此天所以幸先王而不弃其孤也。先生奈何而言若此！事无大小，上及太

---

❶ “大”，鲍本、吴本作“太”。

后，下至大臣，愿先生悉以教寡人，无疑寡人也。"范雎再拜，秦王亦再拜。

范雎曰："大王之国，北有甘泉、谷口，南带泾、渭，右陇、蜀，左关、阪。战车千乘，奋击百万。刘万下有驰字。以秦卒之勇，车骑之多，以当诸侯，譬若驰一本无驰字。韩卢而逐蹇兔也，霸王之业可致。今反闭续：李善引有关字。而不敢窥兵于山东者，是穰侯为国谋不忠，而大王之计有所失也。"王曰："愿闻所失计。"

雎曰："大王越韩、魏而攻强齐，非计也。少出师则不足以伤齐，多之则害于秦。臣意王之计，刘一作以。欲少出师，曾、钱一作臣计王之少出师。而悉韩、魏之兵，则不义矣。今见与国之不可亲，钱作可亲。越人之国而攻，可乎？疏于计矣！昔者齐人伐楚，战胜，破军杀将，再辟千里，肤寸之地无得者，者，一作也。岂齐不欲地哉，形弗能有也。诸侯见齐之罢露，君臣之不亲，举兵而伐之，主辱军破，为天下笑。所以然者，以其伐楚而肥韩、魏也。此所谓藉贼兵而赍盗食者也。王不如远交而近攻，得寸则王之寸，得尺亦王之尺也。今舍此而远攻，不亦缪乎？且昔者，中山之地，方五百里，赵独擅之，功成名立利附，则天下莫能害。今韩、魏，中国之处而天下之枢也。王若欲霸，必亲中国而以为天下枢，以威楚、赵。赵强则楚附，楚强则赵附。楚、赵附则齐必惧，惧必卑辞重弊❶以事秦，齐附而韩、魏可虚也。"

---

❶ "弊"，鲍本、吴本作"幣（币）"。

王曰："寡人欲亲魏。魏，多变之国也，寡人不能亲。请问亲魏奈何？"范雎曰："卑辞重币以事之；不可，削地而赂之；不可，举兵而伐之。"于是举兵而攻邢丘，邢丘拔而魏请附。曰："秦、韩之地形，相错如绣。秦之有韩，若木之有蠹，人之病心腹。天下有变，为秦害者莫大于韩，王不如收韩。"王曰："寡人欲收韩，<small>刘下更有一韩字。</small>不听，为之奈何？"范雎曰："举兵而攻荥阳，则成皋之路不通。北斩太行之道，则上党之兵不下。一举而攻荥❶阳，则其国断而为三。魏❷、韩见必亡，焉得不听？韩听而霸事可成也。"王曰："善。"

范雎曰❸："臣居山东，闻齐之内<small>一无内字。</small>有田单，<small>单，《后语》一作文。</small>不闻其王。闻秦之有太后、穰侯、泾阳、华阳，不闻其有王。夫擅国之谓王，能专利害之谓王，制杀生之威之谓王。今太后擅行不顾，穰侯出使不报，泾阳、华阳击断无讳，<small>曾下有高陵进退不请六字。</small>四贵备而国不危者，未之有也。为此四者下，乃所谓无王已。然则权焉得不倾，而令焉得从王出乎？臣闻善为国者，内固其威，而外重其权。穰侯使者操王之重，决裂诸侯，剖符于天下，征敌伐国，莫敢不听。战胜攻取，则利归于陶，国弊，御于诸侯。战败，则怨结于百姓，而祸归

❶ "荥"，鲍本、吴本作"宜"。吴本："宜一本作荥，《史》同。"范本改作"荥"。

❷ "魏"，鲍本、吴本以为衍文。

❸ "范雎曰"，鲍本、吴本此下别作一章。

社稷。《诗》曰：木实繁者披其枝，披其枝者伤其心。大其都者危其国，尊其臣者卑其主。淖齿管齐之权，缩闵王之筋，县之庙梁，宿昔而死。李兑用赵，减食主父，百日而饿死。今秦，太后、穰侯用事，高陵、泾阳曾下有华阳二字。佐之，卒无秦王，此亦淖齿、李兑之类已。臣今见王独立于庙朝矣，且臣将恐后世之有秦国者，非王之子孙也。"

秦王惧，于是乃废太后，逐穰侯，出高陵，走一无走字。泾阳曾下有华阳二字。于关外。昭王谓范雎曰："昔者齐公得管仲，时以为仲父。今吾得子，亦以为父。"

5.10　应侯谓昭王

应侯谓昭王曰："亦闻恒思有神丛与？恒思有悍少年，请与丛博，曰：吾胜丛，丛籍我神三日，不胜丛，丛困我。乃左手为丛投，右手自为投。胜丛，丛籍其神。三日，丛往求之，遂弗归。五日而丛枯，七日而丛亡。今国者，王之丛，势者，王之神。籍人以此，得无危乎？臣未尝闻指大于臂，臂大于股，若有此，则病必甚矣。百人舆瓢而趋，不如一人持而走疾。曾、钱、刘一无疾字。百人诚舆瓢，瓢必裂。今秦国，华阳用之，穰侯用之，太后用之，王亦用之。不称瓢为器则已已，称瓢为器，国必裂矣。臣闻之也，木实繁者枝必披，枝之披者伤其心。都大者危其国，臣强者危其主。其令❶邑中自斗食以上，至尉、内史及王左右，有非相国之人者乎？国无事则已，国有事，臣必闻见王独立于庭也。臣窃为王恐，恐万世之后，有国者非王子孙也。臣闻古之善为政也，其威内扶，其辅外布，四❷治政不乱不逆，使者直道而行，不敢为非。今太后使者，分裂诸侯而符布天下，操大国之势，强征兵❸，伐诸侯。战胜攻取，利尽归于陶，国之币帛，竭入太后之家，竟内之利，分移华阳。古之所谓危主灭国之道，必从此起。三贵竭国以自安，然则令何得从王出，权何得毋分，是我刘本无我字。王果处三❹分之一也。"

5.11　秦攻韩围陉

秦攻韩，围陉。范雎谓秦昭王曰："有攻人者，有攻地者。穰侯十攻魏而不得得，一作能。伤者，非秦弱而魏强也，其所攻者地也。地者，人主所甚爱也。人主者，人臣之所乐为死也。攻人主之所爱，与乐死者斗，故十攻而弗能胜也。今王将攻韩围陉，臣愿王之毋独攻其地而攻其

---

❶ "其令"，吴本作"且令"。
❷ "四"，鲍本改作"而"。
❸ "强征兵"，吴本作"征强兵"。
❹ "三"，何本改作"四"。

人也。王攻韩，围陉，以张仪❶为言。张仪之力多，且削地而钱、刘本无而字。以自赎于王，几割地而韩不尽。张仪之力少，则王逐张仪，而更与不如张仪者市。则王之所求于韩者，言❷可得也。"

5.12　应侯曰郑人

应侯曰："郑人谓玉未理者璞，周人谓鼠未腊者朴。周人怀璞❸过郑贾曰：欲买朴乎？郑贾曰：欲之。出其朴，视之，乃鼠也。因谢不取。今平原君❹自以贤显名于天下，然降其主父沙丘而臣之。天下之王尚犹尊之，是天下之王不如郑贾之智也，眩于名，不知其实也。"

5.13　天下之士

天下之士合从，相聚于赵，而欲攻秦。秦相应侯曰："王勿忧也，请令❺废之。秦于天下之士非有怨也，相聚

---

❶ "张仪"，鲍本："仪死至雎之相四十四年矣。仪亦未尝在韩，此必误。"钟凤年以为当作"张平"，下同。
❷ "言"，鲍本、吴本作"尽"。
❸ "璞"，鲍本改作"朴"。
❹ "平原君"，横田本、金正炜以为当作"安平君"。
❺ "令"，王念孙以为当作"今"。

而攻秦者，以己欲富贵耳。王见大王之狗，卧者卧，起者起，行者行，止者止，毋相与斗者。投之一骨，轻起相牙者。何则？有争意也。于是❶唐雎载音乐，予之五十❷金，居武安，高会相与饮，谓：邯郸人谁来取者？于是其谋者固未可得予也，其可得与者，与之昆弟矣。"

"公与秦计功者，不问金之所之，金尽者功多矣。今令人复载五十金随公。"唐雎行，行至武安，散不能三千金，天下之士，大相与斗矣。

5.14 谓应侯曰君禽马服

谓应侯曰："君❸禽马服乎？"曰："然。""又即围邯郸乎？"曰："然。""赵亡，秦王王矣，武安君为三公。武安君所以一无以字。为秦战胜攻取者七十余城，南亡鄢郢、汉中，禽马服之军，不亡一甲，虽周钱、刘下有邵字。吕望之功，亦不过此矣。赵亡，秦王王，武安君为三公，君能为之下乎？虽欲无为之下，固不得之矣。秦尝攻韩邢，困一本下有丘字，刘本无邢丘二字。❹于上党，上党之民皆返为赵。天下之民，不乐为秦民之日，固久矣。今攻赵，北地入燕，东地入齐，南地入楚、魏，则秦

---

❶ "于是"，鲍本、吴本下补"使"字。
❷ "五十"，鲍本、吴本作"五千"。下同。
❸ "君"，黄丕烈以为上当有"武安"二字。
❹ 此注应在上"邢"字下。

所得不一几何。刘改不一作无几何。故不如因而割之，因以为❶武安功。"

5.15　应侯失韩之汝南

应侯失韩之汝南。秦昭王谓应侯曰："君亡一本下有汝南二字。国，其忧乎？"应侯曰："臣不忧。"王曰："何也？"曰："梁人有东门吴者，其子死而不忧，其相室曰：公之爱子也，天下无有，今子死不忧，何也？东门吴曰：吾尝无子，无子之时不忧。今子死，乃即与无子时同也。臣奚忧焉？臣亦尝为子，为子时不忧。今亡汝南，乃与即为刘一无即为二字。梁余子同也。臣何为忧？"

秦王以为不然，以告蒙傲曰："今也寡人一城围，食不甘味，卧不便席，今应侯亡地而言不忧，此其情一本下有何字。也？"蒙傲曰："臣请得其情。"蒙傲乃往见应侯，曰："傲欲死。"应侯曰："何谓也？"曰："秦王师君，天下莫不闻，而况于秦国乎！今傲势得秦，为一本无为字。王将，将兵。臣以韩之细也，显逆诛，夺君地，傲尚奚生？不若死。"应侯拜蒙傲曰："愿委之卿。"蒙傲以报于昭王。

自是之后，应侯每言韩事者，秦王弗听也，以其为汝南虏也。钱一无虏字。

---

❶ "因以为"，吴本："《史》：无以为。此因字非。"

5.16　秦攻邯郸十七月

秦攻邯郸，十七月不下。庄谓王稽曰："君何不赐军吏乎？"王稽曰："吾与王也，不用人言。"庄曰："不然。父之于子也，令有必行者，必不行者。曰去贵妻，卖爱妾，此令必行者也。因曰毋敢思也，此令必不行者也。守闾妪曰：其❶夕某儒曾云：恐作孺。刘作孺。子内某士。贵妻已去，爱妾已卖，而心不有。欲教之者，人心固有。今君虽幸于王，不过父子之亲，军吏虽贱，不卑于守闾妪。且君擅主轻下之日久矣。闻三人成虎，十夫楺椎，众口所移，毋翼而飞。故曰不如赐军吏而礼之。"王稽不听。军吏穷，果恶王稽、杜挚❷以反。

秦王大怒，而欲兼诛范雎。范雎曰："臣，东鄙之贱人也，开罪于楚、魏，遁逃来奔。臣无诸侯之援，亲习之故，王举臣于羁旅之中，使职事，天下皆闻臣之身与王之举也。今遇惑，或与罪人同心，而王明诛之，是王过举显于天下，而为诸侯所议也。臣愿请药赐死，而恩以相葬臣，王必不失臣之罪而无过举之名。"王曰："有之。"遂弗杀而善遇之。

---

❶ "其"，鲍本、吴本作"某"。
❷ "挚"，鲍本、吴本作"挚（挚）"。

5.17　蔡泽见逐

　　蔡泽见逐于赵，而入韩、魏，遇夺釜鬲刘无鬲字。于涂。闻应侯任郑安平、王稽，皆负重罪，应侯内惭。乃西入秦，将见昭王。使人宣言以感怒应侯曰："燕客蔡泽，天下骏雄弘辩之士也。彼一见秦王，秦王必相之而夺君位。"

　　应侯闻之，使人召蔡泽。蔡泽入，则揖应侯。应侯固不快，及见之，又倨。应侯因让之曰："子常宣言一本下有欲字。代我相秦，岂有此乎？"对曰："然。"应侯曰："请闻其说。"蔡泽曰："吁！何君刘一作君何。见之晚也。夫四时之序，成功者去。夫人生手足坚强，耳目聪明圣知，岂非士之所愿与？"应侯曰："然。"蔡泽曰："质仁秉义，行道施德于天下，天下怀乐敬爱，愿以为君王，岂不辩智之期与？"应侯曰："然。"蔡泽复曰："富贵显荣，成理万物，万物各得其所，生命寿长，终其年而不夭伤。天下继其统，守其业，传之无穷，名实纯粹，泽流千世，称之而毋绝，与天下终❶。岂非道之符，而圣人所谓吉祥善事与？"应侯曰："然。"泽曰："若秦之商君，楚之吴起，越之大夫种，其卒亦可

---

❶　"与天下终"，鲍本、吴本无。

愿矣❶？"

应侯知蔡泽之欲困己以说，复曰："何为不可？夫公孙鞅事孝公，极身毋二，尽公不还私，信赏罚以致治，竭智能，示情素，蒙怨咎，欺旧交，虏魏公子印，卒为秦禽将破敌军，攘地千里。吴起事悼王，使私不害公，谗不蔽忠，言不取苟合，行不取苟容，行义不固固，曾一作顾。毁誉，必有伯主强国，不辞祸凶。大夫种事越王，主离困辱，悉忠而不解，主虽亡绝，尽能而不离，多功而不矜，贵富不骄怠。若此三子者，义之至、忠之节也。故君子杀身以成名，义之所在，身虽死，无憾悔，刘一作身虽无咸无悔。何为不可哉？"蔡泽曰："主圣臣贤，天下之福也。君明臣忠，国之福也。父慈子孝，夫信妇贞，家之福也。故比干忠钱忠下有而字。不能存殷，子胥知钱本有而字。不能存吴，申生孝而晋惑惑，一作国。乱。是有忠臣孝子，国家灭乱，何也？无明君贤父以听之。故天下以其君父为戮辱，曾本有而字。怜其臣子。夫待死而后可以立忠成名，是微子不足仁，孔子不足圣，管仲不足大也。"于是应侯称善。

蔡泽得少间，因曰："商君、吴起、大夫种，其为人臣，尽忠致功，则可愿矣。闳夭事文王，周公辅成王也，岂不亦忠一本有圣字。乎？以君臣论之，商君、吴起、大夫种，其可愿孰与闳夭、周公哉？"应侯曰："商君、吴起、一本有与字。大夫种不若也。"蔡泽曰："然则君之

---

❶ "矣"，鲍本改作"与"。吴本："《史》作与。"

主，慈仁任忠，不欺旧故，孰与秦孝公、楚悼王、越王乎？"应侯曰："未知何如也。"

蔡泽曰："主❶固亲忠臣，不过秦孝、越王、楚悼。君之为主，曾本作令主。正乱、批患、折难，广地殖谷，富国、足家、强主，威盖海内，功章万里之外，不过商君、吴起、大夫种。而君之禄位贵盛，私家之富过于三子，而身不退，窃为君危之。语曰：日中则移，月满则亏。物盛则衰，天之常数也。进退、盈缩、变化，圣人之常道也。昔者齐桓公九合诸侯，一匡天下，至葵丘之会，有骄矜之色，畔者九国。吴王夫差无適于天下，轻诸侯，凌齐、晋，遂以杀身亡国。夏育、太史启启，曾作嗷。叱呼骇三军，然而身死于庸夫。此皆乘至盛不及❷道理也。夫商君为孝公平权衡，正度量，调轻重，决裂阡陌，教民耕战，是以兵动而地广，兵休而国富，故秦无敌于天下，立威诸侯。功已成，遂以车裂。楚地持戟百万，白起率数万之师，以与楚战，一战举鄢郢，再战烧夷陵，南并蜀汉。又越韩、魏，攻强赵，北坑马服，诛屠四十余万之众，流血成川，沸声若雷，使秦业帝。自是之后，赵、楚慑服，不敢攻秦者，白起之势也。身所服者，七十余城。功已成矣，赐死于杜邮。吴起为楚悼罢无能，废无用，损不急之官，塞私门之请，壹楚国之俗，南攻❸杨、

---

❶ "主"，何本、范本上补"今"字。

❷ "及"，鲍本、吴本作"近"，何本改作"反"。

❸ "攻"，王念孙以为当作"收"。

越，北并陈、蔡，破横散从，使驰说之士无所开其口。功已成矣，卒支解。大夫种为越王垦草创钱、刘一作仞，曾一作入。邑，辟地殖谷，率四方士❶，上下❷之力，以禽劲吴，成霸功。勾践终棓❸而杀之。此四子者，成功而不去，祸至于此。此所谓信而不能诎，往而不能反者也。范蠡知之，超然避世，长为陶朱。君独不观博者乎？或欲分一本无分字。大投，或欲分功。此皆君之所明知也。今君相秦，计不下席，谋不出廊庙，坐制诸侯，利施三川，以实宜阳，决羊肠之险，塞太行之口，又斩范、中行之途，栈道千里于蜀、汉，使天下皆畏秦。秦之欲得矣，君之功极矣。此亦秦之分功之时也。如是不退，则商君、白公、吴起、大夫种是也。君何不以此时归相印，让贤者授之？必有伯夷之廉，长为应侯，世世称孤，而有乔、松之寿。孰与以祸终哉！此则君何居焉？"应侯曰："善。"乃延入坐，为上客。

后数日入朝，言于秦昭王曰："客新有从山东来者蔡泽，其人辩士。臣之见人甚众，莫有及者，臣不如也。"秦昭王召见，与语，大说之，拜为客卿。应侯因谢病，请归相印。昭王强起应侯，应侯遂称笃，因免相。

昭王新说蔡泽计画，遂拜为秦相，东收周室。蔡泽相秦王数月，人或恶之，惧诛，乃谢病归相印，号为刚成

---

❶ "士"，鲍本、吴本上补"之"字。
❷ "上下"，鲍本、吴本上补"专"字。
❸ "棓"，王念孙以为当作"倍"。

君。一本有居字。秦十余年，昭王❶、孝文王、庄襄王，卒事始皇帝。为秦使于燕，三年而燕使太子丹入质于秦。

战国策卷第五

---

❶ "昭王"，鲍本上补"事"字。吴本："《史》上有事字。"

卷六

秦四

6.1 秦取楚汉中

秦取楚汉中，再战于蓝田，大败楚军。韩、魏闻楚之困，乃南袭至邓，楚王引归。后三国齐、韩、魏。谋攻楚，恐秦之救也，或说薛公："可发使告楚曰：今三国之兵且去楚，楚能应而共攻秦，虽蓝田岂难得哉！去，舍也。舍楚而往攻秦。蓝田，秦邑也。攻秦则得之矣，故曰岂难得哉。蓝田，今长安东南。况于楚之故地？楚疑于秦之未必救己也，而今三国之辞去❶，则楚之应之也必劝，应，和也。劝，进也。是楚与三国谋出秦兵矣。秦为知之，必不救也。知楚与三国谋，故必不肯救之（一无肯之二字）。三国疾攻楚，楚必走秦以一本以下有告字。急。走，去也。告急求救也。秦愈不敢出，秦益疑，故不敢出兵。则是我离秦而攻楚也，兵必有功。"离，绝也。使秦疑楚而不救也，三国得专势攻楚，故兵出必有功也。薛公曰："善。"遂发重使之楚，楚之应之果劝。果，竟。于是三国并力攻楚，楚果告急于秦，秦遂不敢出兵。大臣臣，曾作胜。有功。三国伐楚大胜，有功也。

---

❶ "去"，鲍本改作"云"。

6.2 薛公入魏而出齐女

薛公入魏而出齐女。妇人大归曰出。韩春谓秦王曰："何不取为妻，以齐、秦劫❶魏，秦王，昭王也。劝使取魏所出齐女以为妻，而与齐并势攻魏。则上党秦之有也。攻魏则并得上党也。齐、秦合而立负刍，负刍立，其母在秦，则魏，秦之县也负刍即魏公子，其母即魏所出齐女也，欲令秦王取之。故曰其母在秦，故云魏秦之县也。已。呡欲以齐、秦劫魏而困薛公，呡，魏之臣也。劫，胁也。薛公在魏，故欲困苦之也。佐欲定其弟，臣请为王因呡与佐也。佐，负刍兄也，故欲定其弟。臣，韩春自谓也。呡欲困薛，故言请为王因呡与佐也。魏惧而复之，复之齐女。负刍必以魏殁世事秦。世，身。齐女入魏而怨薛公，入，还也。齐女还，怨薛公出己也。终以齐奉事王矣。"王，秦王也。韩春设此言，言齐女以秦奉事王矣。秦王不懔韩春计，故其事无效。

6.3 三国攻秦入函谷

三国攻秦，入函谷。三国，齐、韩、魏也。秦王谓楼

---

❶ "劫"，据下夹注，字或本作"攻"。

缓曰："三国之兵深矣，寡人欲割河东而讲。"深，犹盛也。割，分。讲，成也。（一也字下有分字）河东地以卑三国，与之成。对曰："割河东，大费也。免于国患，大利也。此父兄之任也。曾云：大利，不入三国，大费，失土。大利不亡国，故曰父兄之任也。王何不召公子池而问焉？"

王召公子池而问焉，对曰："讲亦悔，不讲亦悔。"王曰："何也？"对曰："王割河东而讲，三国虽去，王必曰：惜矣！惜河东地也。三国且去，吾特以三城从之。且，将也。特，独也。三城，河东三县也。此讲之悔也。悔，恨也。王不讲，三国入函谷，咸阳必危，咸阳，秦都也。今长安都渭桥西北咸阳城是也。王又曰：惜矣！吾爱三城而不讲。此又不讲之悔也。"王曰："钧吾悔也，宁亡三城而悔，无危咸阳而悔也。寡人决讲矣。"决，必。卒使公子池以三城讲于三国之兵❶，乃退。

6.4 秦昭王谓左右❷

秦昭王谓左右曰："今日韩、魏，孰与始强？"始，初也。言韩、魏初时强耶？今时强也？对曰："弗如也。"

---

❶ "之兵"，鲍本、吴本上补"三国"二字。
❷ 本章原与上"三国攻秦入函谷"章接续，今依鲍本、吴本单列一章。

言不如始时强也。王曰："今之如耳、**魏齐**，<small>如耳，韩臣。魏齐，魏臣也。</small>**孰与孟尝、芒卯之贤？**"对曰："弗如也。"王曰："以孟尝、芒卯之贤，帅强韩、魏之兵以伐秦，犹无奈寡人何也。今以无能之如耳、魏齐，帅弱韩、魏以攻秦，其无奈寡人何亦明矣。"左右皆曰："甚然。"<small>甚，谓诚也。</small>

中期推琴<small>续：《史记》：中旗凭琴。注引《战国策》作推琴。《后语》：中旗伏琴。《韩子》作推瑟。《说苑》作伏琴。</small>对曰："**三❶**之料天下过矣。<small>中期，秦臣也。料，数也。过，谬也。</small>**昔者六晋之时，智氏最强，**<small>六卿分晋。智氏、范、中行氏、中韩氏、赵氏乘周之衰，僭号皆曰诸侯，谓六晋也。曾、刘皆作六晋者，无咎灭赵氏、魏氏。</small>**灭破范、中行，**<small>范、中行氏，于晋最薄而苛峭，故智伯瑶先破灭也。</small>**帅韩、魏以围赵襄子于晋阳。**<small>智伯杀范、中行氏，志意骄盈，求地于诸侯，赵襄子不与地，故帅韩、魏二君伐赵氏，围晋阳。晋阳，赵襄子邑。</small>**决晋水以灌晋阳，城不沉者三板耳。**<small>沉，没也。广二尺曰板。</small>**智伯出行水，韩康子御，魏桓子**<small>《说苑》《韩子》作魏宣子。</small>**骖乘。**<small>三人共载曰骖乘。</small>**智伯曰：始吾不知水之可亡人之国也，**<small>亡，灭。</small>**乃今知之。汾水利以灌安邑，绛水利以灌平阳。**<small>安邑，魏桓子邑。平阳，韩康子邑。</small>**魏桓子肘韩康子，康子履魏桓子，蹑其踵，肘足接于车上，**<small>曾、刘本云：魏桓子肘韩康子，康子蹑其踵，踵、肘接于车上。</small>**而智氏分矣。**<small>韩、魏兆其肘、</small>

---

❶ "三"，鲍本、吴本作"王"。

踬之谋，破智伯于车上。智氏贪暴灭亡，三家卒共分之，故曰智氏分也。**身死国亡，为天下笑。**智伯身死，为襄子所杀也。身死，国为三家所分，天下共笑也。**今秦之强，不能过智伯。韩、魏虽弱，尚贤在❶晋阳之下也。**贤于赵襄子见围于晋阳也。贤，犹胜也。**此乃方其用肘足时也，愿王之勿易也。"**勿，无。易，轻也。

6.5　楚魏战于陉山

楚、魏战于陉山。魏许秦以上洛，以绝秦于楚。魏许赂秦以上洛，绝秦便❷不助楚。**魏战胜，楚败于南阳。**南阳，陉山所在也。**秦责赂于魏，魏不与。**赂，上洛也。不与上洛也。营曾：营或作管。浅谓秦王曰："王何不谓楚王曰：魏许寡人以地，今战胜，魏王倍寡人也。王何不与寡人遇？遇，合也。魏畏秦、楚之合，必与秦地矣。是魏胜楚而亡地于秦也，谓失上洛。是王以魏地德寡人，秦之楚者多资矣。之，至也。资，财币也。魏弱，若不出地，则王攻其南，寡人绝其西，魏必危。"危，亡。秦王曰："善。"昭王也。以是告楚，楚王扬言与秦遇。魏王闻之恐，效上洛于秦。魏惠王。效，致也。

---

❶ "在"，鲍本、吴本上有"其"字。

❷ "便"，鲍本："使不助楚。"疑当为"使"。

6.6　楚使者景鲤在秦❶

　　楚使者景鲤在秦，从秦王与魏王遇于境，遇，合。境，秦界也。楚怒。秦合周最为❷楚王曰："魏请无与楚遇而合于秦，遇之合也。是以鲤与之遇也。弊邑之于与遇善之，故齐不合也。"楚王因不罪景鲤而德周、秦。秦使周最解说楚王与魏遇之意，故不罪景鲤，而弟德周与秦也。

6.7　楚王使景鲤如秦

　　楚王使景鲤如秦。客谓秦王曰："景鲤，楚王使景一本无使景二字。所甚爱，王不如留之以市地。市，求也。楚王听，则不用兵而得地。楚王不听，则杀景鲤。更不与，不如景鲤留。留，曾、刘一作者。是便计也。"秦王乃留景鲤。

　　景鲤使人说秦王曰："臣见王之权轻天下，而地不可得也。臣之来使也，闻齐、魏皆且割地以事秦。所以然者，以秦与楚为昆弟国。今大王留臣，是示天下无楚也，齐、魏有何重于孤国也？言留臣，则秦（一本下有与楚二

---

❶ 本章原与上"楚魏战于陉山"章接续，今依鲍本、吴本单列一章。
❷ "秦合周最为"，吴本作"秦令周最谓"。

字）绝，秦无楚援，则为孤国，故齐、魏不复尊重秦也。楚知秦之孤，不与地，而外结交诸侯以图，则社稷必危，不如出臣。"秦王乃出之。出，遣景也。景鲤还楚也。

6.8　秦王欲见顿弱

秦王欲见顿弱，顿弱曰："臣之义不参拜，秦王，始皇赵正也。即位二十六年，乃称帝，故曰秦王。王能使臣无拜，即可矣。不，即不见也。"秦王许之。于是顿子曰："天下有一本有字下更有有字。其实而无其名者，有无其实而有其名者，有无其名又无其实者。王知之乎？"王曰："弗知。"顿子曰："有其实而无其名者，商人是也。无把铫推耨之势，铫，芸苗器也，音括。续：铫，姚、调二音，古田器。而有积粟之实，此有其实而无其名者也。无其实而有其名者，农夫是也。解冻而耕，暴背而耨，无积粟之实，此无其实而有其名者也。无其名又无其实者，王乃是也已。立为万乘，无孝之名，以千里养，无孝之实。"秦王悖然而怒。

顿弱曰："山东战国有六，威不掩于山东而掩于母，秦王名正也，以母淫通于嫪毐，闭之于雍门宫。故顿弱曰：不能掩威于六国，而掩威于母也。臣窃为大王不取也。"秦王曰："山东之建❶国可兼与？"兼，并。顿子曰："韩，

---

❶　"建"，鲍本、吴本作"战"。

天下之咽喉。魏，天下之胸腹。王资臣万金_{资，给。}而游，听之韩、魏，_{游，行。}入其社稷之臣于秦，_{入，纳也。}即韩、魏从。韩、魏从，而天下可图也。"_{从于秦。图，取。}秦王曰："寡人之国贫，恐不能给也。"_{给，供。}顿子曰："天下未尝无事也，非从即横也。横成则秦帝，从成即楚王。秦帝，即以天下恭养。楚王，即王虽有万金，弗得私也。"_{私，爱也。}秦王曰："善。"

乃资万金，使东游韩、魏，入其将相。北游于燕、赵，而杀李牧。_{李牧，赵将。}齐王入朝，_{朝于秦也。}四国必从，_{四国，燕、赵、韩、魏。}顿子之说也。

6.9　顷襄王二十年

顷襄王二十年，秦白起拔楚西陵，或拔鄢郢、夷陵，烧先王之墓。王徙，东北保于陈城。楚遂削弱，为秦所轻。于是白起又将兵来伐。楚人有黄歇者，游学博闻，襄王以为辩，故使于秦。说昭王曰："天下莫强于秦、楚，今闻大王欲伐楚，此犹两虎相斗而驽犬受其弊，不如善楚。臣请言其说。臣闻之[1]：_{续：此段首有阙文。《史记》《新序》《后语》皆有之，文亦小异。今以《后语》聊足此段之阙。}

---

[1] 据下夹注，自开头"顷襄王二十年"至"臣闻之"凡一百一十字，乃姚宏所补。此一百一十字，鲍本无，吴本每行退两格。

物至而反❶，冬夏是也。秦王名正，庄王楚之子。冬至生，夏至杀，故曰反也。致至而危，累棋是也。至，极也。今大国之地半天下，有二垂。此从生民以来，万乘之地未尝有也。未尝有地也。先帝文王、庄王、王之身，三世而不❷接地于齐，文王，始皇祖。庄王，始皇父。故曰三世。今之王，古之帝，故咸言先帝。以绝从亲之要。今王三使盛桥❸守事于韩，成桥以北入燕。燕入朝秦也。是王不用甲，不伸威，而出❹百里之地，王可谓能矣。王又举甲兵而攻魏，杜大梁之门，大梁，魏惠王所都也。今陈留浚仪西大梁城是也。举河内，拔燕、酸枣、虚、桃人。举，犹得也。拔，取也。燕，南燕。酸枣，今属陈留。桃人，邑名，处则未闻。虚，空也。楚、燕❺之兵，云翔不敢校，王之功亦多矣。云翔（《史》作雲翔）犹解于（于，一本作散字）不与秦校战，故曰王之功亦多矣。王申息众，二年然后复之。申，洛也。休众二年，而后复用之。又取蒲、衍、首垣，以临仁、平兵❻，小黄、济阳婴城，而魏氏服矣。当战国时，皆魏邑也。王又割濮、磨❼之北属之燕，断齐、秦之要，绝楚、魏之脊。天下五合六聚而不敢救也，天下五合，六国集聚，不敢救助。王之威亦惮矣。惮，难也。六国

---

❶ "物至而反"，鲍本、吴本上有"说秦王曰"四字。

❷ "不"，何本据《史记》，下补"忘"字。

❸ "三使盛桥"，鲍本、吴本作"使成桥"。

❹ "出"，缪本据《史记》，改作"得"。

❺ "燕"，黄丕烈以为当作"魏"。

❻ "兵"，鲍本改作"丘"，吴本："兵，从《史》文作丘。"

❼ "磨"，吴本以为与"歷（历）"通。

诸侯皆有畏难秦王之威也。**王若能持功守威，省攻伐之心，**省，减。**而肥仁义之诚❶，**诚字一本作诚字。**使无复后患，**肥，犹厚也。地，犹道。厚宣仁义之道，则天下皆仰之。复何（一本何字下有后字）患之有，故曰使无复后患。**三王不足四，五伯不足六也。**言不足小畜之也。**王若负人徒之众，材**一本无材字。**兵甲之强，壹毁魏氏之威，**负，恃也。毁，败也。**而欲以力臣天下之主，**臣，服也。主，谓诸侯。**臣恐有后患。《诗》云：靡不有初，鲜克有终。《易》曰：狐濡其尾。此言始之易，终之难也。**《诗·大雅》之首章。靡，无也（一本也字下有鲜少也三字）。言人初始无不为诚信，少能有终也。言秦强威可以克定天下，恐不能终持之，若狐濡其尾，故难在后也。故曰终之难也。**何以知其然也？**

智氏见伐赵之利，而不知榆次之祸也。一本无也字。智伯瑶但贪赵襄子晋阳之地，而不知襄子与韩、魏之阴谋，卒杀于凿台之上，葬之于榆次。谓（一本无谓字）设利于前，而祸随其后也（一本无也字）。**吴见伐齐之便，而不知干隧之败也。**一本无也字。吴王夫差自见服越王为前，而心复广，贪齐之宝而伐之，又欲取伯名于晋，而越奄杀之于干隧，亦贪利前而凶在后也。**此二国者，非无大功也，设**设字，刘本一作没字。**利于前而易患于后也。**设（刘本作没字），贪（一本下有人字）也。但见目前之利而问伐，不见后患，故曰易患于后也。**吴之信越也，从而伐齐，**从，合也。信越人之卑服，舍之，北师伐齐，曰干隧也。**既胜齐人于艾陵，**艾陵，

---

❶ "诚"，据下注，当作"地"。

邑也。**还为越王禽于三江之浦。**还自黄也，为越所杀（杀字一本作禽字）也。流尾（流尾，一本作浦厓字）也，即干隧也。**智氏信韩、魏，从而伐赵，攻晋阳之城，胜有日矣。**日，谓明当胜也。**韩、魏反之，杀智伯瑶于凿台之上。**晋阳下台名。凿地作渠，以灌晋阳城，因聚土为台而止其上，故曰凿台也。**今王妒**妒字曾本一作妬字。**楚之不毁也，而忘毁楚之强魏也。臣为大王虑而不取。《诗》云：大武远宅不涉。**逸诗。**从此观之，楚国，援也；**援，助。**邻国，敌也。**敌，仇。**《诗》云：他人有心，予忖度之。跃跃毚兔，遇犬获之。**《诗·巧言》之四章。他人有毁害之心，己忖度之。跃跃，跳走也。毚，狡也。喻狡兔腾跃跃（一本无一跃字），以为难得也，或时遇犬获之。喻谗人如毁伤人，遇明君则治女罪也。

今王中道而信韩、魏之善王也，此正吴信越也。越不可信，而吴信之。**臣闻敌不可易，时不可失。臣恐韩、魏之卑辞虑患，而实欺大国也。此何也？王既无重世之德于韩、魏，而有累世之怨**累，犹重也。**矣。韩、魏父子兄弟接踵而死于秦者，百世矣。**百，一作累。**本国残，社稷坏，宗庙隳，刳腹折颐，**折，断。**首身分离，暴骨草泽，头颅僵仆，相望于境。父子老弱系虏，相随于路。鬼神狐祥无所食，百姓不聊生，**聊，赖。**族类离散，流亡为臣妾，满海内矣。韩、魏之不亡，秦社稷之忧也。今王之攻楚，不亦失乎？**

是❶**王攻楚之日，则恶出兵？王将藉路于仇雠之韩、魏乎？兵出之日，而王忧其不反也。**反，还。**是王以兵资**

---

❶ "是"，鲍本、吴本作"且"。

于仇雠之韩、魏。王若不藉路于仇雠之韩、魏，必攻一本
攻字下有随字。阳右壤。随阳右壤，此皆广川大水，山林溪
谷，不食之地。随阳、右壤，皆楚邑也。王虽有之，不为得
地。与不得地无异。是王有毁楚之名，无得地之实也。

　　且王攻楚之日，四国必应，一本无应字。悉起应王。
四国，赵、韩、魏、齐也。秦、楚之❶构而不离，构，连。
魏氏将出兵而攻留、方与、铚、胡陵、砀、萧、相，故宋
必尽。七邑，宋邑也。宋，战国时属楚，故言故宋必尽也。
齐人南面，泗北必举。此皆平原四达膏腴之地也，广平曰
原野也，为膏润腴美也。而王使之独攻。王破楚，于刘本
无于字。以肥韩、魏于中国而劲齐。韩、魏之强足以校于
秦矣。校，犹亢也。齐❷南以泗为境，东负海，北倚河，
而无后患。以泗水为南界。负，背也。倚，犹依也。患，难
也。天下之国，莫强于齐。齐、魏得地葆利，而详事下
吏，事，治。一年之后，为帝若未能，于以禁王之为帝有
余。刘本余字下有矣字。言齐魏未能为帝也，然强大足以禁
秦，使不得称为帝有余力也。

　　夫以王壤土之博，人徒之众，兵革之强，众，多也。
强，盛也。一举众❸而注地于楚❹，事，战事也。注，属。
诎令韩、魏，归帝重于齐，诎，反。是王失计也。臣为王
虑，莫若善楚。秦、楚合而为一，临以刘本作以临。韩，

---

❶　"之"，鲍本下补"兵"字。吴本："《史》之下有兵字。"
❷　"齐"，鲍本、吴本上有"而"字。
❸　"众"，据下注，当作"事"。
❹　"注地于楚"，吴本："《史》作树怨于楚，《新序》同。"

韩必授首。王襟刘本襟字作施字，曾作襟。以山东之险，带以河曲之利，韩必为关中之候。为秦察诸侯动喻❶也。若是，王以十成❷郑，梁氏寒心，梁氏，魏也。寒心，惧也。许、鄢陵婴城，上蔡、召陵不往来也。不往来于魏也。如此，而魏亦关内候矣。魏为秦察诸侯动静也。王一善楚，而关内二万乘之主注地于齐，齐之右壤可拱手而取也。壤，地。是王之地一任两海，一注东海。要绝天下也。要，取。是燕、赵无齐、楚，无❸燕、赵也。然后危动燕、赵，持齐、楚，此四国者，不待痛而服矣。"痛，急也。不待急攻而服从也。

6.10　或为六国说秦王

或为六国说秦王王，王正也，已为始皇帝。曰："土广不足以为安，人众不足以为强。若土广者安，人众者强，则桀纣之后将存。言王者以仁义为安强，虽土广人众而无仁义，犹将危亡，故桀、纣不能自存也。昔者赵氏亦尝曾作尝亦。强矣，曰赵强何若？举左案齐，举右案魏，厌案万乘之国二，国千乘之宋也。筑刚平，卫无东野，刍牧薪采，莫敢窥东门。刚平，卫地。赵筑之以为邑，故卫无东

---

❶　"喻"，范本："依下注例，喻当作静。"
❷　"成"，鲍本增改作"万戍"。
❸　"无"，鲍本上补"齐楚"二字。吴本："宜从《史》叠齐楚字，是。《新序》同。"

野。故卫人刍牧不敢出于东门。当是时，卫危于累卵，天下之士相从谋曰：吾将还其委质，而朝于邯郸之君乎！于是天下有称伐邯郸者，莫不令朝行。魏伐邯郸，因退为逢泽之遇，遇，会。乘夏车，称夏王，朝为天子，天下皆从。皆从其化。齐太公闻之，举兵伐魏，壤地两分，太公，田和也，始伐（伐，一本作代字）吕氏齐侯，谥为太公，齐威王之祖父也。两分魏之壤地。国家大危。梁王身抱质执璧，请为陈侯臣，陈侯，齐侯也。陈氏篡，吕氏绝，故曰陈侯也。天下乃释梁。郢威王闻之，寝不寐，食不饱，帅天下百姓，以与申缚遇于泗水之上，威王，怀王父也。郢，楚都也。怒齐人之臣伏魏王，故帅百姓以与申缚遇而败之也。申缚，齐将也。而大败申缚。赵人闻之至枝桑，燕人闻之至格道。燕、赵怒齐之臣魏王，故出兵至枝桑、格道，将伐也。格道不通，平际一本无际字。绝。齐战败❶不胜，谋则不得，使陈毛释剑撝，委南听罪。听罪于楚子也。西说赵，北说燕，内喻其百姓，而天下乃齐释❷。释，舍。于是夫积薄而为曾、刘本无为字。厚，聚少而为曾、刘本无为字。多，以同言郢威王于侧纣之间。纣当为脯，声之误也。臣岂以郢威王为政衰谋乱以至于此哉？郢为强，临天下诸侯，故天下乐伐之也。"

战国策卷第六

---

❶ "败"，王念孙以为当作"则"。
❷ "齐释"，王念孙以为当作"释齐"。

卷七

秦五

7.1 谓秦王曰臣窃惑❶

谓秦王曰：秦始皇也。"臣窃惑王之轻齐易楚而卑畜韩也。臣闻王兵胜而不骄，骄，慢。伯主约而不忿。忿，怨也。伯主约俭劳谦，故不有所忿怨。胜而不骄，故能服世；约而不忿，故能从邻。王者德大，不骄逸，故能服邻国（一本作服世从邻）。服，慊也。今王广德曾一作得，刘一作失。魏、赵而轻失齐，骄也。战胜宜阳，不恤楚交，忿也。恤，顾。骄忿非伯主之业也，业，事。臣窃为大王虑之而不取也。

《诗》云：靡不有初，鲜克有终。故先王之所重者，唯始与终。先王，圣王也。敬始慎终，故曰唯始与终也。何以知其然？昔智伯瑶残范、中行，围逼❷晋阳，卒为三家笑。智伯，智襄子也。残，灭也。范，范吉射，昭子也。中行，中行寅，文子也。二子之后，以苛为察，以克下为功，于晋六卿中，薄德前衰。智伯灭而兼之，志意骄盛，求地于赵襄

---

❶ 吴本题作"谓秦曰臣窃惑"，今据正文改。
❷ "逼"，鲍本、吴本无。

子，襄子不与，故率韩围晋阳，以伐赵氏。赵氏与韩、魏通谋，韩、魏为反间，令赵氏得杀智伯，故曰三家笑也。**吴王夫差栖越于会稽，胜齐于艾陵，为黄池之遇，无礼于宋，遂与句**刘作为勾**。践禽，死于干隧。**一作队。吴王夫差伐越，胜之。勾践奔走，栖于会稽山之上。遂北伐齐，胜长求平。勾践起兵伐其国，遽救之，越人杀之干隧。干隧，邑名。**梁君伐楚胜齐，制赵、韩之兵，驱十二诸侯以朝天子于孟津。**梁君，梁惠王也。伐楚、齐，胜之，制御赵、韩之兵，驱使十二诸侯鲁、卫、曹、宋、郑、陈、许之君，朝天子于孟津。**后子死，身布冠而拘于秦❶。**后东伐齐，败于马陵，太子见杀，故布冠而拘执于秦❷也。**三者非无功也，能始而不能终也。**终，终难也。

　　今王破宜阳，残三川，初，秦昭王灭东、西周，置宜阳及三川郡，故曰破宜阳残三川也。**而使天下之士不敢言。**言，议。**雍天下之国，徙两周之疆，**雍，有也。两周，东、西周也。杆宜阳界而东之，故曰徙两周之疆也。**而世主不敢交❸阳侯之塞。**世主，谓诸侯也。诸侯慑怖畏秦，不敢交会。阳侯，诸侯（一下有之字）。塞，隘处也。**取黄棘，而韩、楚之兵不敢进。王若能为此尾，则三王不足四，五伯不足六。**尾，后也。言王为策讨之，始得之矣。如能终卒没，则王伯之道立也。故曰三王不足四，五伯不足六。**王若不能为**

---

❶ "秦"，金正炜以为当作"齐"。

❷ "秦"，金正炜以为当作"齐"。

❸ "交"，鲍本、吴本作"窥"。

此尾，而有后患，有灭亡之患也。则臣恐诸侯之君，河济
之士，以王为吴、智之事也。吴，吴王夫差。智，智伯也。
事，灭亡之事。

《诗》云：行百里者，半于九十。此言末路之难。
逸诗。言之百里者，已行九十里，适为行百里之半耳。譬若强
弩至牙上，甫为上弩之半耳。终之尤难，故曰末路之难也。今
大王❶皆有骄色，以臣之心❷观之，天下之事，侫世主之
心，心，骄约之心也。非楚受兵，必秦也。言不伐楚，则
伐秦也。秦、楚之骄侈故也。何以知其然也？秦人援魏以
拒楚，楚人援韩以拒秦，援，助。四国之兵敌而未能复战
也，敌，强弱等也。未，无也。齐、宋在绳墨之外以为权。
权，援助之势也。故曰：先得齐、宋者伐秦❸。秦先得齐、
宋，则韩氏铄；韩氏铄，则楚孤而受兵也。铄，消铄也。
言其弱。韩弱而楚失援，故孤而受兵。楚先得齐❹，则魏氏
铄；魏氏铄，则秦孤而受兵矣。魏为秦与国。魏弱，故秦失
援而孤，受诸侯兵也。若随此计而行之，则两国者，必为
天下笑矣。两国，秦、楚也。"

---

❶ "大王"，横田本："据皆字及下文，大王下疑脱楚王二字。"
❷ "心"，金正炜以为当作"愚"。
❸ "秦"，金正炜以为衍文。
❹ "齐"，鲍本、吴本作"之"。

7.2　秦王与中期

秦王与中期争论，不胜。中期，秦辨士也。秦王大怒，中期徐行而去。或为中期说秦王曰："悍人也中期！适遇明君故也，向者遇桀、纣，必杀之矣。"有人为中期说，言遭遇明君，不罪胜己臣，故不见诛也。若其遇桀、纣，则必（一下有诛字）杀也。秦王因不罪。言桀杀逢蒙，纣杀比干，恶其胜己也。秦王耻袭桀、纣之阙，故不罪。

7.3　献则谓公孙消

献则谓公孙消曰：皆公孙消。"公，大臣之尊者也，数伐有功。公，谓公孙消也。尊，重也。数行战伐，有功劳也。所以不为相者，太后不善公也。不为秦相者，不为芊❶太后不❷善者也。辛❸戎者，太后之所亲也。今亡于楚，在东周。太后，楚女，孝文皇后，庄襄王母也，号华阳夫人者也。辛戎，楚人，自楚王❹在东周。东周，洛阳成周也。公何不以秦、楚之重，资而相之于周乎？使辛戎为周相也。楚

---

❶　"芊"，当作"芈"。
❷　"不"，范本："疑涉上不字而衍。"
❸　"辛"，鲍本改作"芈"。下同。
❹　"王"，范本："当是亡之音讹。"

必便之矣。是辛戎有秦、楚之重，太后必悦公，公相必矣。"公，公孙消也。言必见用为秦相也。

7.4　楼㢟约秦魏

楼㢟续：㢟，《管子·七臣七主篇》云：事无常而法令申，不㢟则国失势。注：㢟，古伍字，谓偶合也。言虽申布法令，于事不合。他字书无之。**约秦、魏，魏太子为质，**质于秦也。**纷强欲败之。**纷强，魏臣也。败，害也。**谓太后曰："国与还者也。**还，周旋于利也。**败秦而利魏，魏必负之。**负，背也。**负秦之日，太子为粪❶矣。"**太后坐王而泣。**王因疑于太子，**疑，不欲令太子质秦。**令之留于酸枣。**留，止。**楼子患之。昭衍为周之梁，楼子告之。**告昭衍魏太子止酸枣意。**昭衍见梁王，梁王曰："何闻？"**曰："**闻秦且伐魏。"**梁，魏都也。故将伐魏。**王曰："为期期，**曾作其。**与我约矣。"曰："秦疑于王之约，以太子之留酸枣而不之秦。秦王之计曰：魏不与我约，必攻我。我与其处而待之见攻，不如先伐之。以秦强，折节而下与国，臣恐其害于东周。"**昭衍不欲正言害魏也，故诡言恐害东周也。秦来伐，必径东周故也。

---

❶ "粪"，王念孙以为下当有"土"字。

7.5　濮阳人吕不韦❶

濮阳人吕不韦贾于邯郸，见秦质子异人，异人，秦庄襄王之孙，孝文之子。昭王时质于赵，时不韦贾邯郸而见也。归而谓父曾本有母。曰："耕田之利几倍？"曰："十倍。""珠玉之赢几倍？"赢，利。曰："百倍。""立国家之主赢几倍？"曰："无数。"多不可数也。曰："今力田疾作，不得暖衣余食。余，饶。今建国立君，泽可以遗世。世，后世也。愿往事之。"

秦子异人质于赵，处于㕍城。㕍城，赵邑。故往说之曰："子傒有承国之业，又有母在中。傒子❷，秦太子也，异人之异母兄弟。中，犹内也。今子无母于中，外托于不可知之国。谓秦托子于赵，安危吉凶不可知也。一日倍约，身为粪土。今子听吾计事，求归，可以有秦国。事，治。吾为子使秦，必来请子。"子，异人也。言必使秦来请子于赵。

乃说秦王后弟阳泉君曰："君之罪至死，君知之乎？秦皇后，孝文皇帝华阳夫人也。时昭王时也，或言后耳。不韦云：君有不远图之罪，知不？君之门下无不居高尊位，太子门下无贵者。太子，子傒。君之府藏珍珠宝玉，君之骏

---

❶ 吴本题作"僕阳人吕不韦"，今据正文改。
❷ "傒子"当为"子傒"之误倒。

马盈外厩，美女充后庭。王之春秋高，言昭王年老也。一日山陵崩，太子用事，一日，犹一旦也。山陵，喻尊高也。崩，死也。用事，即位治国事。君危于累卵，而不寿于朝生。君，谓阳泉君也。累卵，至危也。朝生，太[1]菫也，朝荣夕落。真为短命不寿也，命将不至终日也。说有可以一切而使君富贵千万岁，其宁于太山四维，必无危亡之患矣。"四维，持之也。患，忧。阳泉君避席，请闻其说。不韦曰："王年高矣，王后无子，子傒有承国之业，士仓又辅之。辅，犹明[2]也。王一日山陵崩，子傒立，士仓用事，王后之门，必生蓬蒿。子异人贤材也，子，异人名。弃在于赵，无母于内，引领西望，而愿一得归。王后诚请而立之，王后，华阳夫人耳。是子异人无国而有国，王后无子而有子也。"阳泉君曰："然。"入说王后，王后乃请赵而归之。

赵未之遣。不韦说赵曰："子异人，秦之宠子也，无母于中，王后欲取而子之。欲为己子。使秦而欲屠赵，不顾一子以留计，是抱空质也。抱，持。若使子异人归而得立，赵厚送遣之，是不敢倍德畔施，德，恩。是自为德讲。讲，诚。曾本作诚讲。秦王老矣，一日晏驾，晏，晚也。日暮而驾归大阴也，谓死亡也。虽有子异人，不足以结秦。"结，固。赵乃遣之。

异人至，不韦使楚服而见。楚服，盛服。王后悦其

---

❶ "太"，当为"木"字之讹。
❷ "明"，当为"助"字之讹。

状，状，貌。高其知，高，大。曰："吾楚人也。"而自子之，夫人，楚女也，故曰吾楚人。而自子之，以异人为己子。乃变其名曰楚。王使子诵，诵经。子曰："少弃捐在外，尝无师傅所教学，不习于诵。"习，晓。王罢之，乃留止。止，曾作请。间曰：间，须臾也。"陛下尝轫车于赵矣，陛下，谓孝文王也，昔尝质赵。轫车，止仕也。不欲言其质，故住车，故止于赵敢❶国。赵之豪桀，得知名者不少。今大王反国，皆西面而望大王。面，向。无一介之使以存之，存，劳问也。臣恐其皆有怨心。使边境早闭晚开。"王以为然，奇其计。王后劝立之。王乃召相，令之曰："寡人子莫若楚。"立以为太子。

子楚立，以不韦为相，号曰文信侯，食蓝田十二县。官禄。王后为华阳太后，诸侯皆致秦❷邑。

7.6 文信侯欲攻赵

文信侯欲攻赵，以广河间。使刚成君蔡泽事燕，三年，而燕太子质于秦。太子，燕僖王之子子丹也。文信侯因请张唐相燕，曾作往相燕。欲与燕共伐赵，以广河间之地。张唐辞曰："燕者必径于赵。赵人得唐者，受百里

---

❶ "故止于赵敢"，范本："疑下故字衍，敢为敌之形误。"
❷ "秦"，王念孙以为当作"奉"，金正炜以为当作"养"，范本以为不必改。

之地。”文信侯去而不快。快，乐。少庶子甘罗少庶子，官名。甘罗，文相家臣也。曰：“君侯何不快甚也？”文信侯曰：“吾令刚成君蔡泽事燕，三年，而燕太子已入质矣。今吾自请张卿相燕，而不肯行。”张卿，即唐。甘罗曰：“臣行之。”一本臣下有请字。文信君[1]叱去，曰：曾作曰去，刘作去曰。“我自行之而不肯，汝安能行之也？”甘罗曰：“夫项橐[2]续：《史记》作大项橐，司马贞：音托。尊其道德，故曰大。生七岁而为孔子师，今臣生十二岁于兹矣。君其试臣，奚以遽言叱也？”奚，何。叱，呵。

甘罗见张唐曰：“卿之功，孰与武安君？”武安君，秦将白起。唐曰：“武安君战胜攻取，不知其数，攻城堕邑，不知其数。言众多，不可数知也。臣之功不如武安君也。”甘罗曰：“卿明知功之不如武安君欤？”曰：“知之。”“应侯之用秦也，孰与文信侯专？”专，权重也。曰：“应侯不如文信侯专。”曰：“卿明知为不如文信侯专欤？”曰：“知之。”甘罗曰：“应侯欲伐赵，武安君难之，去咸阳七里，绞而杀之。难，应侯，二万众还归于鄗阳（曾作二万众解于鄗阳），赐死于杜邮也。今文信侯自请卿相燕，而卿不肯行，臣不知卿所死之处矣。”言白起死于杜邮，但未知卿死何处（处，一作所）。唐曰：“请因孺子而行。”请，听也。言行（行，一作因）之燕也。令库具

---

❶ “君”，鲍本改作“侯”。

❷ “橐”，鲍本、吴本作“槖”。

车，厩具马，府具币，币，货财也。行有日矣。

甘罗谓文信侯曰："借臣车五乘，请为张唐先报赵。"报，口也。往为张唐先说赵王也。见赵王，赵王郊迎。谓赵王曰："闻燕太子丹之入秦与？"曰："闻之。""闻张唐之相燕与？"曰："闻之。""燕太子入秦者，燕不欺秦也。张唐相燕者，秦不欺燕也。秦、燕不相欺则伐赵，危矣。燕、秦所以不相欺者，无异故，异，怪。欲攻赵而广河间也。今王赍臣五城以广河间，请归燕太子，与强赵攻弱燕。"赵王立割五城以广河间，归燕太子。赵攻燕，得上谷三十六县，与秦什一。续：《史记》：得上谷三十城，令秦有十一。《后语》：三十余城，今秦有其十二。

7.7　文信侯出走

文信侯出走，与司空马之赵，赵以为守相。守相，假也。秦下甲而攻赵。甲，兵。

司空马说赵王曰："文信侯相秦，臣事之，为尚书，习秦事。今大王使守守，一作臣。小官，习赵事。请为大王设秦、赵之战，而亲观其孰胜。赵孰与秦大？"曰："不如。""民孰与之众？"曰："不如。""金钱、粟孰与之富？"曰："弗如。""国孰与之治？"曰："不如。""相孰与之贤？"曰："不如。""将孰与之武？"曰："不如。""律令孰与之明？"曰："不如。”司空马曰：“然则大王之国，百举而无及秦者，大王之国亡。”赵王曰：“卿不远赵，而悉[1]教以国事，愿于因计。”因，犹受也。司空马曰：“大王裂赵之半以赂秦，秦不接刃而得赵之半，秦必悦。内恶赵之守，外恐诸侯之救，秦必受之。之，一作地。秦受地而郄郄，一作却。兵，赵守半国以自存。秦衔赂以自强，山东必恐，亡赵自危，亡，失。诸侯必惧。惧而相捄，则从事可成。山东六国相亲，从（一上有则字）事可成。臣请[2]大王约从。约，结。从事成，则是大王名亡赵之半，实得山东以敌秦，秦不足亡。”言轻之也（一言上有不足二字）。赵王曰：“前日秦下甲攻赵，赵赂以河间十二县，地削兵弱，卒不免秦患。今又割赵之半以强秦，力不能自存，因以亡矣。愿卿之更计。”司空马曰：“臣少为秦刀笔，一本作奉笔。以官长而守小官[3]，未尝为兵首，请为大王悉赵兵以遇。”遇秦敌也。赵王不能将。赵不（一本赵下有王字）能用司马（一作司空马）为将。司空马曰：“臣效愚计，大王不用，是臣无以事大王，愿自请。自请而去。”

司空马去赵，渡平原。平原津令郭遗劳而问：“秦兵下赵，上客从赵来，上客，尊客。赵事何如？”司空马言其为赵王计而弗用，赵必亡。平原令曰：“以上客料之，料，数。赵何时亡？”司空马曰：“赵将武安君，期年而

---

[1] “悉”，鲍本、吴本作“惠”。
[2] “请”，鲍本、吴本下有“为”字。
[3] “官”，鲍本、吴本作“吏”。

亡，若杀武安君，不过半年。武安君，李牧也。赵若用之为将，可期而亡。赵王之臣有韩仓者，以曲合于赵王，曲，邪。其交甚亲，其为人疾贤妒功臣。今国危亡，王必用其言，武安君必死。韩仓必谗杀武安也。"

韩仓果恶之，王使人代。人代武安君为将也。武安君至，使韩仓数之，数，让。曰："将军战胜，王觞将军，觞，酒爵也。将军为寿于前而捍捍，刘一作掉。匕首，当死。"武安君曰："繓病钩，身大臂短，不能及地，繓，李牧名。起居不敬，恐惧❶死罪于前，故使工人为木材❷以接手。接，续。上若不信，繓请以出示。"出之袖中，以示韩仓，状如振捆，捆，曾作枛。缠之以布。"愿公入明之。"韩仓曰："受命于王，赐将军死，不赦。臣不敢言。"言不敢明将军。武安君北面再拜赐死，缩剑将自诛，缩，取。乃曰："人臣不得自杀宫中。"遇司空马门，刘一作过司马门。趣甚疾。出誠门也，右举剑将自诛，诛，一作杀。臂短不能及，衔剑征之于柱以自刺。武安君死五月，赵亡。亡，灭也。上所谓不过半年，秦将王翦破赵为郡也。

平原令见诸公，必为言之曰："嗟嗞刘一无兹。乎，司空马！"又以为司空马逐于秦，非不知也，去赵，非不肖也。赵去司空马而国亡。国亡者，非无贤人，不能用也。

---

❶ "惧"，王念孙以为当依《文选》注引作"获"。
❷ "材"，王念孙以为当依《文选》注引作"杖"。

7.8　四国为一

　　四国为一，将以攻秦。四国，燕、赵、吴、楚也。《史记》无此篇。后引《史记》注，别见。秦王召群臣宾客六十人而问焉，曰："四国为一，将以图秦，寡人屈于内，屈，客。而百姓靡于外，靡，尽。为之奈何？"群臣莫对。姚姚，刘、曾本皆作桃。贾对曰：姚贾，讥周公诛管、蔡不仁不知者，在《孟子》之篇也。"贾愿出使四国，必绝其谋而安其兵。"绝，断。安，止。乃资车百乘，金千斤，衣以其衣冠，舞舞，刘本作带。以其剑。姚贾辞行，绝其谋，止其兵，与之为交以报秦。秦王大悦。贾封刘一作封贾。千户，以为上卿。

　　韩非知之，知，一作短。韩非，韩公子也，著刑名之书十余万言。是时在秦，故知之也（知，一作短）。终死于谮姚贾也。续云：《史记》注引《战国策》曰：姚贾，韩非短之。曰："贾以珍珠重宝，南使荆、吴，北使燕、代之间三年，四国之交未必合也，而珍珠重宝尽于内。是贾以王之权、国之宝，外自交于诸侯，愿王察之。且梁监门子尝盗于梁，臣于赵而逐。尝盗窃于大梁，为赵臣而见逐者。取世监门子、父死子继，曰世。言世世监门卒子耳。梁之大盗、赵之逐臣，与同知社稷之计，非所以厉群臣也。"

　　王召姚贾而问曰："吾闻子以寡人财交于诸侯，有诸？"对曰："有。"刘作有之。王曰："有何面目复见寡人？"对曰："曾参孝其亲，天下愿以为子；子胥忠于君，天下愿以为臣；贞女工巧，天下愿以为妃。今贾忠王而王不知也，贾不归四国，尚焉之？使贾不忠于君，四国之王尚焉用贾之身？桀听谗而诛其良将，杀关龙逄也。纣闻谗而杀其忠臣，剖比干之心。至身死国亡。亡，失天下。今王听谗，则无忠臣矣。"

王曰："子监门子，梁之大盗，赵之逐臣。"言韩非谮。姚贾曰："太公望，齐之逐夫，太公吕尚望，为老妇之逐。朝歌之废屠，卖肉于朝歌，肉上生臭不售，故曰废屠。子良之逐臣，子良不用，而斥逐也。棘津之仇不庸❶，钓鱼于棘津，鱼不食饵。卖庸作，又不能自售也。文王用之而王。王，有天下也。管仲，其鄙人之贾人一无人字。也，为市卖侩，求其小利于其鄙人。鄙人，邑名。南阳之弊幽，鲁之免囚，弊，隐也。幽，潜。不见升用，贫贱于南阳，故曰南阳之弊幽。于公子纠不死其难，为鲁所束缚而归齐，故曰鲁之免囚也。桓公用之而伯。百里奚，虞之乞人，传卖以五羊之皮，穆公相之而朝西戎。百里奚，虞臣。虞君不用，传之门。自鬻于秦，号五羊大夫于穆公，伯西方，戎来朝也。传曰：五羖用而秦霸。此之谓也。文公用中山盗，而胜于城濮。传曰：晋文公用咎犯之谋，破楚成王于城濮。此云中山之盗，则未闻也。此四士者，皆有诟丑，大诽诟，辱。丑，耻。天下。曾作于天下。明主用之，知其可与立功。立成

---

❶ "仇不庸"，孙诒让以为当作"不仇庸"，横田本、金正炜以为当作"庸不仇"。

功也。**使若卞随、务光、申屠狄，人主岂得其用哉！**卞随、务光，汤时隐士。汤伐桀，以天下让之，二人曰：尔为不义，欲以慢我也。自沉于清冷之渊。申屠不忍见纣之无道，抱石自沉于涧水。故曰人主岂得用哉。**故明主不取其污，不听其非，察其为己用。故可以存社稷者，虽有外诽者不听，虽有高世之名，无咫尺之功者不赏。是以群臣莫敢以虚愿望于上。"**明主为明君，赏有功，不赏有高名。虚空无功用于国者，不敢望赏于君者也。

秦王曰："**然。**"乃可刘无可字。**复使姚贾，而诛韩非。**诛，杀也。赏功不赏名者也（一无者也二字）。

战国策卷第七

卷八

齐一

8.1 楚威王战胜于徐州

楚威王战胜于徐州，欲逐婴子于齐。威王，楚元王之子，怀王之父也。徐州，或作舒州，是时属齐。婴子，田婴也，号为靖郭君，而封于薛也。婴子恐，张丑谓楚王曰："王战胜于徐州也，盼子不用也。盼子，田盼子也。盼子有功于国，一国下有而字。百姓为之用。婴子不善，而用申缚。《史记》作申纪。张丑，齐臣也。婴子不善盼子，故不用之，而用申缚。申缚者，大臣与一本作弗与。百姓弗为用，故王胜之也。言大臣与百姓不为申缚致力尽用也。今婴子逐，逐子❶。曾本：今王逐婴子矣。盼子必用，复整其士卒以与王遇，必不便于王也。"遇，敌也。便，利也。楚王因弗逐。弗逐田婴。

---

❶ "逐子"，范本："按文义当衍。"

8.2　齐将封田婴于薛

　　齐将封田婴于薛。楚王闻之，大怒，将伐齐。齐王有辍志。辍，止也。公孙闬曰："封之成与不，非在齐也，公孙闬，齐之公孙，田氏也。又将在楚。闬说楚王，令其欲封公也又甚于齐。"公，谓田婴也。使楚王欲封公甚于齐之欲封公也。婴子曰："愿委之于子。"委，付也。子，公孙闬也。

　　公孙闬为刘无为字。谓楚王曰："鲁、宋事楚而齐不事者，齐大而鲁、宋小。王独利鲁、宋之小，不恶齐大，何也？夫齐削地而封田婴，削，分。是其所以弱也。愿勿止。"弱，小也。齐分薛以封田婴，则所以使齐小，故曰勿止。楚王曰："善。"因不止。不复止齐封田婴。

8.3　靖郭君将城薛[1]

　　靖郭君将城薛，客多以谏。谏，止之也。靖郭君谓谒者无为客通。无通欲谏者也。齐人有请者曰："臣请三言而已矣。益一言，臣请烹。"已，止也。益，犹过也。过言请烹。烹，煮，谓死。靖郭君因见之。客趋而进曰："海

---

[1] 吴本题作"靖郭君将成薛"，今据正文改。

大鱼。"因反走。反，还。君曰："客有于此。"于此，止无走也。客曰："鄙臣不敢以死为戏。"续：《淮南子》戏作熙。君曰："亡，更言之。"亡，无。对曰："君不闻大鱼[1]乎？网不能止，止，禁。钩不能牵，牵，引。续：《韩非子》：缴不能绊。荡而失水，则蝼蚁得意焉。得意，皆饱满也。今夫齐，亦君之水也。君长有齐阴，别本无阴字。奚以薛为？夫[2]齐，奚，何。虽隆薛之城到于天，犹之无益也。"隆，高也。到，至也。高薛城至于天，犹无益也。君曰："善。"乃辍城薛。辍，止。

8.4　靖郭君谓齐王

靖郭君谓齐王曰："五官之计，不可不日听也[3]齐王，威王也，宣王之父。计，簿书也。听，治也。而数览。"览，视。王曰："说五而厌之。一本作王曰日说五官吾厌之。今与今，一作令。靖郭君。"与靖郭君，使听治也。

---

❶ "大鱼"，何本、缪本上补"海"字。
❷ "夫"，吴本以为当作"无"，黄丕烈以为当作"失"。
❸ "也"，吴本："字当在览下。"

8.5　靖郭君善齐貌辨^❶

靖郭君善齐貌辨。续：昆辩^❷，《古今人表》作昆辩。师古曰：齐人也，靖郭君所善，见《战国策》。而《吕览》作剧貌辩。《元和姓纂》：昆，夏诸侯昆吾氏之后，齐有昆弁，见《战国策》。**齐貌辨之为人也多疵，**疵，阙病也。续：疵作訾，见《吕览》。**门人弗说。士尉以证靖郭君，**证，谏也。**靖郭君不听，**听，受。**士尉辞而去。**

孟尝君又窃以谏，孟尝君，田婴子田文也，号孟尝君。**靖郭君大怒曰："刬而类，破吾家。**刬，灭也。而，汝也。言汝破吾家。续：《吕览》：撰吾家。高诱注云：撰度吾家，试可以足剂貌辨者，吾不辞也。**苟可慊齐貌辨者，吾无辞为之。"**慊，犹善也。善齐貌辨者，吾不辞为之。**于是舍之上舍，令长子御，旦暮进食。**上舍，上传也。一曰甲第也。御，侍也。旦暮，朝夕也。

数年，威王薨，宣王立。宣王，孟轲所见以羊易釁钟之牛者也。**靖郭君之交，大不善于宣王，**宣王不善之也。**辞而之薛，与齐貌辨俱。留无几何，**貌辨、靖郭君俱止于薛，无几何。**齐貌辨辞而行，**行，去也，去至齐也。**请见宣王。**

---

❶ 吴本题作"靖郭君善齐豹辨"，今据正文改。

❷ "昆辩"，当为"兒辨"二字之形讹。或策文之"貌辨"，本作"昆辩"。

战国策

靖郭君曰："王之不说婴甚，公往，必得死焉。"齐貌辨曰："固不求生也，固，必。请必行。"靖郭君不能止。

齐貌辨行至齐，宣王闻之，藏怒以待之。藏，怀。齐貌辨见宣王，王曰："子，靖郭君之所听爱夫？"夫，辞。齐貌辨曰："爱则有之，听则无有。王之方为太子之时，辨谓靖郭君曰：太子相不仁，过颐豕视，若是者信❶反。反，叛。不若废太子，更立卫姬婴儿郊师。郊师，卫姬之子，宣王庶弟。靖郭君泣而曰：不可，吾不忍也。若听辨而为之，必无今日之患也。患，谓不见善，出走薛也。此为一。至于薛，昭阳请以数倍之地易薛，昭阳，楚将。辨又曰：必听之。听与楚易地也。靖郭君曰：受薛于先王，先君王也。虽恶于后王。言为后王（刘无此四字）。言为后王小恶。吾独谓先王何乎？谓，犹奈何也。且先王之庙在薛，起威王之庙在薛。吾岂可以先王之庙与楚乎？又不肯听辨。此为二。"二不听辨也。宣王大息，动于颜色，动，犹发也。曰："靖郭君之于寡人，一至此乎！寡人少，殊不知此。少，小也。殊不知也。客肯为寡人来靖郭君乎？"肯，犹可也。能为寡人致靖郭君身来不乎也。齐貌辨对曰："敬诺。"

靖郭君从薛至齐也。一曰必能使靖郭君来。衣威王之衣冠，舞舞，刘作带。其剑。宣王自迎靖郭君于郊，望之而泣。靖郭君至，因请相之。请以为相也。靖郭君辞，不得已而受。受相印也。七日，谢病强辞。以病谢相位。强，犹

---

❶ "信"，黄丕烈、王引之以为当作"倍"。

156

固。**靖郭君辞不得，三日而听。**

当是时，靖郭君可谓能自知人矣。能自知人，故人非之不为沮。沮，止也。**此齐貌辨之所以外生乐患趣难者也。**外，犹贱生。谓触难而行，见宣王也。乐解人之患，趣救人之难，令宣王相靖郭君也。

8.6　邯郸之难赵求救

邯郸之难，赵求救于齐。邯郸，赵都。难，为魏所攻，故求救于齐。**田侯召大臣而谋**田侯，齐侯也。田成子杀简公，吕氏绝祀，田氏有之，故曰田侯。宣王也。**曰："救赵，孰与勿救？"邹子曰："不如勿救。"**邹子，齐臣邹忌。**段干纶曰："弗救，则我不利❶。"**段干，姓。纶，名也，齐臣。且，将。**田侯曰："何哉？""夫魏氏兼邯郸，**兼，犹并也。**其于齐何利**一无利字**哉！"田侯曰："善。"乃起兵，曰："军于邯郸之郊。"**军，屯也。郊，境也。**段干纶曰："臣之求利且不利者，非此也。夫救邯郸，军于其郊，是赵不拔而魏全也。故不如南攻襄陵以弊魏，**襄陵，魏邑也，河东县。弊，罢也。**邯郸拔而承魏之弊，是赵破而魏弱也。"田侯曰："善。"乃起兵南攻襄陵。七月，邯郸拔。齐因承魏之弊，大破之桂陵。**桂陵，魏邑名。

---

❶　"不利"，据下注及王念孙说，上当有"且"字。

8.7　南梁之难韩氏请

南梁之难，梁，韩邑也，今南河梁也。大梁，魏都，在北，故曰南梁也。难，魏攻之也。韩氏请救于齐。田侯召大臣而谋曰："早救之，孰与晚救之便？"早，速也。晚，徐也。张丏对曰："晚救之，韩且折而入于魏，折，分也，犹从也。不如早救之。"田臣思曰："不可。田臣思，齐臣。夫韩、魏之兵未弊，而我救之，我代韩而受魏之兵，顾反听命于韩也。且夫魏有破韩之志，韩见且亡，必东愬于齐。愬，告。我因阴结韩之亲，阴，私。而晚承魏之弊，承，受。则国可重，利可得，名可尊矣。"田侯曰："善。"乃阴告韩使者而遣之。韩自以专有齐国，五战五不胜，自恃有齐国之助，故五与魏战，而五不胜。东愬于齐。齐因起兵击魏，大破之马陵。魏破韩弱，马陵，齐邑也。齐杀魏将庞涓，虏魏太子申，故曰魏破韩弱也。韩、魏之君因田婴刘无田婴二字。北面而朝田侯。田侯，齐宣王也。

8.8　成侯邹忌为齐相

成侯邹忌为齐相，成，邑。侯，爵也。邹忌封也。田忌为将，不相说。公孙闬谓邹忌曰："公何不为王谋伐魏？

胜，则是君之谋也，用君之谋而得胜也。君可以有功。有胜魏之功也。战不胜，田忌不进，战而不死，曲挠而诛。"诛，戮。邹忌以为然，乃说王而使田忌伐魏。

田忌三战三胜，邹忌以告公孙闬。公孙闬乃使人操十金而往卜于市，二十两为一金。曰："我田忌之人也，吾三战而三胜，声威天下，声，势。威，震。欲为大事，亦吉否？"卜者出，因令人捕为人卜者，亦一无亦字。验其辞于王前。验，信。田忌遂走。

8.9　田忌为齐将

田忌为齐将，系梁太子申，禽庞涓。申，梁惠王太子也。庞涓，魏将也。田忌与战于马陵，而系获之也。故梁惠王谓孟子曰："寡人东伐，败于马陵，太子死，庞涓禽。"此之谓也。孙子谓田忌曰："将军可以为大事乎？"孙子，孙膑也，齐将也。大事，兵事。传曰：国之大事，在祀与戎。田忌曰："奈何？"孙子曰："将军无解兵而入齐。入，还。使彼罢弊于❶先先，曾作老。弱守于主。彼，谓魏也。主者，循轶之途也，鎋击摩车而相过。轶，途辙之道也。鎋，毂阅也。摩，犹比也。使彼罢弊先先，曾作老。弱守于主，必一而当十，十而当百，百而当千。然后背太山，左济，右天唐，军重踵高宛，天，大也。唐，防也。踵，至

---

❶ "于"，吴本疑字衍。

也。高宛，县名也，今属乐安也。**使轻车锐骑冲雍门。**轻，便。锐，利。冲，突。雍门，齐西门名也。**若是，则齐君可正，而成侯可走。**成侯，邹忌也。田忌所不说。**不然，则将军不得入于齐矣。"田忌不听，果不入齐。**听，从。

8.10　田忌亡齐而之楚

田忌亡齐而之楚，邹忌代之相。齐恐田忌欲以楚权复于齐。权，势也。复，还也。**杜赫曰："臣请为一为下有君字。留一留下有之字。楚。"**君，谓邹忌。留之楚，为邹忌留田忌于楚，不使得来也。**谓楚王曰："邹忌所以不善楚者，恐田忌之以楚权复于齐也。王不如封田忌于江南，以示田忌之不返齐也，**返，还。**邹忌以❶齐厚事楚。**厚，重也。**田忌，亡人也，而得封，必德王。**德，恩。**若复于齐，必以齐事楚。**田忌后日若得还齐，亦必以重事楚。**此用二忌之道也。"楚果封之于江南。**从杜赫之言也。

8.11　邹忌事宣王

邹忌事宣王，仕人众，宣王不悦。众，多也。嫌其作威福，故不悦也。《书》曰：无有作威作福。**晏首贵而仕人**

---

❶ "以"，鲍本上补"必"字。

寡，王悦之。悦不作威福也。邹忌谓宣王曰："忌闻以为有一子之孝，不如有五子之孝。今首之所进仕者，以以，一作亦。几何人？"一人下有矣字。宣王因以晏首壅塞之。壅，弊。塞，断。弊断仕者而不进也。

8.12　邹忌修八尺

邹忌修八尺有余，修，长。身体❶昳丽。昳，读曰逸。朝服衣冠，窥镜，自窥视于镜也。谓其妻曰："我孰与城北徐公美？"美，好也。续：《十二国史》作徐君平。其妻曰："君美甚，徐公何能及公❷一无公字。也！"城北徐公，齐国之美丽者也。忌一无忌字。不自信，而复一无复字。问其妾曰："吾孰与徐公美？"妾曰："徐公何能及君也！"旦日，客从外来，与坐谈，问之，客曰：一无客字。"吾与徐公孰美？"客曰："徐公不若君之美也！"一无以上三字。明日，徐公来。孰视之，自以为不如。窥镜而自视，又一无又字。弗如远甚。远，犹多也。暮寝而思之曰："吾妻之美我者，私我也。私，爱。妾之美我者，畏我也。畏而爱之。客之美我者，欲有求于我也。"求，索。

于是一无于是二字。入朝见威一无威字。王，曰："臣

---

❶ "身体"，鲍本、吴本作"形貌"，且上有"而"字。
❷ "公"，鲍本、吴本作"君"。

诚知不如_{刘作臣知情不如。}徐公美，臣之妻私臣，臣之妾
畏臣，臣之客欲有求于臣，皆以美于徐公。今齐地方千
里，百二十城，宫妇左右莫不私王，朝廷之臣莫不畏王，
四境之内莫不有求于王。由此观之，王之蔽甚矣！"_{下人}
_{蔽王甚矣。}王曰："善。"乃下令："群臣吏民，能_{一无}
_{能字。}面刺寡人之过者，受上赏。_{刺，举也。举寡人之过失}
_{者，与重赏也。}上书谏寡人者，受中赏。能谤议于市朝，
闻寡人之耳者，受下赏。"

令初下，群臣进谏，_{一无谏字。}门庭若市。数月之
后，时时而间进。期年之后，虽欲言，无可进者。_{改循}
_{（循，曾作修）端严，无可复谏者也。}燕、赵、韩、魏闻
之，皆朝于齐。此所谓战胜于朝廷。_{言与敌国战胜之于朝}
_{廷之内也。《老子》曰："修之身，其德乃真。"此之谓也，}
_{故能使四国尽来朝之。}

8.13　秦假道韩魏

秦假道韩、魏以攻齐，_{自秦往齐，路出韩、魏，故假}
_{之也。}齐威王使章子将而应之。_{应，击。}与秦交和而舍，
_{交，俱。}使者数相往来，章子为变其徽章，以杂秦军。
_{徽，帜❶名也。传曰：扬徽者，公徒也。通白曰章幅（幅，一}

---

❶　"帜"（幟），原形讹作"熾"。同注下文之"扬"（揚）、
"幅"、"帜"三字，原形讹作"楊"、"愊"、"熾"。

作帜），变易之，使与秦旗章同，欲以袭秦。**候者言章子以齐入秦，**候军者以章子为然。**威王不应。**应，答。**顷之间，候者复言章子以齐兵降秦，威王不应。而此者三。**而，如也。如此者三。**有司请曰："言章子之败者，异人而同辞。王何不发将而击之？"**发，遣。**王曰："此不叛寡人明矣，**明，审。**曷为❶击之！"顷间，言齐兵大胜，秦军大败。于是秦王拜西藩之臣而谢于齐。**秦惠王之子武王也❷。谢，谢攻齐之罪。

左右曰："何以知之？"曰："章子之母启得罪其父，其父杀之而埋马栈之下。**马栈，床也。吾一吾下有之字。使者一无者字。**章子将也，勉之曰：夫子之强，全兵而还，必更葬将军之母。对曰：臣非不能更葬先妾也。臣之母启得罪臣之父，臣之父未教**教，刘作葬。**而死。夫不得父之教而更葬母，是欺死父也。**死父欲使之说也。**故不敢。夫为人子而不欺死父，岂为人臣欺生君哉？"**威王以此知章子之情，故曰岂欺生君哉。**

8.14　楚将伐齐鲁亲之

楚将伐齐，鲁亲之，**鲁亲楚也。**齐王患之。**患，忧。**张丐曰："臣请令鲁中立。"**鲁中立，言能使鲁不亲楚而绝**

---

❶ "为"，鲍本、吴本下有"而"字。

❷ 底本"也"下重"也"，疑为衍字，删。

163

齐也。乃为齐见鲁君。鲁君曰："齐王惧乎？"曰："非臣所知也，臣来吊足下。"鲁君曰："何吊？"曰："君之谋过矣。过，失。君不与胜者而与不胜者，何故也？"与，犹助也。鲁君曰："子以齐、楚为孰胜哉？"对曰："鬼且不知也。""然则子何以吊寡人？"曰："齐，楚之权敌也，不用有鲁与无鲁。足下岂如令令，一作全。众而合二国之后哉！楚大胜齐，其良士选卒必殪，其余兵足以待天下？齐为胜，其良士选卒亦殪。而君以鲁众合战胜后，此其为德也亦大矣，全众为中立，无以为助也。观二国交战之后，胜者其良士选卒治一，君以全众助负败者击之。其见恩德亦其其，曾作甚。大也❶。"鲁君以为然，身❷退师。退师，不复亲楚也。

8.15　秦伐魏陈轸合三晋

秦伐魏，陈轸合三晋而东，谓齐王轸时仕魏，故合三晋而东也。去著（续：去著二字，古本作走齐）而宣王也（一本作齐王）。曰："古之王者之伐也，欲以正天下而立功名，以为后世也。今齐、楚、燕、赵、韩、梁六国之递甚也，递，更。不足以立功名，适足以强秦而自弱也，非

---

❶ "其见恩德亦其大也"，王念孙引作"亦甚大也"，以为注文误入正文。

❷ "身"，鲍本、吴本作"乃"。

山东之上计也。能危山东者，强秦也。不忧强秦而递相罢弱，而两归其国于秦，此臣之所以为山东之患。患，忧。天下为秦相割，秦曾不出力❶。割，分也。自相剥割，以附益强秦。秦不自出力用力也。天下为秦相烹，秦曾不出薪。为秦自相烹置，秦则不出薪然火也。何秦之智而山东之愚耶？愿大王之察也。古之五帝、三王、五伯之伐也，五帝，黄帝、颛顼（一本无颛顼字）、高辛、帝喾、尧、帝（一无帝字）舜也。三王，夏、殷、周也。五伯，昆吾、大彭、豕韦、齐桓、晋文者（一无者字）也。伐不道者。今秦之伐天下不然，必欲反之，主必死辱，民必死虏。反之，反五帝、三王、五伯之伐也。秦欲肆虎狼之心以吞诸侯，故曰主必死辱，民必死虏也。今韩、梁之目未尝干，而齐民独不也，干，燥也。目不燥，言悲泣也。非齐亲而韩、梁疏也。齐远秦而韩、梁近，今齐将近矣！今秦欲攻梁绛、安邑，秦得绛、安邑以东下河，必表里河而东攻齐，举齐属之海，举，得。属，至。南面而孤楚、韩、梁，面向南。北向而孤燕、赵，齐无所出其计矣。出，犹生也。愿王熟虑之。虑，度。今三晋已合矣，复为兄弟，言兄弟相亲也。约而出锐师以戍梁绛、安邑，锐，精锐。戍，守也。此万世之计也。齐非急以锐师合三晋，必有后忧。三晋合，秦必不敢攻梁，必南攻楚。楚、秦构难，构，连。三晋怒齐

---

❶ "力"，原本或作"刀"。吴本："北山何先生标《大事记》云：力，一作刀。"今按，下夹注中"不自出力"之"力"，原本或亦作"刀"。

不与己也，必东攻齐。此臣之所谓齐必有大忧，不如急以兵合于三晋。"齐王敬诺❶。果以兵合于三晋。从陈轸策也。

8.16　苏秦为赵合从说齐

　　苏秦为赵合从，合山东六国之亲也。说齐宣王曰："齐南有太山，东有琅邪，西有清河，清河，今甘陵，汉改也。北有渤海，此所谓四塞之国也。言牢固也。齐地方二千里，带甲数十万，粟如丘山。齐车之良，五家之兵，五家，五国。疾如锥矢，锥矢，小矢，喻劲疾也。战如雷电，雷电，喻威大也。解如风雨，风雨，喻解散速疾。即有军役，未尝倍太山、绝清河、涉渤海也。临淄之中七万户，临淄，齐鄙。臣窃度之，度，计。下户三男子，三七二十一万，不待发于远县，而临淄之卒固以二十一万矣。临淄甚富而实，其民无不吹竽、鼓瑟、击筑、弹琴、斗鸡、走犬、六博、蹹踘者。临淄之途，车毂击，刘作毂。击，人肩摩，涂，道。击，相当。摩，相摩。连衽成帷，举袂成幕，挥汗成雨。挥，振也，言人众多。家敦而富，志高而扬。高，大也。扬，发扬。夫以大王之贤与齐之强，天下不能当。当，敌。今乃西面事秦，窃为大王羞之。且夫韩、魏之所以畏秦者，以与秦接界也。兵出而相

----

❶ "敬诺"，上当有"曰"字。

当，当，刘作攻。不至十日，而战胜存亡之机决矣。机，
要。韩、魏战而胜秦，则兵半折，四境不守，战而不胜，
以亡随其后。是故韩、魏之所以重与秦战而轻为之臣也。
今秦攻齐则不然，倍韩、魏之地，至闱至闱，一作过卫。
阳晋之道，径亢父之险，亢父，今任城县也。车不得方
轨，马不得并行，车两轮间为轨。百人守险，千人不能过
也。秦虽欲深入则狼顾，恐韩、魏之议其后也。是故恫疑
虚猲，猲，喘息，惧貌。高跃而不敢进，则秦不能害齐，
亦已明矣。夫不深料秦之不奈我何也，而欲西面事秦，是
群臣之计过也。今无臣事秦之名，而有强国之实，臣固愿
大王之少留计。"齐王曰："寡人不敏，今主君以赵王之
教诏之，主君，谓苏秦也。诏，告。敬奉社稷以从。"

8.17 张仪为秦连横说齐

张仪为秦连横张仪，魏氏之余子，仕为秦相也。连关中
之谓横，合关东之谓从。说齐王也。齐王❶，曰："天下强
国，无过齐者。齐宣王也。强，大。大臣父兄殷众富乐，
无过齐者。殷，盛。然而为大王计者，皆为一时说而不顾
万世之利。顾，念。从人说大王者，从人合关东六国为从，
谓苏秦也。必谓齐西有强赵，南有韩、魏，负海之国也，
地广人众，兵强士勇，虽有百秦，将无奈我何。大王览其

---

❶ "齐王"，鲍本、吴本上补"说"字。

167

说，而不察其至实。览，受。夫从人朋党比周，莫不以从为可。臣闻之，齐与鲁三战而鲁三胜，国以危，亡随其后，虽有胜名而有亡之实，是何故也？齐大而鲁小。今赵之与秦也，犹齐之于鲁也。秦、赵战于河漳之上，河漳，漳水。再战而再胜秦，战于番吾之下，再战而再胜秦。四战之后，赵亡卒数十万，邯郸仅存。仅，裁。虽有胜秦之名，而国破矣。是何故也？秦强而赵弱也。今秦、楚嫁子取妇，为昆弟之国。韩献宜阳，魏效河外，河外，河南。赵入朝黾池，赵入秦，朝于黾池也。割河间以事秦。大王不事秦，秦驱韩、魏攻齐之南地，悉赵涉河关❶，指挥挥，曾作博。关，临淄、即墨非王之有也。国一日被攻，虽欲事秦，不可得也。是故愿大王熟计之。”

齐王曰：“齐僻陋隐居，托于东海之上，托，附。未尝闻社稷之长利。长，久。今大客幸而教之，大客，谓张仪也。请奉社稷以事秦。”献鱼盐之地三百曾有里字。于秦也。

战国策卷第八

---

❶ “关”，疑为衍文。

卷九

齐二

9.1　韩齐为与国

　　韩、齐为与国。相与为党与也，有患难相救助也。张仪以秦、魏伐韩。齐王曰：宣王也。"韩，吾与国也。秦伐之，吾将救之。"田臣思曰："王之谋过矣，田臣思，齐臣也。不如听之。听伐韩也。子哙与子之国，子哙，燕易王子，昭王之父也。子之，其相也。苏代为子之说之于子哙曰："尧以天下让许由，许由不受，尧有让天下之名。"子哙慕之，故与子之国也。百姓不戴，诸侯弗与。秦伐韩，楚、赵必救之，是天下刘无下字。以燕赐我[1]也。我，臣思自谓也。"王曰："善。"乃许韩使者而遣之。韩自以得交于齐，遂与秦战，楚、赵果遽起兵而救韩。齐因起兵攻燕，三十日而举燕国。举，拔也。孟子曰：子哙无王命而与子之国，子之无王命擅受子哙国，故齐宣王伐而取之也。

---

❶　"我"，鲍本："我，我齐。"范本："高注非。"

9.2 张仪事秦惠王

张仪事秦惠王。惠王死，武王立。惠王，秦孝公之子也。左右恶张仪，曰："仪事先王不忠。"言未已，齐让又至。已，毕也。齐王使赴（刘无赴字），责于秦武王任用张仪之罪（一罪下有也字）。又使至（一无又使至字）。张仪闻之，谓武王曰："仪有愚计，愿效之王。"效，致。王曰："奈何？"曰："为社稷计者，东方有大变，然后王可以多割地。割，取。今齐王甚憎张一无张字。仪，仪之所在，必举兵而伐之。故仪愿乞不肖身而之梁，梁，魏都也。齐必举兵而伐之。齐、梁之兵连于城下，于梁城下。不能相去，去，离。王以其间伐韩，入三川，出兵函谷。三川，宜阳邑也，从函谷关东出也。函谷在弘农城北，故言出函谷关。而无伐，以临周，祭器必出。挟天子，案图籍，此王业也。"周，西周王城也，天子所都。以兵临之，祭器可出，而挟天子，案其图籍，故曰此王业也。王曰："善。"乃具革车三十乘，纳之梁。革车，兵车也。纳张仪于梁也。

齐果举兵伐之，梁王大恐。张仪曰："王勿患，请令❶罢齐兵。"患，忧也。言今能令齐兵罢去也。乃使其舍人冯喜之楚，藉使之齐。齐、楚之事已毕，因谓齐王：

---

❶ "令"，金正炜以为当作"今"。

"王甚憎张仪，虽然，厚矣王之托仪于秦王也。"齐王曰："寡人甚憎仪，仪之所在，必举兵伐之，何以托仪也？"对曰："是乃王之托仪也。仪之出秦，因因，刘作固。与秦王约曰：为王计者，东方有大变，然后王可以多割地。齐王甚憎仪，仪之所在，必举兵伐之。故仪愿乞不肖身而之梁，齐必举兵伐梁。梁、齐之兵连于城下，不能去，王以其间伐韩，入三川，出兵函谷。而无伐，以临周，祭器必出。挟天子，案图籍，是王业也。秦王以为然，与革车三十乘而纳仪于梁。而果伐之，是王内自罢而伐与国，广邻敌以自临，而信仪于秦王也。使仪言信于秦王也。此臣之所谓托仪也。"王曰："善。"乃止。止，不伐梁也。

9.3　犀首以梁为齐战

犀首以梁为[1]齐战于承匡，而不胜。犀首，公孙衍也。梁，魏惠王所都。承匡，邑名。张仪谓梁王："不用臣言以危国。"梁王曾、刘作魏王。因因，一本作困。相仪，仪以秦、梁之齐合横亲。合秦之横，与山东六国从亲也。犀首欲败[2]。欲败张仪合横亲之事也。谓卫君曰："衍非有怨于仪也，值所以为国者不同耳。为，理。君必解衍。"解说

---

❶　"为"，鲍本、吴本作"与"。
❷　"败"，王念孙以为下当有"之"字。

衍于张仪也。卫君为告仪，仪许诺，因与之参坐于卫君之前。参，三人并也。犀首跪行，为仪千秋之祝。祝，祈。明日，张子行，犀首送之，至于齐疆。齐王闻之，怒于仪，曰："衍也吾雠，雠，仇。而仪与之俱，俱，偕。是必与衍鬻吾国矣。"遂不听。一本听下有也字。鬻，卖。

9.4　昭阳为楚伐魏

昭阳为楚伐魏，昭阳，楚怀王将。覆军杀将，得八城，覆魏将，得八城。移兵而攻齐。陈轸为齐王使，见昭阳，再拜，贺战胜，起而问："楚之法，覆军杀将，其官爵何也？"昭阳曰："官为上柱国，爵为上执珪。"陈轸曰："异贵于此者何也？"曰："唯令尹耳。"言独令尹最贵耳。陈轸曰："令尹贵矣，王非置两令尹也！臣窃为公譬可也。也，刘作乎。公，昭阳。譬，喻。楚有祠者，祠，祭。赐其舍人卮酒。舍人相谓曰：数人饮之不足，一人饮之有余。请画地为蛇，先成者饮酒。一人蛇先成，引酒且饮之，乃左手持卮，右手画蛇，曰：吾能为之足。未成，一人之蛇成，夺其卮曰：蛇固无足，子安能为之足。遂饮其酒。为蛇足者，终亡其酒。今君相楚而攻魏，破军杀将，得八城，不弱兵。欲攻齐，齐畏公甚。公以是为名居一本去居字。足矣，官❶之上非可重也。战无不胜而不

---

❶ "官"，范本改作"冠"。

知止者，身且死，爵且后归，犹为蛇足也。"昭阳以为然，解军而去。

9.5　秦攻赵赵令楼缓

秦攻赵。赵令楼缓以五城求讲于秦，五城，赵邑。讲，和。而与之伐齐。齐王恐，因使人以十城求讲于秦。楼子恐，因以上党二十四县许秦王。赵足之齐，谓齐王曰："王欲秦、赵之解乎？不如从合于赵，赵必倍秦。倍秦则齐无患矣。"

9.6　权之难齐燕战

权之难，齐、燕战。权，地名（一下有也字）。齐、燕所战，故曰之难也。秦使魏冉之赵，出兵助燕击齐。薛公使魏处之赵，薛公，田婴也。魏处，人名（一本有之主也三字）。谓李向曰："君助燕击齐，齐必急。急必以地和于燕，而身与赵战矣。然则是君自为燕束❶兵，为燕取地也。故为君计者，不如按兵勿出。齐必缓，缓必复与燕战。战而胜，兵罢弊，赵可取唐、曲逆。唐，今卢奴北卢县也。曲逆，今蒲阴也。是时属燕，故劝取之。战而不胜，

---

❶ "束"，何本、范本改作"东"。

命悬于赵。然则吾中立而割穷齐与疲燕也，两国之权，归于君矣。"君，李向也。

9.7　秦攻赵长平齐楚救

秦攻赵长平，一本无长平二字。齐、楚❶救之。秦计曰："齐、楚一本无楚字。救赵，亲，则将退兵，不亲，则且遂攻之。"赵无以食，请粟于齐，而齐不听。苏秦续：《史记》：周子。齐之谋臣，史失其名。《战国策》以周子为苏秦，而楚字皆作燕，然此时苏秦死久矣。谓齐王曰："不如听之以却秦兵，不听则秦兵不却，是秦之计中，中，得。而齐、燕之计过矣。过，失。且赵之于燕、齐，隐蔽也。一本无也字。隐蔽，蕃蔽。齿之有唇也，唇亡则齿寒。今日亡赵，则明日及齐、楚矣。且夫救赵之务，宜若奉漏瓮，沃燋釜。夫救赵，高义也；高，大。却秦兵，刘本无兵字。显名也。义救亡赵，威却强秦兵，不务为此而务爱粟，则为国计者过矣。"过，误失也。

---

❶ "楚"，黄丕烈以为当作"燕"，下文"齐楚救赵"、"明日及齐楚矣"同。

9.8 或谓齐王曰周韩

或谓齐王曰："周、韩西有强秦，东❶有赵、魏。秦伐周、韩之西，赵、魏不伐，周、韩为割，韩却周害也。及韩却周割之❷，赵、魏亦不免与秦为患矣。今齐❸秦伐赵、魏，则亦不果❹于赵、魏之应秦而伐周、韩。令❺齐入于秦而伐赵、魏，赵、魏亡之后，秦东面而伐齐，齐安得救天下❻乎？"

战国策卷第九

❶ "东"，鲍本、吴本下有"北"字。
❷ "之"，鲍本、吴本下补"后"字。
❸ "齐"，鲍本下补"应"字。
❹ "果"，王念孙以为当作"异"。
❺ "令"，吴本作"今"。
❻ "天下"，鲍本、吴本上有"于"字。

卷十

齐三

10.1 楚王死太子在齐

楚王死，怀王也。为张仪所欺，西与秦昭王会武关，秦胁与归，而死于秦也。太子在齐质。苏秦❶谓薛公薛公，田婴也，田文之父。曰："君何不留楚太子，以市其下东国。"市，犹求也。下东国，楚东邑，近齐也。薛公曰："不可。我留太子，郢中立王，郢，楚都也。然则是我抱空质而行不义于天下也。"楚自立王，质之无益，故曰抱空质也。苏秦曰："不然。郢中立王，君因谓其新王曰：与我下东国，吾为王杀太子。不然，吾将与三国共立之。然则下东国必可得也。"

苏秦之事，可以请行，可以令楚王亟入下东国，亟，速也。入，犹致也。可以益割于楚，益，多。割，取。可以忠太子而使楚益入地，可以为楚王走太子，可以忠太子使之一本无之字。亟去，可以恶苏秦于薛公，可以为苏秦请封于楚，可以使人说一本无人说二字。薛公以善苏子，可以使苏子自解于薛公。

---

❶ "苏秦"，鲍本改作"苏子"。下同。

苏秦谓薛公曰："臣闻谋泄者事无功，计不决者名不成。今君留太子者，以市下东国也。太子，怀王太子也。非亟得下东国者，则楚之计变，变则是君抱空质而负名于天下也。"变，改也。负天下不义之名。薛公曰："善。为之奈何？"对曰："臣请为君之楚，使亟入下东国之地。楚得成，则君无败矣。"薛公曰："善。"因遣之。故曰可以请行也（曾此七字不作注）。

谓楚王曰："齐欲奉太子而立之。苏秦请行，至楚，说楚王曰，所立顷襄王也。言楚所欲立怀王。臣观薛公之留太子者，以市下东国也。今王不亟入下东国，则太子且倍王之割而使齐奉己。"己，太子也。使齐奉己，立以为王也。楚王曰："谨受命。"因献下东国。故曰可以使楚亟入地也。

谓薛公曰："楚之势可多割也。"薛公曰："奈何？""请告太子其故，使太子谒之君，以忠太子，告，致。致故，谓太子倍割楚以许齐也。谒，告。告齐君也。齐得割则归太子，故曰以忠太子。使楚王闻之，可以益入地。"故曰可以益割于楚。

谓太子曰："齐奉太子而立之，楚王请割地以留太子，齐少其地。割地与齐，使留太子，齐嫌其少也。太子何不倍楚之割地而资齐，齐必奉太子。"资，与。太子曰："善。"倍楚之割而延齐。延，犹饶也，及也。楚王闻之恐，益割地而献之，尚恐事不成。故曰可以使楚益入地也。

谓楚王曰："齐之所以敢多割地者，挟太子也。今已得地而求不止者，以太子权王也。权，重。故臣能去太子。太子去，齐无辞，必不倍于王也。齐无立太子辞，必不倍求地于王也。王因驰强齐而为交，齐辞，一作而为交于齐齐辞。必听王。然则是王去仇而得齐交也。"仇，为太子。楚王大悦，曰："请以国因。"故曰可以为楚王使太子亟去也。

谓太子曰："夫削楚者，王也；以空名市者，太子也。齐未必信太子之言也，而楚功见矣。齐未必信太子言也，而楚便致地，故曰楚功见。楚交成，太子必危矣。太子其图之。"太子曰："谨受命。"乃约车而暮去。故曰可以使太子急去也。

苏秦使人请薛公曰："夫劝留太子者，苏秦也。苏秦非诚以为君也，且以便楚也。苏秦恐君之知之，故多割楚以灭迹也。今劝太子者，又苏秦也，而君弗知，臣窃为君疑之。"薛公大怒于苏秦。故曰可使人恶苏秦于薛公也。

又使人谓楚王曰："夫使薛公留太子者，苏秦也。奉王而代立楚太子者，又苏秦也。割地固约者，又苏秦也。忠王而走太子者，又苏秦也。今人恶苏秦于薛公，以其为齐薄而为楚厚也。愿王之刘无之字。知之。"楚王曰："谨受命。"因封苏秦为武贞君。武贞，楚邑。故曰可以为苏秦请封于楚也。

又使景鲤请薛公曰："君之所以重于天下者，以能得天下之士而有齐权也。景，姓。鲤，名也。楚怀王相也。言薛公所见重于天下者，能得天下士之心，故有齐国权势也。

今苏秦，天下之辩士也，世与少有，君因刘作固。不善苏秦，则是围❶塞天下士而不利说途也。途，道。夫不善君者且奉苏秦，而于君之事殆矣。于，治。曾本无此二字注。今苏秦善于楚王，而君不蚤亲，则是身与楚为仇也。故君不如因而亲之，贵而重之，是君有楚也。"薛公因善苏秦。故曰可以为苏秦说薛公以善苏秦。苏秦巧辞反覆，且在此以上也。

10.2 齐王夫人死

齐王夫人死，有七孺子皆近。齐威王子宣王也。孺子，幼艾美女也。近，幸也。薛公欲知王所欲立，立为夫人。乃献七珥，美其一。明日，视美珥所在，劝王立为夫人。服美珥，则知王之所爱矣，故劝王立之也。

10.3 孟尝君将入秦

孟尝君一作孟尝。将入秦，孟尝君，薛公田婴号靖郭君子（子，一作又）文，号孟尝君也。止者千数而弗听。苏秦❷欲止之，孟尝曰："人事者，吾已尽知之矣。吾所未

❶ "围"，金正炜以为当作"圉"。
❷ "苏秦"，鲍本改作"苏代"。下同。

闻者，闻，知。独鬼事耳。"苏秦曰："臣之来也，固不敢言人事也，固且以鬼事见君。"孟尝君见之。

谓孟尝君曰："今者臣来，过于淄上，有土偶人与桃梗相与语。桃梗谓土偶人曰：子，西岸之土也，挺❶子以为人，挺，治。至岁八月，降雨下，淄水至，则汝残矣。残，坏。土偶曰：不然。吾西岸之土也，土一作吾残则❷。则复西岸耳。今子，东国之桃梗也，东海中有山，名曰度朔，上有大桃，屈蟠三千里，其卑枝间东北曰鬼门，万鬼所由往来也。上有二神人，一曰荼与，一曰郁雷，主治害鬼。故使世人刊此桃梗，画荼与与郁雷首，正岁以置门户，辟号之门。荼与、郁雷，皆在东海中，故曰东国之桃梗也。刻削子以为人，降雨下，淄水至，流子而去，则子漂漂者将何如耳。今秦，四塞之国，四面有山关之固，故曰四塞之国也。譬若虎口，而君入之，则臣不知君所出矣。"孟尝君乃止。止，犹还也。

10.4　孟尝君在薛

孟尝君在薛，荆人攻之。淳于髡为齐使于荆，还反过薛。而孟尝一作孟尝君。令人体貌体，一作礼。刘作体。而亲郊迎之，谓淳于髡曰："荆人攻薛，夫子弗忧，文无以

---

❶ "挺"，黄丕烈以为当作"挺"。

❷ "则"，据文意，当为衍文。

复侍矣。"文，孟尝君名也。淳于髡曰："敬闻命。"下一有矣字。

　　至于齐，毕报。王曰："何见于荆？"对曰："荆甚固，而薛亦不量其力。"王曰："何谓也？"对曰："薛不量其力，而为先王立清庙。先王，威王。荆固而攻之，清庙必危。故曰薛不量力，而荆亦甚固。"齐王和❶其颜色齐宣王也，威王之子。曰："嘻！先君之庙在焉！"疾兴兵救之。

　　颠蹶之请，望拜之谒，虽得则薄矣。言虽颠蹶而走，请救于齐，望仰而诉告之，而得齐救，比淳于之辞，则为薄也。善说者，陈其势，言其方，人之急也，若自在隘窘之中，岂用强力哉！言辩者之说，人急其如己自在阨窘之中，欲速免脱也。故曰岂强力也哉。

10.5　孟尝君奉夏侯章

　　孟尝君奉夏侯章以四马百人之食，遇之甚欢。夏侯章每言未尝不毁孟尝君也。毁，谤。或以告孟尝君，孟尝君曰："文有以事夏侯公矣，勿言。"言，道也。董之繁菁菁，曾作青。以问夏侯公，夏侯公曰："孟尝君重非诸侯也，重，尊。而奉我四马百人之食。我无分寸之功而得此，然吾毁之以为之也。欲以为分寸之功也。君所以得为

---

❶ "和"，王念孙以为当作"知"。

长者，以吾毁之者也。以吾毁之无憾言，故得为长者。吾以身为孟尝君，岂得持言也。"刘作岂特言也哉。

10.6　孟尝君宴坐

孟尝君宴坐，谓三先生曰："愿闻先生有刘无有字。以补一本有文字。之阙者。"先生，长老，先己以生者也。愿闻贤者之善言，常补己缺失也。一人曰："訾天下之主，有侵君者，臣请请，集、曾、刘作轻。以臣之血湔其衽。"湔，污也，湔洒。田瞀续：瞀恐作瞀。《春秋传》：郑游眅，字子明，或作瞀。曰："车轶之所能至，瞀晋❶郑游眅。轶也，辙曰轶。请掩足下之短者❷，诵足下之长。千乘之君与万乘之相，其欲有君也，有，或作又。如使而弗及也。"胜瞀曰："臣愿以足下之府库财物，收天下之士，能为君决疑应卒，若魏文侯之有田子方、段干木也。文敬交田子方，而敬段干木也。此臣之所为君取矣。"

10.7　孟尝君舍人

孟尝君舍人有与君之夫人相爱者，爱，犹通也。或以

---

❶ "晋"，范本以为当作"音"。

❷ "者"，鲍本："衍者字。"吴本："疑当在至字下。"

问_{曾作闻}。孟尝君问，告。曰："为君舍人而内与夫人相爱，亦甚不义矣，君其杀之。"_{传曰：淫为大罚。故曰杀之。}君曰："睹貌而相悦者，人之情也，其错之，勿言也。_{错，置。}"

居期年，君召爱夫人者而谓之曰："子与文游久矣，大官未可得，小官公又弗欲。卫君与文布衣交，请具车马皮币，_{皮，鹿皮。币，束帛也。}愿君以此从卫君游。"于卫甚重。

齐、卫之交恶，_{恶，不睦也。}卫君甚欲约天下之兵以攻齐。是人谓卫君曰："孟尝君不知臣不肖，以臣欺君。且臣闻齐、卫先君刑马压羊，_{杀马、羊，唶出其血，以相盟誓也。压，亦杀也。}盟曰：齐、卫后世无相攻伐，有相攻伐者，令其命如此。_{如此马与羊也。}今君约天下之兵以攻齐，_{约，结。}是足下倍先君盟约而欺孟尝君也。愿君勿以齐为心。_{无以伐齐为心。}君听臣则可，不听臣，若臣不肖也，臣辄以颈血湔足下衿。"卫君乃止。

齐人闻之曰："孟尝君可语_{集、刘作谓。}善为事矣，转祸为功。"_{不杀其舍人，是转祸；使齐不伐，是为功。}

10.8　孟尝君有舍人[1]

孟尝君有舍人而弗悦，_{悦，敬。}欲逐之。鲁连谓孟

---

[1] 吴本题作"孟尝有舍人"，今据正文改。

尝君曰："猿狝猴错木据水，则不若鱼鳖❶。错，置也。据，处也。猿弥猴置木而处于水，则不如鱼鳖之便也。**历险乘危，则骐骥不如狐狸。**各有所宜。**曹沫之奋三尺之剑，一军不能当。**曹沫，鲁庄公士也。传曰：曹刿也。**使曹沫释其三尺之剑，而操铫鎒，与农夫居垅亩之中，则不若农夫。故物舍其所长，之其所短，尧亦有所不及矣。**舍，收也。之，犹用也。收所长者，用所短者，故尧有所不能及为也。**今使人而不能，则谓之不肖；教人而不能，则谓之拙。拙则罢之，不肖则弃之，使人有弃逐，不相与处，而来害相报者，岂非世之立教首也哉！**"孟尝君曰："**善。**"乃弗逐。

10.9　孟尝君出行国

　　孟尝君出行国❷，至楚，献象床。郢之登徒直使❸送之，不欲行。直，当曰直使也。登徒直使，不欲行送象床。见孟尝君门人公孙戍❹曰："臣，郢之登徒也，直送象床。象床之直千金，伤此若发漂❺，续：别本发标。《通

---

❶ "猿狝猴错木据水则不若鱼鳖"，《册府元龟》卷八八九引作"错木据水则狝猴不若鱼鳖"。

❷ "出行国"，吴本以为当作"出行五国"。

❸ "使"，据下夹注，当为衍文。

❹ "戍"，吴本作"戌"，夹注："戌音恤。"

❺ "漂"，鲍本："漂、飘同。"王引之以为鲍读为飘甚为不词，当读为"秒"。

鉴》：毫发。卖妻子不足偿之。足下能使仆无行，足下，
谓公孙戍。先人有宝剑，愿得献之。"公孙曰："诺。"
献，献公孙戍也，故曰诺。

入见孟尝君曰："君岂受楚象床哉？"孟尝君曰：
"然。"公孙戍曰："臣愿君勿受。"孟尝君曰："何
哉？"公孙戍曰："小国❶所以皆致相印于君者，闻君于
齐能振达贫穷，有存亡继绝之义。小国英桀之士，才胜万
人曰英，千人曰桀。皆以国事累君，累，属。诚说君之义，
慕君之廉也。今君到楚而受象床，所未至之国，将何以待
君？待，犹共也。臣戍愿君勿受。"孟尝君曰："诺。"
公孙戍趋而去。

未出，至中闱，闱，闳也。君召而返之，曰："子
教文无受象床，甚善。善，快。今何举足之高，志之扬
也？"公孙戍曰："臣有大喜三，重之宝剑一。"孟尝君
曰："何谓也？"公孙戍曰："门下百数，莫敢入谏，臣
独入谏，臣一喜。谏而得听，臣二喜。谏而止君之过，臣
三喜。输象床，郢之登徒不欲行，许戍以先人之宝剑。"
孟尝君曰："善。受之乎？"公孙戍曰："未敢。"曰：
"急受之。"因书门版曰："有能扬文之名，止文之过，
私得宝于外者，疾入谏。"

---

❶ "小国"，吴本："疑当作大国。"

10.10　淳于髡一日

　　淳于髡一日而见七人人，一作士。于宣王。王曰：
"子来。寡人闻之，千里而一士，是比肩而立；百世而一
圣，若随踵而至曾：至，一作生。刘作主。也。言虽中也。
今子一朝而见七士，则士不亦众乎？"淳于髡曰："不
然。夫鸟同翼者而聚居，兽同足者而俱行。俱，侣。今求
柴葫、桔梗于沮泽，则累世不得一焉。桔梗，山生之草也
（曾作生山之上也，集作山之中）。于沮泽求之，虽累世不能
得其一也。及之睪黍、梁父之阴，则郄车而载耳。睪黍、
梁父皆山名也。山北曰阴，桔梗生焉。言饶多也，故曰郄车载
也。夫物各有畴，畴，类。今髡，贤者之畴也。王求士于
髡，譬若挹水于河而取火于燧也。髡将复见之，岂特七士
也。"言将复见士于王也。

10.11　齐欲伐魏淳于髡谓齐王

　　齐欲伐魏。淳于髡谓齐王曰："韩子卢者，天下之
疾犬也。东郭逡者，海内之狡兔也。韩子卢逐东郭逡，
环山者三，环，旋。腾山者五，兔极于前，犬废于后，
犬兔俱罢，各死其处。田父见之，无劳倦之苦，苦，
勤。而擅其功。今齐、魏久相持，以顿其兵，弊其众，

臣恐强秦、大楚承其后，有田父之功。"齐王惧，谢将休士也。

10.12　国子曰秦破马服君❶

国子曰："秦破马服君之师，围邯郸。国子，齐大夫也。马服君，赵括也。秦将白起坑括四十万众于长平，而进围邯郸。括父奢，将有功，赐号马服，因以为氏，故曰马服君之师也。齐、魏亦佐秦伐邯郸，齐取淄鼠，魏取伊是。淄鼠、伊是，皆赵邑也。公子无忌为天下循便计，杀晋鄙，率魏兵以救邯郸之围，使秦弗有而失天下。秦围邯郸，魏使晋鄙帅师救赵，畏秦不敢进军，军次荡阴。赵国急，平原君胜使责信陵君公子无忌。无忌乃窃魏王所与晋鄙符信，以摄取其军。晋鄙疑之，不肯授。乃使朱亥椎杀晋鄙，取军救赵。故为天下备循计（曾无此七字，刘循作修），解邯郸围。故曰使秦不有而失天下也。是齐入于魏而救邯郸之功也。安邑者，魏之柱国也。晋阳者，赵之柱国也。鄢郢者，楚之柱国也。柱国，都也。故三国欲❷与秦壤界，界，犹比也。秦伐魏取安邑，伐赵取晋阳，伐楚取鄢郢矣。福曾一作覆，刘一作逼。三国之君，兼二周之地，举韩氏取其地，且天

---

❶ 本章原与上"齐欲伐魏淳于髡谓齐王"章接续，今依鲍本、吴本单列一章。
❷ "故三国欲"，鲍本："衍欲字。"吴本："疑欲字即故字，而上衍故字。故者，旧也。"

下之半。今又劫赵、魏，疏中国，封封，续：用。别本改作刲。下同。卫之东野，刲，取。兼魏之河南❶，绝赵之东阳，则赵、魏亦危矣。一本亦下有已字。赵、魏危，则非齐之利也。韩、魏、赵、楚之志，恐秦兼天下而臣其君，故专兵一志以逆秦。逆，距。三国之与秦壤界而患急，三国，赵、魏、楚。界，比也。患，忧也。齐不与秦壤界而患缓。是以天下之势，不得不事齐也。故秦得齐，则权重于中国；赵、魏、楚得齐，则足以敌秦。故秦❷、赵、魏得齐者重，失齐者轻。齐有此势，不能以重于天下者，何也？其用者过也。"

战国策卷第十

---

❶ "河南"，鲍本、吴本作"河内"。
❷ "秦"，鲍本、吴本下补"楚"字。

卷十一

齐四

11.1 齐人有冯谖

　　齐人有冯谖者，贫乏不能自存，使人属孟尝君，愿寄食门下。孟尝君曰："客何好？"曰："客无好也。"曰："客何能？"曰："客无能也。"孟尝君笑而受之，曰："诺。"左右以君贱之也，食以草具。

　　居有顷，倚柱弹其剑，一本无其字。歌曰："长铗归来乎？食无鱼。"左右以告。孟尝君曰："食之，比门下之客。一本客上有鱼字。"

　　居有顷，复弹其铗，歌曰："长铗归来乎？出无车。"左右皆笑之，以告。孟尝君曰："为之驾，比门下之车客。"于是乘其车，揭其剑，过其友曰："孟尝君客我。"

　　后有顷，复弹其剑铗，歌曰："长铗归来乎？无以为家。"左右皆恶之，以为贪而不知足。孟尝君问："冯公有亲乎？"对曰："有老母。"孟尝君使人给其食用，无使乏。于是冯谖不复歌。

　　后孟尝君出记，问门下诸客："谁习计会，能为文收责于薛者乎？"冯谖署曰："能。"孟尝君怪之，曰：“此谁也？”左右曰：“乃歌夫长铗归来者也。”孟尝君笑曰：“客果有能也，吾负之，未尝见也。”请而见之，谢曰：“文倦于事，愦于忧，而性懧愚，沉于国家之事，开罪于先生。先生不羞，乃有意欲为收责于薛乎？”冯谖曰：“愿之。”于是约车治装，载券契而行，辞曰：“责毕收，以何市而反？”孟尝君曰：“视吾家所寡有者。”

驱而之薛，使吏召诸民当偿者，悉来合券。券遍合，起，矫命以责赐诸民，因烧其券，民称万岁。长驱到齐，晨而求见。孟尝君怪其疾也，衣冠而见之，曰：“责毕收乎？来何疾也！”曰：“收毕矣。”“以何市而反？”冯谖曰：“君云视吾家所寡有者，臣窃计，君宫中积珍宝，狗马实外厩，美人充下陈。君家所寡有者，以义耳！窃以为君市义。”孟尝君曰：“市义奈何？”曰：“今君有区区之薛，不拊爱子其民，因而贾利之。臣窃矫君命，以责赐诸民，因烧其券，民称万岁。乃臣所以为君市义也。”孟尝君不❶说，曰：“诺，先生休矣！”

后期年，齐王谓孟尝君曰：“寡人不敢以先王之臣为臣。”孟尝君就国于薛，未至百里，民扶老携幼，迎君道中。孟尝君顾谓冯谖：“先生刘作顾谓冯谖曰。所为文市义者，乃今日❷见之。”冯谖曰：“狡兔有三窟，仅得

---

❶ “不”，吴本作“乃”。

❷ “曰”，何本以为衍文。

免其死耳。今君有一窟，未得高枕而卧也。请为君复凿二窟。"

孟尝君予车五十乘，金五百斤，西游于梁。谓惠❶王曰："齐放其大臣孟尝君于诸侯，诸侯先迎之者，富❷而兵强。"于是梁王虚上位，以故相为上将军，遣使者黄金千斤，车百乘，往聘孟尝君。冯谖先驱，诫孟尝君曰："千金，重币也；百乘，显使也。齐其闻之矣。"梁使三反，孟尝君固辞不往也。

齐王闻之，君臣恐惧，遣太傅赍黄金千斤，文车二驷，服剑一，封书谢孟尝君曰："寡人不祥，被于宗庙之祟，沉于谄谀之臣，开罪于君，寡人不足为也。愿君顾先王之宗庙，姑反国统万人乎？"冯谖诫孟尝君曰："愿请先王之祭器，立宗庙于薛。"庙成，还报孟尝君曰："三窟已就，君姑集、曾本无姑字。高枕为乐矣。"

孟尝君为相数十年，无纤介之祸者，冯谖之计也。

11.2　孟尝君为从

孟尝君为从。公孙弘谓孟尝君曰："君不以❸使人刘本作君何不使人先观秦王。先观秦王？意者秦王帝王之主

---

❶　"惠"，鲍本改作"梁"。
❷　"富"，范本据《北堂书钞》所引上补"国"字。
❸　"以"，鲍本改作"如"。

也，君恐不得为臣，奚暇从以难之？意者秦王不肖之主也，君从以难之，未晚。"孟尝君曰："善，愿因请公往矣。"公孙弘敬诺❶。以车十乘之秦。昭王闻之，而欲愧之以辞。

公孙弘见，昭王曰："薛公之地，大小几何？"公孙弘对曰："百里。"昭王笑而曰："寡人地数千里，犹未敢以有难也。今孟尝君之地方百里，而因欲难❷寡人，犹可乎？"公孙弘对曰："孟尝君好人，大王不好人。"昭王曰："孟尝君之好人也，奚如？"公孙弘曰："义不臣臣❸，曾本作不忠，刘本作不思。此武后字，恐非刘校。乎天子，不友乎诸侯，得志不惭为人主，不得志不肯为人臣，如此者三人。而治可为管、商之师，说义听行，能致其❹如此者五人。万乘之严主也，辱其使者，退而自刭，必以其血污其衣，如臣者十人。"昭王笑而谢之，曰："客胡为若此，寡人直与客论耳！寡人善孟尝君，欲客之必谕寡人之志也。"公孙弘曰："敬诺。"

公孙弘可谓不侵矣。昭王，大国也。孟尝，千乘也。立千乘之义而不可陵，可谓足使矣。

---

❶ "敬诺"，上当有"曰"字。
❷ "难"，鲍本、吴本上有"以"字。
❸ "臣"，上当有"不"字。
❹ "其"，鲍本、吴本下有"主霸王"三字。

11.3　鲁仲连谓孟尝君

鲁仲连谓孟尝："君续：别本有君曰二字。好士也？雍门养椒，亦阳得子养，饮食衣裘与之同之，皆得其死。今君之家富于二公，而士未有为君尽游者也。"君曰："文不得是二人故也。使文得二人者，岂独不得尽？"对曰："君之厩马百乘，无不被绣衣而食菽粟者，岂有骐麟、騄耳哉？后宫十妃，皆衣缟纻，食粱肉，岂有毛嫱、西施哉？色与马取于今之世，士何必待古哉？故曰君之好士未也。"

11.4　孟尝君逐于齐

孟尝君逐于齐而复反，谭拾子迎之于境，谓孟尝君曰："君得无有所怨齐士大夫？"孟尝君曰："有。""君满意杀之乎？"孟尝君曰："然。"谭拾子曰："事有必至，理有固然，君知之乎？"孟尝君曰："不知。"谭拾子曰："事之必至者，死也。理之固然者，富贵则就之，贫贱则去之。此事之必至，理之固然者。请以市谕。市，朝则满，夕则虚，非朝爱市而夕憎之也，求存故往，亡故去。愿君勿怨。"孟尝君乃取所怨五百牒削去之，不敢以为言。

11.5　齐宣王见颜斶[1]

　　齐宣王见颜斶，曰："斶前！"斶亦曰："王前！"宣王不悦。左右曰："王，人君也。斶，人臣也。王曰斶前，亦[2]曰王前，可乎？"斶对曰："夫斶前为慕势，王前为趋士。与使斶为趋[3]势，不如使王为趋士。"王忿然作色曰："王者贵乎？士贵乎？"对曰："士贵耳，王者不贵。"王曰："有说乎？"斶曰："有。昔者秦攻齐，令曰：有敢去柳下季垄五十步而樵采者，死不赦。令曰：有能得齐王头者，封万户侯，赐金千镒。由是观之，生王之头，曾不若死士之垄也。"宣王默然不悦。

　　左右皆曰："斶来，斶来！大王据千乘之地，而建千石钟，万石虡。天下之士，仁义皆来[4]役处，辩知并进，莫不来语。东西南北，莫敢不服。求万物不[5]备具，而百[6]无不亲附。今夫士之高者，乃称匹夫，徒步而处农亩，下则鄙野、监门、闾里，士之贱也，亦甚矣！"斶对曰："不然。斶闻古大禹之时，诸侯万国。何则？德厚之

---

❶ 本章原与上"孟尝君逐于齐"章接续，今依鲍本、吴本单列一章。

❷ "亦"，鲍本、吴本上有"斶"字。

❸ "趋"，鲍本、吴本作"慕"。

❹ "仁义皆来"，鲍本作"皆为"。吴本："恐仁义字当在之士上。"

❺ "不"，鲍本、吴本上有"无"字。

❻ "百"，鲍本、吴本下有"姓"字。

道，得贵士之力也。故舜起农亩，出于野鄙，而为天子。及汤之时，诸侯三千。当今之世，南面称寡者乃二十四。由此观之，非得失之策与？稍稍诛灭，灭亡无族_{晁去灭亡无族四字。三本同，一有四字，集无。}之时，欲为监门、闾里，安可得而有乎❶哉？是故《易传》不云乎：居上位，未得其实，以❷喜其为名者，必以骄奢为行。据慢骄奢，则凶从❸之。是故无其实而喜其名者削，无德而望其福者约，无功而受其禄者辱，祸必握。_{续云《高士传》作渥。}故曰：矜功不立，虚愿不至。此皆幸乐其名，华❹而无其实德者也。是以尧有九佐，舜有七友，_{续云《陶元亮集·圣贤辅录》引《战国策》：舜有七友，雄陶、方回、续牙、伯阳、东不訾、秦不虚、灵甫。}禹有五丞，汤有三辅。自古及今而能虚成名于天下者，无有。是以君王无羞亟问，不愧下学。是故_{故下曾、刘本有能字。}成其道德而扬功名于后世者，尧、舜、禹、汤、周文王是也。故曰：无形者，形之君也；无端者，事之本也。夫上见其原，下通其流，至圣人❺明学，何不吉之有哉！老子曰：虽贵，必以贱为本；虽高，必以下为基。是以侯王称孤、寡、不穀，是其贱之本与？_{非曾本无非字。}夫孤寡者，人之困贱下位也，而侯王以自谓，岂非下人而尊贵士与？夫尧传

---

❶ "乎"，鲍本、吴本作"也"。
❷ "以"，鲍本改作"而"。
❸ "从"，鲍本、吴本上有"必"字。
❹ "华"，鲍本、吴本无。
❺ "人"，鲍本："衍人字。"

舜，舜传禹，周成王任周公旦，而世世称曰明主，是以明乎士之贵也。"

宣王曰："嗟乎！君子焉可侮哉，寡人自取病耳！及今闻君子之言，乃今闻细人之行，愿请受刘本无受字。为弟子。且颜先生与寡人游，食必太牢，出必乘车，妻子衣服丽都。"颜斶辞去，曰："夫玉生于山，制曾本作制取，集无取。则破焉，非弗宝贵矣，然夫❶璞不完。士生乎鄙野，推选则禄焉，非不得❷尊遂也，然而形神不全。斶愿得归，晚食以当肉，安步以当车，无罪以当贵，清静贞正以自虞。制言者王也，尽忠直言者斶也。言要道已备矣，愿得赐归安行，而反臣之邑屋。"则再拜而辞去也。

斶知足矣，归反扑❸，则终身不辱也。

11.6　先生王斗

先生王斗造门而欲见齐宣王，宣王使谒者延入。王斗曰："斗趋见王为好势，王趋见斗为好士，于王何如？"使者复，还报。王曰："先生徐之，寡人请从。"宣王因趋而迎之于门，与入，曰："寡人奉先君之宗庙，守社稷，闻先生直言正谏不讳。"王斗对曰："王闻之过。斗生于

---

❶　"夫"，鲍本、吴本作"大"。
❷　"得"，鲍本、吴本无。
❸　"扑"，鲍本、吴本作"璞"。

乱世，事乱君，焉敢直言正谏。"宣王忿然作色，不说。

有间，王斗曰："昔先君桓公所好者❶，九合诸侯，一匡天下，天子受籍，立为大伯。今王有四焉。"宣王说，曰："寡人愚陋，守齐国，唯恐失曾、集本作夫字。扰之，焉能有四焉？"王斗曰："否。先君好马，王亦好马。先君好狗，王亦好狗。先君好酒，王亦好酒。先君好色，王亦好色。先君好士，是刘本无是字，曾有。王不好士。"宣王曰："当今之世无士，寡人何好？"王斗曰："世无骐骥、騄耳，刘本有之马字，集无。王驷已备矣。世无东郭俊、卢氏之狗，王之走狗已具矣。世无毛嫱、西施，王宫已充矣。王亦不好士也，何患无士？"王曰："寡人忧国爱民，固愿得士以治之。"王斗曰："王之忧国爱民，不若王爱尺縠也。"王曰："何谓也？"王斗曰："王使人为冠，不使左右便辟而使工者何也？为能之也。集本无也字。三同。今王治齐，非左右便辟无使也，臣故曰不如爱尺縠也。"宣王谢曰："寡人有罪国家。"于是举士五人任官，齐国大治。

11.7　齐王使使者问赵

齐王使使者问赵威❷后。书未发，威后问使者曰：

---

❶ "者"，鲍本下补"五"字。吴本："一本标《文枢镜要》有五字。"
❷ "威"，范本以为与"君"字古音相近通用。

"岁亦无恙耶？民亦无恙耶？王亦无恙耶？"使者不说，曰："臣奉使使威后，今不问王而先问岁与民，岂先贱而后尊贵者乎？"威后曰："不然。苟无岁，何以有民？苟无民，何以有君？故有问刘本有两以字，一无问字。舍本而问末者耶？"

乃进而问之曰："齐有处士曰钟离子，无恙耶？是其为人也，有粮者亦食，无粮者亦食，有衣者亦衣，无衣者亦衣。是助王养其民也❶，何以至今不业也？叶阳子无恙乎？是其为人，哀鳏寡，恤孤独，振困穷，补不足。是助王息其民者也，何以至今不业也？北宫之女婴儿子无恙耶？彻其环瑱，至老不嫁，以养父母。是皆率民而出于孝情者也，胡为至今不朝也？此二士弗业，一女不不，一作弗。朝，何以王齐国、子万民乎？於陵子仲尚存乎？是其为人也，上不臣于王，下不治其家，中不索交诸侯。此率民而出于无用者，何为至今不杀乎？"

11.8 齐人见田骈

齐人见田骈，曰："闻先生高议❷，设为不宦，而愿为役。"田骈曰："子何闻之？"对曰："臣闻之邻人之女。"田骈曰："何谓也？"对曰："臣邻人之女，设为

---

❶ "也"，鲍本、吴本上补"者"字。
❷ "议"，吴本："恐是义字。"

不嫁，行年三十而有七子，不嫁则不嫁，然嫁过毕矣。今先生设为不宦，訾养千钟，徒百人。不宦则然矣，而富过毕也。"田子辞。

11.9　管燕得罪

管燕得罪齐王，谓其左右曰："子孰而一本无而字。与我赴诸侯乎？"左右嘿然莫对。管燕连然流涕曰："悲夫！士何其易得而难用也？"田需对曰："士三食不得餍，而君鹅鹜有余食，下宫糅罗纨，曳绮縠，而士不得以为缘。且财者君之所轻，死者士之所重，君不肯以所轻与士，而责士以所重事君，非士易得而难用也。"

11.10　苏秦自燕之齐

苏秦自燕之齐，见于华章❶南门。齐王曰："嘻！子之来也。秦使魏冉致帝，子以为何如？"对曰："王之问臣也卒，而患之所从生者微。今不听，是恨秦也；听之，是恨天下也。不如听之以卒❷秦，勿庸称也，以为天下。秦称之，天下听之，王亦称之，先后之事，帝名为无伤

---

❶ "华章"，鲍本、吴本作"章华"。
❷ "卒"，鲍本改作"为"。

也。秦称之，而天下不听，王因勿称，其一本无其字。于以收天下，此大资也。"

11.11　苏秦谓齐王曰[1]

苏秦谓齐王曰："齐秦立为两帝，王以天下为尊秦乎？且尊齐乎？"王曰："尊秦。""释帝则天下爱齐乎？且爱秦乎？"王曰："爱齐而憎秦。""两帝立，约伐赵，孰与伐宋之利也？"刘本有王曰不如伐宋。对曰："夫约然一本无然字。与秦为帝，而天下独尊秦而轻齐，齐释帝，则天下爱齐而憎秦，伐赵不如伐宋之利。故臣愿王明释帝，以就天下，倍约傧秦，勿使争重，而王以其间举宋。夫有宋则卫之阳城危，有淮北则楚之东国危，有济西则赵之河东危，有阴、平陆则梁门不启。故释帝而贰之以伐宋之事，则国重而名尊，燕、楚以形服，天下不敢不听，此汤武之举也。敬秦以为名，而后使天下憎之，此所谓以卑易尊者也。愿王之熟虑之也。"

战国策卷第十一

---

[1] 本章原与上"苏秦自燕之齐"章接续，今依鲍本、吴本单列一章。

卷十二

齐五

12.1　苏秦说齐闵王

苏秦一本无上二字。说齐闵王曰："臣闻用兵而喜先天下者忧，约结而喜主怨者孤。夫后起者藉也，而远怨者时也。是以圣人从事，必藉于权，而务兴于时。夫权藉者，万物之率也，而时势者，百事之长也。故无权藉，倍时势，而能事成者寡矣。今虽干将、莫邪，非得人力，则不能割刿矣。坚箭利金，不得弦机之利，则不能远杀矣。矢非不铦，而剑非不利也，何则？权藉不在焉。何以知其然也？

昔者赵氏袭卫，车舍❶，人不休，傅卫国，城割❷平，卫八门土而二门堕矣，此亡国之形也。卫君跣行告溯于魏。魏王身被甲底一作砥。剑，挑赵索战。邯郸之中鹜，河山之间乱。卫得是藉也，亦收余甲而北面，残刚平，堕中牟之郭。卫非一本非下有有字。强于赵也，譬之卫矢而魏弦机也，藉力曾力下有于字。魏而有河东之地。

---

❶ "舍"，金正炜以为上当有"不"字。
❷ "割"，王念孙以为当作"刚"。

赵氏惧，楚人救赵而伐魏，战于州西，出一本出下有于字。梁门，军舍林中，马饮于大河。赵得是藉也，亦袭魏之河北，烧棘沟❶，队黄城。故刚平之残也，中牟之堕也，黄城之坠也，棘沟之烧也，此皆非赵、魏之欲也。然二国劝行之者，何也？卫明于时权之藉也。今世之为国者不然矣。兵弱而好敌强，国罢而好众怨，事败而好鞠之，兵弱而憎下人也，曾本无也字。地狭而好敌大，事败而好长诈。行此六者而求伯，则远矣。

臣闻善为国者，顺民之意而料兵之能，然后从于天下。故约不为人主怨，伐不为人挫强。如此，则兵不费，权不轻，地可广，欲可成也。昔者，齐之与韩、魏伐秦、楚也，战非甚疾也，分地又非多韩、魏也，然而天下独归咎于齐者，何也？以其为韩、魏主怨也。且天下遍用兵矣，齐、燕战，而赵氏兼中山，秦、楚战韩、魏不休，而宋、越专用其兵。此十国者，皆以相敌为意，而独举心于齐者，何也？约而好主怨，伐而好挫强也。

且夫强大之祸，常以王人为意也，夫一无夫字。弱小之殃，常以谋人为利也。是以大国危，小国灭也。大国之计，莫若后起而重伐不义。夫后起之籍❷与多而兵劲，则事刘本作是字。以众强適罢寡也，兵必立也。事不塞天下之心，则利必附矣。大国行此，则名号不攘而至，伯王不

---

❶ "沟"，鲍本改作"蒲"。下同。

❷ "籍"，鲍本、吴本作"藉"。

为而立矣。小国之情，莫如仅❶静而寡信诸侯。仅静则四邻不反，寡信诸侯则天下不卖。外不卖，内不反，则摈祸。朽腐❷而不用，币帛矫蠹而不服矣。小国道此，则不祠而福矣，不贷而见足矣。故曰：祖仁者王，立义者伯，用兵穷者亡。何以知其然也？昔吴王夫差以强大为天下先，强曾本无强字。袭郢而栖越，身从诸侯之君，而卒身死国亡，为天下戮者，何也？此夫差平居而谋王，强大而喜先天下之祸也。昔者莱、莒好谋，陈、蔡好诈，莒恃越而灭，蔡恃晋而亡，此皆内长诈外信诸侯之殃也。由此观之，则强弱大小之祸，可见于前事矣。

语曰：麒骥之衰也，驽马先之；孟贲之倦也，女子胜之。夫驽马、女子，筋骨力劲❸非贤于骐骥、孟贲也。何则？后起之藉也。今天下之相与也不并灭，有而案兵而后起，寄怨而诛不直，微用兵而寄于义，则亡天下可局足而须也。明于诸侯之故、察于地形之理者，不约亲，不相质而固，不趋而疾，众事而不反，交割而不相憎，俱强而加以亲。何则？形同忧而兵趋利也。何以知其然也？昔者齐、燕战于桓之曲，燕不胜，十万之众尽。胡人袭燕楼烦数县，取其牛马。夫胡之与齐非素亲也，而用兵又非约质而谋燕也，然而甚于相趋者，何也？何❹则形同忧而兵趋利也。由此观之，约于同形则利长，后起则诸侯可趋役也。

---

❶ "仅"，鲍本改作"谨"。下同。
❷ "朽腐"，金正炜以为上当有"蓄积"二字。
❸ "筋骨力劲"，鲍本、吴本作"筋力骨劲"。
❹ "何"，鲍本以为衍文。

故明主察相，诚欲以伯王也刘本作去也字。为志，则战攻非所先。战者，国之残也，而都县之费也。残费已先，而能从诸侯者，寡矣。彼战者之为残也，士闻战则输私财而富军市，输饮食而待死士，令折辕集本作折辕，曾本作析骸。而炊之，杀牛而觞士，则是路君之道也。中人祷祝，君鬻酿，通都小县置社，有市之邑莫不止事而奉王，则此虚中之计也。夫战之明日，尸死扶伤，虽若有功也，军出费，中哭泣，则伤主心矣。死者破家而葬，夷伤者空财而共药，完者内酺而华乐，故其费与死伤者钧。故民之所费也，十年之田而不偿也。军之所出，矛戟折，镮弦绝，伤弩，破车，罢马，亡矢之大半。甲兵之具，官之所私❶出也，士大夫之所匿，厮养士之所窃，十年之田而不偿也。天下有此再费者而能从诸侯❷，寡矣。攻城之费，百姓理襜蔽，举冲橹，家杂总，身窟穴，中罢于刀金，而士困于土功，将不释甲，期数而能拔城者为亟耳。上倦于教，士断于兵，故三下城而能胜敌者，寡矣。故曰：彼战攻者，非所先也。何以知其然也？昔智伯瑶攻范、中行氏，杀其君，灭其国，又西围晋阳，吞兼二国，而忧一主，此用兵之盛也。然而智伯卒身死国亡，为天下笑者，何谓也？兵先战攻而灭二子患❸也。曰一作昔。者中山悉起而迎燕、赵，南战于长子，败赵氏，北战于

---

❶ "私"，金正炜以为当在"官"字之下。
❷ "诸侯"，鲍本、吴本下有"者"字。
❸ "患"，鲍本、吴本上补"之"字。

中山❶，克燕军，杀其将。夫中山，千乘之国也，而敌万乘之国二，再战北一作比。胜，此用兵之上节也。然而国遂亡，君臣三本同作惠。于齐者，何也？不啬于战攻之患也。由此观之，则战攻之败，可见于前事。

今世之所谓善用兵者，终战比胜，而守不可拔，天下称为善，一国得而保之，则非国之利也。臣闻战大胜者，其士多死而兵益弱，守而不可拔者，其百姓罢而城郭露。夫士死于外，民残于内，而城郭露于境，则非王之乐也。今夫鹄的一作杓。非咎一作枢。刘敞作喜。罪于人也，便弓引弩而射之，中者则善❷，不中则愧，少长贵贱，则同心于贯之者，何也？恶其示人以难也。今穷战比胜，而守必不拔，则是非徒示人以难也，又且害人者也，然则天下仇之必矣。夫罢士露国而多与天下为仇，则明君不居也，素用强兵而弱之，则察相不事。彼明君察相者，则五兵不动而诸侯从，辞让而重赂至矣。故明君之攻战也，甲兵不出于军❸而敌国胜，冲橹不施而边城降，士民不知而王业至矣。彼明君之从事也，用财少，旷日远，而为利长者。故曰：兵后起则诸侯可趋役也。

臣之所闻攻战之道非师者，虽有百万之军，比❹之堂上；虽有阖闾、吴起之将，禽之户内。千丈之城，拔之尊俎之间；百尺之冲，折之衽一无衽字。席之一无之字。

---

❶ "中山"，杨宽以为当作"中人"。
❷ "善"，吴本："一云刘作喜。"
❸ "于军"，金正炜疑为衍文。
❹ "比"，吴本："当作北。"

上。故钟鼓竽瑟之音不绝，地可广而欲可成，和乐倡优侏儒之笑不之❶，诸侯可同日而致也。故名配天地不为尊，利制海内不为厚。故夫善为王业者，在劳天下而自佚，乱天下而自安，诸侯无成谋，则其国无宿忧也，何以知其然❷？佚一无佚字。治在我，劳乱在天下，则王之道也。锐兵来则一本以则为而。拒之，患至则趋则趋，一作而移。之，使诸侯无成谋，则其国无宿忧矣。何以知其然矣？昔者，魏王拥土千里，带甲三十六万，其强而拔邯郸，西围定阳，又从十二诸侯朝天子，以西谋秦。秦王恐之，寝不安席，食不甘味，令于境内，尽堞中为战具，竟为守备，为死士置将，以待魏氏。卫鞅谋于秦王曰：夫魏氏其功大，而令行于天下，有十二诸侯而朝天子，其与必众。故以一秦而敌大魏，恐不如。王何不使臣见魏王，则臣请必北魏矣。秦王许诺。卫鞅见魏王曰：大王之功大矣，令行于天下矣。今大王之所从十二诸侯，非宋、卫也，则邹、鲁、陈、蔡，此固大王之所以鞭棰使也，不足以王天下。大王不若北取燕，东伐齐，则赵必从矣；西取秦，南伐楚，则韩必从矣。大王有伐齐、楚心，而从天下之志，则王业见矣。大王不如先行王服，然后图齐、楚。魏王说于卫鞅之言也，故身广公宫，制丹衣，柱❸建九斿，从七星之旟，此天子之位也，而魏王处之。于是齐、楚怒，诸侯

---

❶ "之"，鲍本、吴本作"乏"。

❷ "诸侯无成谋则其国无宿忧也何以知其然"，王念孙以为此十七字涉下文衍。

❸ "柱"，王念孙以为当作"旌"。

奔齐，齐人伐魏，杀其太子，覆其十万之军。魏王大恐，跣行按兵于国，而东次于齐，然后天下乃舍之。当是时，秦王垂拱受西河之外，而不以德魏王。故曰一无曰字。卫鞅之始与秦王计也，谋约不下席，言于尊俎之间，谋成于堂上，而魏将以一作己。禽于齐矣。冲橹未施，而西河之外入于秦矣。此臣之所谓比❶之堂上，禽将户内，拔城于尊俎之间，折冲席上者也。"

战国策卷第十二

---

❶ "比"，依吴本，当作"北"。

卷十三

齐六

13.1 齐负郭之民

齐负郭之民有孤❶狐咺者续云：《古今人表》：狐爰。
师古曰：即狐咺也，齐人，见《战国策》。正议，闵王斫之
檀衢，百姓不附。齐孙室子陈举直言，杀之东闾，宗族离
心。司马穰苴为政者也，续云：子由《古史》以此为闵王时
事，删《史记·穰苴传》。《通鉴》全引此段，不入穰苴事。
杀之，大臣不亲。

以故燕举兵，使昌国君将而击之。齐使向子❷将而应
之。齐军破，向子以舆一乘亡。达子收余卒，复振，与燕
战，求所以偿者，闵王不肯与，军破走。王奔莒，淖齿数
之曰："夫千乘、博昌之间，方数百里，雨血沾衣，王知
之乎？"王曰："不知。""嬴、博之间，地坼至泉，王
知之乎？"王曰："不知。""人有当阙而哭者，求之则
不得，去之则闻其声，王知之乎？"王曰："不知❸。"

---

❶ "孤"，吴本："因狐字误衍。"

❷ "向子"，吴本："《吕春秋》作触子。"下同。

❸ "不知"，吴本："三不知字，《春秋》《后语》皆作知之，《通
鉴》从之。"

淖齿曰："天雨血沾衣者，天以告也；地坼至泉者，地以告也；人有当阙而哭者，人以告也。天、地、人皆以告矣，而王不知戒焉，何得无诛乎？"于是杀闵王于鼓里。

太子乃解衣免服，逃太史之家为溉园。君王后，太史氏女，知其贵人，善事之。田单以即墨之城破亡余卒，破燕兵，绐骑劫，遂以复齐，遽迎太子于莒，立之以为王。襄王即位，一作立。君王后以为后，生齐王建。

13.2　王孙贾年十五

王孙贾年十五，事闵王。王出走，失王之处。其母曰："女朝出而晚来，则吾倚门而望；女暮出而不还，则吾倚闾而望。女今事王，王出走，女不知其处，女尚何归？"王孙贾乃一本添反字。入市中，曰："淖齿乱齐国，杀闵王，欲与我诛者，袒右！"市人从者四百人，与之诛淖齿，刺而杀之。

13.3　燕攻齐取七十余城

燕攻齐，取七十余城，唯莒、即墨不下。齐田单以即墨破燕，杀骑劫。初，燕将攻下聊城，人或谗之。三同。集无此十一字，《史记》有。燕将惧诛，遂保守聊城，不敢归。田单攻之岁余，士卒多死，而聊城不下。

鲁连乃书，约之矢，以射城中，遗燕将曰："吾闻之，智者不倍时而弃利，勇士不怯死而灭名，忠臣不先身而后君。今公行一朝之_{一作亡。}忿，不顾燕王之无臣，非忠也。杀身亡聊城，而威不信于齐，非勇也。功废名灭，后世无称，非知也。故知者不再计，勇士不怯死。_{钱、刘：勇士不再劫。}今死生荣辱尊卑贵贱，此其一时也，愿公之详计而无与俗同也。且楚攻南阳，魏攻平陆，齐无南面之心，以为亡南阳之害，不若得济北之利，故定计而坚守之。今秦人下兵，魏不敢东面，横秦之势合，则楚国之形危。且_{一本添齐字。}弃南阳，断右壤，存济北，计必为之。今楚魏交退，燕救不至，齐无天下之规，与聊城共据期年之弊，即臣见公之不能得_{钱、刘一作待。}也。齐必决之于聊城，公无再计。彼燕国大乱，君臣过计，上下迷惑。栗腹以百❶万之众，五折于外。万乘之国，被围于赵。壤削主困，为天下戮，公闻之乎？今燕王方寒心独立，大臣不足恃，国弊祸多，民心无所归。今公又以弊聊之民，距全齐之兵，期年不解，是墨翟之守也。食人炊骨，士无反北之心，是孙膑、吴起之兵也。能以见于天下矣！故为公计者，不如罢兵休士，全车甲，归报燕王，_{燕王三本同一燕王字。}必喜。士民见公如见父母，交游攘臂而议于世，功业可明矣。上辅孤主，以制群臣，下养百姓，以资说士。矫国革俗于天下，功名可立也。意者，_{曾无意者字，《史记》有。}亦捐燕弃世，东游于齐乎？请裂

---

❶ "百"，鲍本、吴本作"十"。

地定封，富比陶卫，续：延笃注《战国策》云：陶，陶朱公也。卫，卫公子荆也。非也。王邵曰：魏冉封陶，商君姓卫。富比陶卫谓此。世世称孤寡，钱作寡人。与齐久存，刘作左齐据右。此亦一计也。二者显名厚实也，愿公熟计而审处一也。且吾闻，效小节者不能行大威，恶小耻者不能立荣名。昔管仲射桓公中钩，篡也；遗公子纠而不能死，怯也；束缚桎梏❶，辱身也。此三行者，乡里不通也，世主不臣也。使管仲终穷抑幽囚而不出，惭耻而不见，穷年没寿，不免为辱人贱行矣。然而管子并三行之过，据齐国之政，一匡天下，九合诸侯，为伍伯首，名高天下，光照邻国。曹沫为鲁君将，三战三北，而丧地千里。使曹子之足不离陈，计不顾后，出必死而不生，则不免为败军禽将。曹子以败军禽将，非勇也；功废名灭，后世无称，非知也。故去三北之耻，退而与鲁君计也，曹子曾无此三字。以为遭。齐桓公有天下，朝诸侯，曹子以一剑之任，劫桓公于坛位之上，颜色不变，而辞气不悖。三战之所丧，一朝而反之，天下震动续：别本有诸侯二字。惊骇，威信吴楚，传名后世。若此二公者，非不能行小节，死小耻也，以为杀身绝世，功名不立，非知也。故去忿恚之心，而成终身之名，除感忿❷之耻，而立累世之功。故业与三王争流，名与天壤相敝也。公其图之！"

---

❶ "桔"，鲍本、吴本作"梏"。

❷ "感忿"，王念孙以为当作"感忽"。

燕将曰："敬闻命矣！"因罢兵到读❶而去。故解齐国之围，救百姓之死，仲连之说也。

13.4　燕攻齐齐破

燕攻齐，齐破。闵王奔莒，淖齿杀闵王。田单守即墨之城，破燕兵，复齐墟。襄王为太子，征❷。齐以破燕，田单之立疑，齐国之众皆以田单为自立也。襄王立，田单相之。

过菑水，有老人涉菑曾一作溜水。而寒，出不能行，坐于沙中。田单见其寒，欲使后车分一本下有之字。衣，无可以分者，单解裘而衣之。襄王恶之，曰："田单之施，将欲以取我国乎？不早图，恐后之。"左右顾无人。岩下续：别本岩字作声，句绝。《通鉴》作岩下。有贯珠者，续：《元和姓纂》引《战国策》：齐有贯殊。则贯姓殊名，非贯珠者。襄王呼而问之，曰："女闻吾言乎？"对曰："闻之。"王曰："女以为何若？"对曰："王不如因以为己善。王刘：曰奈何曰。嘉单之善，下令曰：寡人忧民之饥也，单收而食之；寡人忧民之寒也，单解裘而衣之；寡人忧劳百姓，而单亦忧之，称寡人之意。单有是善

---

❶　"到读"，鲍本改作"到韣"，曰："韣，弓衣。倒，示无弓。"吴本改作"至读"，曰："未详，或误字衍文。"黄丕烈以为宜作"到（倒）椟"。

❷　"征"，横田本、孙诒让、金正炜以为"微"字之讹。

而王嘉之，善单之善，亦王之善已。"王曰："善！"乃赐单牛酒，嘉其行。

后数日，贯珠者复见王曰："王至朝日，宜召田单而揖之于庭，口劳之。乃布令求百姓之饥寒者，收谷之。"乃使人听于闾里，闻丈夫之相与语，举曰："田单之爱人！嗟，乃王之教泽也！"

13.5　貂勃常恶田单

貂勃常恶田单，曰："安平君，小人也。"安平君闻之，故为酒而召貂勃，曰："单何以得罪于先生，故常见誉_{曾一作恶}。于朝？"貂勃曰："跖之狗吠尧，非贵跖而贱尧也，狗固吠非其主也。且今使公孙子贤而徐子不肖，然而使公孙子与徐子斗，徐子之狗，犹时攫公孙子之腓_{钱、刘一作魶}。而噬之也。若乃得去不肖者，而为贤者狗，岂特攫其腓_{钱、刘一作魶}。而噬之耳哉？"安平君曰："敬闻命。"明日，任之于王。

王有所幸臣九人之属，欲伤安平君，相与语于王曰："燕之伐齐之时，楚王使将军将万人而佐齐。今国已定，而社稷已安矣，何不使使者谢于楚王？"王曰："左右孰可？"九人之属曰："貂勃可。"貂勃使楚。楚王受而觞之，数日不反。

九人之属相与语于王曰："夫一人_{一本下有之字}。身而牵留万乘者，岂不以据势也哉？且安平君之与王也，君臣无礼而上下无别。且其志欲为不善，内牧❶百姓，循抚其心，振穷补不足，布德于民；外怀戎、翟，天下之贤士，阴结诸侯之雄俊豪英，其志欲有为也。愿王之察之。"异日，而王曰："召相单来。"田单免冠徒跣肉袒而进，退而请死罪。五日，而王曰："子无罪于寡人，子为子之臣礼，吾为吾之王礼而已矣。"

貂勃从楚来，王赐诸前。酒酣，王曰："召相田单而来。"貂勃避席稽首曰："王恶得此亡国之言乎？王上者孰与周文王？"王曰："吾不若也。"貂勃曰："然，臣固知王不若也。下者孰与齐桓公？"王曰："吾不若也。"貂勃曰："然，臣固知王不若也。然则周文王得吕尚以为太公，齐桓公得管夷吾以为仲父，今王得安平君而独曰单。且自天地之辟，民人之治，_{曾作始字。}为人臣之功者，谁有厚于安平君者哉？而王曰单，单，恶得此亡国之言乎？且王不能守先王之社稷，燕人兴师而袭齐墟，王走而之城阳之山中。安平君以惴惴之即墨，三里之城，五里之郭，敝卒七千，禽其司马，而反千里之齐，安平君之功也。当是时也，阖城阳而王，城阳❷天下莫之能止。然而计之于道，归之于义，以为不可，故为栈道木阁，而迎王与后于城阳山中，王乃得反，子临百姓。今国已定，民已安矣，王乃曰单。且婴儿之计不为此，王不亟杀此九子者以谢安平

---

❶ "牧"，鲍本、吴本作"收"。
❷ "城阳"，吴本："二字因上文衍。"

君，不然，国危矣！"王乃杀九子而逐其家，益封安平君以夜邑万户。夜，一作剧。

13.6 田单将攻狄

田单将攻狄，往见鲁仲子。仲子曰："将军攻狄，不能下也。"田单曰："臣以五里之城，七里之郭，破亡余卒，破万乘之燕，复齐墟。攻狄而不下，何也？"上车弗谢而去。

遂攻狄，三月而不克之也。齐婴儿谣曰："大冠若箕，修剑拄颐，攻狄不能续云：能，音泥。下，垒枚丘❶。"续云：丘，音溪。古叶音。晁改作垒于梧丘，《说苑》同。田单乃惧，问鲁仲子曰："先生谓单不能下狄，请闻其说。"鲁仲子曰："将军之在即墨，坐而织蒉，立则丈插，为士卒倡曰：可往矣！宗庙亡矣！云曰一作去曰。尚矣！归于何党矣！续：别本：无可往矣，宗庙亡矣，今日尚矣，归何党矣（叶音往、尚，皆有平声，党亦当平读）。《说苑》：宗庙亡矣，魂魄丧矣，归何党矣。当此之时，将军有死之心，而士卒无生之气，闻若言，莫不挥泣奋臂而欲战，此所以破燕也。当今将军东有夜邑《说苑》作掖邑。之奉，西有菑上之虞，黄金横带，而驰乎《说

---

❶ "攻狄不能下垒枚丘"，王念孙以为当从《说苑》作"攻狄不下垒于梧丘"。

苑》作驰骋。淄渑之间，有生之乐，无死之心，所以不胜者也。"田单曰："单有心，先生志之矣。"

明日，乃厉气循一作修。城，立于矢石之所，乃刘本作及。援枹鼓之，狄人乃下。

13.7　濮上之事

濮上之事，赘子死，章子走。盼子谓齐王曰："不如易余粮于宋，宋王必说，梁氏不敢过宋伐齐。齐固弱，是以余粮收宋也。齐国复强，虽复责之宋，刘添不字。可。不偿，因以为辞而攻之，亦可。"

13.8　齐闵王之遇杀❶

齐闵王之遇杀，其子法章变姓名，为莒太史家庸夫。太史敫刘作徼。女，奇法章之状貌，以为非常人，怜而常窃衣食之，与曾添之字。私焉。莒中及齐亡臣相聚，求闵王子欲立之。法章乃自言于莒，共立法章为襄王。襄王立，以太史氏女为王后，生子建。太史敫曰："女无谋一作媒。而嫁者，非吾种也，污吾世矣。"终身不睹。君王后刘下更有君王后三字。贤，不以不睹之故失人子之礼也。

---

❶ 本章原与上"濮上之事"章接续，今依鲍本、吴本单列一章。

襄王卒，子建立为齐王。君王后事秦谨，与诸侯信，以故建立四十有余年不受兵。秦始皇❶尝使使者遗君王后玉连环，曰："齐多知，而别本作能。解此环不？"君王后以示群臣，群臣不知解。君王后引椎椎破之，谢秦使曰："谨以解矣。"及君王后病且卒，诫建曰："群臣之可用者某。"建曰："请书之。"君王后曰："善。"取笔牍受言，君王后曰："老妇已亡矣！"

君王后死后，后胜相齐，多受秦间金玉，使宾客入秦，皆为变辞，劝王朝秦，不修攻战之备。

13.9　齐王建入朝

齐王建入朝于秦，雍门司马前❷曰："所为立王者，为社稷耶？为王立王❸耶？"王曰："为社稷。"司马曰："为社稷立王，王何以去社稷而入秦？"齐王还车而反。

即墨大夫与一作闻。雍门司马谏而听之，则以为可可一作以。为谋，即入见齐王，曰："齐地方数千里，带甲数百万。夫三晋大夫皆不便秦，而在阿、鄄之间者百数，王收而与之百万之众，使收三晋之故地，即临晋之关可以入矣。鄢郢大夫不欲为秦而在城南下者百数，王收而与之

---

❶　"始皇"，鲍本改作"昭王"。
❷　"前"，王念孙以为上当有"横戟当马"四字。
❸　"立王"，王念孙以为衍文。

百万之师，使收楚故地，即武关可以入矣。如此，则齐威可立，秦国可亡。夫舍南面之称制，乃西面而事秦，为大王不取也。"齐王不听。

秦使陈驰诱齐王内之，约与五百里之地。齐王不听即墨大夫而听陈驰，遂入秦。处之共松柏之间，饿而死。先是齐为之歌曰："松邪！柏邪！住建共者客耶！"续：《史记》：松耶！柏耶！住建共者客耶！司马贞音邪，谓是建之邪客，说王狂言，遂致失策，令建迁共。《地里志》：河内有共县。柏（古音逋莫切）。客（古音恪，古音亦叶）。《史记》歌云云，疾建用客之不详也。

13.10　齐以淖君之乱

齐以淖君之乱一本添仇字。秦。其后秦欲取齐，故使苏涓之楚，令三本同作合。任固之齐。齐明谓楚王曰："秦王欲楚，不若其欲齐之甚也。其使涓来，以示齐之有楚，以资固于齐。齐见一作有。楚，必受固。是王之听涓也，适为固驱以合齐、秦也。齐、秦合，非楚之利也。且夫涓来之辞，必非固之所以之齐之辞也。王不如令人以涓来之辞谩固于齐，齐、秦必不合。齐、秦不合，则王重矣。王欲收齐以攻秦，汉中可得也。王即欲以秦攻齐，淮、泗之间亦可得也。"

战国策卷第十三

楚一

14.1　齐楚构难

齐、楚构难，宋请中立。齐急宋，宋许之。子象为楚谓宋王刘作楚王，一作宋王。曰："楚以缓失宋，将法齐之急也。齐以急得宋，后将常急矣。是从齐而攻楚，未必利也。齐战胜楚，势必危宋，不胜，是以弱宋干强楚也。而令两万乘之国，常以急求所欲，国必危矣。"

14.2　五国约以伐齐❶

五国约刘作约秦。以伐齐。昭阳谓楚王曰："五国以破齐，秦必南图楚。"王曰："然则奈何？"对曰："韩氏辅国钱、集：转国。也，好利而恶难。好利，可营也；恶难，可惧也。我厚赂之以利，其心必营我。悉兵以临之，其心必惧我。彼惧吾兵而营我利，五国之事必可败也。约绝之后，虽勿与地可。"楚王曰："善"。乃命大

---

❶ 吴本题作"五国约秦以伐齐"，今据正文改。

公事之韩，见公仲曰："夫牛阑之事，马陵之难，亲王**❶**之所见也。王苟无以五国用兵，请效列城五，请悉楚国之众也，以厜于齐。"齐**❷**之**❸**反赵、魏之后，而楚果弗与地，则五国之事困也。

14.3　荆宣王问群臣

荆刘一无荆字。宣王问群臣曰："吾闻北方之畏昭奚恤也，果诚何如？"群臣莫对。江一**❹**对曰："虎求百兽而食之，得狐。狐曰：子无敢食我也。天帝使我长百兽，今子食我，是逆天帝命也。子以我为不信，吾为子先行，子随我后，观百兽之见我而敢不走乎？虎以为然，故遂与之行。兽见之，皆走。虎不知兽畏己而走也，以为畏狐也。今王之地方五千里，带甲百万，而专属之昭奚恤。故北方之畏奚恤也，其实畏王之甲兵也，犹百兽之畏虎也。"

14.4　昭奚恤与彭城君

昭奚恤与彭城君议于王前，王召江乙而问焉。江乙

---

❶ "王"，鲍本作"主"。
❷ "齐"，金正炜以为当作"韩"。
❸ "之"，鲍本、吴本作"人"。
❹ "一"，鲍本、吴本作"乙"。

曰：“二人之言皆善也，臣不敢言其后。一本下更有言其后三字。此谓虑贤也。”

14.5 邯郸之难昭奚恤谓楚

邯郸之难，刘连。昭奚恤谓楚王曰：“王不如无救赵，而以强魏。魏强，其割赵必深矣。赵不能听，则必坚守，是两弊也。”景舍曰：“不然。昭奚恤不知也。夫魏之攻赵也，恐楚之攻其后。今不救赵，赵有亡形而魏无楚忧，是楚、魏共赵也，害必深矣！何以两弊也？且魏令❶兵以深割赵，赵见亡形，而有有，刘作知。楚之不救己也，必与魏合而以谋楚。故王不如少出兵，以为赵援。赵恃楚劲，必与魏战。魏怒于赵之劲，而见楚救之不足畏也，必不释赵。赵、魏相弊，而齐、秦应楚，则魏可破也。”楚因使景舍起兵救赵。邯郸拔，楚取睢、濊之间。

14.6 江尹欲恶昭奚恤

江尹欲恶昭奚恤于楚王，而力不能，曾下有之字。故为梁山阳君请封于楚。楚王曰：“诺。”昭奚恤曰：“山

---

❶ “令”，金正炜以为当作“全”。

228

阳君无功于楚国，不当封。"江尹因得山阳君与之共恶昭奚恤。

14.7 魏氏恶昭奚恤

魏氏恶昭奚恤于楚王，楚王告昭子。昭子曰："臣朝夕以事听命，而魏入吾君臣之间，臣大惧。臣非畏魏也！夫泄吾君臣之交，而天下信之，是其为人也近苦❶矣。夫苟不难为之外，岂忘为之内乎？臣之得罪无日矣。"王曰："寡人知之，大夫何患？"

14.8 江乙恶昭奚恤

江乙恶昭奚恤，谓楚王曰："人有以其狗为有执而爱之。其狗尝溺井。其邻人见狗之溺井也，欲入言之。狗恶之，当门而噬之。邻人惮之，遂不得入言。邯郸之难，楚进兵，大梁取曾作拔。矣。昭奚恤取魏之宝器，以曾作以臣。居魏知之，故昭奚恤常恶臣之见王。"

---

❶ "苦"，横田本、金正炜以为当作"君"。

14.9　江乙欲恶昭奚恤于楚

　　江乙欲恶昭奚恤于楚，谓楚王曰："下比周则上危，下分争则上安。王亦知之乎？愿王勿忘也。且人有好扬人之善者，于王何如？"王曰："此君子也，近之。"江乙曰："有人好扬人之恶者，于王何如？"王曰："此小人也，远之。"江乙曰："然则且有子杀其父，臣弑其主者，而王终已已，曾、刘作己。不知者，何也？以王好闻人之美而恶闻人之恶也。"王曰："善。寡人愿两闻之。"

14.10　江乙说于安陵君

　　江乙说于安陵君曰："君无咫尺之地❶，骨肉之亲，处尊位，受厚禄，一国之众见君，莫不敛衽而拜，抚委而服，何以也？"曰："王过举而已，曾已作己，一作色。不然，无以至此。"江乙曰："以财交者，财尽而交绝；以色交者，华落而爱渝。是以嬖女不敝席，宠臣不避轩。续：不敝席，言不久之意。不避，是敝字无疑。《真诰》曰：女宠不弊席，男爱不尽轮。或出于此。轩、轮相近。今君擅楚国之势，而无以深自结于王，窃为君危之。"安陵君曰：

---

❶　"地"，鲍本改作"功"。

"然则奈何？"曾下有江乙曰三字。"愿君必请从死，以身为殉，如是必长得重于楚国。"曰："谨受令。"

三年而弗言。江乙复见曰："臣所为君道，至今未效。三同未有效。君不用臣之计，臣请不敢复见矣。"安陵君曰："不敢忘先生之言，未得间也。"

于是，楚王游于云梦，结驷千乘，旌旗蔽日，野火之起也若云霓，兕虎嗥之❶声若雷霆。有狂兕牂车依轮而至，王亲引弓而射，壹发而殪。王抽旃旄而抑兕首，仰天而笑曰："乐矣，今日之游也。寡人万岁千秋之后，谁与乐此矣？"安陵君泣数行而进，曰："臣入则编席，出则陪乘。大王万岁千秋之后，愿得以身试钱、刘：试，一作式。曾云：又作式。**黄泉，蓐蝼蚁**，续：李善引：愿得式黄泉，蓐蝼蚁。延叔坚《战国策论》曰：为王先用填黄泉，为王作蓐以御蝼蚁。《艺文类聚》引：安陵君缠拭黄泉，驱蝼蚁。《新序》作缠。又何如得此乐而乐之。"王大说，乃封坛为安陵君。

君子闻之曰："江乙可谓善谋，安陵君可谓知时矣。"

14.11 江乙为魏使于楚

江乙为魏使于楚，谓楚王曰："臣入竟，闻楚之

---

❶ "嗥之"，范本以为当作"之嗥"。

俗，不蔽人之善，不言人之恶，诚有之乎？"王曰：
"诚有之。"江乙曰："然则白公之乱，得无遂乎？诚
如是，臣等之罪免矣。"楚王曰："何也？"江乙曰：
"州侯相楚，贵甚矣，而主断，左右俱曰无有，如出一
口矣。"

14.12 郢人有狱

郢人有狱三年不决者，故令❶请其宅，以卜其罪。客
因为之谓钱：客因谓。刘：客因请之。昭奚恤曰："郢人某
氏之宅，臣愿之。"昭奚恤曰："郢人某氏，不当服罪，
故其宅不得。"一作不可得。客辞而去。昭奚恤已而悔
之，因谓客曰："奚恤得事公，公何为以故与奚恤？"客
曰："非用故也。"曰："谓谓，曾、刘作请。而不得，
有说色，非故如何也？"

14.13 城浑出周

城浑出周，三人偶行，南游于楚，至于新城。城浑
说其令曰："郑、魏者，楚之冣国，而秦，楚之强敌也。
郑、魏之弱，而楚以上梁应之。宜阳之大也，楚以弱新城

---

❶ "令"，鲍本、吴本下有"人"字。

围❶之。蒲反、平阳相去百里，秦人一夜而袭之，安邑不知。新城、上梁相去五百里，秦人一夜而袭之，上梁亦不知也。今边邑之所恃者，非江南泗上也。故故，刘作则。楚王何不以新城为主郡也，边邑甚利之。"新城公大说，乃为具驷马乘车五百金之楚❷。城浑得之，遂南交于楚，楚王曾、钱一无王。果以新城为主郡。

14.14　韩公叔有齐魏

韩公叔有齐、魏，而太子有楚、秦，以争国。郑申为楚使于韩，矫以新城、阳人予太子。楚王怒，将罪之。对曰："臣矫予之，以为国也。臣为太子得新城、阳人，以与公叔争国而得之。齐、魏必伐韩。韩氏急，必悬命于楚，又何新城、阳人之敢求？太子不胜，然❸而不死，今将倒冠而至，又安敢言地？"楚王曰："善。"乃不罪也。

14.15　楚杜赫说楚王

楚杜赫说楚王以取赵。王且予之五大夫，而令私行。

---

❶ "围"，金正炜以为当作"圉"。
❷ "楚"，吴本下有"尽"字。鲍本："衍尽字。"吴本："赆也，字通借，姚本无。"缪本以为字当作"尽"。
❸ "然"，鲍本改作"幸"。

陈轸谓楚王曰："赫不能得赵，五大夫不可收也，得得，一作是。赏无功也。得赵而王无加焉，是无善也。王不如以十乘行之，事成，予之五大夫。"王曰："善。"乃以十乘行之。杜赫怒而不行。陈轸谓王曰："是不能得赵也。"

14.16　楚王问于范环

楚王问于范环续：《史记》作范蜎，徐广：一作蠉。曰："寡人欲置相于秦，孰可？"对曰："臣不足以知之。"王曰："吾相一作吾欲相。甘茂，可乎？"范环对曰："不可。"王曰："何也？"曰："夫史举，上蔡之监门也。大不如如，一作知。事君，小不如如，一作知。处室，以苛廉闻于世，甘茂事之顺焉。故惠王之明，武王之察，张仪之好谮，甘茂事之，取十官而无罪。茂诚贤者也，然而不可相秦。秦之有贤相也，非楚国之利也。且王尝用滑❶于越而纳句章，昧之难，越乱，故楚南察❷濑胡而野江东。计王之功所以能如此者，越乱而楚治也。今王以用之于越矣，而忘之于秦，臣以为王巨速忘矣。王若欲置相于秦乎？若公孙郝者可。夫公孙郝之于秦王，亲也。少与之同衣，长与之同车，被王衣以听事，真大王之相已。王相之，楚国之大利也。"

---

❶ "滑"，鲍本、吴本上补"召"字。
❷ "察"，吴本："察作塞胜。"

14.17　苏秦为赵合从说楚

苏秦为赵合从，说楚威王曰："楚，天下之强国也。大王，天下之贤王也。楚地西有黔中、巫郡，东有夏州、海阳，南有洞庭、苍梧，北有汾陉钱、刘作陉，集作陆。之塞、郇阳。地方五千里，带甲百万，车千乘，骑万匹，粟支十年，此霸王之资也。夫以楚之强与大王之贤，天下莫能当也。今乃欲西面而事秦，则诸侯莫不南❶面而朝于章台之下矣。秦之所害于天下莫如楚，楚强则秦弱，楚弱则秦强，此其势不两立。故为王至❷计，莫如从亲以孤秦。大王不从亲，秦必起两军，一军出武关，一军下黔中。若此，则鄢郢动矣。臣闻治之其未乱，为之其未有也，患至而后忧之，则无及已。故愿大王之早计之。大王诚能听臣，臣请令山东之国，奉四时之献，以承一作奉。大王之明制，委社稷宗庙，练士厉兵，在大王之所用之。大王诚能听臣之愚计，则韩、魏、齐、燕、赵、卫之妙音美人，必充后宫矣。赵、一作燕。代良马、橐他，必实于外厩。故从合则楚王，横成则秦帝。今释霸王之业，而有事人之名，臣窃为大王不取也。夫秦，虎狼之国也，有吞天下之心。秦，天下之仇雠也，横人皆欲割诸侯之地以事

---

❶ "南"，鲍本改作"西"。

❷ "王至"，鲍本、吴本作"大王"。

秦，此所谓养仇而奉雠者也。夫为人臣而割其主之地，以外交强虎狼之秦，以侵天下，卒有秦患，不顾其祸。夫外挟强秦之威，以内劫其主，以求割地，大逆不忠，无过此者。故从亲，则诸侯割地以事楚；横合，则楚割地以事秦。此两策者，相去远矣，有亿兆之数。两者，大王何居焉？故弊邑赵王，使臣效愚计，奉明约，在大王命之。"

楚王曰："寡人之国，西与秦接境，秦有举巴、蜀，并汉中之心。秦，虎狼之国，不可亲也。而韩、魏迫于秦患，不可与深谋，《史记》、集、刘下更有与深谋三字，曾无。恐反人以入于秦，故谋未发而国已危矣。寡人自料，以楚当秦，未见胜焉。内与群臣谋，不足恃也。寡人卧不安席，食不甘味，心摇摇❶如悬旌，而无所终薄。今君曾作今主君。欲一天下，安诸侯，存危国，寡人谨奉社稷以从。"

14.18　张仪为秦破从连横

张仪为秦破从连横，说楚王曰："秦地半天下，兵敌四国，被山带河，四塞以为固。虎贲之士百余万，车千乘，骑万匹，粟如丘山。法令既明，士卒安难乐死。主严以明，将知以武。虽无出兵甲，席卷常山之险，折天下之脊，天下后服者先亡。且夫为从者，无以异于驱群羊

---

❶ "摇摇"，何本、范本疑下当有"然"字。

而攻猛虎也。夫虎之与羊，不格明矣。今大王不与猛虎而与群羊，窃以为大王之计过矣。凡天下强国，非秦而楚，非楚而秦。两国敌侔交争，其势不两立。而大王不与秦，秦下甲兵，据宜阳，韩之上地不通，下河东，取成皋，韩必入臣于秦。韩入臣，钱作臣秦。魏则从风而动。秦攻楚之西，韩、魏攻其北，社稷岂得无危哉？且夫约从者，聚群弱而攻至强也。夫以弱攻强，不料敌而轻战，国贫而骤举兵，此危亡之术也。臣闻之，兵不如者，勿与挑战；粟不如者，勿与持久。夫从人者，饰辩虚辞❶，高主之节行，言其利而不言其害，卒有楚曾一作秦。祸，无及为已，是故愿大王之熟计之也。秦西有巴、蜀，方船积粟，起于汶山，循江而下，至郢三千余里。舫船刘一作方舡。载卒，一舫载五十人与三月之粮，下水而浮，一日行三百余里。里数虽多，不费马汗之劳，不至十日而距扞❷关。扞关惊，则从竟陵已东，尽城守矣，黔中、巫郡非王之有已。秦举甲出之武关，南面而攻，则北地绝。秦兵之攻楚也，危难在三月之内。而楚恃诸侯之救，在半岁之外，此其势不相及也。夫恃弱国之救，而忘强秦之祸，此臣之❸所以为大王之患也。且大王尝与吴人五战，三胜而亡之，陈陈，曾作阵。卒尽矣，有一本无有字。偏守新城，而居民苦矣。臣闻之，攻大者易危，而民弊者怨于

---

❶ "虚辞"，王念孙以为当作"曼辞"。

❷ "扞"，何本以为当作"扞"。下同。

❸ "之"，鲍本、吴本无。

上。夫守易危之功，而逆强秦之心，臣窃为大王危之。且夫秦之所以不出甲于函谷关十五年以攻诸侯者，阴谋有吞天下之心也。楚尝与秦构一本作角。难，战于汉中。楚人不胜，通侯执珪死者七十余人，遂亡汉中。楚王大怒，兴师袭秦，战于蓝田，又却。此所谓两虎相搏❶者也。夫秦、楚相弊，而韩、魏以全制其后，计无过一本作危。于此者矣，是故愿大王熟计之也。秦下兵攻卫、阳晋，必开扃一作晋必大开。曾：大开，一作关。天下之匈，大王悉起兵集无兵字，三同。以攻宋，不至数月而宋可举。举宋而东指，则泗上十二诸侯，尽王之有已。凡天下所信约从亲坚者苏秦，封为武安君而相燕，即阴与燕王谋破齐，共分其地。乃佯有罪出走入齐❷，齐王因受而相之。居二年而觉，齐王大怒，车裂苏秦于市。夫以一诈伪反覆之苏秦，而欲经营天下，混一诸侯，其不可成也亦明矣。今秦之与楚也接境壤界，固形亲之国也。大王诚能听臣，臣请秦太子入质于楚，楚太子入质于秦，请以秦女为大王箕帚之妾，效万家之都，以为汤沐之邑，长为昆弟之国，终身无相攻击。臣以为计无便于此者。续：《史记》此后有屈原谏止之辞。故敝邑秦王使使臣献书大王之从车下风，须以决事。"楚王曰："楚国僻陋，托东海之上。寡人年幼，不习国家之长计。今上客幸教以

---

❶ "搏"，王引之以为当作"据"。

❷ "乃佯有罪出走入齐"，缪本："苏秦于周赧王九年受燕昭王派遣，侍燕质子于齐，因遂委质为齐臣，非佯有罪而出亡也。"杨宽以为当作"乃为燕出使入齐"。

明制，寡人闻之，敬以国从。"乃遣使❶车百乘，献鸡骇之犀❷、夜光之璧于秦王。

14.19　张仪相秦谓昭雎

张仪相秦，谓昭雎曰："楚无鄢郢、汉中，有所更得乎？"曰："无有。"曰："无昭雎❸、陈轸，有所更得乎？"曰："无所更得。"张仪曰："为仪谓楚王逐昭雎❹、陈轸，请复鄢郢、汉中。"昭雎归报楚王，楚王说之。

有人谓昭雎❺曰："甚矣，楚王不察于争名者也！韩求相工陈籍而周不听，魏求相綦母恢而周不听，何以也？周是一作周曰是。列县畜我也。今楚，万乘之强国也；大王，天下之贤主也。今仪曰逐君与陈轸而王听之，是楚自行❻不如周，而仪重于韩、魏之王也。且仪之所行，有功名者秦也，所欲贵富者魏也。欲为攻于魏，必南伐楚。故攻有道，外绝其交，内逐其谋臣。陈轸，夏人也，习于三晋之事，故逐之，则楚无谋臣矣。今君能用楚之众，故亦

❶ "使"，王念孙以为衍文。
❷ "鸡骇之犀"，王念孙以为当作"骇鸡之犀"。
❸ "雎"，鲍本、吴本作"过"。
❹ "雎"，鲍本、吴本作"过"。
❺ "雎"，鲍本、吴本作"过"。
❻ "行"，鲍本改作"待"。

逐之，则楚众不用矣。此所谓内攻之者也，而王不知察。今君何不见臣于王，请为王使齐交不绝。齐交不绝，仪闻之，其效鄢郢、汉中必缓矣。是昭雎之言小信也，王必薄之。"

14.20　威王问于莫敖

威王问于莫敖子华曰："自从先君文王以至不穀之身，亦有不为爵劝，不为禄勉以忧社稷者乎？"莫敖子华对曰："如华孙本华作章。不足知之矣。"王曰："不于大夫，无所闻之？"莫敖子华对曰："君王将何问者也？彼有廉其爵，贫其身，以忧社稷者；有崇其爵，丰其禄，以忧社稷者；有断脰决腹，壹瞑而万世不视，不知所益，以忧社稷者；有劳其身，愁其志，以忧社稷者；亦有不为爵劝，不为禄勉，以忧社稷者。"王曰："大夫此言，将何谓也？"

莫敖子华对曰："昔令尹子文，缁帛之衣以朝，鹿裘以处，未明而立于朝，日晦而归食，朝不谋夕，无一月❶之积。故彼廉其爵，贫其身，以忧社稷者，令尹子文是也。昔者叶公子高，身获于表薄，而财于柱国，定白公之祸，宁楚国之事，恢先君以揜方城之外，四封不侵，名不挫于诸侯。当此之时也，天下莫敢以兵南乡。叶公子

---

❶ "月"，鲍本改作"日"。

高，食田六百畛。故彼崇其爵，丰其禄，以忧社稷者，叶公子高是也。昔者，吴与楚战于柏举，两御之间夫卒交。莫敖大心抚其御之手，顾而大息曰：嗟乎子乎，楚国亡之月月，一作日。至矣！吾将深入吴军，若扑一人，若捽一人，以与大心者也，社稷其为庶几乎？故断胫决腹，壹瞑而万世不视，不知所益，以忧社稷者，莫敖大心是也。昔吴与楚战于柏举，三战入郢，寡君❶身出，大夫悉属，百姓离散。梦冒勃苏曰：吾被坚执锐，赴强敌而死，此犹一卒也，不若奔诸侯。于是赢粮潜行，上峥山，逾深溪，跖穿膝暴，七日而薄秦王之朝。雀❷立不转，昼吟宵哭。七日不得告，水浆无入口，癫而殚闷，旄不知人。秦王闻而走之，冠带不相及，左奉其首，右濡其口，勃苏乃苏。秦王身问之：子孰谁也？梦冒勃苏对曰：臣非异，楚使新造盭梦冒勃苏。吴与楚人战于柏举，三战入郢，寡君身出，大夫悉属，百姓离散。使下臣来告亡，且求救。秦王顾令不❸起：寡人闻之，万乘之君，得罪一士，社稷其危，今此之谓也。遂出革车千乘，卒万人，属之子满❹与子虎，下塞以东，与吴人战于浊水而大败之，亦闻于遂浦。故劳其身，愁其思，以忧社稷者，梦冒勃苏是也。吴与楚战于柏举，三战入郢，君王身出，大夫悉属，百姓离散。蒙

---

❶ "寡君"，王念孙以为当作"君王"，范本以为当作"先君"。
❷ "雀"，王引之以为当作"雀"。
❸ "不"，鲍本改作"之"。
❹ "子满"，吴本："《左传》子蒲。"

縠给❶斗于宫唐之上，舍斗奔郢曰：若有孤，楚国社稷其庶几乎？遂入大宫，曾一无大字。负鸡一本作离。次之典以浮于江，逃于云梦之中。昭王反郢，五官失法，百姓昏乱，蒙縠献典，五官得法，而百姓大治。此❷蒙縠之功多，与存国相若，封之执圭，田六百畛。蒙縠怒曰：縠非人臣，社稷之臣，苟社稷血食，余岂悉一作余岂患。无君乎？遂自弃于磨❸山《汉》注引历山。之中，至今无冒❹。故不为爵劝，不为禄勉，以忧社稷者，蒙縠是也。"续：《汉·李通传》论曰：昔蒙縠负书，不徇楚难。注引《战国策》：吴楚战于柏举，蒙縠奔入宫，负离次之典，浮江逃于云梦之中云云。苟利社稷血食，余岂患无君乎？遂弃于历山也。

王乃大息曰："此古之人也。今之人焉能有之耶？"莫敖子华对曰："昔者先君灵王好小要，楚士约食，冯而能立，式而能起，食之可欲，忍而不入，死之可恶，然一作就。而不避。章❺闻之，其君好发者，其臣抉拾。君王直不好，若君王诚好贤，此五臣者，皆可得而致之。"

战国策卷第十四

---

❶ "给"，吴本作"结"。
❷ "此"，王念孙以为当作"比"。
❸ "磨"，何本、范本改作"厤"。
❹ "冒"，王引之以为当作"胄"。
❺ "章"，鲍本改作"华"。黄丕烈："章当是子华之名。"

卷十五

楚二

15.1　魏相翟强死

魏相翟强死。为甘茂谓楚王曰："魏之幾相者，公子劲也。劲也刘一无下也字。相魏，魏、秦之交必善。秦、魏之交完，则楚轻矣。故王不如与齐约，相甘茂于魏。齐王好高人以名，今为其行人请魏之相，齐必喜。魏氏不听，交恶于齐，齐、魏之交恶，必争事楚。魏氏听，甘茂与樗里疾，贸首之仇也，而魏、秦之交必恶，又交重楚也。"

15.2　齐秦约攻楚

齐、秦约攻楚，楚令景翠以六城赂齐，一本下有以字。太子为质。昭雎谓景翠曰："秦恐且因景鲤、苏厉而效地于楚。公出地以取取，一作收，别本作牧。齐，鲤与厉且以收地取秦，公事必败。公不如令王重赂景鲤、苏厉，使入秦，秦❶一本下有齐字。恐，必不求地而合于楚。

---

❶ "秦"，吴本："字疑当作齐。"

若齐不求，是公与约也。"

15.3　术视伐楚

　　术视伐楚，楚令昭鼠以十万军汉中。昭雎胜秦于重丘，别本丘作兵。苏厉谓宛公昭鼠曰："王欲昭雎之乘秦也，必分公之兵以益之。秦知公兵之分也，必出汉中。请为公令辛❶戎谓王曰：秦兵且出汉中。则公之兵全矣。"

15.4　四国伐楚

　　四国伐楚，楚令昭雎将以距秦。楚王欲击秦，昭侯❷不欲。桓臧为昭雎谓楚王曰："雎战胜，一本下有秦字。三国恶楚之强也，恐秦之变而听楚也，必深攻楚以劲秦。秦王怒于战不胜，必悉起而击楚，是王与秦相罢而以一本无以字。利三国也。战不胜秦，秦进兵而攻。不如益昭雎之兵，令之示秦必战。秦王恶与楚相弊而令❸天下，秦可

---

❶ "辛"，鲍本、吴本改作"芈"。
❷ "侯"，鲍本、吴本作"雎"。
❸ "令"，黄丕烈、金正炜以为当作"全"。

以少割而收害❶也。秦、楚之合，而燕、赵❷、魏不敢不听，三国可定也。"

15.5　楚怀王拘张仪

楚怀王拘张仪，将欲杀之。靳尚为仪谓楚王曰："拘张仪，秦王必怒。天下见楚之无秦也，楚必轻矣。"

又谓王之幸夫人郑袖曰："子亦自知且贱于王乎？"郑袖曰："何也？"尚曰："张仪者，秦王之忠信有功臣也。今楚拘之，秦王欲出之。秦王有爱女而美，又简择宫中佳玩❸丽好玩习音者，以欢从之，资之金玉宝器，奉以上庸六县为汤沐邑，欲因张仪内之楚王。楚王必爱秦女，依强秦以为重，挟宝地以为资，势为王妻以临于楚。王惑于虞乐，必厚尊敬亲爱之而忘子，子益贱而日疏矣。"郑袖曰："愿委之于公，为之奈何？"曰："子何不急言王，出张子。张子得出，德子无已时，秦女必不来，而秦必重子。子内擅楚之贵，外结秦之交，畜张子以为用，子之子孙必为楚太子矣，此非布衣之利也。"郑袖遽说楚王出张子。

---

❶ "害"，吴本："一本无害字，是。"
❷ "燕赵"，据《史记·楚世家》当作"齐韩"。
❸ "玩"，鲍本以为衍文。

15.6　楚王将出张子

　　楚王将出张子，恐其败_{败，一作欺。}己也。靳尚谓楚王曰："臣请随之。仪事王不善，臣请杀之。"楚小臣，靳尚之仇也，谓张旄曰："以张仪之知，而有秦、楚之用，君必穷矣。君不如使人微要靳尚而刺之，楚王必大怒仪也。彼仪穷，则子重矣。楚、秦相难，则魏无患矣。"张旄果令人要靳尚刺之。楚王大怒秦，构兵而战，秦、楚争事魏，张旄果大重。

15.7　秦败楚汉中

　　秦败楚汉中。楚王入秦，秦王留之。游腾为楚谓秦王曰："王挟楚王，而与天下攻楚，则伤行矣。不与天下共攻之，则失利矣。王不如与之盟而归之。楚王畏，必不敢倍盟。王❶因与三国攻之，义也。"

---

❶　"王"，鲍本、吴本上补"背盟"二字。

15.8 楚襄王为太子之时

楚襄王为太子之时，质于齐。怀王薨，太子辞于齐王而归。齐王隘之[1]：“予我东地五百里，乃归子。子不予我，不得归。”太子曰：“臣有傅，请追[2]而问傅。”傅慎子曰：“献之。地，所以为身也。爱地不送死父，不义。臣故曰献之便。”便，一作使。曾作便。太子入，致命齐王曰：“敬献地五百里。”齐王归楚太子。

太子归，即位为王。齐使车五十乘，来取东地于楚。楚王告慎子曰：“齐使来求东地，为之奈何？”慎子曰：“王明日朝群臣，皆令献其计。”

上柱国子良入见。王曰：“寡人之得求[3]反王[4]坟墓、复群臣、归社稷也，以东地五百里许齐。齐令令，一作今。使来求地，为之奈何？”子良曰：“王不可不与也。王身出玉声，许强万乘之齐而不与，则不信，后不可以约结诸侯。请与而复攻之。与之信，攻之武。臣故曰与之。”

子良出，昭常入见。王曰：“齐使来求东地五百里，为之奈何？”昭常曰：“不可与也。万乘者，以地大为万

---

❶ “之”，范本下补“曰”字。
❷ “追”，鲍本改作“退”。
❸ “求”，王念孙以为当作“来”。
❹ “王”，鲍本、吴本作“主”。

乘。今去东地五百里，是去战国之半也，有万乘之号而无千乘之用也，不可。臣故曰勿与。常请守之"。

昭常出，景鲤入见。王曰："齐使来求东地五百里，为之奈何？"景鲤曰："不可与也。虽然，楚不能独守。王身出玉声，许万乘之强齐也而不与，负不义于天下。楚亦不能独守，曾圈去以上二十七字。臣请西索救于秦。"

景鲤出，慎子入，王以三大夫计告慎子曰："子良见寡人曰：不可不与也，与而复攻之。常见寡人曰：不可与也，常请守之。鲤见寡人曰：不可与也，虽然，楚不能独守也，臣请索救于秦。寡人谁用于三子之计？"慎子对曰："王皆用之。"王怫然作色曰："何谓也？"慎子曰："臣请效其说，而王且见其诚然也。王发上柱国子良车五十乘，而北献地五百里于齐。发子良之明日，遣昭常为大司马，令往守东地。遣昭常之明日，遣景鲤车五十乘，西索救于秦。"王曰："善。"

乃遣子良北献地于齐。遣子良之明日，立昭常为大司马，使守东地。又遣景鲤西索救于秦。

子良至齐，齐使人以甲受东地。昭常应齐使曰："我典主东地，且与死生。悉五尺至六十，三十余万弊甲钝兵，愿承下尘。"齐王谓子良曰："大夫来献地，今常守之，何如？"子良曰："臣身受命弊邑之王，是常矫也。王攻之。"齐王大兴兵，攻东地，伐昭常。未涉疆，秦以五十万临齐右壤，曰："夫隘楚太子弗出，不仁；又欲夺之东地五百里，不义。其缩甲则可，不然，则愿待战。"

齐王恐焉。乃请子良南道楚，西使秦，解齐患。士卒不用，东地复全。

15.9　女阿谓苏子

女阿谓苏子曰："秦栖栖，别本作西。楚王、危太子者，公也。今楚王归，太子南，公必危。公不如令人谓太子曰：苏子知太子之怨己也，必且务不利太子。太子不如善苏子，苏子必且为太子入矣。"苏子乃令人谓太子，太子复请善于苏子。

战国策卷第十五

卷十六

楚三

16.1　苏子谓楚王曰

　　苏子谓楚王曰："仁人之于民也，爱之以心，事之以善言。孝子之于亲也，爱之以心，事之以财。忠臣之于君也，必进贤人以辅之。今王之大臣父兄，好伤贤以为资，厚赋敛诸臣❶百姓，使王见疾于民，非忠臣也。大臣播王之过于百姓，多赂诸侯以王之地，是故退王之所爱，亦非忠臣也。是以国危。臣愿无听群臣之相恶也，慎大臣父兄，用民之所善，节身之嗜欲，以❷百姓。人臣莫难于无妒而进贤。为主死易，垂沙之事，死者以千数。为主辱易，自令尹以下，事王者以千数。至于无妒而进贤，未见一人也。故明主之察其臣也，必知其无妒而进贤也。贤❸之事其主也，亦必无妒而进贤。夫进贤之难者，贤者用且使己废，贵且使己贱，故人难之。"

---

❶ "臣"，钟凤年以为后人误补，范本以为"目"字之讹。
❷ "以"，鲍本下补"与"字。
❸ "贤"，鲍本、吴本下有"臣"字。

16.2　苏秦之楚三日乃得见

苏秦之楚，三日❶乃得见乎王。谈卒，辞而行。楚王曰："寡人闻先生，若闻古人。今先生乃不远千里而临寡人，曾不肯留，愿闻其说。"对曰："楚国之食贵于玉，薪贵于桂，谒者难得见如鬼，王难得见如天帝。今令臣食玉炊桂，因鬼见帝❷。"王曰："先生就舍，寡人闻命矣。"

16.3　楚王逐张仪于魏

楚王逐张仪于魏。陈轸曰："王何逐张子？"曰："为臣不忠不信。"曰："不忠，王无以为臣；不信，王勿与为约。且魏臣不忠不信，于王何伤？忠且信，于王何益？逐而听则可；若不听，是王令❸困也。且使万乘之国免其相，是城下之事也。"

---

❶ "三日"，王念孙以为当作"三月"。
❷ "因鬼见帝"，王念孙以为下当有"其可得乎"四字。
❸ "令"，鲍本、吴本作"今"。

16.4　张仪之楚贫

张仪之楚，贫。舍人怒而归❶。张仪曰："子必以衣冠之敝，故欲归。子待我为子见楚王。"当是之时，南后、郑袖贵于楚。

张子见楚王，楚王不说。张子曰："王无所用臣，臣请北见晋君。"楚王曰："诺。"张子曰："王无求于晋国乎？"王曰："黄金、珠玑、犀象出于楚，寡人无求于晋国。"张子曰："王徒不好色耳？"王曰："何也？"张子曰："彼郑、周之女，粉白墨黑，别本作黛黑。立于衢闾，非知而见之者以为神。"楚王曰："楚，僻陋之国也，未尝见中国之女如此其美也。寡人之独何为不好色也？"乃资之以珠玉。南后、郑袖闻之大恐，令人谓张子曰："妾闻将军之晋国，偶有金千斤，进之左右，以供刍秣。"郑袖亦以金五百斤。

张子辞楚王曰："天下关闭不通，未知见日也，愿王赐之觞。"王曰："诺。"乃觞之。张子中饮，再拜而请曰："非有他人于此也，愿王召所便习而觞之。"王曰："诺。"乃召南后、郑袖而觞之。张子再拜而请曰："仪有死罪于大王。"王曰："何也？"曰："仪行天下遍矣，未尝见人如此其美也。而仪言得美人，是

---

❶　"归"，鲍本、吴本上有"欲"字。

欺王也。"王曰："子释之。吾固以为天下莫若是两人也。"

16.5 楚王令昭雎之秦

楚王令昭雎之秦,重张仪。未至,惠王死。武王逐张仪,楚王因收昭雎以取齐。桓臧为雎谓楚王曰："横亲之不合也,仪贵惠王而善雎也。今惠王死,武王立,仪走,公孙郝、甘茂贵。甘茂善魏,公孙郝善韩。二人固不善雎也,必以秦合韩、魏。韩、魏之重仪,仪有秦而雎以楚重之。今仪困秦而雎收楚,韩、魏欲得秦,必善二人者。一本有两二人字。将收韩、魏轻仪而伐楚,方城必危。王不如复雎,而重仪于韩、魏。仪据楚势,挟魏重,以与秦争。魏不合秦,韩韩,三同。旧作王。亦不从,则方城无患。"

16.6 张仪逐惠施于魏

张仪逐惠施于魏。惠子之楚,楚王受之。冯郝谓楚王曰："逐惠子者,张仪也。而王亲与约,是欺仪也,臣为王弗取也。惠子为仪者来,而恶王之交于张仪,惠子必弗行也。且宋王之贤惠子也,天下莫不闻也。今之不善张仪也,天下莫不知也。今为事之故,弃所贵于仇人,臣以

255

为大王轻矣。且为事耶？王不如举❶惠子而纳之于宋，而谓张仪曰：请为子勿纳也。仪必德王。而惠子穷人而王奉之，又必德王。此不失为仪之实，而可以德惠子。"楚王曰："善。"乃奉惠子而纳之宋。

16.7 五国伐秦魏欲和

五国伐秦。魏欲和，使惠施之楚。楚将入之秦而使行和。杜赫谓昭阳曰："凡为伐秦者，楚也。今施以魏来，而公入之秦，是明楚之伐而信魏之和也。公不如无听惠施，而阴使人以请听_{听，刘作德。}秦。"昭子曰："善。"因谓惠施曰："凡为攻秦者，魏也。今子从楚为和，楚得其利，魏受其怨。子归，吾将使人因魏而和。"惠子反，魏王不说。杜赫谓昭阳曰："魏为子先战，折兵之半，谒病不听，请和不得，魏折而入齐、秦，子何以救之？东有越累，北无晋，而交未定于齐、秦，是楚孤也。不如速和。"昭子曰："善。"因令人谒和于魏。

---

❶ "举"，横田本、金正炜疑当作"奉"。

16.8　陈轸告楚之魏

　　陈轸告❶楚之魏。张仪恶之于魏王曰："轸犹善楚，为求地甚力。"左爽❷谓陈轸曰："仪善于魏王，魏王甚信之，公虽百说之，犹不听也。公不如以仪之言为资，而得复楚。"陈轸曰："善。"因使人以仪之言闻于楚。楚王喜，欲 刘作果欲。 复之。

16.9　秦伐宜阳楚王谓陈轸

　　秦伐宜阳。楚王谓陈轸曰："寡人闻韩侈巧士也，习诸侯事，殆能自免也。为其必免，吾欲先据之以加德焉。"陈轸对曰："舍之，王勿据也。以韩侈之知，于此困矣。今山泽之兽，无黠于麋。麋知猎者张罔，前而驱己也，因还走而冒人，至数。猎者知其诈，伪举罔而进之，麋因得矣。今诸侯明知此多诈，伪举罔而进者必众矣。舍之，王勿据也。韩侈之知，于此困矣。"楚王听之，宜阳果拔。陈轸先知之也。

---

❶ "告"，鲍本改作"去"。
❷ "左爽"，《魏策一·张仪恶陈轸于魏》作"左华"。

16.10　唐且见春申君

　　唐且见春申君曰："齐人饰身修行得为益，然臣羞而不学也。不避绝江河，行千余里来，窃慕大君之义，而善君之业。臣闻之，贲、诸怀锥刃而天下为勇，西施衣褐而天下称美。今君相万乘之楚，御中国之难，所欲者不成，所求者不得，臣等少也。夫枭棋一无棋字。之所以能为者，以散棋佐之也。夫一枭之不如刘无不如二字。不胜五散，亦明矣。今君何不为天下枭，而令臣等为散乎？"

　　战国策卷第十六

卷十七

楚四

17.1 或谓楚王曰

或谓楚王曰："臣闻从者欲合天下以朝大王，臣愿大王听之也。夫因诎为信，旧❶患有成，勇者义之。摄祸为福，裁少为多，知者官之。夫报报之反，墨墨之化，唯大君能之。祸与福相贯，生与亡为邻，不偏于死，不偏于生，不足以载载，一作戴。大名。无所寇艾，不足以横世。夫秦捐德绝命之日久矣，而天下不知。今夫横人嗫口利机，上干主心，下牟百姓，公举而私取利，是以国权轻于鸿毛，而积祸重于丘山。"

17.2 魏王遗楚王美人

魏王遗楚王美人，楚王说之。夫人郑袖知王之说新人也，甚爱新人。衣服玩好，择其所喜而为之，宫室卧具，择其所善善，一作喜。而为之。爱之甚于王。王曰："妇

---

❶ "旧"，鲍本、吴本作"奋"。

人所以事夫者色也，而妒者其情也。今郑袖知寡人之说新人也，其爱之甚于寡人，此孝子之所以事亲，忠臣之所以事君也。"

郑袖知王以己为不妒也，因谓新人曰："王爱子美矣。虽然，恶子之鼻。子为见王，则必掩子鼻。"新人见王，因掩其鼻。王谓郑袖曰："夫新人见寡人，则掩其鼻，何也？"郑袖曰："妾知也。"王曰："虽恶必言之。"郑袖曰："其似恶闻君王之臭也。"王曰："悍哉！"令劓之，无使逆命。

17.3　楚王后死未立后

楚王后死，未立后也。谓昭鱼曰："公何以不请立后也？"昭鱼曰："王不听，是知困而交绝于后也。""然则不买❶五双珥，令其一善，而献之王，明日视善珥所在，因请立之。"

17.4　庄辛谓楚襄王

庄辛谓楚襄王《荀子》：庄辛谓楚庄王。曰："君王左州侯，右夏侯，辇从鄢陵君与寿陵君，专淫逸侈靡，不

---

❶ "不买"，吴本："上宜有何字。"

顾国政，郢都必危矣。"襄王曰："先生老悖乎？将以为楚国祅祥乎？"庄辛曰："臣诚见其必然者也，非敢以为国祅祥也。君王卒幸四子者不衰，楚必亡矣。臣请辟于赵，淹留以观之。"庄辛去之赵。

留五月，秦果举鄢郢、巫、上蔡、陈之地，襄王流掩于城阳。于是使人发驺，征庄辛于赵。庄辛曰："诺。"

庄辛至，襄王曰："寡人不能用先生之言，今事至于此，为之奈何？"庄辛对曰："臣闻鄙语曰：见菟而顾犬，未为晚也；亡羊而补牢，未为迟也。臣闻昔汤武以百里昌，桀纣以天下亡。今楚国虽小，绝长续短，犹以数千里，岂特百里哉？王独不见夫蜻蛉乎？六足四翼，飞翔乎天地之间，俯啄蚊虻而食之，仰承甘露而饮之，自以为无患，与人无争也。不知夫五尺童子，方将调铅❶胶丝，加己乎四仞之上，而下为蝼蚁食也。蜻蛉其小者也，黄雀因是以。俯噣白粒，仰栖茂树，鼓翅奋翼，自以为无患，与人无争也。不知夫公子王孙，左挟弹，右摄丸，将加己乎十仞之上，以其类❷为招。昼游乎茂树，夕调乎酸醎，倏忽之间，坠于公子之手。三同。集无以上十字。曾本云：一本有此十字。夫雀一本夫黄雀。其小者也，黄鹄因是以。游于江海，淹乎大沼，俯噣鳝鲤，仰啮蓤衡，奋其六翮而凌清风，飘摇乎高翔，自以为无患，与人无争也。不知夫射者，方将

❶ "铅"，鲍本改作"饴"。
❷ "类"，吴本、黄丕烈和王念孙以为当作"颈"。

262

修其荈卢，治其矰缴，将加己乎百仞之上。彼❶磻礴，<small>续：礴，补左、补何二切。以石维缴也。</small>引微缴，折清风而拕矣。故昼游乎<small>集一无乎字</small>江河，夕调乎<small>集一无乎字</small>鼎鼐。夫黄鹄其小者也，蔡圣侯之事因是以。南游乎高陂，北陵乎巫山，饮茹溪流，<small>续：《后语》饭茹溪之疏。注云：茹溪，巫山之溪。</small>食湘波之鱼，左抱幼妾，右拥嬖女，与之驰骋乎高蔡之中，而不以国家为事。不知夫子发方受命乎宣王，系己以<small>三同，无以字。</small>朱丝而见之也。蔡圣侯之事其小者也，君王之事因是以。左州侯，右夏侯，辈❷<small>一无此辈字。</small>从鄢陵君与寿陵君，饭封禄之粟，而戴方府之金，与之驰骋乎云梦之中，而不以天下国家为事。不知夫穰侯方受命乎秦王，填黾塞之内，而投己乎黾塞之外。"襄王闻之，颜色变作，身体战栗。

于是乃以<small>一本无以字。</small>执珪而授之，为<small>曾为上有封之二字。</small>阳陵君，与淮北之地也。

17.5 齐明说卓滑

齐明说卓滑以伐秦，滑不听也。齐明谓卓滑曰："明之来也，为樗里疾卜交也。明说楚大夫以伐秦，皆受明

---

❶ "彼"，鲍本、吴本作"被"。
❷ "辈"，鲍本、吴本作"辇"。

之说也，唯公弗受也，臣有辞以报樗里子矣。"卓滑因重之。

17.6　或谓黄齐

或谓黄齐曰："人皆以谓公不善于富挚。公不闻老莱子之教孔子事君乎？示之其齿一本下有曰齿二字。之坚也，六十而尽相靡也。今富挚能，而公重不相善也，是两尽也。谚曰：见君之乘，下之。见杖，起❶之。今也王爱富挚，而公不善也，是不臣也。"

17.7　长沙之难

长沙之难，楚太子横为质于齐。楚王死，薛公归太子横，因与韩、魏之兵随而攻东国。太子惧，昭盖曰："不若令屈署以新东国为和于齐，以动秦。秦恐齐之败东国而令行于天下也，必将救我。"太子曰："善。"遽令屈署以东国为和于齐。秦王闻之惧，令辛❷戎告楚曰："毋与齐东国，吾与子出兵矣。"

---

❶ "起"，范本改作"趋"。
❷ "辛"，鲍本改作"芈"。

17.8　有献不死之药

　　有献不死之药于荆王者，谒者操以入。中射之士问曰："可食乎？"曰："可。"因夺而食之。王怒，使人杀中射之士。中射之士使人说王曰："臣问谒者，谒者曰可食，臣故食之。是臣无罪而罪在谒者也。且客献不死之药，臣食之，而王杀臣，是死药也。王杀无罪之臣，而明人之欺王。"王乃不杀。

17.9　客说春申君

　　客说春申君曰："汤以亳，武王以鄗，皆不过百里，以有天下。今孙子，天下贤人也，君籍之以百里势，臣窃以为不便于君。何如？"春申君曰："善。"于是使人谢孙子。孙子去之赵，赵以为上卿。续：荀子未尝为上卿。《后语》作上客，当是。

　　客又说春申君曰："昔伊尹去夏入殷，殷王而夏亡。管仲去鲁入齐，鲁弱而齐强。夫贤者之所在，其君未尝不尊，国未尝不荣也。今孙子，天下贤人也。君何辞之？"春申君又曰："善。"于是使人请孙子于赵。

　　孙子为书谢曰："疠人怜王，续：《韩非子》：谚曰：疠怜王。此不恭之语也。虽然，不可不审察也。此为劫弑死亡之主言也。夫人主年少而矜材，无法术以知奸，则大臣主断国❶私，以禁诛于己也，故弑贤长而立幼弱，废正適而立不义。《春秋》戒之，曰：楚王子围聘于郑，未出竟，闻王病，反问疾，遂以冠缨绞王杀之，因自立也。齐崔杼之妻美，庄公通之。崔杼帅其君❷党而攻庄公。请与❸分国，崔杼不许；欲自刃于庙，崔杼不许。庄公走出，窬于外墙，射中其股，遂杀之，而立其弟景公。近代所见，李兑用赵，饿主父于沙丘，百日而杀之。淖齿用齐，擢闵王之筋，县于其庙梁，宿夕而死。夫疠虽痈肿胞疾，上比前世，未至绞缨射股，下比近代，未至擢筋而饿死也。夫劫弑死亡之主也，心之忧劳，形之困苦，必甚于疠矣。由此观之，疠虽怜王可也。"因为赋曰：续：亦见《荀子·赋篇》《韩诗外传》。"宝珍隋珠，不知佩兮。褘布祎，孙作杂。与丝，不知异兮。间姝子奢，莫知媒兮。嫫母求之，又甚喜之兮。以瞽为明，以聋为聪。以是为非，以吉为凶。呜呼上天，曷惟其同？《诗》曰：上天甚神，无自瘵也。"

17.10　天下合从

天下合合，曾作舍。从。赵使魏加见楚春申君曰：

---

❶ "国"，金正炜以为当作"图"。

❷ "君"，金正炜以为当作"群"。

❸ "请与"，鲍本、吴本上重"庄公"二字。

"君有将乎？"曰："有矣，仆欲将临武君。"魏加曰："臣少之时好射，臣愿以射譬之，可乎？"春申君曰："可。"加曰："异日者，更羸❶与魏王处京台之下，仰见飞鸟。更羸谓魏王曰：臣为王引弓虚发而下鸟。魏王曰：然则射可至此乎？更羸曰：可。有间，雁从东方来，更羸以虚发而下之。魏王曰：然则射可至此乎！更羸曰：此孽也。王曰：先生何以知之？对曰：其飞徐而鸣悲。飞徐者，故疮痛也；鸣悲者，久失群也。故疮未息，而惊心未至❷也。闻弦音，引而高飞，故疮陨也。今临武君尝为秦孽，不可为拒秦之将也。"

17.11　汗明见春申君

汗明见春申君，候问一作候间。三月而后得见。谈卒，春申君大说之。汗明欲复谈，春申君曰："仆已知先生，先生大❸息矣。"汗明愧慨，刘作慨。焉，曰："明愿有问君而恐，固不审君之圣孰与尧也？"春申君曰："先生过矣，臣何足以当尧？"汗明曰："然则君料臣孰与舜？"春申君曰："先生即舜也。"汗明曰："不然，臣请为君终言之。君之贤实不如尧，臣之能不及舜。夫以

---

❶　"羸"，何本、范本以为当作"赢"。

❷　"未至"，鲍本、吴本作"未去"。吴本："一本未忘。"

❸　"大"，王念孙以为衍文。

贤舜事圣尧，三年而后乃相知也。今君一时**❶**而知臣，是君圣于尧而臣贤于舜也。"春申君曰："善。"召门吏："为汗先生著客籍，五日一见。"

汗明曰："君亦闻骥乎？夫骥之齿至矣，服盐车而上大行。蹄申膝折，尾湛胕溃，漉汁洒地，白汗交流，中阪中，一作外。迁延，负辕不能上。续：《索隐》引《战国策》改棘作辕。伯乐遭之，下车攀而哭之，解纻衣以幂之。骥于是俯而喷，仰而鸣，声达于天，若出金石声者，何也？彼见伯乐之知己也。今仆之不肖，厄于州部，堀穴三同，堀上有陪字。穷巷，沉洿鄙俗之日久矣，君独无意湔音荐。拔仆也，使得为君高鸣屈于梁乎？"

17.12 楚考烈王无子

楚考烈王无子，春申君患之，求妇人宜子者进之，甚众，卒无子。赵人李园，持其女弟，欲进之楚王，闻其不宜子，恐又曾又作久。无宠。李园求事春申君为舍人。已而谒归，故失期。还谒，春申君问状。对曰："齐王遣使求臣女弟，与其使者饮，故失期。"春申君曰："聘入乎？"对曰："未也。"春申君曰："可得见乎？"曰："可。"于是园乃一无乃字。进其女弟，即幸于春申君。

知其一无其字。有身，园乃与其女弟谋。园女弟承间

---

❶ "时"，鲍本、吴本作"旦"。

说春申君曰："楚王之贵幸君，虽兄弟不如。今君相楚王一无王字。二十余年，而王无子，即百岁后将更立兄弟。即楚王更立，彼亦各贵其故所亲，君又安得长有宠乎？非徒然也，君用事久，多失礼于王兄弟，兄弟诚立，祸且及身，奈何一无奈字。以保相印、江东之封乎？今妾自知有身矣，而人莫知。妾之幸君未久，诚以君之重而进妾于楚王，王必幸妾。妾赖天而有男，则是君之子为王也，楚国封尽一无尽字。可得，孰与其临不测之罪乎？"春申君大然之。乃出园女弟谨舍，而言之楚王。楚王召入，幸之。遂生子男，立为太子，以李园女弟立为王后。楚王贵李园，李园用事。

李园既入其女弟为王后，子为太子，恐春申君语泄而益骄，阴养死士，欲杀春申君以灭口，续：《越绝记》：昔楚考烈王相春申君也，吏李园。园女弟环谓园曰：我闻王老无嗣，可见我于春申君。我欲假于春申君。我得见于春申君，径得幸于王矣。园曰：春申君，贵人也，千里佐，吾胡敢托言？女环曰：即不见我，汝求谒于春申君：才人告有远道客，因请归待之。彼必问汝：汝家何等远道客者？因对曰：园有女弟，闻之使，使来求之园，才人使告园也。彼必问汝：女弟何能？对曰：能鼓音，读《诗》《书》，通一经。故彼必见我。园曰：诺。明日，辞春申君：才人有远道客，请归待之。春申君果问：汝家何等远道客？对曰：园有女弟，鲁相闻之，使使来求之。春申君曰：何能？对以鼓音、读《诗》《书》、通一经。春申君曰：可得见乎？园曰：可。明日使待于离亭。园曰：诺。既归，告女弟环曰：吾辞于春申君，与我明日夕于离亭。女环曰：园宜先供待之。春申君到，园驰人呼女环到。黄昏，女环至，大纵酒，鼓琴。曲未终，春申君重言善。女环鼓琴而歌，春申君大悦，留宿。明日，女环谓春申君曰：妾闻王老无嗣，属邦于君。君外淫不顾政事，使王闻之，君上负于王，使妾兄下负于夫人，为之奈何？无泄此口，君召而戒之。春申君以告官属莫有闻淫女也，皆诺。与女环通，未终月，女环谓春申君曰：妾闻王老无嗣，今怀君子一月矣，可见妾于王。幸产子男，君即王公也，何为而佐乎？君试念之。春申君曰：诺。念之五日而道：邦中有好女，中相呼属嗣者。烈王曰：诺。即召而可之。烈王大悦，取之，十月产子男。烈王死，幽王嗣立。女环使园相春申君。相之三年，然后告园，以吴封春申君，使备东边。园曰：诺。即封春申君于吴。幽王后怀王，使张仪诈杀之。怀王子顷襄王，秦始皇帝使王剪灭之。《越绝书》又云：春申君，楚考烈王相也。烈王死，幽王立，封春申君于吴。三年，幽王征春申君为楚令尹，春申君自使其子亲为假君。治十一年，幽王征假君与春申君，并杀之。二君治吴凡十四年。而国人颇有知之者。

春申君相楚二十五年，考烈王病。朱英谓春申君曰："世有无妄之福，又有无妄之祸。今君处无妄之世，以事无妄之主，安不有无妄之人乎？"春申君曰："何谓无妄之福？"曰："君相楚二十余年矣，虽名为相国，实一本实下有如字。楚王也。五子皆相诸侯。今王疾甚，旦暮且崩，太子衰弱，疾而不起，而君相少主，因而代立当国，如伊尹、周公。王长而反政，不即遂南面称孤，因而有楚国。此所谓无妄之福也。"

春申君曰："何谓无妄之祸？"曰："李园不治国，钱、刘下有而字。王之舅也，不为兵将，而阴养死士之日久矣。楚王崩，李园必先入，据本议，制断君命，秉权而杀君以灭口。此所谓无妄之祸也。"

春申君曰："何谓无妄之人？"曰："君先仕臣为郎中，君王崩，李园先入，臣请为君剚其胸杀之。此所谓无妄之人也。"春申君曰："先生置之，勿复言已。李园，软弱人也，仆又善之，又何至此？"朱英恐，乃亡去。

后十七日，楚考烈王崩，李园果先入，置死士，止于棘门之内。春申君后入，止棘门。园死士夹刺春申君，斩其头，投之棘门外。于是使吏尽灭春申君之家。而李园女弟初幸春申君有身，而入之王，所生子者，遂立为楚幽王也。是岁，秦始皇立九年矣。嫪毐亦为乱于秦。觉，夷三族，而吕不韦废。

17.13　虞卿谓春申君

虞卿谓春申君曰："臣闻之《春秋》❶，于安思危，危则虑安。今楚王之春秋高矣，而君之封地，不可不早定也。为主君虑封者，莫如远楚。秦孝公封商君，孝公死，而后❷不免杀之。秦惠王封冉子，惠王死，而后王夺之。

---

❶ "春秋"，吴本："此二字恐因下文衍。"
❷ "后"，鲍本、吴本下补"王"字。

公孙鞅，功臣也。冉子，亲姻也。然而不免夺死者，封近故也。太公望封于齐，邵公奭封于燕，为其远王室矣。今燕之罪大而赵怒深，故君不如北兵以德赵，践乱燕以定身封，此百代之一时也。"君曰："所道攻燕，非齐则魏。魏、齐新怨楚，楚君❶虽欲攻燕，将道何❷哉？"对曰："请令魏王可。"君曰："何如？"对曰："臣请到魏，而使所以信之❸。"

乃谓魏王曰："夫楚亦强大矣，天下无敌，乃且攻燕。"魏王曰："乡也子云天下无敌，今也子云乃且攻燕者，何也？"对曰："今为马多力则有矣，若曰胜千钧则不然者，何也？夫千钧非马之任也。今谓楚强大则有矣，若越赵、魏而斗兵于燕，则岂楚之任也我？我，一作哉。非楚之任而楚为之，是敝楚也。敝楚见❹强魏也，一本敝楚见强魏也作强楚敝楚。其于王孰便也？"曾云：此下恐欠。

附：马王堆汉墓出土帛书《战国纵横家书》第248-255行"虞卿谓春申君章"❺

谓春申君曰："臣闻之：于安思危，危则虑安。今

❶ "君"，王念孙以为衍文。
❷ "道何"，王念孙以为当作"何道"，与帛书合。
❸ "使所以信之"，帛书作"便所以言之"。
❹ "见"，鲍本、吴本作"是"。
❺ 图版见裘锡圭主编《长沙马王堆汉墓简帛集成》（壹），中华书局2014年，第90页；释文见《长沙马王堆汉墓简帛集成》（叁），第254-255页。

楚王之春秋高矣，君之封地不可不早定。为君虑封，莫若远楚。秦孝王死，公孙鞅杀；惠王死，襄子杀。公孙鞅功臣也，襄子亲姻也，皆不免，封近故也。太公望封齐，召公奭封于燕，欲远王室也。今燕之罪大，赵之怒深，君不如北兵以德赵，践乱燕国，以定身封，此百世一时也。""所道攻燕，非齐则魏。齐魏新恶楚，虽欲攻燕，将何道哉？"对曰："请令魏王可。"君曰："何？"曰："臣至魏，便所以言之。"乃谓魏王曰："今谓马多力，则有。言曰胜千钧则不然者，何也？千钧非马之任也。今谓楚强大则有矣，若夫越赵、魏，关甲于燕，岂楚之任哉。非楚之任而为之，是敝楚也。敝楚，强楚，其于王孰便？"

战国策卷第十七

续：《越绝书》，《隋·经籍志》称为子贡作。今杂记秦汉事，疑后人所羼，不敢尽信。《史记》《战国策》《列女传》不载女环之名，止见于此。其画策终始，信如此，皆出于女环，尤为异也。至言烈王死后，李园相春申君，方封于吴，又立其子为假君，皆与《史记》《国策》不合。聊记于此，以广异闻。

卷十八

赵一

18.1 知伯从韩魏兵

知伯从韩、魏兵以攻赵，围晋阳而水之，城下❶不沉者三板。郗❷疵《元和姓纂》：郗，已姓，青阳氏之后，赵有郗疵。谓知伯曰："韩、魏之君必反矣。"知伯曰："何以知之？"郗疵曰："以其人事知之。夫从韩、魏之兵而攻赵，赵亡，难必及韩、魏矣。今约胜赵四本无胜赵二字。而三分其地。今城不没者三板，臼灶生蛙，人马相食，城降有日，而韩、魏之君无憙志，而有忧色，是非反如何也？"

明日，知伯以告韩、魏之君曰："郗疵言君之且反也。"韩、魏之君曰："夫胜赵而三分其地，城今且将拔矣。夫三钱、刘作二。家虽愚，不弃美利于前，背信盟之约，而为危难不可成之事，其势可见也。是疵为赵计矣，使君疑二主之心而解于攻赵也。今君听谗臣之言，而离二主之交，为君惜之。"趋而出。

---

❶ "下"，鲍本改作"之"。吴本："疑衍，或是之字。"
❷ "郗"，据注当作"郗"。下同。

郄疵谓知伯曰："君又何以疵言告韩、魏之君为？"知伯曰："子安知之？"对曰："韩、魏之君视疵端而趋疾。"郄疵知其言之不听，请使于齐，知伯遣之。韩、魏之君果反矣。

18.2　知伯帅赵韩魏

知伯帅赵、韩、魏而伐范、中行氏，灭之。休数年，使人请地于韩。韩康子欲勿与。段规谏曰："不可。夫知伯之为人也，好利而鸷复，四本只作复，刘作愎。来请地不与，必加兵于韩矣。君其与之。与之彼狃，又将请地于他国，他国不听，必乡之以兵。然则韩可以免于患难，而待事之变。"康子曰："善。"使使者致万家之邑一于知伯，知伯说。

又使人请地于魏，魏宣子欲勿与。赵葭谏曰："彼请地于韩，韩与之。请地于魏，魏弗与，则是魏内自强而外怒知伯也。然则其错兵于魏必矣！不如与之。"宣子曰："诺。"因使人致万家之邑一于知伯，知伯说。

又使人之赵，请蔡❶、皋狼之地，赵襄子弗与。知伯因阴结韩、魏，将以伐赵。赵曾、钱无下赵字。襄子召张孟谈而告之，曰："夫知伯之为人，阳亲而阴疏，三使韩、魏，而寡人弗与焉，其移兵寡人必矣。今吾安居而

---

❶ "蔡"，鲍本改作"葍"。

可？"张孟谈曰："夫董阏安于❶，简主之才臣也，世治晋阳，而尹泽循_{曾、钱皆作修。}之，其余政教犹存，君其定居晋阳。"君曰："诺。"乃使延陵王❷将车骑先之晋阳，君因从之。

至，行城郭，案府库，视仓廪。召张孟谈曰："吾城郭之完，府库足用，仓廪实矣，无矢奈何？"张孟谈曰："臣闻董子之治晋阳也，公宫之垣皆以狄蒿苫❸楚庐之，其高至丈余，君发而用之。"于是发而试之，其坚则箘簬之劲不能过也。君曰："足❹矣。吾铜少，若何？"张孟谈曰："臣闻董子之治晋阳也，公宫之室皆以炼铜为柱质，请发而用之，则有余铜矣。"君曰："善。"号令以定，备守以具。

三国之兵乘晋阳城，遂战。三月不能拔，因舒军而围之，决晋水而灌之。围晋阳三年，城中巢居而处，悬釜而炊，财食将尽，士卒病羸。襄子谓张孟谈曰："粮食匮，城力尽，士大夫病，吾不能守矣。欲以城下，何如？"张孟谈曰："臣闻之，亡不能存，危不能安，则无为贵知士❺也。君释此计，勿复言也。臣请见韩、魏之君。"襄子曰："诺。"

张孟谈于是阴见韩、魏之君曰："臣闻唇亡则齿

---

❶ "董阏安于"，王念孙以为当作"董阏于"，或"董安于"。

❷ "王"，鲍本作"君"，吴本以为当作"生"。

❸ "苫"，黄丕烈以为当作"苦"（楛）。

❹ "足"，鲍本、吴本上有"矢"字。

❺ "士"，金正炜以为衍文。

寒，今知伯帅二国之君伐赵，赵将亡矣，亡则二君为之次矣。"二君曰："我知其然。夫知伯为人也，粗中而少亲，我谋未遂而知，则其祸必至，为之奈何？"张孟谈曰："谋出二君之口，入臣之耳，人莫之知也。"二君即与张孟谈阴约三军，与之期日，夜遣入晋阳。张孟谈以报襄子，襄子再拜之。

张孟谈因朝知伯而出，遇知过<small>一云知果。</small>辕门之外。知过入见知伯曰："二主殆将有变。"君曰："何如？"对曰："臣遇张孟谈于辕门之外，其志矜，其行高。"知伯曰："不然。吾与二主约谨矣，破赵三分其地，寡人所亲之，必不欺也。子释之，勿出于口。"知过出，见二主。入说知伯曰："二主色动而意变，必背君，不如令❶杀之。"知伯曰："兵着晋阳三年矣，旦暮当拔之而飨其利，乃有他心？不可，子慎勿复言。"知过曰："不杀则遂亲之。"知伯曰："亲之奈何？"知过曰："魏宣子之谋臣曰赵葭，康子❷之谋臣曰段规，是皆能移其君之计。君其与二君约，破赵则封二子者各万家之县一，如是则二主之心可不变，而君得其所欲矣。"知伯曰："破赵而三分其地，又封二子者各万家之县一，则吾所得者少，不可。"知过见君之不用也，言之不听，出，更其姓为辅氏，遂去不见。

张孟谈闻之，入见襄子曰："臣遇知过于辕门之外，

---

❶ "令"，金正炜以为当作"今"。

❷ "康子"，鲍本、吴本上补"韩"字。

其视有疑臣之心，入见知伯，出更其姓。今暮不击，必后之矣。"襄子曰："诺。"使张孟谈见韩、魏之君曰："夜期。"杀守堤之吏，而决水灌知伯军，知伯军救水而乱，韩、魏翼而击之，襄子将卒犯其前，大败知伯军，而禽知伯。

知伯身死，国亡地分，为天下笑，此贪欲无厌也。夫不听知过，亦所以亡也。知氏尽灭，唯辅氏存焉。

18.3　张孟谈既固赵宗

张孟谈既固赵宗，广封疆，发五百❶，乃称简之涂以告襄子，曰："昔者，前国地君之御有之曰：五百之所以致天下者，约两❷主势能制臣，无令臣能制主。故贵为列侯者，不令在相位，自将军以上，不为近大夫。今臣之名显而身尊，权重而众服，臣愿捐功名去权势以离众。"襄子恨然曰："何哉？吾闻辅主者名显，功大者身尊，任国者权重，信忠在己而众服焉。此先圣之所以集国家安社稷乎！刘改作也。子何为然？"张孟谈对曰："君之所言，成功之美也；臣之所谓，持国之道也。臣观成事，闻往古，天下之美同，臣主之权均之能美，未之有也。前事之

---

❶ "百"，鲍本改作"霸"。吴本："即伯，古通。""五百"，横田本："疑当作阡陌。……广封疆，发阡陌，即《商君传》所谓开阡陌封疆也。"

❷ "两"，鲍本以为衍。吴本补曰："恐字有误。"

不忘，后事之师。君若弗图，则臣力不足。"怆然有决色。襄子去之。

卧三日，使人谓之曰："晋阳之政，臣下不使者何如？"对曰："死僇。"张孟谈❶曰："左司马见使于国家，安社稷，不避其死，以成其忠，君其行之。"君曰："子从事。"乃许之。张孟谈便厚以便名，纳地释事，以去权尊，而耕于负亲之丘。❷故曰：贤人之行，明主之政也。

耕三年，韩、魏、齐、燕❸负亲以谋赵。襄子往见张孟谈而告之曰："昔者知氏之地，赵氏分则多，十城复来。而今诸侯孰谋我，为之奈何？"张孟谈曰："君其负剑而御臣以之国，舍臣于庙，授吏大夫，臣试计之。"君曰："诺。"张孟谈乃行，其妻之楚，长子之韩，次子之魏，少子之齐。四国疑而谋败。

18.4 晋毕阳之孙❹

晋毕阳之孙豫让，始事范、中行氏而不说，去而就知伯，知伯宠之。及三晋分知氏，赵襄子最怨知伯，而将

❶ "张孟谈"，范本以为当在下"左司马"三字之下，或本是"左司马"之旁注，误衍入正文。

❷ "耕于负亲之丘"，金正炜以为当作"亲耕于肖丘"。

❸ "燕"，鲍本改作"楚"。吴本："下文有楚无燕，必有一误。"

❹ 本章原与上"张孟谈既固赵宗"章接续，今依鲍本、吴本单列一章。

其头以为饮器。豫让遁逃山中，曰："嗟乎！士为知己者死，女为悦己者容。吾其报知氏之仇❶矣。"

乃变姓名为刑人，入宫涂厕，欲以刺襄子。襄子如厕，心动，执问涂者，则豫让也。刃其扞，<small>曾本作扦。</small>曰："欲为知伯报仇！"左右欲杀之。赵襄子曰："彼义士也，吾谨避之耳。且知伯已死，无后，而其臣至为报仇，此天下之贤人也。"卒释之。

豫让又漆身为厉，灭须去眉，自刑以变其容，为乞人而往乞，其妻不识，曰："状貌不似吾夫，其音何类吾夫之甚也。"又吞炭为哑❷变其音。其友谓之口："子之道甚难而无功，谓子有志则然矣，谓子智则否。以子之才，而善事襄子，襄子必近幸子。子之得近而行所欲，此甚易而功必成。"豫让乃笑而应之曰："是为先知报后知，为故君贼新君，大乱君臣之义者无此矣。凡吾所谓为此者，以明君臣之义，非从易也。且夫委质而事人，而求弑之，是怀二心以事君也。吾所为难，亦将以愧天下后世人臣怀二心者。"

居顷之，襄子当出，豫让伏所当过桥下。襄子至桥而马惊。襄子曰："此必豫让也。"使人问之，果豫让。于是赵襄子面数豫让曰："子不尝事范、中行氏乎？知伯灭范、中行氏，而子不为报仇，反委质事知伯。知伯已死，子独何为报仇之深也？"豫让曰："臣事范、中行氏，

❶ "之仇"，王念孙以为衍文。
❷ "为哑"，王念孙以为衍文。

范、中行氏以众人遇臣，臣故众人报之。知伯以国士遇臣，臣故国士报之。"襄子乃喟然叹，泣曰："嗟乎，豫子！豫刘去豫字。子之为知伯，名既成矣，寡人舍子，亦以足矣。子自为计，寡人不舍子。"使兵环之。豫让曰："臣闻明主不掩人之义，忠臣不爱死以成名。君前已宽舍臣，天下莫不称君之贤。今日之事，臣故伏诛，然愿请君之衣而击之，虽死不恨。非所望也，敢布腹心。"于是襄子义之，乃使使者持衣与豫让。豫让拔剑三跃，呼天击之，钱无呼天二字，刘作呼天而击之。曰："而可以报知伯矣。"遂伏剑而死。死之日，赵国之士闻之，皆为涕泣。

续云：司马贞引《战国策》：衣尽血，襄子回车之轮，未周而亡。此不言衣出血者，太史公恐涉怪妄，故略之耳。今本无此，乃后人所删。《说苑》：襄子自置车库中，水浆不入口三日，以礼豫让。

18.5 魏文侯借道

魏文侯借道于赵攻中山。赵侯将不许。赵利曰："过矣。魏攻中山而不能取，则魏必罢，罢则赵重。魏拔中山，必不能越赵而有中山矣。是用兵者，魏也，而得地者，赵也。君不如许之，许之大劝，彼将知矣❶刘无矣字。利之也，必辍。君不如借之道，而示之不得已。"

---

❶ "矣"，鲍本作"赵"。

18.6　秦韩围梁燕赵救

　　秦、韩围梁，燕、赵救之。谓山阳君曰："秦战而胜三国，秦必过周、韩而有梁。三国而胜秦，三国之力，虽不足以攻秦，足以拔郑。计者，不如构三国攻秦。"

18.7　腹击为室

　　腹击为室而巨，荆敢言之。主谓腹子曰："何故为室之巨也？"腹击曰："臣，羁旅也，爵高而禄轻，宫室小而帑不众。主虽信臣，百姓皆曰：国有大事，击必不为用。今击之巨宫，曾改作室。将以取信于百姓也。"主君曰："善。"

18.8　苏秦说李兑

　　苏秦说李兑曰："雒阳《元和姓纂》：洛阳苏秦之后今无闻。乘轩车❶苏秦家贫亲老，无罢车驽马，桑轮蓬箧

---

　　❶ "乘轩车"，吴本："一本乘轩里。既曰乘轩车，而下又云无罢车驽马，则此作里字为是。《河南志》：洛阳城东御道北孝义里西北隅有苏秦冢。"

嬴❶媵，负书担橐，触尘埃，蒙霜露，越漳、河，足重茧，日百而舍，造外阙，愿见于前，口道天下之事。"李兑曰："先生以鬼之言见我则可。若以人之事，兑尽知之矣。"苏秦对曰："臣固以鬼之言见君，非以人之言也。"李兑见之。

苏秦曰："今日臣之来也暮，后郭门，藉席无所得，寄宿人田中，傍有大丛。夜半，土梗与木梗斗曰：汝不如我，我者曾去者字。乃土也。使我逢疾风淋雨，坏沮，乃复归土。今汝非木之根，则木之枝耳。汝逢疾风淋雨，漂入漳、河，东流至海，泛滥无所止。臣窃以为土梗胜也。今君杀主父而族之，君之立于天下，危于累卵。君听臣计则生，不听臣计则死。"李兑曰："先生就舍，明日复来见兑也。"苏秦出。

李兑舍人谓李兑曰："臣窃观君与苏公谈也，其辩过君，其博过君，君能听苏公之计乎？"李兑曰："不能。"舍人曰："君即不能，愿君坚塞两耳，无听其谈也。"明日复见，终日谈而去。

舍人出送苏君，苏秦谓舍人曰："昨日我谈粗而君动，今日精而君不动，何也？"舍人曰："先生之计大而规高，吾君不能用也。乃我请君塞两耳，无听谈者。虽然，先生明日复来，吾请资先生厚用。"

明日来，抵掌而谈。李兑送苏秦明月之珠、和氏之璧、黑貂之裘、黄金百镒。苏秦得以为用，西入于秦。

---

❶ "嬴"，鲍本改作"嬴"。

18.9　赵收天下且以伐齐

赵收天下，且以伐齐。苏秦为齐上书说赵王曰："臣闻古之贤君，德行非施于海内也，教顺慈爱非布于万民也，祭祀时享非当于鬼神也。甘露降，风雨时至，农夫登，年谷丰盈，众人喜之，而贤主恶之。今足下功力，非数痛加于秦国，而怨毒积恶，非曾深凌于韩❶也。曾本：非素深于韩、齐也。臣窃外闻大臣及下史之议，皆言主前专据，以秦为爱赵❷而憎韩❸。臣窃以事观之，秦岂得爱赵❹而憎韩❺哉？欲亡韩，吞两周之地，故以韩❻为饵，先出声于天下，欲邻国闻而观之也。恐其事不成，故出兵以佯示❼赵、魏。恐天下之惊觉，故微韩❽以贰之。恐天下疑己，故出质以为信。声德于与国，而实伐空❾韩。臣窃观其图之也，议秦以谋，计必出于是。且夫说士之计皆

---

❶ "韩"，据帛书和《史记·赵世家》，当作"齐"。
❷ "爱赵"，帛书作"忧赵"。
❸ "韩"，据帛书和《史记·赵世家》，当作"齐"。
❹ "爱赵"，帛书作"忧赵"。
❺ "韩"，据帛书和《史记·赵世家》，当作"齐"。
❻ "韩"，据帛书和《史记·赵世家》，当作"齐"。
❼ "佯示"，帛书作"劫勒"。
❽ "微韩"，据《史记·赵世家》，当作"征韩"。
❾ "空"，帛书作"郑"。

曰：韩亡三川，魏灭❶晋国，恃韩未穷❷，而祸及于赵。且物固有势异而患同者，又有势同而患异者。昔者楚人久伐而中山亡。今燕尽韩❸之河南，距沙丘，而至巨鹿之界三百里，距于扞关，至于榆中千五百里。秦尽韩、魏之上党，则地与国都邦属而壤挈者七百里。秦以三军强弩坐羊唐之上，即地去邯郸二十里。且秦以三军攻王之上党而危其北，则句注之西，非王之有也。今鲁❹句注，禁常山而守，三百里通于燕之唐、曲吾❺，此代马胡驹❻不东，而昆山之玉不出也。此三宝者，又非王之有也。今从于强秦国之伐齐，臣恐其祸出于是矣。昔者，五国之王尝合横而谋伐赵，参分赵国壤地，著之盘盂，属之雠柞。五国之兵❼有日矣，韩❽乃西师以禁秦国，使秦发令素服而听，反温、枳、一作根柔。高平于魏，反三公、什清续云：《史记》改三公、什清作坙分、先俞。于赵，此王之明知也。夫韩❾事赵，宜正为上交，今乃以抵罪取伐，臣恐其后事王者之不敢自必也。今王收❿，天下必以王为得。

---

❶ "灭"，据帛书和《史记·赵世家》，当作"亡"。
❷ "恃韩未穷"，帛书作"市○○朝未罢"。
❸ "韩"，据帛书和《史记·赵世家》，当作"齐"。
❹ "鲁"，据帛书，当作"增"。
❺ "曲吾"，吴本以为当作"曲逆"，与帛书合。
❻ "胡驹"，帛书作"胡狗"。
❼ "兵"，据帛书和《史记·赵世家》，下当有"出"字。
❽ "韩"，鲍本改作"齐"，与帛书合。
❾ "韩"，鲍本改作"齐"，与帛书合。
❿ "收"，鲍本、吴本下补"齐"字，与帛书合。

韓❶危曾作抱。社稷以事王，天下必重王。然则韓❷义，王以天下就之，下至韓慕❸，王以天下收之，是一世之命，制于王已。臣愿大王深与左右群臣卒计而重谋，先事成虑而熟图之也。"此段与《史记》文多不同，盖讹谬，当用《史记》全篇观之。

　　附：马王堆汉墓出土帛书《战国纵横家书》第223–236行"苏秦献书赵王章"❹

　　献书赵王：臣闻甘露降，时雨至，禾谷丰盈，众人喜之，贤君恶之。今足下功力非数加于秦也，怨毒积怒，非深于齐，下吏皆以秦为忧赵而憎齐。臣窃以事观之，秦岂忧赵而憎齐哉。欲以亡韩、吞两周，故以齐饵天下。恐事之不〇成，故出兵以劫勒赵、魏。恐天下之疑己，故出质以为信。声德与国，实伐郑韩。臣以秦之计必出于此。且说士之计皆曰："韩亡三川，魏亡晋国，市〇〇朝未罢祸及于赵。"且物固有势异而患同者。昔者，楚久伐，中山亡。今燕尽齐之河南，距沙丘、巨鹿之围三百里。距麑关，北至于榆中者千五百里。秦尽韩、魏之上党，则地与王布属壤界者七百里。秦以强弩坐羊肠之道，即地去邯郸百廿里。秦以三军攻

---

❶ "韩"，据帛书和《史记·赵世家》，当作"齐"。

❷ "韩"，鲍本改作"齐"，与帛书合。

❸ "韩慕"，帛书作"齐逆"。

❹ 图版见裘锡圭主编《长沙马王堆汉墓简帛集成》（壹），第89-90页；释文见《长沙马王堆汉墓简帛集成》（叁），第248页。

王之上党而包其北，则注之西，非王之有也。今增注、苼恒山而守三百里，过燕阳、曲逆，此○代马、胡狗不东，昆山之玉不出，此三宝者，或非王之有也，今从强秦久伐齐，臣恐其祸出于此也。且五国之主○尝合横谋伐赵，疏○分赵壤，箸之盘盂，属之祝诅。五国之○，兵出有日矣。齐乃西师以禁强秦。使秦废令，疏服而听，返温、轵、高平于魏，返王公、符逾于赵，此天下所明知也。夫齐之事赵，宜正为上交，乃以抵罪取伐，臣恐后事王者不敢自必也。今王收齐，天下必以王为义矣。齐抱社稷事王，天下必重王。然则齐义，王以天下就之；齐逆，王以天下□之。是一世之命制于王也。臣愿王与下吏详计某言而笃虑之也。

18.10　齐攻宋奉阳君不欲

齐攻宋，奉阳君不欲。客谓奉阳君曰："君之春秋高矣，而封地不定，不可不熟图也。秦之贪，韩、魏危，卫、楚正❶，中山之地薄，宋罪重，齐怒深，残伐乱宋，定身封，德强齐，此百代之一时也。"

---

❶ "卫楚正"，鲍本改作"燕楚僻"。

18.11　秦王谓公子他

　　秦王谓公子他曰："昔岁殽下之事，韩为中军，以与诸侯攻秦。韩与秦接境壤界，其地不能千里，展转不可约。日者秦、楚战于蓝田，韩出锐师以佐秦，秦战不利，因转与楚，不固信盟，唯便是从。韩之在我，心腹之疾。吾将伐之，何如？"公子他曰："王出兵韩，韩必惧，惧则可以不战而深取割。"王曰："善。"乃起兵，一军临荥阳，一军临太行。

　　韩恐，使阳城君入谢于秦，请效上党之地以为和。令韩阳告上党之守靳黈曰："秦起二军以临韩，韩不能有❶。今王令韩兴兵以上党入和于秦，使阳言之太守，太守其效之。"靳黈曰："人有言：挈瓶之知，不失守器。王则有令，而臣太守，虽王与子亦其猜焉。臣请悉发守以应秦，若不能卒，则死之。"韩阳趋以报王，王曰："吾始已诺于应侯矣，今不与，是欺之也。"乃使冯亭代靳黈。

　　冯亭守三十日，阴使人请赵王曰："韩不能守上党，且以与秦，其民皆不欲为秦，而愿为赵。今有城市之邑

---

❶ "有"，鲍本、吴本作"支"。

七十❶，愿拜内之于王，唯王才之。"赵王喜，召平原❷君而告之曰："韩不能守上党，且以与秦，其吏民不欲为秦，而皆愿为赵。今冯亭令使者以与寡人，何如？"赵豹对曰："臣闻圣人甚祸无故之利。"王曰："人怀吾义，何谓无故乎？"对曰："秦蚕食韩氏之地，中绝不令相通，故自以为坐受上党也。且夫韩之所以内赵者，欲嫁其祸也。秦被其劳，而赵受其利，虽强大不能得之于小弱，而小弱顾能得之强大乎？今王取之，可谓有故乎？且秦以牛田，钱、刘作甲。水通粮，其死士皆列之于上地，令严政行，不可与战。王自❸图之！"王大怒曰："夫用百万之众攻战，三本同作齐。逾年历岁，未见一城也。今不用兵而得城七十，何故不为？"赵豹出。

王召赵胜、赵禹而告之曰："韩不能守上党，今其守以与寡人，有城市之邑七十。"二人对曰："用兵逾年，未见一城，今坐而得城，此大利也。"乃使赵胜往受地。赵胜至，曰："敝邑之王使使者臣胜，太守有诏，使臣胜谓曰：请以三万户之都封太守，千户封县令，诸吏皆益爵三级，民能相集者，赐家六金。"冯亭垂涕而勉曰："是吾处三不义也：为主守地而不能死，而以与人，不义一也。主内之秦，不顺主命，不义二也。卖主之地而食之，不义三也。"辞封而入韩，谓韩王曰："赵闻韩不能守上

❶ "七十"，王念孙以为当作"十七"。下同。
❷ "原"，鲍本改作"阳"。
❸ "自"，金正炜以为当作"其"。

党，今发兵已取之矣。"韩告秦曰："赵起兵取上党。"秦王怒，令公孙起、王龁以兵遇赵于长平。

18.12　苏秦为赵王使于秦

苏秦为赵王使于秦，反，三日不得见。谓赵王曰："秦乃者过柱山，有两木焉。一盖呼侣，一盖哭。问其故，一本秦问其故。对曰：吾已大矣，年已长矣，吾苦夫匠人且以绳墨案规矩刻镂我。一盖曰：此非吾所苦也，是故吾事也。吾所苦夫铁钻然，自入而出夫人者。今臣使于秦，而三日不见，无有谓集、钱、刘作为。臣为铁钻者乎？"

18.13　甘茂为秦约魏

甘茂为秦约魏以攻韩宜阳，又北之赵。冷向谓强国曰："不如令赵拘甘茂勿出，以与齐、韩、秦市。齐王欲求救宜阳，必效县狐氏。韩欲有❶宜阳，必以路涉、端氏赂赵。秦王欲得宜阳，不爱名宝，且拘茂也，且以置公孙赫、樗里疾。"

---

❶ "有"，鲍本、吴本作"存"。

18.14　谓皮相国

　　谓皮相国曰："以赵之弱，而据之建信君、涉孟之仇，然者何也？以从为有功也。齐不从，建信君知从之无功。建信者一作君。安能以无功恶秦哉？不能以无功恶秦，则且出兵助秦攻魏，以楚、赵❶分齐，则是强毕矣。建信、春申，从则无功而恶秦。秦分齐齐亡魏❷，则有功而善秦。故两君者，奚择有功之无功为知哉？"

18.15　或谓皮相国

　　或谓皮相国曰："魏杀吕辽而卫兵，亡其北一作比。阳而梁危，河间封不定而齐❸危，文信不得志，三晋倍之，忧也。今魏耻未灭，赵患又起，文信侯之忧大矣。齐不从，三晋之心疑矣。忧大者不计而构，心疑者事秦急。秦、魏之构，不待割而成。秦从楚、魏攻齐，独吞赵，齐、赵必俱亡矣。"

---

❶ "赵"，金正炜以为衍文，范本以为当在下文"是"字下。
❷ "秦分齐齐亡魏"，吴本："当是分齐亡魏，而衍秦、齐二字。"
❸ "齐"，鲍本改作"赵"。

18.16　赵王封孟尝君以武城

赵王封孟尝君以武城。孟尝君择舍人以为武城吏而遣之，曰："鄙语岂不曰：借车者驰之，借衣者被^{平声，叶}之哉？"^{音。}皆对曰："有之。"孟尝君曰："文甚不取也。夫所借衣车者，非亲友则兄弟也。夫驰亲友之车，被兄弟之衣，文以为不可。今赵王不知文不肖，而封之以武城，愿大夫之往也，毋伐树木，毋发屋室，訾然使赵王悟而知文也。谨使可全而归之。"

18.17　谓赵王曰三晋合

谓赵王曰："三晋合而秦弱，三晋离而秦强，此天下之所明也。秦之有燕而伐赵，有赵而伐燕，有梁而伐赵，有赵而伐梁，有楚而伐韩，有韩而伐楚，此天下之所明见也。然山东不能易其路，兵弱也。弱而不能相壹，是何楚❶之知，山东之愚也。是臣所为山东之忧也。虎将即禽，禽不知虎之即己也，而相斗两罢，而归其死于虎。故使禽知虎之即己，决不相斗矣。今山东之主不❷知秦之即

---

❶ "楚"，鲍本改作"秦"。
❷ "不"，范本以为误衍。

己也，而尚相斗两敝，而归其国于秦，知不如禽远矣。愿王熟虑之也。今事有可急者，秦之欲伐韩、梁，东窥于周室甚，惟寐亡刘本作忘。之。今南攻楚者，恶三晋之大❶合也。今攻楚休而复之，已五年矣，攘地千余里。今谓楚王：苟来举玉趾而见寡人，必与楚为兄弟之国，必为楚攻韩、梁，反楚之故地。楚王美秦之语，怒韩、梁之不救己，必入于秦。有谋故杀刘作发。使之赵，以燕饵赵，而离三晋。今王美秦之言而欲攻燕，攻燕，食未饱而祸已及矣。楚王入秦，秦、楚为一，东面而攻韩。韩南无楚，北无赵，韩不待伐，割挈马兔曾作兔。而西走。秦与韩为上交，秦祸安续云：改安作案。移续云：《荀子》：上不能好其人，下不能隆礼，安特将学杂识志，顺《诗》《书》而已耳，则末世穷年，不免为陋儒而已。注：安，语助，犹言抑也，或作案。《荀子》多用此字。《礼记·三年问》作焉。《战国策》：谓赵王曰：秦与韩为上交，秦祸按移于梁矣。秦与梁为上交，秦祸按攘于赵矣。《吕氏春秋》：吴起谓商文曰：今置质为臣，其主安主❷；释玺辞官，其主安轻。盖当时人通以安为语助，或方言耳。特，犹言直也。杂志记之，书百家之说，言既不能好其人，又不能隆礼，直学杂说，顺《诗》《书》而已，岂免为陋儒乎？言不知通变也。于梁矣。以秦之强，有楚、韩之用，梁不待伐矣，一无矣字。割挈马兔而西走。秦与梁为上交，秦祸案攘于赵矣。以强秦之有

---

❶ "大"，吴本作"相"。
❷ "主"，范本："当作重。"

韩、梁、楚，与燕之怒，割必深矣。国之举此，臣之所为来。臣故曰事有可急为者。及楚王之未入也，三晋相亲相坚，出锐师以戍韩、梁西边，楚王闻之，必不入秦，秦必怒而循攻楚，是秦祸不离楚也，便于三晋。若楚王入，秦见三晋之大合而坚也，必不出楚王，即多割，是秦祸不离楚也，有利于三晋。愿王之熟计之也。急！"赵王因起兵南戍韩、梁之西边。秦见三晋之坚也，果不出楚王印❶刘改印❷作印。而多求地。

战国策卷第十八

战国策

---

❶ "印"，鲍本、吴本以为误衍。
❷ "印"，当作"印"。

卷十九

赵二

19.1 苏秦从燕之赵

苏秦从燕之赵，始合从，说赵王曰："天下之卿相人臣，乃至布衣之士，莫不高贤大王之行义，皆愿奉教陈忠于前之日久矣。虽然，奉阳君妒，大王不得任事，是以外宾钱、刘去宾字。客游谈之士，无敢尽忠于前者。今奉阳君捐馆舍，大王乃今然后得与士民相亲，臣故敢献❶其愚，效愚❷忠。为大王计，莫若安民无事，请无庸有为也。安民之本，在于择交。择交而得则民安，择交不得则民终身不得安。请言外患。齐、秦为两敌，而民不得安。倚秦攻齐，而民不得安。倚齐攻秦，而民不得安。故夫谋人之主，伐人之国，常苦出辞断绝人之交，愿大王慎无出于口也。请屏左右。"

曰❸："言所以异，阴阳而已矣。大王诚能听臣，燕必致毡裘狗马之地，齐必致海隅鱼盐之地，楚必致橘柚云

---

❶ "献"，鲍本、吴本作"进"。

❷ "效愚"，鲍本、吴本无。

❸ "曰"，吴本作"白"，曰："《史》作请别白黑所以异，《大事记》谓当从《策》。按《索隐》引《策》作白言，尤明。"

梦之地，韩、魏皆可使致封地汤沐之邑，贵戚父兄皆可以受封侯。夫割地效实，五伯之所以覆军禽将而求也；封侯贵戚，汤武之所以放杀而争也。今大王垂拱而两有之，是臣之所以为大王愿也。大王与秦，则秦必弱韩、魏；与齐，则齐必弱楚、魏。魏弱则割河外，韩弱则效宜阳。宜阳效则上郡绝，河外割则道不通。楚弱则无援。此三策者，不可不熟计也。夫秦下轵道则南阳动，劫韩包周则赵自销铄，据卫取淇则齐必入朝。秦欲已得行 钱、刘去行字。于山东，则必举甲而向赵。秦甲涉河逾漳，据番吾，则兵必战于邯郸之下矣。此臣之所以为大王患也。当今之时，山东之建国，莫如赵强。赵地方二千里，带甲数十万，车千乘，骑万匹，粟支十年。西有常山，南有河、漳，东有清河，北有燕国。燕固弱国，不足畏也。且秦之所畏害于天下者，莫如赵。然而秦不敢举兵甲而伐赵者，何也？畏韩、魏之议其后也。然则韩、魏，赵之南蔽也。秦之攻韩、魏也，则不然，无有名山大川之限，稍稍蚕食之，傅之国都而止矣。韩、魏不能 钱、刘本无能字。支秦，必入臣。韩、魏臣❶于秦，秦无韩、魏之隔，祸中于赵矣。此臣之所以为大王患也。臣闻尧无三夫之分，舜无咫尺之地，以有天下。禹无百人之聚，以王诸侯。汤武之卒不过三千人，车不过三百乘，立❷为天子。诚得其道也。是故明主外料其 一本无其字。敌国之强弱，内度其

---

❶ "韩、魏臣"，鲍本、吴本无。

❷ "立"，鲍本、吴本作"而"。

士卒之众寡，贤与不肖，不待两军相当，而胜败存亡之机节，一本无节字。固已见于胸中矣，岂掩钱、刘作暗。于众人之言，而以冥冥决事哉！臣窃以天下地图案之。诸侯之地，五倍于秦。料诸侯之卒，十倍于秦。六国并力为一，西面而攻秦，秦破必矣。今见破于秦，一本无此四字。西面而事之，见臣于秦。夫破人之与破于人也，臣人之与臣于人也，岂可同日而言之哉！夫横人者，皆欲割诸侯之地以与秦成。与秦成，则高台❶美宫室，听竽瑟❷之音，察五味之和，前有轩辕，后有长庭，一本改庭作姣。美人巧笑，卒有秦患，而不与其忧。是故横人日夜务以秦权恐猲诸侯，以求割地。愿大王之熟计之也。臣闻明王绝疑去谗，屏流言之迹，塞朋党之门，故尊主广地强兵之计，臣得陈忠于前矣。故窃为大王计，莫如一韩、魏、齐、楚、燕、赵，六国从亲，以傧畔秦。令天下之将相，相与会于洹水之上，通质，刑白马以盟之。约曰：秦攻楚，齐、魏各出锐师以佐之，韩绝食道，赵涉河、漳，燕守常山之北。秦攻韩、魏，则楚绝其后，齐出锐师以佐之，赵涉河、漳，燕守云中。秦攻齐，则楚绝其后，韩守成皋，魏塞午道，赵涉河、漳、博关，燕出锐师以佐之。秦攻燕，则赵守常山，楚军武关，齐涉渤海，韩、魏出锐师以佐之。秦攻赵，则韩军宜阳，楚军武关，魏军河外，齐涉渤

❶ "台"，鲍本、吴本下补"榭"字。
❷ "竽瑟"，鲍本、吴本作"竽笙琴瑟"。

海❶，燕出锐师以佐之。诸侯有先背约者，五国共伐之。六国从亲以摈秦，秦必不敢出兵于函谷关以害山东矣！如是，则伯业成矣！"

赵王曰："寡人年少，莅国之日浅，未尝得闻社稷之长计。今上客有意存天下，安诸侯，寡人敬以国从。"乃封苏秦为武安君，饰车百乘，黄金千镒，白璧百双，锦绣千纯，以约诸侯。

19.2　秦攻赵苏子为谓秦

秦攻赵，苏子为一本无为字。谓秦王曰："臣闻明王之于其民也，博论而技艺之，是故官无乏事而力不困；于其言也，多听而时用之，是故事无败业而恶不章。臣愿王察臣之所谒，而效之于一时之用也。臣闻怀重宝者，不以夜行，任大功者，不以轻敌。是以贤者任重而行恭，知者功大而辞顺。故民不恶其尊，而世不妒其业。臣闻之，百倍之国者，民不乐后也。功业高世者，人主不再行也。力尽之民，仁者不用也。求得而反静，圣主之制也。功大而息民，用兵之道也。今用兵终身不休，力尽不罢，赵怒❷必于其己邑，赵仅存哉。然而四输之国也，今虽得邯郸，非国之长利也。意者，地广而不耕，民嬴而不休，又严之

---

❶　"渤海"，王念孙以为当作"清河"。
❷　"赵怒"，鲍本改作"怒赵"。

以刑罚，则虽从而不止矣。语曰：战胜而国危者，物不断也。功大而权轻者，地不入也。故过任之事，父不得于子；无已之求，君不得于臣。故微之为著者强，察乎息民之为用者伯，明乎轻之为重者王。"

秦王曰："寡人案兵息民，则天下必为从，将以逆秦。"苏子曰："臣有以知天下之不能为从以逆秦也。臣以田单、如耳为大过也。岂独田单、如耳为大过哉？天下之主亦尽过矣！夫虑收亡曾改亡作破。齐、罢楚、敝魏与不可知之赵，欲以穷秦折韩，臣以为至愚也。夫齐威、宣，世之贤主❶也，德博而地广，国富而用民，将武而兵强。宣王❷用之，后富❸韩威魏，以南伐楚，西攻秦，为齐兵困于殽塞之上，十年攘地，秦人远迹不服，而齐为虚戾。夫齐兵之所以破，韩、魏之所以仅存者，何也？是则伐楚攻秦而后受其殃也。今富非有齐威、宣之余也，精兵非有富韩劲魏之库也❹，而将非有田单、司马之虑也。收破齐、罢楚、弊魏、不可知之赵，欲以穷秦折韩，臣以为至误。臣以从一不可成也。客有难者，今臣有患于世。夫刑名之家，皆曰白马非马也已。如白马实马，乃使有白马之为也。此臣之所患也。昔者秦人下兵攻怀，服其人，三国从之。赵奢、鲍佞一作接。将，楚有四人起而从之。临

---

❶ "主"，鲍本、吴本作"王"。
❷ "宣王"，郭本疑当作"湣王"。
❸ "富"，鲍本改作"破"。吴本："字因下误，疑为逼。"
❹ "精兵非有富韩劲魏之库也"，吴曾祺："此富字亦宜从上作逼，库字疑军之误。"

怀而不救，秦人去而不从。不识三国之憎秦而爱怀邪？忘其憎怀而爱秦邪？夫攻而不救，去而不从，是以三国之兵困，而赵奢、鲍接❶之能❷也，故裂地以败于齐❸。田单将齐之良，以兵横行于中十四年，终身不敢设兵以攻秦折韩也，而驰于封内，不识从之一成恶存也。”

于是秦王解兵，不出于境，诸侯休，天下安，二十九年不相攻。

19.3　张仪为秦连横说赵

张仪为秦连横，说赵王曰：“弊邑秦王使臣敢献书于大王御史。大王收率天下以傧秦，秦兵不敢出函谷关十五年矣。大王之威，行于天下山东。弊邑恐惧慑伏，缮一作缀。甲厉兵，饰车骑，习驰射，力田积粟，守四封之内，三本同无之内字。愁居慑处，不敢动摇，唯大王有意督过之也。今秦以大王之力，西举巴、蜀，并汉中，东收两周而西迁九鼎，守白马之津。秦虽辟远，然而三本同无而字。心忿悁含怒之日久矣。今宣❹君有微❺甲钝兵，军于

❶ “接”，鲍本、吴本作“佞”。
❷ “能”，或有误。鲍本：“以不救不从为能，知秦之不可当也。”吴本：“裂地败齐，当是指五国伐齐之事，三国之不救怀，卒裂地以败齐。皆言从之不能合。”
❸ “齐”，金正炜、钟凤年以为当作“秦”。
❹ “宣”，鲍本改作“寡”。
❺ “微”，鲍本改作“敝”。吴本：“《史》作敝。”

渑池，愿渡河逾漳，据番吾，迎战邯郸之下。愿以甲子之日合战，以正殷纣之事。敬使臣先以闻于左右。凡大王之所信以为从者，恃苏秦之计，荧惑诸侯，以是为非，以非为是，欲反覆齐国而不能，自令车裂于齐之市。夫天下之不可一亦明矣。今楚与秦为昆弟之国，而韩、魏称为东蕃之臣，齐献鱼盐之地，此断赵之右臂也。夫断右臂而求与人斗，失其党而孤居，求欲无危，岂可得哉？今秦发三将军，一军塞午道，告齐使兴师度清河，军于邯郸之东。一军军于成皋，驱韩、魏而军于河外。一军军于渑池。约曰：四国为一以攻赵，破赵而四分其地。是故不敢匿意隐情，先以闻于左右。臣切为大王计，莫如与秦遇于渑池，面相见而身相结也。臣请案兵无攻，愿大王之定计。"

赵王曰："先王之时，奉阳君相，专权擅势，蔽晦先王，独制官事。寡人宫居，属于师傅，不得与国谋。先王弃群臣，寡人年少，奉祠祭之日浅，私心固窃疑焉。以为一从不事秦，非国之长利也。乃且愿变心易虑，剖地谢前过以事秦。方将约车趋行，而适闻使者之明诏。"于是乃以车三百乘入朝渑池，割河间以事秦。

19.4 武灵王平昼

武灵王平昼闲居，肥义侍坐，曰："王虑世事之变，权甲兵之用，念简、襄之迹，计胡、狄之利乎？"曾本添乎字。王曰：曾本添曰字。"嗣立不忘先德，君之道也；

错质务明主之长，臣之论也。是以贤君静而一本无而字。有道民便事之教，动有明古先世之功；为人臣者，穷有弟长辞让之节，通有补民益主之业。此两者，君臣之分也。今吾欲继襄主之业，启胡、翟之乡，而卒世不见也。敌弱者，用力少而功多，可以无尽百姓之劳，而享往古之勋。夫有高世之功者，必负遗俗之累，有独知之虑者，必被庶人之恐❶。今吾将胡服骑射以教百姓，而世必议寡人矣。"曾本改矣字作奈何二字。肥义曰："臣闻之，疑事无功，疑行无名。今王即定负遗俗之虑，殆毋顾天下之议矣。夫论至德者不和于俗，成大功者不谋于众。昔舜舞有苗，而禹袒入裸国，非以养欲而乐志也，欲以论德而要功也。愚者暗于成事，智者见于未萌，王其遂行之。"王曰："寡人非疑胡服也，吾恐天下笑之。狂夫之乐，知者哀焉；愚者之笑，贤者戚焉。世有顺我者，则胡服之功未可知也。虽殴世以笑我，胡地、中山，吾必有之。"王遂胡服。

使王孙緤告公子成曰："寡人胡服，且将以朝，亦欲叔之服之也。家听于亲，国听于君，古今之公行也。子不反亲，臣不逆主，先王之通谊也。今寡人作教易服而叔不服，吾恐天下议之也。夫制国有常，而利民为本；从政有经，而令行为上。故明德在于论贱，行政在于信贵。今胡服之意，非以养欲而乐志也。事有所出，曾本出改作止。功有所止。曾本止改作出。事成功立，然后德且见也。今

---

❶ "恐"，吴本："一本标恐，刘作怨。"

寡人恐叔逆从政之经，以辅公叔之议。且寡人闻之，事利国者行无邪，因贵戚者名不累。故寡人愿募[1]公叔之义，以成胡服之功。使緤谒之叔，请服焉。"公子成再拜曰："臣固闻王之胡服也，不佞寝疾，不能趋走，是以不先进。王今命之，臣固敢竭其愚忠。臣闻之，中国者，聪明睿知之所居也，万物财用之所聚也，贤圣之所教也，仁义之所施也，《诗》《书》《礼》《乐》之所用也，异敏技艺之所试也，远方之所观赴也，蛮夷之所义行也。今王释此而袭远方之服，变古之教，易古之道，逆人之心，畔学者，离中国，臣愿大王图之。"

使者报王。王曰："吾固闻叔之病也。"即之公叔成家，自请之曰："夫服者，所以便用也；礼者，所以便事也。是以圣人观其乡而顺宜，因其事而制礼，所以利其民而厚其国也。被三本同作祝。发文身，错臂左衽，钱、刘无错臂二字。错臂，一作拃面。孔衍作右臂。左衽，右袒其臂也。瓯一作林。越《后语》作临越。注云：临，亦百越之一名也。《战国策》作林，今俗尚称林奴。临林，今雷州左侧。之民也。黑齿雕题，鳀冠秫缝，曾作鳀冠秫缝，一作鲑冠黎绁。《史记》作却冠秫绌，注：《战国策》作秫缝，亦缝绁之别名。铢者，綦针也。古字多假借，故作秫绌耳。盖言女工针缕之粗拙也。大吴之国也。礼服不同，其便一也。是以乡异而用变，事异而礼易。是故圣人苟可以利其民，不一其用；果可以便其事，不同其礼。儒者一师而礼异，中国同

---

[1] "募"，鲍本、吴本作"慕"。

俗而教离，又况山谷之便孙作士。乎？故去就之变，知者不能一；远近之服，贤圣不能同。穷乡多异，曲学多辨，不知而不疑，异于己而不非者，公于求善也。今卿之所言者，俗也；吾之所言者，所以制俗也。今吾国东有河、薄洛之水，与齐、中山同之，而无舟楫之用。自常山以至代、上党，东有燕、东胡之境，西有楼烦、秦、韩之边，而无骑射之备。故寡人且聚舟楫之用，求水居之民，以守河、薄洛之水。变服骑射，以备其❶参胡、续云：《史》：备燕、三胡、秦、韩之边。楼烦、秦、韩之边。且昔者简主不塞晋阳，以及上党，而襄王❷兼戎取代，集、刘、钱作简主实晋阳而襄主兼戎取代。以攘诸胡，此愚知之所明也。先时中山负齐之强兵，侵掠吾地，系累吾民，引水围鄗，非社稷之神灵，即鄗几不守。先王忿之，其怨未能报也。今骑射之服，近可以备上党之形，远可以报中山之怨。而叔也顺中国之俗以逆简、襄之意，恶变服之名而忘国事之耻，非寡人所望于子！"

公子成再拜稽首，曰："臣愚不达于王之议，敢道世俗之间。一作闻。今欲继简、襄之意，以顺先王之志，臣敢不听今❸？"再拜。乃赐胡服。

赵文进谏曰："农夫劳❹而君子养焉，政之经也；愚者陈意而知者论焉，教之道也。臣无隐忠，君无蔽言，国

---

❶ "其"，鲍本改作"燕"。
❷ "王"，鲍本、吴本作"主"。
❸ "今"，鲍本、吴本作"令"。
❹ "劳"，鲍本下补"力"字。

之禄也。臣虽愚，愿竭其忠。"王曰："虑无恶扰，忠无过罪，子其言乎。"赵文曰："当世辅俗，古之道也。衣服有常，礼之制也。修❶法无愆，民之职也。三者，先圣之所以教。今君释此而袭远方之服❷，变古之教，易古之道，故臣愿王之图之。"王曰："子言世俗之间❸。常民溺于习俗，学者沉于所闻。此两者，所以成官而顺政也，非所以观远而论始也。且夫三代不同服而王，五伯不同教而政。知者作教，而愚者制焉。贤者议俗，不肖者拘焉。夫制于服之民，不足与论心；拘于俗之众，不足与致意。故势与俗化，而礼与变俱，圣人之道也。承教而动，循法无私，民之职也。知学之人，能与闻迁，达于一无于字。礼之变，能与时化。故为己者不待人，制今者不法古，子其释之。"

赵造谏曰："隐忠不竭，奸之属也；以私诬国，贱刘改贱作贼。之类也。犯奸者身死，贱刘改贱作贼。国者族宗。反刘本无反字。此两者，先圣之明刑，臣下之大罪也。臣虽愚，愿尽其忠，无遁其死。"王曰："竭意不讳❹，忠也；上无蔽言，明也。忠不辟危，明不距人，子其言乎。"赵造曰："臣闻之，圣人不易民而教，知者不变俗而动。因民而教者，不劳而成功；据俗而动者，虑径而易见也。今王易初不循俗，胡服不顾世，非所以教民而

❶ "修"，鲍本改作"循"。
❷ "服"，鲍本、吴本作"俗"。
❸ "间"，吴曾祺以为应依上文作"闻"。
❹ "讳"，鲍本、吴本作"让"。

成礼也。且服奇者志淫，俗辟者乱民。是以莅国者不袭奇辟之服，中国不近蛮夷之行，非所以教民而成礼者也。且循法无过，修一作循。礼无邪，臣愿王之图之。"王曰："古今不同俗，何古之法？帝王不相袭，何礼之循？宓戏、神农教而不诛，黄帝、尧、舜诛而不怒。及至三王，观时而制法，因事而制礼。法度制令，各顺其宜；衣服器械，各便其用。故礼一作理。世不必一其一本无其字。道，刘作后世不一其道。便国不必法古。圣人之兴也，不相袭而王；夏殷之衰也，不易礼而灭。然则反古未可非，而循礼未足多也。且服奇而志淫，是邹鲁无奇钱改奇作衺。行也；曾、集无也字。俗辟而民易，是吴越无俊民也。是以圣人利身之谓服，便事之谓教，进退之谓节。衣服之❶制，所以齐常民，非所以论贤者也。故圣与俗流，贤与变俱。谚曰：以书为御者，不尽于马之情；以古制今者，不达于事之变。故循法之功，不足以高世；法古之学，不足以制今。子其勿反也。"

19.5　王立周绍为傅

王立周绍为傅，曰："寡人始行县，过番吾，当子为子之时，践石以上者皆道子之孝。故寡人问子以璧，遗子

---

❶　"之"，鲍本、吴本下有"谓"字。吴本："《史》：进退之节，衣服之制。无两谓字，接下文为是。"

以酒食，而求见子。子谒病而辞。人有言子者曰：父之孝子，君之忠臣也。故寡人以子之知虑，为辨足以道人，危足以持难，忠可以写意，信可以远期。《诗》云：服难以勇，治乱以知，事之计也。立傅以行，教少以学，义之经也。循计之事，失而累❶，访议之行，穷而不忧。故寡人欲子之胡服以傅王乎❷。"

周绍曰："王失论矣，非贱臣所敢任也。"王曰："选子莫若父，论臣莫若君。君，寡人也。"周绍曰："立傅之道六。"王曰："六者何也？"周绍曰："知虑不躁达于变，身行宽惠达于礼，威严不足以易于位，重利不足以变其心，恭于教而不快，和于下而不危。六者，傅之才，而臣无一焉。隐中不竭❸，臣之罪也。傅命仆官，以烦有司，吏之耻也。王请更论。"王曰："知此六者，所以使子。"周绍曰："乃国未通于王胡服。虽然，臣，王之臣也，而王重命之，臣敢不听令乎？"再拜，赐胡服。

王曰："寡人以王子为子任，欲子之厚爱之，无所见丑。御道之以行义，勿令溺苦于学。事君者，顺其意，不逆其志。事先者，明其高，不倍其孤。故有臣可命，其国之禄也。子能行是，以事寡人者毕矣。《书》云：去邪无疑，任贤勿贰。寡人与子，不用人矣。"遂赐周绍胡服

---

❶ "失而累"，鲍本改作"佚而不累"。吴本："以不句例之，此恐缺不字。"

❷ "乎"，鲍本改作"子"。

❸ "竭"，鲍本、吴本作"谒"。

衣冠，具带黄金师比，以傅王子也。续云：《史记·匈奴传》：汉遗单于有黄金饰贝带一饰。《汉书要义》曰：腰中大带，黄金胥纰一。徐广曰：或作犀毗。注引《战国策》赵武灵王赐周绍贝带黄金师比。延笃云：胡革带钩也。则此带钩，亦名师比。则胥、犀与师并相近，而说各异耳。

19.6　赵燕后胡服

赵燕后胡服，王令让之曰："事主之行，竭意尽力，微谏而不哗，应对而不怨，不逆上以自伐，不立私以为名。子道顺而不拂，臣行让而不争。子用私道者家必乱，臣用私义者国必危。反亲以为行，慈父不子；逆主以自成，惠主不臣也。寡人胡服，子独弗服，逆主，罪莫大焉。以从政为累，以逆主为高，行私莫大焉。故寡人恐亲犯刑戮之罪，以明有司之法。"赵燕再拜稽首曰："前吏命胡服，施及贱臣，臣以失令过期，更一作吏。不用侵辱教，王之惠也。臣敬循一作修。衣服，以待今❶日。"

19.7　王破原阳

王破原阳，以为骑邑。牛赞进谏曰："国有固籍，

---

❶　"今"，鲍本、吴本作"令"。

兵有常经。变籍则乱，失经则弱。今王破原阳，以为骑邑，是变籍而弃经也。且习其兵者轻其敌，便其用者易其难。今民便其用而王变之，是损一作捐。君而弱国也。故利不百者不变俗，功不什者不易器。今王破卒散兵，以奉骑射，臣恐其攻获之利，不如所失之费也。"王曰："古今异利，远近易用。阴阳不同道，四时不一宜。故贤人观时，而不观于时；制兵，而不制于兵。子知官府之籍，不知器械之利；知兵甲之用，不知阴阳之宜。故兵不当于用，何兵之不可易？教不便于事，何俗之不可变？昔者先君襄主与代交地，城境封之，名曰无穷之门，所以昭后而期远也。今重甲循一作修。兵，不可以逾险；仁义道德，不可以来朝。吾闻信不弃功，知不遗时，今子以官府之籍，乱寡人之事，非子所知。"牛赞再拜稽首曰："臣敢不听令乎？"至集、刘作王。遂胡服，率骑入胡，出于遗遗之门，逾九限之固，绝五径之险，至榆中，辟地千里。

战国策卷第十九

卷二十

｜ 赵三 ｜

20.1 赵惠文王三十年

　　赵惠文王三十年，相都平君田单问赵奢曰："吾非不说将军之兵法也，所以不服者，独将军之用众。用众者，使民不得耕作，粮食挽赁不可给也。此坐而自破之道也，非单之所为也。单闻之，帝王之兵，所用者不过三万，而天下服矣。今将军必负十万、二十万之众乃用之，此单之所不服也。"马服曰："君非徒不达于兵也，又不明其时势。夫吴干之剑，续云：《荀子》注引作吴干将之剑。肉试则断牛马，金试则截盘匜，薄之柱上而击之，则折为三，质之石上而击之，则碎为百。今以三万之众而应强国之兵，是薄柱击石之类也。且夫吴干之剑材，难夫毋脊之厚，而锋不入，无脾之薄，而刃不断。兼有是两者，无钓❶罕镡蒙须曾作顷。之便，操其刃而刺，则未入而手断。君无十余❷二十万之众，而为此钓罕镡蒙须曾作顷。之便，而徒以三万行于天下，君焉能乎？且古者，四

---

❶ "钓"，鲍本、吴本作"钩"。下同。
❷ "余"，吴本："恐即上文万字。"

海之内，分为万国。城虽大，无过三百丈集作三丈。者；人虽众，无过三千家者。而以集兵三万距此，奚难哉？今取古之为万国者，分以为战国七，能具数十万之兵，旷日持久，数岁，即君之齐已。齐以二十万之众攻荆，五年乃罢。赵以二十万之众攻中山，五年乃归。今者齐、韩相方，而❶国围攻焉，岂有敢曰我其以三万救是者乎哉？今千丈之城，万家之邑相望也，而索以三万之众，围千丈之城，不存其一角，而野战不足用也，君将以此何之？"都平君喟然大息曰："单不至也！"

20.2　赵使机郝之秦

赵使机❷郝之秦，请相魏冉。宋突谓机郝曰："秦不听，楼缓必怨公。公不若阴辞楼子曰：请无急秦王。秦王见赵之相魏冉之不急也，且不听公言也。是事而不成❸，魏冉固德公矣。"

20.3　齐破燕赵欲存

齐破燕，赵欲存之。乐毅谓赵王曰："今无约而攻

---

❶ "而"，吴本作"两"。

❷ "机"，鲍本改作"仇"。下同。

❸ "不成"，鲍本、吴本下补"以德楼子事成"六字。

齐，齐必仇赵。不如请以河东易燕地于齐。赵有河北，齐有河东，燕、赵必不争矣，是二国亲也。以河东之地强齐，以燕以刘去以字。赵辅之，天下憎之，必皆事王以伐齐，是因天下以破齐也。"王曰："善。"乃以河东易齐，楚、魏憎之，令淖滑、惠施之赵，请伐齐而存燕。

20.4 秦攻赵蔺离石祁拔

秦攻赵蔺、离石、祁，拔。赵以公子郚为质于秦，而请内焦、一作应。黎、牛狐之城，以易蔺、离石、祁于赵❶。赵背秦，不予焦、一作应。黎、牛狐。秦王怒，令公子缯请地。赵王乃令郑朱对曰："夫蔺、离石、祁之地，旷远于赵而近于大国。有先王之明与先臣之力，故能有之。今寡人不逮，其社稷之不能恤，安能收恤蔺、离石、祁乎？寡人有不令之臣，实为此事也，非寡人之所敢知。"卒倍秦。秦王大怒，令卫胡易❷伐赵，攻阏与。赵奢将救之。魏令公子咎以锐师居安邑以挟秦。秦败于阏与，反攻魏几，廉颇救几，大败秦师。

---

❶ "赵"，鲍本改作"秦"。
❷ "易"，黄丕烈以为当作"易"。

20.5 富丁欲以赵合

富丁欲以赵合齐、魏，楼缓欲以赵合秦、楚。富丁恐主父之听楼缓而合秦、楚也。司马浅为富丁谓主父曰："不如以顺齐。今我不顺齐伐秦，秦、楚必合而攻韩、魏。韩、魏告急于齐，齐不欲伐秦，必以赵为辞，则伐❶秦者赵也，韩、魏必怨赵。齐之兵不西，韩必听秦违齐。违齐而亲，兵必归于赵矣。今我顺而齐不西，韩、魏必绝齐，绝齐则皆事我。且我顺齐，齐无而❷西。日者，楼缓坐魏三月，不能散齐、魏之交。今我顺而齐、魏果西，是罢齐敝秦也，赵必为天下重国。"主父曰："我与三国攻秦，是俱敝也。"曰："不然。我约三国而告之秦❸，以未构中山也。三国欲伐秦之果也，必听我，欲和我。中山听之，是我以王因❹饶中山而取地也。中山不听，三国必绝之，是中山孤也。三国不能和我，虽少出兵可也。我分兵而孤乐❺中山，中山必亡。我已亡中山，而以余兵与三国攻秦，是我一举而两取地于秦、中山也。"

---

❶ "伐"，鲍本、吴本上补"不"字。

❷ "而"，鲍本改作"不"。吴本："字讹或上文有误。"

❸ "秦"，鲍本以为衍文。

❹ "王因"，鲍本改作"三国"。

❺ "孤乐"，何本互乙，缪本改乐作"烁"，范本以乐为"铄"之借字。

20.6　魏因富丁[1]

魏因富丁且合于秦，赵恐，请效地于魏而听薛公。教子欬谓李兑曰："赵畏横之合也，故欲效地于魏而听薛公。公不如令主父以地资周最，而请相之于魏。周最，以天下辱秦者也，今相魏，魏、秦必虚矣。齐、魏虽劲，无秦不能伤赵。魏王[2]听，是轻齐也。秦、魏虽劲，无齐不能得赵。此利于赵而便于周最也。"

20.7　魏使人因平原君

魏使人因平原君请从于赵。三言之，赵王不听。出，遇虞卿曰："为入，必语从。"虞卿入，王曰："今者平原君为魏请从，寡人不听。其于子何如？"虞卿曰："魏过矣。"王曰："然，故寡人不听。"虞卿曰："王亦过矣。"王曰："何也？"曰："凡强弱之举事，强受其利，弱受其害。今魏求从而王不听，是魏求害而王辞利也。臣故曰魏过，王亦过矣。"

---

[1] 本章原与上"富丁欲以赵合"章接续，今依鲍本、吴本单列一章。
[2] "王"，金正炜以为当作"不"。

20.8 平原君请冯忌

平原君请刘本请作谓。冯忌曰："吾欲北伐上党，出兵攻燕，何如？"冯忌对曰："不可。夫以秦将武安君公孙起乘七胜之威，而与马服之子战于长平之下，大败赵师，因以其余兵，围邯战❶之城。赵以亡败之余众，收破军之敝守❷，而秦罢于邯郸之下，赵守而不可拔者，以攻难而守者易也。今赵非有七克之威也，而燕非有长平之祸也。今七败之祸未复，而欲以罢赵攻强燕，是使弱赵为强秦之所以攻，而使强燕为弱赵之所以守，而强秦以休兵承赵之敝，此乃强吴之所以亡，而弱越之所以霸。故臣未见燕之可攻也。"平原君曰："善哉！"

20.9 平原君谓平阳君

平原君谓平阳君曰："公子牟游于秦，且东，而辞应侯。应侯曰：公子将行矣，独无以教之乎？曰：且微君之命命之也，臣固且有效于君。夫贵不与富期而富至，富不与梁肉期而梁肉至，梁肉不与骄奢期而骄奢至，骄奢不与

---

❶ "战"，鲍本、吴本作"郸"。
❷ "守"，王念孙以为衍文。

死亡期而死亡至。累世以前，坐此者多矣。应侯曰：公子之所以教之者厚矣。仆得闻此，不忘于心。愿君之亦勿忘也。"平阳君曰："敬诺。"

20.10　秦攻赵于长平

秦攻赵于长平，大破之，引兵而归。因使人索六城于赵而讲。赵计未定。楼缓新从秦来，赵王与楼缓计之曰："与秦城何如？不与何如❶？"楼缓辞让曰："此非人❷臣之所能知也。"王曰："虽然，试言公之私。"楼缓曰："王亦闻夫公甫文伯母乎？公甫文伯官于鲁，病死。妇人为之自杀于房中者二八。其母闻之，不肯哭也。相室曰：焉有子死而不哭者乎？其母曰：孔子，贤人也，逐于鲁，是人不随。今死，而妇人为死者十六人。若是者，其于长者薄，而于妇人厚。故从母言之，之为贤母也；从妇言之，必❸不免为妒妇也。故其言一也，言者异，则人心变矣。今臣新从秦来，而言勿与，则非计也；言与之，则恐王以臣之为秦也。故不敢对。使臣得为王计之，不如予之。"王曰："诺。"

虞卿闻之，入见王，王以楼缓言告之。虞卿曰："此

❶　"何如"，王念孙以为衍文。

❷　"人"，鲍本以为衍文。

❸　"必"，黄丕烈以为上当有"之"字。

饰说也。秦既解邯郸之围而赵王入朝，使赵郝《音释》作赦。约事于秦，割六县而讲❶。"王曰："何谓也？"虞卿曰："秦之攻赵也，倦而归乎？王以钱、刘去王以字，添亡字。其力尚能进，爱王而不攻乎？"王曰："秦之攻我也，不遗余力矣，必以倦而归也。"虞卿曰："秦以其力攻其所不能取，倦而归。王又以其力之所不能攻以资之，是助秦自攻也。来年秦复攻王，王无以救矣。"

王又以虞卿之言告楼缓，楼缓曰："虞卿能尽知秦力之所至乎？诚知秦力之不至，此弹丸之地，犹不予也。令秦来年复攻王，得无割其内而媾乎？"王曰："诚听子割矣，子能必来年秦之不复攻我乎？"楼缓对曰："此非臣之所敢任也。昔者三晋之交于秦，相善也。今秦释韩、魏而独攻王，王之所以事秦必不如韩、魏也。今臣为足下解负亲之攻，启关通敝❷，齐交韩、魏。至来年而王独不取于秦，王之所以事秦者，必在韩、魏之后也。此非臣之所敢任也。"

王以楼缓之言告虞卿，曰："楼缓言不媾，来年秦复攻王，得无更割其内而媾。今媾，楼缓又不能必秦之不复攻也，虽割何益？来年复攻，又割其力之所不能取而媾也，此自尽之术也。不如无媾。秦虽善攻，不能取六城，赵虽不能守，而不至失六城。秦倦而归，兵必罢。我以五

---

❶ "秦既解邯郸……割六县而讲"，鲍本以为此二十四字衍。吴本"讲"作"媾"，补曰："此二十四字脱简误在此，《史》以为章首者，此策实非邯郸围解后事也。"
❷ "敝"，吴本："当作币。"

城收天下以攻罢秦，是我失之于天下而取偿于秦也。吾国尚利，孰与坐而割地，自弱以强秦？今楼缓曰秦善韩、魏而攻赵者，必王之事秦不如韩、魏也。是使王岁以六城事秦也，即坐而地尽矣。来年秦复求割地，王将予之乎？不与，则是弃前贵❶而挑秦祸也；与之，则无地而给之。语曰：强者善攻，而弱者不能自守。今坐而听秦，秦兵不敝而多得地，是强秦而弱赵也。以益愈强之秦，而割愈弱之赵，其计固不止矣。且秦，虎狼之国也，无礼义之心。其求无已，而王之地有尽。以有尽之地，给无已之求，其势必无赵矣。故曰此饰说也，王必勿与。"王曰："诺。"

楼缓闻之，入见于王，王又以虞卿言告之。楼缓曰："不然，虞卿得其一，未知其二也。夫秦、赵构难而天下皆说，何也？曰我将因强而乘弱。今赵兵困于秦，天下之贺战❷者，则必尽在于秦矣。故不若亟割地求和，以疑天下，慰秦心。不然，天下将因秦之怒，秦一作乘。赵之敝而瓜分之。赵且亡，何秦之图？王以此断之，勿复计也。"

虞卿闻之，又入见王曰："危矣，楼子之为秦也！夫赵兵困于秦，又割地为和，是愈疑天下，而何慰秦心哉？是不亦大示天下弱乎？且臣曰勿予者，非固勿予而已也。秦索六城于王，王以五城赂齐。齐，秦之深仇也，得王五城，并力而西击秦也。刘本去也字。齐之听王，不待辞之毕也。是王失于齐而取偿于秦，孙本抹去此十字。一举结

---

❶ "贵"，鲍本改作"资"。吴本："恐作资。《史》作功。"
❷ "战"，鲍本下补"胜"字。吴本："《史》有胜字。"

三国之亲，而与秦易道也。"赵王曰："善。"

因发虞卿东见齐王，与之谋秦。虞卿未反，秦之使者已在赵矣。楼缓闻之，逃去。

20.11　秦攻赵平原君使人

秦攻赵，平原君使人请救于魏。信陵君发兵至邯郸城下，秦兵罢。虞卿为平原君请益地，谓赵王曰："夫不斗一卒，不顿一戟，而解二国患者，平原君之力也。用人之力而忘人之功，不可。"赵王曰："善。"将益之地。公孙龙闻刘添闻字。之，见平原君曰："君无覆军杀将之功，而封以东武城。赵国豪杰之士，多在君之右，而君为相国者以亲故。夫君封以东武城不让无功，佩赵国相印不辞无能，一解国患，欲求益地，是亲戚受封而国人计功也。为君计者，不如勿受便。"平原君曰："谨受令。"乃不受封。

20.12　秦赵战于长平

秦赵战于长平，赵不胜，亡一都尉。赵王召楼昌与虞卿曰："军战不胜，尉复死，寡人使卷甲而趋之，何如？"楼昌曰："无益也，不如发重使而为媾。"虞卿曰："夫言媾者，以为不媾者军必破，而制媾者在秦。且王之论秦也，欲破王之军乎？其不邪？"王曰："秦不遗余力矣，必且破赵军。"虞卿曰："王聊听臣，发使出重宝以附楚、魏。楚、魏欲得王之重宝，必入吾使。赵使入楚、魏，秦必疑天下合从也，且必恐。如此，则媾乃可为也。"赵王不听，与平阳君为媾，发郑朱入秦，秦内之。

赵王召虞卿曰："寡人使平阳君媾秦，秦已内郑朱矣，子以为奚如？"虞卿曰："王必不得媾，军必破矣，天下之贺战胜者皆在秦矣。郑朱，赵之贵人也，而入于秦，秦王与应侯必显重以示天下。楚、魏以赵为媾，必不救王。秦知一本去秦知字。天下不救王，则媾不可得成一无成字。也。"赵卒不得媾，军果大败。王入秦，秦留赵王而后许之媾。

20.13　秦围赵之邯郸

秦围赵之邯郸。魏安釐王使将军晋鄙救赵。畏秦，止于荡钱、刘改荡作汤。阴，不进。魏王使客将军新❶垣衍间入邯郸，因平原君谓赵王曰："秦所以急围赵者，前与齐湣王争强为帝，已而复归帝，以齐故。今齐湣王已益弱。方今唯秦雄天下，此非必贪邯郸，其意欲求为帝。赵诚发使尊秦昭王为帝，秦必喜，罢兵去。"平原君犹豫未有所决。

---

❶ "新"，鲍本、吴本作"辛"。

此时鲁仲连适游赵，会秦围赵。闻魏将欲令赵尊秦为帝，乃见平原君曰："事将奈何矣？"平原君曰："胜也何敢言事？百万之众折于外，今又内围邯郸而不能_{曾本添能字}去。魏王使将军❶辛垣衍令赵帝秦。今其人在是，胜也何敢言事？"鲁连曰："始吾以君为天下之贤公子也，吾乃今然后知君非天下之贤公子也。梁客辛垣衍安在？吾请为君责而归之。"平原君曰："胜请召而见之_{钱、刘作为召而见之。}于先生。"

平原君遂见辛垣衍，曰："东国有鲁连先生，其人在此，胜请为绍介而见之于将军。"_{钱、刘作请为绍交之于将军。}辛垣衍曰："吾闻鲁连先生，齐国之高士也。衍，人臣也，使事有职。吾不愿见鲁连先生也。"平原君曰："胜已泄之矣。"辛垣衍许诺。

鲁连见辛垣衍而无言。辛垣衍曰："吾视居北❷围城之中者，皆有求于平原君者也。今吾视先生之玉貌，非有求于平原君者，曷为久居此围城之中而不去也？"鲁连曰："世以鲍焦无从容而死者，皆非也。今众人不知，则为一身。彼秦者，弃礼义而上首功之国也。权使其士，虏使其民。彼则肆然而为帝，过而遂正于天下，则连有赴东海而死矣。吾不忍为之民也！所为见将军者，欲以助赵也。"辛垣衍曰："先生助之奈何？"鲁连曰："吾将使梁及燕助之，齐、楚则固助之矣。"辛垣衍曰："燕

---

❶ "将军"，鲍本、吴本上有"客"字。
❷ "北"，鲍本作"此"。

则吾请以从矣。若乃梁，则吾乃梁人也，先生恶能使梁助之耶？"鲁连曰："梁未睹秦称帝之害故也。使梁睹秦称帝之害，则必助赵矣。"辛垣衍曰："秦称帝之害将奈何？"鲁仲连曰："昔齐威王尝为仁义矣，率天下诸侯而朝周。周贫且微，诸侯莫朝，而齐独朝之。居岁余，周烈王崩，诸侯皆吊，齐后往。周怒，赴于齐曰：天崩地坼，天子下席。东藩之臣田婴齐后至，则斮之。威王勃然怒曰：叱嗟，而母婢也。卒为天下笑。故生则朝周，死则叱之，诚不忍其求也。彼天子固然，其无足怪。"

辛垣衍曰："先生独未见夫仆乎？十人而从一人者，宁力不胜，智不若耶？畏之也。"鲁仲连曰："然梁之比于秦若仆耶？"辛垣衍曰："然。"鲁仲连曰："然吾将使秦王烹醢梁王。"辛垣衍怏然不悦，曰："嘻，亦太甚矣，先生之言也！先生又恶能使秦王烹醢梁王？"鲁仲连曰："固也，待吾言之。昔者，鬼侯、之❶鄂侯、文王，纣之三公也。鬼侯有子而好，故入之于纣，纣以为恶，醢鬼侯。鄂侯争之急，辨之疾，故脯鄂侯。文王闻之，喟然而叹，故拘之于牖里之车❷百日，而欲舍钱本添舍字。之死。曷为与人俱称帝王，卒就脯醢之地也？齐闵王将之鲁，夷维子执策而从，谓鲁人曰：子将何以待吾君？鲁人曰：吾将以十太牢待子之君。维子❸曰：子安取礼而来待

---

❶ "之"，鲍本、吴本无。
❷ "车"，鲍本、吴本作"库"。
❸ "维子"，鲍本、吴本上有"夷"字。

吾君？彼吾君者，天子也。天子巡狩，诸侯辟舍，纳于管键，摄衽抱几，视膳于堂下，天子已食，退而听朝也。鲁人投其籥，不果纳，不得入于鲁。将之薛，假涂于邹。当是时，邹君死，闵王欲入吊。夷维子谓邹之孤曰：天子吊，主人必将倍殡柩，设北面于南方，然后天子南面吊也。邹之群臣曰：必若此，吾将伏剑而死。故不敢入于邹。邹鲁之臣，生则不得事养，死则不得饭含。然且欲行天子之礼于邹鲁之臣，不果纳。今秦万乘之国，梁亦万乘之国。俱据万乘之国，交有称王之名，赌❶其一战而胜，欲从而帝之，是使三晋之大臣不如邹鲁之仆妾也。且秦无已而帝，则且变易诸侯之大臣。彼将夺其所谓不肖而予其所谓贤，夺其所憎而与其所爱。彼又将使其子女谗妾为诸侯妃姬，处梁之宫，梁王安得晏然而已乎？而将军又何以得故宠乎？"于是，辛垣衍起，再拜谢曰："始以先生为庸人，吾乃今日而曾本无而字。知先生为天下之士也。吾请去，不敢复言帝秦。"

　　秦将闻之，为却军五十里。适会魏公子无忌夺晋鄙军以救赵击秦，秦军引而去。于是平原君欲封鲁仲连。鲁仲连辞让者三，终不肯受。平原君乃置酒，酒酣，起，前以千金为鲁连寿。鲁连笑曰："所贵于天下之士者，为人排患释难解纷乱而无所取也。即有所取者，是商贾之人也，仲连不忍为也。"遂辞平原君而去，终身不复见。

---

❶ "赌"，吴本作"睹"。

20.14　说张相国

说张相国曰："君安能少赵人而令赵人多君？君安能憎赵人而令赵人爱君乎？夫胶漆至剸也，而不能合远；鸿毛至轻也，而不能自举。夫飘于清风，则横行四海。故事有简而功成者，因也。今赵，万乘之强国也，前漳、滏，右常山，左河间，北有代，带甲百万，尝抑强齐四十余年，而秦不能得所欲。由是观之，赵之于天下也不轻。今君易万乘之强赵，而慕思不可得之小梁，臣窃为君不取也。"君曰："善。"自是之后，众人广坐之中，未尝不言赵人之长者也，未尝不言赵俗之善者也。

20.15　郑同北见赵王

郑同北见赵王。赵王曰："子南方之传一作博。士也，何以教之？"郑同曰："臣南方草鄙之人也，何足问？虽然，王致之于前，安敢不对乎？臣少之时，亲尝教以兵。"赵王曰："寡人不好兵。"郑同因抚手仰天而笑之，曰："兵，固天下之狙喜也，臣故一作固。意大王不好也。臣亦尝以兵说魏昭王，昭王亦曰寡人不喜。臣曰：王之行能如许由乎？许由无天下之累，故不受也。今王既受先王之传，欲宗庙之安，壤地不削，社稷之血食乎？

王曰：然。今有人操随侯之珠，持丘❶之环，万金之财，时❷宿于野，内无孟贲之威，荆庆之断，外无弓弩之御，不出宿夕，人必危之矣。今有强贪之国，临王之境，索王之地，告以理则不可，说以义则不听。王非战国守围之具，其将何以当之？王若无兵，邻国得志矣。”赵王曰："寡人请奉教。”

20.16 建信君贵于赵

建信君贵于赵。公子魏牟遇赵，赵王迎之，顾反，至坐，前有尺帛，且令工以为冠。工见客来也，因辟。赵王曰："公子乃驱后车，幸以临寡人，愿闻所以为天下。”魏牟曰："王能重王之国若此尺帛，则王之国大治矣。”赵王不说，形于颜色，曰："先生一作王。不知寡人不肖，使奉社稷，岂敢轻国若此？”魏牟曰："王无怒，请为王说之。”曰："王有此尺帛，何不令前郎中以为冠？”王曰："郎中不知为冠。”魏牟曰："为冠而败之，奚亏于王之国？而王必待工而后乃使之。今为天下之工，或非也，社稷为虚戾，先王不血食，而王不以予工，乃与幼艾。且王之先帝，驾犀首而骖马服，以与秦角逐。

❶ "丘"，金正炜引《慎子》上有"百"字。
❷ "时"，吴本："一本标作特。”

秦当时适❶其锋。今王憧憧，乃辇建信以与强秦角逐，臣恐秦折王之椅也。"

20.17　卫灵公❷

卫灵公近雍疽❸、弥子瑕。二人者，专君之势以蔽左右。复涂侦❹谓君曰："昔日臣梦见君。"君曰："子何梦？"曰："梦见灶君。"君忿然作色曰："吾闻梦见人君者，梦见日。今子曰梦见灶君而言君也，有说则可，无说则死。"对曰："日，并烛天下者也，一物不能蔽也。若灶则不然，前之人炀，则后之人无从见也。今臣疑人之有炀于君者也，是以梦见灶君。"君曰："善。"于是，因废雍疽、弥子瑕，而立司空狗。

20.18　或谓建信君

或谓建信："君之所以事王者，色也。菁一作菁。之

---

❶　"适"，鲍本改作"避"。

❷　"卫灵公"，吴本"建信君贵于赵"章夹注："旧本卫灵公近痈疽弥子瑕章在此章之后，下章之前。今按二臣皆卫幸臣，亦建信之类，宜属上下章，不应自为章也，鲍以其章置之卫，非是。"

❸　"雍疽"，鲍本、吴本作"痈疽"。下同。

❹　"复涂侦"，吴本："或侏儒之讹。"

所以事王者，知也。色老而衰，知老而多。以日多之知，
而逐衰恶之色，君必困矣。"建信君曰："奈何？"曰：
"并骥而走者，五里而罢，乘骥而御之，不倦而取道多。
君令胥乘独断之车，御独断之势，以居邯郸。令之内治
国事，外刺诸侯，则胥之事有不言者矣。君因言王而重责
之，胥之轴今折矣。"建信君再拜受命，入言于王，厚任
胥以事能，重责之。未期年而胥❶亡走矣。

20.19　苦成常谓建信君

苦成常谓建信君曰："天下合从，而独以赵恶秦，何
也？魏杀吕遗❷，而天下交之。今收河间，于一无于字。
是与杀吕遗何以异？君唯释虚伪疾，文信犹且知之也。从
而有功乎，何患不得收河间？从而无功乎，收河间何益
也？"

20.20　希写见建信君

希写见建信君。建信君曰："文信侯之于仆也，甚
无礼。秦使人来仕，仆官之丞相，爵五大夫。文信侯之于

---

❶ "胥"，原误作"茸"。
❷ "遗"，鲍本改作"辽"。下同。

仆也，甚矣其无礼也！"希写曰："臣以为今世用事者，不如商贾。"建信君悖然曰："足下卑用事者而高商贾乎？"曰："不然。夫良商不与人争买卖之贾，而谨司时。时贱而买，虽贵已贱矣；时贵而卖，虽贱已贵矣。昔者，文王之拘于牖里，而武王羁于玉门，卒断纣之头而县于太白者，是武王之功也。今君不能与文信侯相伉以权，而责文信侯少礼，臣窃为君不取也。"

20.21　魏魁谓建信

魏魁[1]谓建信君曰："人有置系蹄者而得虎。虎怒，决蹯而去。虎之情，非不爱其蹯也，然而不以环寸之蹯，害七尺之躯者，权也。今有国，非直七尺躯也。而君之身于王，非环寸之蹯也。愿公之熟图之也。"

20.22　秦攻赵鼓铎之音

秦攻赵，鼓铎之音闻于北堂。希卑曰："夫秦之攻赵，不宜急如此。此召兵也，必有大臣欲衡者耳。王欲知其人，旦日赞群臣而访之，先言横者，则其人也。"建信君果先言横。

---

❶　"魁"，王念孙以为当作"魁"。

20.23　齐人李伯见孝成王

　　齐人李伯见孝成王。成王说之，以为代郡守。而居无几何，人告之反。孝成王方馈，不堕食。无几何，告者复至，孝成王不应。已，乃使使者言："齐举兵击燕，恐其以击燕为名，而以兵袭赵，故发兵自备。今燕、齐已合，臣请要其敝，而地可多割。"自是之后，为孝成王从事于外者，无自疑于中者。

　　战国策卷第二十

卷二十一

赵四

21.1　为齐献书赵王

　　为齐献书赵王，使臣与复丑曾无此以上五字。曰：
"臣一见，而能令王坐而天下致名宝❶。而臣窃怪王之不
试见臣，而穷臣也。群臣必多以臣为不能者，故王重见臣
也。以臣为不能者非他，欲用王之兵，成其私者也。非
然，则交有所偏者也。非然，则知不足者也。非然，则欲
以天下之重恐王，而取行于王者也。臣以齐循曾作修。事
王，王能亡燕，能亡韩、魏，能攻秦，能孤秦。臣以为❷
齐致尊名于王，天下孰敢不致尊名于王？臣以齐致地于
王，天下孰敢不致地于王？臣以齐为王求名于燕及韩、
魏，孰敢辞之？臣之能也，其前可见已。齐先重王，故天
下尽重王；无齐，天下必尽轻王也。秦之强，以无齐之故
重王，燕、魏❸自以无齐故重王。今王无齐独安得无重天
下？故劝王无齐者，非知不足也，则不忠者也。非然，则

---

❶　"宝"，鲍本改作"实"。
❷　"为"，鲍本："衍为字。"
❸　"魏"，鲍本、吴本上补"韩"字。

欲用王之兵成其私者也。非然，则欲轻王以天下之重，取行于王者也。非然，则位尊而能卑者也。愿王之熟虑无齐之利害也。"

21.2 齐欲攻宋秦令起贾

齐欲攻宋，秦令起贾禁之。齐乃捄一作收。赵以伐宋。秦王怒，属怨于赵。李兑约五国以伐秦，无功，留天下之兵于成皋，而阴构曾作讲字。于秦。又欲与秦攻魏，以解其怨而取封焉。魏王不说。

之齐❶，谓齐王曰："臣为足下谓魏王曰：三晋皆有秦患。今之攻秦也，为赵也。五国伐赵，赵必亡矣。秦逐李兑，李兑必死。今之伐秦也，以救李子之死也。今赵留天下之甲于成皋，而阴鬻之于秦，已讲，则令❷秦攻魏，以成其私封，王之事赵也何得矣？且王尝济于漳，而身朝于邯郸，抱阴、成，负蒿、葛薛❸，以为赵蔽，而赵无为王行也。今又以何❹阳、姑密封其子，而乃令❺秦攻王，以便取阴❻。人比然而后如❼贤不如，王

---

❶ "之齐"，吴本："上有缺文，当是人姓名。"
❷ "令"，金正炜以为当作"合"。
❸ "薛"，鲍本、吴本作"孽"。
❹ "何"，鲍本、吴本作"河"。
❺ "令"，金正炜以为当作"合"。
❻ "阴"，吴本以为当作"陶"。下同。
❼ "如"，鲍本、吴本作"知"。

若用所以事赵之半收齐，天下有敢谋王者乎？王之事齐也，无入朝之辱，无割地之费。齐为王之故，虚国于燕赵之前，用兵于二千里之外，故攻城野战，未尝不为王先被矢石也。得二都，割河东，尽效之于王。自是之后，秦攻魏，齐甲未_{曾、刘作不。}尝不岁至于王之境也。请问王之所以报齐者可乎？韩珉_{刘珉一作岷。}处于赵，_{刘赵作楚。}去齐三千里，王以此疑齐，曰有秦阴。今王又挟故薛公以为相，善韩徐以为上交，尊虞商以为大_{刘大作上。}客，王固可以反疑齐乎？于魏王听此言也甚诎，其欲事王也甚循，_{曾循作修。}其怨于赵。臣愿王之曰❶闻魏而无庸见恶也，臣请为王推其怨于赵，愿王之阴重赵，而无使秦之见王之重赵也。秦见之且亦重赵。齐、秦交重赵，臣必见燕与韩、魏亦且重赵也，皆且无敢与赵治。五❷国事赵，赵从亲以合于秦，必为王高矣。臣故欲王之偏❸劫天下，而皆私甘之也。王使臣以韩、魏与燕劫赵，使丹也甘之；以赵劫韩、魏，使臣_{一作甘。}也甘之；以三晋劫秦，使顺也甘之；以天下劫楚，使珉也甘之。则天下皆逼秦以事王而不敢相私也。交定，然后王择焉。"

---

❶ "曰"，鲍本改作"亟"。吴本："一本作重，是。"

❷ "五"，鲍本、吴本作"三"。

❸ "偏"，鲍本、吴本作"遍"。

21.3　齐将攻宋而秦楚禁

齐将攻宋，而秦、楚^{一作阴。}禁之。齐因欲与赵，赵不听。齐乃令公孙衍说李兑以攻宋而定封焉。李兑乃谓齐王曰："臣之所以坚三晋以攻秦者，非以为齐得利秦之毁也，欲以使❶攻宋也。而宋置太子以为王，下亲其上而守坚，臣是以欲足下之速归休士民也。今太子走，诸善太子者皆有死心。若复攻之，其国必有乱，而太子在外，此亦举宋之时也。臣为足下使公孙衍说奉阳君曰：君之身老矣，封不可不早定也。为君虑封，莫若于宋，他国莫可。夫秦人贪，韩、魏危，燕、楚辟，中山之地薄，莫如于阴。失今之时，不可复得已。宋之罪重，齐之怒深，残乱宋，得大齐，定身封，此百代之一时也以。奉阳君甚食之，唯^{曾作虽。}得大封，齐无大异。臣愿足下之大发攻宋之举，而无庸致兵，姑待已耕❷，以观奉阳君之应足下也。县阴以甘之，循有燕以临之，而臣待忠之封，事必大成。臣又愿足下有地效于襄安君以资臣也。足下果残宋，此两地之时❸也，足下何爱焉？若足下不得志于宋，与国何敢望也。足下以此资臣也，臣循燕观赵，则足下击溃而决天下矣。"

---

❶　"使"，金正炜以为"便"字之讹。

❷　"姑待已耕"，鲍本、吴本无。

❸　"时"，金正炜以为当作"封"，范本疑当读如"待"。

21.4 　五国伐秦无功罢于成皋

　　五国伐秦无功，罢于成皋。赵欲构于秦，楚与魏、韩将应之，秦❶弗欲。苏代谓齐王曰："臣以为足下见奉阳君矣。臣谓奉阳君曰：天下散而事❷秦，秦必据宋。魏冉必妒君之有阴也。秦王贪，魏冉妒，则阴不可得已矣。君无构，齐必攻宋。齐攻宋，则楚必攻宋，魏必攻宋，燕、赵助之。五国据宋，不至一二月，阴必得矣。得阴而构，秦虽有变，则❸君无患矣。若不得已而必构，则愿五国复坚约。愿得赵，足下雄飞❹，与韩氏大吏东免，齐王必无召眠也。使臣守约，若与❺有倍约者，以四国攻之；无倍约者，而秦侵约，五国复坚而宾之。今韩、魏与齐相疑也，若复不坚曾无坚字。约而讲，臣恐与国之大乱也。齐、秦非复合也，必有踦重者矣。后合与踦重者，皆非赵之利也。且天下散而事秦，是秦制天下也。秦制天下，将何以天下为？臣愿君之蚤计也。天下争秦，有❻六举，皆不利赵矣。天下争秦，秦王受负海内之国，合负亲之交，

---

❶　"秦"，鲍本、吴本作"齐"。
❷　"事"，鲍本、吴本作"争"。鲍曰："一作事，争先事之。"
❸　"则"，鲍本、吴本无。
❹　"愿得赵足下雄飞"，横田本、范本作"愿得赵足以雄飞"。
❺　"与"，鲍本、吴本下有"国"字。
❻　"有"，横田本、钟凤年以为上脱"秦"字。

以据中国，而求利于三晋，是秦之一举也。秦行是计，不利于赵，而君终不得阴，一矣。天下争秦，秦王内韩珉于齐，内成阳君于韩，相魏怀于魏，复合衍刘作术。交两王，王贲、韩他之曹，皆起而行事，是秦之一举也。秦行是计也，不利于赵，而君又不得阴，二矣。天下争秦，秦王受齐受赵，三疆❶三亲，以据魏而求安邑，是秦之一举也。秦行是计，齐赵应之，魏不待伐，抱安邑而信❷秦。秦刘无下秦字。得安邑之饶，魏为上交，韩必入朝秦，过赵已安邑矣，是秦之一举也。一本无上六字。秦行是计，不利于赵，而君必不得阴，三矣。天下争秦，秦坚燕、赵之交，以伐齐收楚，与韩珉而攻魏，是秦之一举也。秦行是计，而燕、赵应之。燕、赵伐齐，兵始用，秦因收楚而攻魏，不至一二月，魏必破矣。秦举安邑而塞女戟，韩之太原绝，下轵道、南阳、高❸，伐魏，绝韩，包二周，即赵自消烁刘本无烁字。矣。国燥一作烁。于秦，兵分一作孤。于齐，非赵之利也，而君终身不得阴，四矣。天下争秦，秦坚三晋之交攻齐，国破曹❹屈，而兵东分于齐。秦桉❺兵❻攻魏，取安邑，是秦之一举也。秦行是计也，君桉救魏。是以攻齐之已弊，救❼与秦争战也。君不救也，

---

❶ "疆"，鲍本、吴本作"强"。
❷ "信"，鲍本、吴本作"倍"。
❸ "高"，鲍本改作"而。
❹ "曹"，鲍本、吴本改作"财"。
❺ "桉"，当作"按"。
❻ "兵"，王念孙以为衍文。
❼ "救"，吴本："即敝字讹衍。"

韩、魏焉免西合？国在谋之中，而君有刘作又。终身不得阴，五矣。天下争一作事。秦，秦按为义，存亡继绝，固危扶弱，定无罪之君，必起中山与胜❶焉。秦起中山与胜，而赵、宋同命，何暇言阴？六矣。故曰君必无讲，则阴必得矣。奉阳君曰：善。乃绝和于秦，而收齐、魏，以成取阴。"

21.5　楼缓将使伏事

楼缓将使，伏事辞行，谓赵王曰："臣虽尽力竭知，死不复见于王矣。"王曰："是何言也？固且为书而厚寄卿。"楼子曰："王不闻公子牟夷之于宋乎？非肉不食。文张善宋，恶公子牟夷，寅然。今臣之于王，非宋之于公子牟夷也，而恶臣者过文张。故臣死不复见于王矣。"王曰："子勉行矣，寡人与子有誓言矣。"楼子遂行。后以中牟反，入梁。候者来言，而王弗听，曰："吾已与楼子有言矣。"

21.6　虞卿请赵王

虞卿请一作谓。赵王曰："人之情，宁朝人乎？宁朝

---

❶ "胜"，金正炜以为当作"脙"。下同。

于人也？"曾作乎。赵王曰："人亦宁朝人耳，何故宁朝于人？"虞卿曰："夫魏为从主，而违者范座❶也。今王能以百里之地，若万户之都，请杀范座于魏。范座死，则从事可移于赵。"赵王曰："善。"乃使人以百里之地请杀范座于魏。魏王许诺，使司徒曾、刘作空。执范座，而未杀也。

范座献书魏王曰："臣闻赵王以百里之地请杀座之身。夫杀无罪范座，座刘无下座字。薄故也；而得百里之地，大利也。臣窃为大王美之。虽然，而有一焉，百里之地不可得，而死者不可复生也，则主❷必为天下笑矣！臣窃以为与其以死人市，不若以生人市使❸一本无使字。也。"

又遗其后相信陵君书曰："夫赵、魏，敌战之国也。赵王以咫尺之书来，而魏王轻为之杀无罪之座。座虽不肖，故魏之免相望刘作室。也，尝以魏之故得罪于赵。夫国内无用臣，外虽得地，势不能守。然今能守魏者，莫如君矣。王听赵杀座之后，强秦袭赵之欲，刘作俗。倍赵之割，则君将何以止之？此君之累也。"信陵君曰："善。"遽言之王而出之。

---

❶ "座"，鲍本、吴本作"痤"。下同。
❷ "主"，鲍本、吴本作"王"。
❸ "使"，鲍本改作"便"。

21.7　燕封宋人荣虿

　　燕封宋人荣虿为高阳君，使将而攻赵。赵王因割济东三城，令❶卢、高唐、平原陵一本无陵字。地城邑市❷五十七，命以与齐，而以求安平君而将之。马服君谓平原君曰："国奚无人甚哉！君致安平君而将之，乃割济东三令一本无令字。城市邑五十七以与齐，此夫子与敌国战，覆军杀将之所取，割地于敌国者也。今君以此与齐，而求安平君而将之，国奚无人甚也！且君奚不将奢也？奢尝抵罪居燕，燕以奢为上谷守，燕之通谷要塞，奢习知之。百日之内，天下之兵未聚，奢已举燕矣。然则君奚求安平君而为将刘本添将字。乎？"平原君曰："将军释之矣，仆已言之仆主矣。仆主幸以听仆也。将军无言已。"马服君曰："君过矣！君之所以求安平君者，以齐之于燕也，茹肝❸涉血之仇耶。其于奢❹不然。使安平君愚，固不能当荣虿；使安平君知，又不肯与燕人战。此两言者，安平君必处一焉。虽然，两曾、刘作然。者有一也。使安平君知，则奚以赵之强为？赵强则齐不复霸矣。今得强赵之兵，以杜燕将，旷日持久，数岁令士大夫余子之力，尽

---

❶　"令"，鲍本改作"合"。

❷　"邑市"，鲍本、吴本作"市邑"。

❸　"旴"，鲍本、吴本作"肝"。

❹　"奢"，鲍本、吴本下有"也"字。

于沟垒，车甲羽毛裂敝，府库仓廪虚，两国交以习^{曾、}之，乃引其兵而归。夫尽两国之兵，无明此者矣。"<small>刘作交敝。</small>

夏军也，县釜而炊❶，得三城也，城大无能过百雉者。果如马服之言也。

21.8　三国攻秦赵攻中山

三国攻秦，赵攻中山，取扶柳，五年以擅呼沲。齐人戎郭。宋突谓仇郝曰："不如尽归中山之新垦，<small>续云：《新唐史》《集韵》皆以为武后所制字。窦苹作《唐史释音》乃云：古地字，见《战国策》。抑别有所据？今《国策》中地字甚多，间作垦字，安知非自武后时传写相承，如臣作惢？以谓曾、刘所校，亦未所喻。然古文地字乃作坔。又《鹖冠子》《亢仓子》皆有坔字。姑存之，以俟博识。</small>中山案此，言于齐曰：四国将假道于卫，以过章子之路。齐闻此，必效<small>曾、刘作放。</small>鼓。"

---

❶ "夏军也县釜而炊"，吴本："《大事记》无夏止（至）炊七字，云：已而得三城。"

21.9　赵使赵庄合从

　　赵使赵庄合从，欲伐齐。齐请效地，赵因贱赵庄。齐明为刘本无为字。谓赵王曰："齐畏从人刘本无人字。之合也，故效地。今闻赵庄贱，张勚刘勚作汉。贵，齐必不效地矣。"赵王曰："善。"乃召赵庄刘庄作庀。而贵之。

21.10　翟章从梁来

　　翟章从梁来，甚善赵王。赵王三延之以相，翟章辞不受。田驷谓柱国韩向曰："臣请为卿刺之。客若死，则王必怒而诛建信君。建信君死，则卿必为相矣。建信君不死，以为交，终身不敝，卿因以德建信君矣。"

21.11　冯忌为庐陵君

　　冯忌一本作愿。曾本无此注。为庐陵君谓赵王曰："王之逐庐陵君，为燕也。"王曰："吾所以重者，无燕、秦也。"对曰："秦三以虞卿为言，而王不逐也。今燕一以庐陵君为言，而王逐之。是王轻强秦而重弱燕也。"王曰："吾非为燕也,吾固将逐之。""然则王逐庐陵君,又不为燕也。行逐爱弟,又兼无燕、秦,臣窃为大王不取也。"

21.12　冯忌请见赵王

　　冯忌请见赵王,行人见之。冯忌接手免首,欲言而不敢。王问其故,对曰："客有见人于服子者,已而请其罪。服子曰:公之客独有三罪:望我而笑,是狎也。谈语而不称师,是倍也。交浅而言深,是乱也。客曰:不然。夫望人而笑,是和也。言而不称师,是庸说也。交浅而言深,是忠也。昔者尧见舜于草茅之中,席陇亩而荫庇桑,阴移而授天下传。刘去传字。伊尹负鼎俎而干汤,姓名未著而受三公。使夫交浅者不可以深谈,则天下不传,而三公不得也。"赵王曰："甚善。"冯忌曰:一本无此以上五字。"今外臣交浅而欲深谈可乎?"王曰："请奉教。"于是冯忌乃谈。

21.13　客见赵王曰

　　客见赵王曰："臣闻王之使人买马也,有之乎?"王曰："有之。""何故至今不遣?"王曰："未得相马之工也。"对曰："王何不遣建信君乎?"王曰:

"建信君有国事，又不知相马。"曰："王何不遣纪姬乎？"王曰："纪姬妇人也，不知相马。"对曰："买马而善，何补于国？"王曰："无补于国。""买马而恶，何危于国？"王曰："无危于国。"对曰："然则买马善而若恶，皆无危补于国。然而王之买马也，必将待工。今治天下，举错非也，国家为虚戾，而社稷不血食，然而王不待工，而与建信君，何也？"赵王未之应也。

客曰："燕郭之法刘作法，曾作郭偃之淫。有所谓桑曾作柔。雍者，王知之乎？"王曰："未之闻也。""所谓桑雍刘作柔痈。者，便辟左右之近者，及夫人优爱孺子也。此皆能乘王之醉昏，而求所欲于王者也。是能得之乎内，则大臣为之枉法于外矣。故日月晖于外，续云：东坡本：日月雕晖于外。其贼在于内，谨备其所憎，而祸在于所爱。"

21.14　秦攻魏取宁邑❶

秦攻魏，取宁邑，诸侯皆贺。赵王使往贺，三反不得通。赵王忧之，谓左右曰："以秦之强，得宁邑以制齐、赵。诸侯皆贺，吾往贺而独不得通，此必加兵我，为之奈何？"左右曰："使者三往不得通者，必所使者非其人

---

❶ 本章原与上"客见赵王曰"章接续，今依鲍本、吴本单列一章。

也。曰谅毅者，辨士也，大王可试使之。"

谅毅亲_{一本无亲字。}受命而往。至秦，献书秦王曰："大王广地宁邑，诸侯皆贺，敝邑寡君亦窃嘉之，不敢宁居，使下臣奉其币物三至王廷，而使不得通。使若无罪，愿大王无绝其欢；若使有罪，愿得请之。"秦王使使者报曰："吾所使赵国者，小大皆听吾言，则受书币。若不从吾言，则使者归矣。"谅毅对曰："下臣之来，固愿承大国之意也，岂敢有难？大王若有以令之，请奉而西❶行之，无所敢疑。"

于是秦王乃见使者，曰："赵豹、平原君数欺弄寡人。赵能杀此二人，则可；若不能杀，请今率诸侯受命邯郸城下。"谅毅曰："赵豹、平原君，亲寡君之母弟也，犹大王之有叶阳、泾阳君也。大王以孝治闻于天下，衣服使_{刘本无使字。}之便于体，膳啖使_{刘本无使字。}之嗛于口，未尝不分于叶阳、泾阳君。叶阳君、泾阳君之车马衣服，无非大王之服御者。臣闻之，有覆巢毁卵，而凤皇不翔；刳胎焚夭，而骐骥不至。今使臣受大王之令以还报，敝邑之君畏惧不敢不行，无乃伤叶阳君、泾阳君之心乎？"秦王曰："诺。勿使从政。"谅毅曰："敝邑之君，有母弟不能教诲，以恶大国，请黜之，勿使与政事，以称大国。"秦王乃喜，受其弊❷而厚遇之。

---

❶ "西"，鲍本以为衍文。吴本："疑西字讹或衍。"

❷ "弊"，鲍本、吴本作"币"。

21.15　赵使姚贾约韩魏

赵使姚贾约韩、魏，韩、魏以友刘作反。之。举茅为姚贾谓赵王曰："贾也，王之忠臣也。韩、魏欲得之，故友刘作反。之，将使王逐之，而己因受之。今王逐之，是韩、魏之欲得，而王之忠臣有罪也。故王不如勿逐，以明王之贤，而折韩、魏招之。"刘点此二字，曾作之招。

21.16　魏败楚于陉山

魏败楚于陉山，禽唐明。楚王惧，令昭应奉太子以委和于薛公。主父欲败之，乃结秦连楚曾去楚。宋之交，令仇郝相宋，楼缓相秦。楚王禽❶赵、宋、魏❷之和卒败。

21.17　秦召春平侯

秦召春平侯，因留之。世❸钧为之谓一作请。文信侯

---

❶ "禽"，鲍本改作"合"。
❷ "魏"，鲍本改作"齐"。吴本："楚王禽以下有缺误。"
❸ "世"，鲍本改作"泄"。

曰："春平侯者，赵王之所甚爱也，而郎中甚妒之，故相与谋曰：春平侯入秦，秦必留之。故谋而入之秦。今君留之，是空绝赵，而郎中之计中也。故君不如遣春平侯而留平都侯。春平侯者言行于赵王，必厚割赵以事君，而赎平都侯。"文信侯曰："善。"因与接意而遣之。

21.18 赵太后新用事

赵太后新用事，秦急攻之。赵氏求救于齐。齐曰："必以长安君为质，兵乃出。"太后不肯，大臣强谏。太后明谓左右："有复言令长安君为质者，老妇必唾其面。"左师触詟<small>一本无言字。</small>愿见太后。太后盛气而揖❶之。

入而<small>一本无而字。</small>徐趋，至而自谢曰："老臣病足，曾不能疾走，不得见久矣。窃自恕，而恐太后玉体之有所郄也，故愿望见太后。"太后曰："老妇恃辇而行。"曰："日❷食饮得无衰乎？"曰："恃鬻<small>一本去鬲字。</small>耳。"曰："老臣今者殊不欲食，乃自强步，日三四里，少益耆食，和于身也。"太后曰："老妇不能。"太后之色少解。

左师公曰："老臣贱息舒祺，最少，不肖。而臣衰，

---

❶ "揖"，吴本、王念孙以为当作"胥"，与帛书合。
❷ "日"，金正炜以为衍文，与帛书合。

窃爱怜之。愿令得补黑衣之数，以卫王官，没一作宫昧。死以闻。"太后曰："敬诺。年几何矣？"对曰："十五岁矣。虽少，愿及未填沟壑而托之。"太后曰："丈夫亦爱怜其少子乎？"对曰："甚于妇人。"太后笑曰："妇人异甚。"对曰："老臣窃以为媪之爱燕后贤于长安君。"曰："君过矣，不若长安君之甚。"

左师公曰："父母之爱子，则为之计深远。媪之送燕后也，持其踵为之泣，念悲其远也，刘作而泣之甚悲念其远也。亦哀之矣。已行，非弗思也，祭祀必祝之。祝曰：必勿使反。岂非计久长，有曾作为。子孙相继为王也哉？"太后曰："然。"左师公曰："今三世以前，至于赵之为赵，赵主❶之子孙侯者，其继有在者乎？"曰："无有。"曰："微独赵，诸侯有在者乎？"曰："老妇不闻也。""此其近者祸及身，远者及其子孙。岂人主之子孙❷，则必不善哉？位尊而无功，奉厚而无劳，而挟重器多也。今媪尊长安君之位，而封之以膏腴之地，多予之重器，而不及今令有功于国。一旦山陵崩，长安君何以自托于赵？老臣以媪为长安君计短也，故以为其爱不若燕后。"太后曰："诺。恣君之所使之。"于是为长安君约车百乘，质于齐，齐兵乃出。

子义闻之曰："人主之子也，骨肉之亲也，犹不能

---

❶ "主"，鲍本、吴本作"王"。

❷ "孙"，鲍本、吴本作"侯"，与帛书合。

恃**❶**无功之尊，无劳之奉，而守金玉之重也，而况人臣乎？"

　　附：马王堆汉墓出土帛书《战国纵横家书》第186-201行"触龙见赵太后章"**❷**

　　赵太后规用事，秦急攻之，求救于齐。齐曰："必以太后少子长安君来质，兵乃出。"太后不肯，大臣强之。太后明谓左右曰："有复言令长安君质者，老妇必○唾其面。"左师触龙言愿见，太后盛气而胥之。入而徐趋，至而自谢曰："老臣病足，曾不能疾走。不得见久矣。窃自赦老，与恐玉体之有所却也，故愿望见太后。"曰："老妇恃辇而还。"曰："食饮得毋衰乎？"曰："恃｛鬻｝粥耳。"曰："老臣间者殊不欲食，乃自强步，日三四里，少益嗜食，知于身。"曰："老妇不能。"太后之色少解。左师触龙曰："老臣贱息舒祺最少，不肖。而衰，窃爱怜之。愿令得□黑衣之数，以卫王宫，昧死以闻。"太后曰："敬诺。年○几何矣？"曰："十五岁矣。虽少，愿及未填壑谷而托之。"曰："丈夫亦爱怜少子乎？"曰："甚于妇人。"曰："妇人异甚。"曰："老臣窃以为媪之爱燕后贤长安君。"曰："君过矣，不若长安君甚。"左师

---

❶ "恃"，帛书、《史记·赵世家》作"持"。

❷ 图版见裘锡圭主编《长沙马王堆汉墓简帛集成》（壹），第87-88页；释文见《长沙马王堆汉墓简帛集成》（叁），第240页。

触龙曰："父母爱子则为之计深远。媪之送燕后也，攀其踵，为之泣，念其远也，亦哀矣。已行，非弗思也。祭祀则祝之曰：必勿使返。岂非计长久，子孙相继为王也哉。"太后曰："然。"左师触龙曰："今三世以前，至于赵之为赵，赵主之子侯者，其继有在者乎？"曰："无有。"曰："微独赵，诸侯有在者乎？"曰："老妇弗闻。"曰："此其近者，祸及其身，远者及其孙。岂人主之子侯，则必不善哉，位尊而无功，奉厚而无劳，而挟重器多也。今媪尊长安之位，而封之膏腴之地，多予之重器，而不及今令有功于国，山陵崩，长安君何以自托于赵？老臣以媪为长安君计之短也。故以为其爱也不若燕后。"太后曰："诺。恣君之所使之。"于是为长安君约车百乘，质于齐，兵乃出。子义闻之曰："人主子也，骨肉之亲也，犹不能持无功之尊，不劳之奉，而守金玉之重也，然况人臣乎？"

21.19　秦使王翦

秦使王翦攻赵，赵使李牧、司马尚御之。李牧数破走秦军，杀秦将桓齮❶。王翦恶之，乃多与赵王宠臣郭开等

---

❶ "杀秦将桓齮"，《史记·廉颇蔺相如列传》："赵乃以李牧为大将军，击秦军于宜安，大破秦军，走秦将桓齮。"杨宽以为桓齮即《燕策三·燕太子丹质于秦》之樊於期。

金，使为反间，曰："李牧、司马尚欲与秦反赵，以多取封于秦。"赵王疑之，使赵葱及颜冣代将，斩李牧，废司马尚。后三月，王翦因急击，大破赵，杀赵军❶，虏赵王迁及其将颜冣，遂灭赵。

战国策卷第二十一

集贤院第二十一卷全不同，疑差互。

---

❶ "赵军"，吴本："《史》作赵葱。"

卷二十二

魏一

22.1　知伯索地于魏

知伯索地于魏桓子，魏桓子弗予。任章曰："何故弗予？"桓子曰："无故索地，故弗予。"任章曰："无故索地，邻国必恐；重欲无厌，天下必惧。君予之地，知伯必憍。憍而轻敌，邻国惧而相亲。以相亲之兵，待轻敌之国，知氏之命不长矣！《周书》曰：将欲败之，必姑辅之。将欲取之，必姑与之。君不如与之，以骄知伯。君何释以天下图知氏，而独以吾国为知氏质乎？"君曰："善。"乃与之万家之邑一。知伯大说。因索蔡❶、皋梁❷于赵，赵弗与，因围晋阳。韩、魏反于外，赵氏应之于内，知氏遂亡。

22.2　韩赵相难❸

韩、赵相难，韩索兵于魏曰："愿得借师以伐赵。"

---

❶　"蔡"，当作"蔺"。
❷　"梁"，鲍本改作"狼"。
❸　本章原与上"知伯索地于魏"章接续，今依鲍本、吴本单列一章。

魏文侯曰："寡人与赵兄弟，不敢从。"赵又索兵以攻韩，文侯曰："寡人与韩兄弟，不敢从。"二国不得兵，怒而反。已乃知文侯以讲于己也，皆朝魏。

22.3 乐羊为魏将

乐羊为魏将而攻中山。其子在中山，中山之君烹其子而遗之羹，乐羊坐于幕下而啜之，尽一杯。文侯谓睹^{续云：《后语》作堵。}师赞曰："乐羊以我之故，食其子之肉。"赞对曰："其子之肉尚^{一本无此以上三字。}食之，其^{一作且。}谁不食？"乐羊既罢中山，文侯赏其功而疑其心。

22.4 西门豹为邺令

西门豹为邺令，而辞乎魏文侯。文侯曰："子往矣，必就子之功，而成子之名。"西门豹曰："敢问就功成名，亦有术乎？"文侯曰："有之。夫乡邑老者而先受坐之士，子入而问其贤良之士而师事之，求其好掩人之美而扬人之丑者^{曾、刘无者字。}而参验之。夫物多相类而非也，幽莸之幼也似禾，骊牛之黄也似虎，白骨疑象，武夫类玉，此皆似之而非者也。"

22.5　文侯与虞人期

文侯与虞人期猎。是日，饮酒乐，天雨。文侯将出，左右曰："今日饮酒乐，天又雨，公将焉之？"文侯曰："吾与虞人期猎，虽乐，岂可不_{曾作无}。一会期哉！"乃往，身自罢之。魏于是乎始强。

22.6　魏文侯与田子方

魏文侯与田子方饮酒而称乐。文侯曰："钟声不比乎，左高。"田子方笑。文侯曰："奚笑？"子方曰："臣闻之，君明则乐官，不明则乐音。今君审于声，臣恐君之聋于官也。"文侯曰："善，敬闻命。"

22.7　魏武侯与诸大夫

魏武侯与诸大夫浮于西河，称曰："河山之险，岂不亦信固哉。"王钟_{一作错}。侍王❶，曰："此晋国之所以强也。若善修之，则霸王之业具矣。"吴起对曰："吾君

---

❶ "王"，鲍本改作"坐"。

之言，危国之道也，而子又附之，是危●也。"

武侯忿然曰："子之言有说乎？"吴起对曰："河山之险，信一本无信字。不足保也，是一本无是字。伯王之业，不从此也。昔者三苗之居，左彭蠡之波，右有一本无有字。洞庭之水，文山在其南，而衡山在其北。恃此险也，为政不善，而禹放逐之。夫夏桀之国，左天门之阴，而右天溪之阳，庐、曾作卢。皋在其北，伊、洛出其南。有此险也，然为政不善，而汤伐之。殷纣之国，左孟门而右漳、釜，前带河，后被山。有此险也，然为政不善，而武王伐之。且君亲从臣而胜降城，城非不高也，刘本添也字。人民非不众也，然而可得并者，政恶故也。从是观之，地形险阻，奚足以霸王矣！"武侯曰："善。吾乃今日闻圣人之言也！西河之政，专委之子矣。"

22.8 魏公叔痤为魏将

魏公叔痤为魏将，而与韩、赵战浍北，禽乐祚。魏王说，迎郊❷，以赏田百万禄之。公叔痤反走，再拜辞曰："夫使士卒不崩，直而不倚，挠拣而一本无而字。不辟者，此吴起余教也，臣不能为也。前脉形埊之险阻，决利害之备，使三军之士不迷惑者，巴一作已。宁、爨襄之

---

❶ "危"，鲍本、吴本上有"重"字。
❷ "迎郊"，鲍本、吴本作"郊迎"。

力也。县赏罚于前，使民昭然信之于后者，王之明法也。见敌之可也^❶，鼓之不敢怠倦者，臣也。王特为臣之右手不倦赏臣，何^❷也。若以臣之有功，臣何力之有乎？"王曰："善。"

于是索吴起之后，赐之田二十万。巴一作巳。宁、爨襄田各十万。王曰："公叔岂非长者哉！既为寡人胜强敌矣，又不遗贤者之后，不掩能士之迹，公叔何可无益乎？"故又与田四十万，加之百万之上，使百四十万。

故《老子》曰："圣人无积，尽刘作既。以为人，己愈有。既以与人，己愈多。"公叔当之矣。

22.9　魏公叔痤病

魏公叔痤病，惠王往问之，曰："公叔病，即不可讳，将奈社稷何？"公叔痤对曰："痤有御庶子公孙鞅，愿王以国事听之也。为弗能听，勿使出竟。"王弗应，出而谓左右曰："岂不悲哉！以公叔之贤，而谓寡人必以国事听鞅，不亦悖乎？"公叔痤死，公孙鞅闻之，已葬，刘作出奔。西之秦，孝公受而用之。

秦果日以强，魏日以削。此非公叔之悖也，惠王之悖也。悖者之患，固以不悖者为悖。

---

❶ "也"，吴本作"击"。
❷ "何"，鲍本、吴本作"可"。

22.10　苏子为赵合从说魏

　　苏子为赵合从，说魏王曰："大王之埊，南有鸿沟、陈、汝南，有许、鄢、昆阳、邵陵、舞阳、新郪，东有淮、颖❶、沂、黄、煮枣、海盐、无疏，曾作海盐、无胥。西有长城之界，北有河外、卷、衍、燕、曾去燕字。酸枣，埊方千里。埊名虽小，然而庐田庑舍，曾作田舍庐庑。曾无所刍牧牛马之地。人民之众，车马之多，日夜行不休已，无以异于三军之众。臣窃料之，大王之国，不下于楚。然横人谋❷王，外交强虎狼之秦，以侵天下，卒有国患，不被其祸。夫挟强秦之势，以内劫其主，罪无过此者。曾、集、刘无以上五字。且魏，天下之强国也，大王，天下之贤主也。今乃有意西面而事秦，称东藩，筑帝宫，受冠带，祠春秋，臣窃为大王愧之。臣闻越王勾践以散卒三千，禽夫差于干遂。武王卒三千人，革车三百乘，斩纣于牧之野。岂其士卒众哉？诚能振其威也。今窃闻大王之卒，武力二十余万，苍头二千❸万，奋击二十万，厮徒十万，车六百乘，曾、刘无乘字。骑五千匹。曾、刘无匹字。此其过越王勾践、武王远矣！今乃劫于辟❹臣之说，

---

❶　"颖"，当为"颍"。

❷　"谋"，鲍本改作"詙"（疑为詙，吴本正作"詙"）。

❸　"千"，鲍本、吴本作"十"。

❹　"辟"，鲍本、吴本作"群"。

而欲臣事秦。夫事秦必割地效质，<small>刘作实</small>。故兵未用而国已亏矣。凡群臣之言事秦者，皆奸臣，非忠臣也。夫为人臣，割其主之垄以求外交，偷取一旦之功而不顾其后，破公家而成私门，外挟强秦之势，以内劫其主，以求割垄。愿大王之熟察之也。《周书》曰：绵绵不绝，缦缦❶奈❷何，毫毛不拔，将成斧柯。前虑不定，后有大患，将奈之何？大王诚能听臣，六国从亲，专心并力，则必无强秦之患。故敝邑赵王使使臣献愚计，奉明约，在大王诏之。"魏王曰："寡人不肖，未尝得闻明教。今主君以赵王之诏诏之，敬以国从。"

22.11　张仪为秦连横说魏

张仪为秦连横，说魏王曰："魏地方不至千里，卒不过三十万人。地四平，诸侯四通，条达辐凑，无有名山大川之阻❸。从郑至梁，不过百里，从陈至梁，二百余里。马驰人趋，不待倦而至梁。南与楚境，西与韩境，北与赵境，东与齐境，卒戍四方，守亭障者参列。粟粮漕庾，不下十万。魏之地势，故战场也。魏南与楚而不与齐，则齐攻其东。东与齐而不与赵，则赵攻其北。不合于韩，则韩

---

❶ "缦缦"，鲍本改作"蔓蔓"。
❷ "奈"，鲍本、吴本作"若"。
❸ "阻"，吴本作"限"。

攻其西。不亲刘作合。于楚，则楚攻其南。此所谓四分五裂之道也。且夫诸侯之为从者，以安社稷、尊主、强兵、显名也。合从者，一天下，约为兄弟，刑白马以盟于洹水之上以相坚也。夫亲昆弟，同父母，尚有争钱财，而欲恃诈伪反覆苏秦之余谋，其不可以成亦明矣。大王不事秦，秦下兵攻河外，拔卷、衍、燕、曾作点。酸枣，劫卫取晋阳❶，则赵不南。赵不南，则魏不北；魏不北，则从道绝；从道绝，则大王之国欲求无危不可得也。秦挟韩而攻魏，韩劫于秦，不敢不听。秦韩为一国，魏之亡可立而须也，此臣之所以为大王患也。为大王计，莫如事秦，事秦则楚、韩必不敢动；无楚、韩之患，则大王高枕而卧，国必无忧矣。且夫秦之所欲弱莫如楚，而能弱楚者莫若魏。楚虽有富大之名，其实空虚，其卒虽众，多言而轻走，易北，不敢坚战。魏❷之兵南面而伐，胜楚必矣。夫亏楚而益魏，攻楚而适秦，内❸嫁祸安国，此善事也。大王不听臣，秦甲出而东，虽欲事秦，而不可得也。且夫从人多奋辞而寡可信，说一诸侯之王，出而乘其车，约一国而反，成❹而封侯之基。是故天下之游士，莫不日夜扼腕瞋目切齿以言从之便，以说人主。人主览其辞，牵其说，恶得无眩哉？臣闻积羽沉舟，群轻折轴，众口铄金，故愿大王之熟计之也。"魏王曰："寡人蠢愚，

---

❶ "晋阳"，吴本："《史》作阳晋。"
❷ "魏"，鲍本上补"患"字，吴本："《史》作悉。"
❸ "内"，金正炜疑当作"而"。
❹ "反""成"，鲍本、吴本二字互乙。

曾、刘无愚字。前计失之。请称东藩，筑帝宫，受冠带，祠春秋，效河外。"

22.12　齐魏约而伐楚

齐、魏约而伐楚，魏以董庆为质于齐。楚攻齐，大败之，而魏弗救。田婴怒，将杀董庆。盱夷刘作干夷。为董庆谓田婴曰："楚攻齐，大败之，而不敢深入者，以魏为将内之于齐而击其后。今杀董庆，是示楚无魏也。魏怒合于楚，齐必危矣。不如贵一作舍。董庆以善魏，而疑之于楚也。"

22.13　苏秦拘于魏

苏秦拘于魏，欲走而之韩❶，魏氏闭关而不通。齐使苏厉为之谓魏王曰："齐请以宋地封泾阳君，而秦不受也。夫秦非不利有齐而得宋垄也，然其所以不受者，不信齐王与苏秦也。今秦见齐、魏之不合也❷如此其甚也，则齐必不欺秦，而秦信齐矣。齐、秦合而泾阳君有宋地，则非魏之利也。故王不如复东苏秦，秦必疑齐而

❶ "韩"，鲍本改作"齐"。
❷ "也"，鲍本以为衍文。

不听也。夫齐、秦不合，天下无忧❶，伐齐成，则垄广矣。”

22.14　陈轸为秦使于齐

陈轸为秦使于齐，过魏，求见犀首。犀首谢陈轸。陈轸曰：“轸之所以来者，事也。公不见轸，轸且行，不得待异日矣。”犀首乃见之。

陈轸曰：“公恶事乎？何为饮食而无事？无事必来❷。”犀首曰：“衍不肖，不能得事焉，何敢恶事？”陈轸曰：“请移天下之事于公。”犀首曰：“奈何？”陈轸曰：“魏王使李从以车百乘使于楚，公可以居其中而疑之。公谓魏王曰：臣与燕、赵故矣，数令人召臣也，曰无事必来。今臣无事，请谒而往。无久，旬五之期。王必无辞以止公。公得行，因自言于廷曰：臣急使燕、赵，急约车为行具。”犀首曰：“诺。”

谒魏王，王许之，即明言使燕、赵。诸侯客闻之，皆使人告其王曰：“李从以车百乘使楚，犀首又以车三十乘使燕、赵。”齐王闻之，恐后天下得魏，以事属犀首，犀首受齐事。魏王止其行使。燕、赵闻之，亦以事属犀首。楚王闻之，曰：“李从约寡人，今燕、齐、赵皆以事因犀

❶ “忧”，吴本：“一本票（标）一作变。”
❷ “无事必来”，鲍本、吴本以为衍文。

首，犀首必欲寡人，寡人欲之。”乃倍李从而以事因犀首。魏王曰：“所以不使犀首者，以为不可。令❶四国属以事，寡人亦以事因焉。”犀首遂主天下之事，复相魏。

22.15　张仪恶陈轸于魏

张仪恶陈轸于魏王曰：“轸善事楚，为求壤埊也甚力之❷。”左华❸谓陈轸曰：“仪善于魏王，魏王甚爱之。公虽百说之，犹不听也。公不如仪❹之言为资，而反于楚王❺。”陈轸曰：“善。”因使人先言于楚王。

22.16　张仪欲穷陈轸

张仪欲穷陈轸，令魏王召而相之，来将悟_{曾作梧。}之。将行，其子陈应止其公之行，曰：“物之湛者，不可不察也。郑强出秦，曰应为知。_{曾作之。}夫魏欲绝楚、齐，必重迎公。郢中不善公者，欲公之去也，必劝王多公之车。公至宋，道称疾而毋行，使人谓齐王曰：魏之所以

---

❶　“令”，鲍本、吴本作“今”。

❷　“之”，鲍本以为衍文。

❸　“左华”，吴本：“《楚策》作左爽。”

❹　“仪”，鲍本、吴本上补“以”字。

❺　“王”，王念孙以为衍文。

迎我者，欲以绝齐、楚也。"齐王曰："子果❶无之魏而见寡人也，请封子。"因以鲁侯之车迎之。

22.17　张仪走之魏

张仪走之魏，魏将迎之。张丑谏于王，欲勿内，不得于王。张丑退。复谏于王曰："王亦闻老妾事其主妇❷者乎？子长色衰，重家_{一本作嫁}。而已。今臣之事王，若老妾之事其主妇者。"魏王因不纳张仪。

22.18　张仪欲以魏合于秦韩

张仪欲以魏合于秦、韩而攻齐、楚，惠施欲以魏合于齐、楚以案兵。人多为张子于王所。惠子谓王曰："小事也，谓可者谓不可者正半，况大事乎？以魏合于秦、韩而攻齐、楚，大事也，而王之群臣皆以为可。不知是其可也，如是其明耶？而❸群臣之知术也，如是其同耶？是其可也，未如是其明也。而群臣之知术也，又非皆同也，是有其半塞也。所谓劫主者，失其半者也。"

---

❶ "果"，鲍本、吴本作"东"。
❷ "主妇"，金正炜以为当作"主父"。下同。
❸ "而"，鲍本、吴本作"亡"。

22.19　张子仪以秦相魏

　　张子刘去子字。仪以秦相魏，齐、楚怒而欲攻魏。雍沮谓张子曰："魏之所以相公者，以公相则国家安，而百姓无患。今公相而魏受兵，是魏计过也。齐、楚攻魏，公必危矣。"张子曰："然则奈何？"雍沮曰："请令齐、楚解攻。"

　　雍沮谓齐、楚之君曰："王亦闻张仪之约秦王乎？曰：王若相仪于魏，齐、楚恶仪，必攻魏。魏战而胜，是齐、楚之兵折而仪固得魏矣。若不胜魏❶，魏必事秦以持其国，必割地以赂王。若欲复攻，其敝不足以应秦。此仪之所以与秦王阴相结也。今仪相魏而攻之，是使仪之计当于秦也，非所以穷仪之道也。"齐、楚之王曰："善。"乃遽解攻于魏。

22.20　张仪欲并相秦魏

　　张仪欲并相秦、魏，故谓魏王曰："仪请以秦攻三川，王以其间约南阳，韩氏亡。"史厌谓赵献❷曰："公

---

❶ "魏"，鲍本以为衍文。
❷ "赵献"，金正炜、钟凤年以为"昭献"之讹。

何不以楚佐仪求相之于魏，韩恐亡，必南走楚。仪兼相秦、魏，则公亦必并相楚、韩也。"

22.21　魏王将相张仪

魏王将相张仪，犀首弗利，故令人谓韩公叔曰："张仪以一作已。合秦、魏矣。其言曰：魏攻南阳，秦攻三川，韩氏必亡。且魏王所以贵张子者，欲得垄，则韩之南阳举矣。子盍少委焉，以为衍功？则秦、魏之交可废矣。如此，则魏必图秦而弃仪，收韩而相衍。"公叔以为信❶，<small>曾作便，刘作信。</small>因而委之，犀首以为功，果相魏。

22.22　楚许魏六城

楚❷许魏六城，与之伐齐而存燕。张仪欲败之，谓魏王曰："齐畏三国之合也，必反燕垄以下楚❸，楚、赵必听之，而不与魏六城。是王失谋于楚、赵，而树怨而❹于齐、秦也。齐遂伐赵，取乘丘，收侵地，虚、顿丘危。

---

❶ "信"，鲍本、吴本作"然"。
❷ "楚"，钟凤年以为下当有"赵"字。
❸ "楚"，金正炜、钟凤年以为下当有"赵"字。
❹ "而"，鲍本、吴本以为衍文。

楚破南阳、九夷，内沛，许、鄢陵危。王之所得者，新观也，而道涂宋、卫为制。事败为赵驱，事成功县宋、卫。"魏王弗听也。

刘连上，曾题。张仪告公仲，令以饥故，赏韩王以近河外。魏王惧，问张子。张子曰："秦欲救齐，韩欲攻南阳，秦、韩合而欲攻南阳，无异也。且以遇卜王，王不遇秦，韩之卜也决矣。"魏王遂尚遇秦，信韩、广魏、救赵，尺❶楚人遽于萆下，伐齐之事遂败。

22.23　徐州之役犀首谓梁

徐州之役，犀首谓梁王曰："何不阳与齐而阴结于楚？二国恃王，齐、楚必战。齐战胜楚，而与乘之，必取方城之外。楚战胜齐败，一本无败字。而与乘之，是太子之仇报矣。"

22.24　秦败东周与魏战

秦败东周，与魏战于伊阙，杀犀武。魏令公孙衍乘胜而留于境❷，请卑辞割埊以讲于秦。为窦屡谓魏王曰：

---

❶ "尺"，鲍本改作"斥"。
❷ "乘胜而留于境"，金正炜以为当在上句"杀犀武"三字下。

"臣不知衍之所以听于秦之少多，然而臣能半衍之割，而令秦讲于王。"王曰："奈何？"对曰："王不若与窦屡关内侯，而令❶赵，王重其行而厚奉之。因扬言曰：闻周、魏令窦屡以割魏于奉阳君而听秦矣。夫周君、窦屡、奉阳君之与穰侯，贸首之仇也。今行和者，窦屡也；制割者，奉阳君也。太后恐其不因穰侯也，而欲败之，必以少割请合于王，而和于东周与魏也。"

22.25 齐王将见燕赵楚

齐王将见燕、赵、楚之相于卫，约外魏。魏王惧，恐其谋伐魏也，告公孙衍。公孙衍曰："王与臣百金，臣请败之。"王为约车，载孙作赍。百金。犀首期齐王至之日❷，先以车五十乘至卫，间齐，行以百金，以请先见齐王，乃得见。因久坐，安从容谈。三国之相怨，谓齐王曰："王与三国约外魏，魏使公孙衍来，今久与之谈，是王谋三国也也？"齐王曰："魏王闻寡人来，使公孙子劳寡人，寡人无与之语也。"三国之不相❸信齐王之遇，遇事遂败。

---

❶ "令"，鲍本、吴本下有"之"字。
❷ "日"，鲍本、吴本作"日"。
❸ "不相"，鲍本改作"相不"。

22.26　魏令公孙衍请和于秦

　　魏令公孙衍请和于秦，綦母恢教之语曰："无多割。曰和成，固有秦重，和以与王遇。和不成，则后必莫能以魏合于秦者矣。"

22.27　公孙衍为魏将

　　公孙衍为魏将，与其相田繻不善。季子为衍谓梁王曰："王独不见夫服牛骖骥乎？不可以行百步。今王以衍为可使将，故用之也，而听相之计，是服牛骖骥也。一作之道。牛马俱死，而不能成其功，王之国必伤矣！愿王察之。"

　　战国策卷第二十二

魏二

23.1 犀首田盼欲得齐魏

犀首、田盼欲得齐、魏之兵以伐赵，梁君与田侯不欲。犀首曰："请国出五万人，不过五月而赵破。"田盼曰："夫轻用其兵者，其国易危；易用其计者，其身易穷。公今言破赵大易，恐有后咎。"犀首曰："公之不慧也。夫二君者，固已不欲矣。今公又言有曾添有字。难以惧之，是赵不伐而二士一作君。之谋困也。且公直言易，而事已去矣。夫难构而兵结，田侯、梁君见其危，又安敢释卒不我予乎？"田盼曰："善。"遂劝两君听犀首。犀首、田盼遂得齐、魏之兵。兵未出境，梁君、田侯恐其至而战败也，悉起兵从之，大败赵氏。

23.2 犀首见梁君

犀首见梁君曰："臣尽力竭知，欲以为王广土取尊名，田需前作田繻，今直言需。从中败君❶，王又听之，是臣终无成功也。需亡，臣将侍；需侍，臣请亡。"王曰："需，寡人之股掌之臣也。为子之不便也，杀之亡之❷，毋谓天下何？内之，无若群臣何也？今吾为子外之，令毋敢入子之事。入，犹与也。曾、刘无此注。入子之事者，吾为子杀之亡之，胡如？"犀首许诺。于是东见田婴，与之约结，召文子而相之魏，身相于韩。曾题，刘连。

23.3 苏代为田需说❸

苏代为田需说魏王曰："臣请问文之为魏，为，助也。曾、刘无此注。孰与其为齐也？"王曰："不如其为齐也。""衍之为魏，孰与其为韩也？"王曰："不如其为韩也。"而苏代曰："衍将右韩而左魏，右，近。左，远。曾、刘无此注。文将右齐而左魏。二人者，将用王之国，举事于世，中道而不可，王且无所闻之矣。王之国虽渗乐❹而从曾作后。之可也。王不如舍需于侧，以稽二人者之所为。二人者曰：需非吾人也。吾举事而不利于魏，需必挫我于王。二人者必不敢有外心矣。二人者之所为之，刘去之。利于魏与不利于魏，王厝需于侧以稽之，臣

---

❶ "君"，吴本："一本标君，一作臣，又作之。"
❷ "亡之"，吴本："一本标云有外之字。"
❸ 本章，鲍本、吴本与上"犀首见梁君"章合。
❹ "渗乐"，黄丕烈以为当作"操药"。

以为身利刘去身利字。而一本无而字。便于事。"王曰：
"善。"果厝需于侧。

23.4　史举非犀首

史举非犀首于王。犀首欲穷之，谓张仪曰："请令王
让先生以国，王为尧舜矣。而先生弗受，亦许由也。衍请
因令王致万户邑于先生。"张仪说，因令史举数见犀首。
王闻之而弗任也，史举不辞而去。

23.5　楚王攻梁南

楚王攻梁南，韩氏因围蔷。一本作蔷。成恢为犀首谓
韩王曰："疾攻蔷，楚师必进矣。魏不能支，交臂而听
楚，韩氏必危，故王不如释蔷。魏无韩患，必与楚战，战
而不胜，大梁不能守，而又况存蔷乎？若战而刘添而字。
胜，兵罢敝，大王之攻蔷易矣。"

23.6　魏惠王死

魏惠王死，葬有日矣。天大雨雪，至于牛目，坏城
郭，且为栈道而葬。群臣多谏太子者，曰："雪甚如此而

丧行，民必甚病之。官费又恐不给，请弛期更日。"太子曰："为人子而以民劳与官费用之故，而不行先王之丧，不义也。一本无也字。子勿复言。"群臣皆不敢言，而以告犀首。

犀首曰："吾未有以言之也，是其唯惠公乎！一作薛公。旁出云：一本皆惠子。然其后与此本皆直言惠子，恐惠子者是。请告惠公。"一作子。惠公一作子。曰："诺。"驾而见太子曰："葬有日矣。"太子曰："然。"惠公曰："昔王季历葬于楚山续云：《吕氏春秋》作惠公涡山。之一本无之字。尾，欒水啮其墓，续云：《后语》作蛮水。注：盛弘之《荆楚记》曰：宜都县有蛮水，即乌水也。今襄州南有乌水。按古公亶父以修德为百姓所附，遂杖策去之，与太姜逾梁山，而止于岐山之阳。故《诗》曰：率西水许，至于岐下。是为太王。太王生季历，季历卒，葬鄠县之南，今之葬山名。而皇甫谧云：楚山一名潏山，鄠县之南山也。纵有楚山之名，不宜得蛮水所啮，虽惠子之书五车，未为稽古也。续云：欒，音鸾。《说文》云漏流也。一曰渍也。墓为漏流所渍，故曰欒水啮其墓，不必讥惠子也。见棺之前和。文王曰：嘻！先君必欲一见群臣百姓也夫？故使欒水见之。于是出而为之张于朝，《后语》：张帐以朝。百姓皆见之，三日而后更葬。此文王之义也。今葬有日矣，而雪甚及牛目，难以行，太子为及日之故，得毋嫌于欲亟葬乎？愿太子更日。先王必欲少留而扶社稷、安黔首也，故使雪甚。因弛期而更为日，此文王之义也。若此而弗为，意者羞法文王乎？"

太子曰："甚善。敬弛期，更择日。"

惠子非徒行其说也，又令魏太子未葬其先王，而因又说文王之义。说文王之义以示天下，岂小功也哉！

23.7　五国伐秦无功而还

五国伐秦，无功而还。其后，齐欲伐宋，而秦禁之。齐令宋郭之秦，请合而以伐宋。秦王许之。魏王畏齐、秦之合也，欲讲于秦。

谓魏王曰："秦王谓宋郭曰：分宋之城，服宋之强者，六❶国也。乘宋之敝，而与王争得者，楚、魏也。请为王毋禁楚之伐魏也，而王独举宋。王之伐宋也，请刚柔而皆用之。如宋者，欺之不为逆者，曾添者字。杀之不为曾作而无。仇者也。王无与之讲以取垫，既已得垫矣，刘添矣字。又以力攻之，期于啖宋而已矣。臣闻此言，而窃为王悲，秦必且用此于王矣。又必且曰❷王以求垫，既已得垫，又且以力攻王。又必谓❸王曰❹使王轻齐。齐、魏之交已丑，又且收齐以更❺索于王。秦尝用此于楚矣，又尝用此于韩矣，愿王之深计之也。秦善

---

❶ "六"，横田本作"大"。
❷ "曰"，鲍本改作"劫"，黄丕烈以为当作"因"。
❸ "谓"，黄丕烈以为当作"讲"。
❹ "曰"，鲍本以为衍文，黄丕烈以为当作"因"。
❺ "更"，鲍本、吴本作"东"。

魏，不可知也已。故为王计，太上伐秦，其次宾秦，其次坚约而详讲，与国无相离❶也。秦齐合，国不可为也已。王其听臣也，必无与讲。秦权重魏，魏再❷明孰，是故又为足下伤秦者，不敢显也。天下可令伐秦，则阴劝而弗敢图也。见天下之伤秦也，则先鬻与国而以自解也。天下可令宾秦，则为劫于与国而不得已者。天下不可，则先去，而以秦为上交以自重也。如是人者，鬻王以为资者也，而焉能免国于患？免国于患_{曾、刘无此以上四字。}者，必穷三节而行其上。上不可，则行其中；中不可，则行其下；下不可，则明不与秦，而_{一作两。}生以残秦，使秦皆无百怨百利，唯已之曾安。令足下鬻之以合于秦，是免国于患者之计也。臣何足以当之？虽然，愿足下之论臣之计也。燕，齐仇国也，秦，兄弟之交也。合仇国以伐婚姻，臣为之苦矣。黄帝战于涿鹿之野，而西戎之兵不至。禹攻三苗，而东夷之民不起。以燕伐秦，黄帝之所难也，而臣以致燕甲而起齐兵矣。臣又偏❸事三晋之吏，奉阳君、孟尝君、韩珉、周最、周韩❹余为徒从而下之。恐其伐秦之疑也，又身自丑于秦，扮❺_{博幻切，握也。}之请焚天下之秦符者，臣也；次传焚符之约者，臣也；欲使五国约闭秦关者，臣也。奉

---

❶ "离"，鲍本、吴本作"仇"。

❷ "再"，鲍本、吴本作"冉"。

❸ "偏"，鲍本、吴本作"遍"。

❹ "周韩"，吴本："周韩之间有脱字，不然，衍周字。"

❺ "扮"，黄丕烈以为当作"初"，范本疑为"岔"之借字。

阳君、韩余为既和矣，苏修、朱婴既皆阴在邯郸，臣又说齐王而往败之。天下共讲，因使苏修游天下之语，而以齐为上交。兵请伐魏，臣又争之以死，而果西因苏修重报。臣非不知秦劝❶之重也，然而所以为之者，为足下也。"

23.8　魏文子田需周宵

魏文子、田需、周宵相善，欲罪犀首。犀首患之，谓魏王曰："今所患者，齐也。婴子言行于齐王，王欲得齐，则胡不召文子而相之？彼必务以齐事王。"王曰："善。"因召文子而相之。犀首以倍田需、周宵。

23.9　魏王令惠施之楚

魏王令惠施之楚，令犀首之齐，钩二子者乘数。钩，将测交也。楚王闻之❷。施因令人先之楚，言曰："魏王令犀首之齐，惠施之楚，钩二子者，将测交也。"楚王闻之，因郊迎惠施。

---

❶ "劝"，鲍本改作"权"。
❷ "楚王闻之"，鲍本、吴本以为衍文。

23.10　魏惠王起境内众

魏惠王起境内众，将太子申而攻齐。客谓公子理之传❶曰："何不令公子泣王、太后，止太子之行？事成则树德，不成则为王矣。太子年少，不习于兵。田朌❷宿将也，而孙子孙膑也。善用兵。战必不胜，不胜必禽。公子争之于王，王听公子，公子不❸封；不听公子，太子必败。败，公子必立，立必为王也。"

23.11　齐魏战于马陵

齐、魏战于马陵，齐大胜魏，杀太子申，覆十万之军。魏王召惠施而告之曰："夫齐，寡人之仇也，怨之至死不忘。国虽小，吾常欲悉起兵而攻之，何如？"对曰："不可。臣闻之，王者得度，而霸者知计。今王所以告臣者，疏于度而远于计。王固先属怨于赵，而后与齐战。今战不胜，国无守战之备，王又欲悉起而攻齐，此非臣之所谓也。王若欲报齐乎，则不如因变服折节而朝齐，楚王必

---

❶ "传"，黄丕烈以为当作"傅"。
❷ "朌"，当作"朌"。
❸ "不"，鲍本、吴本作"必"。

怒矣。王游人而合其斗，则楚必伐齐。以休楚而伐罢齐，则必为楚禽矣。是王以楚毁齐也。"魏王曰："善。"

乃使人报于齐，愿臣畜而朝。田婴许诺。张丑曰："不可。战不胜魏，而得朝礼，与魏和而下楚，此可以大胜也。今战胜魏，覆十万之军，而禽太子申，臣万乘之魏而卑秦、楚，此其暴于曾添于字戾定矣。且楚王之为人也，好用兵而甚务名，终为齐患者，必楚也。"田婴不听，遂内魏王而与之并朝齐侯再三。

赵氏丑之。楚王怒，自将而伐齐，赵应之，大败齐于徐州。

23.12　惠施为韩魏交

惠施为韩、魏交，令太子鸣为质于齐。王欲见之，朱仓谓王曰："何不称病？臣请说婴子曰：魏王之年长矣，今有疾，公不如归太子以德之。不然，公子高在楚，楚将内而立之，是齐抱空质而行不义也。"

23.13　田需贵于魏王

田需贵于魏王。惠子曰："子必善左右。今夫杨，横树之则生，倒刘作侧。树之则生，折而树之又生。然使十人树杨，一人拔之，则无生杨矣。故以十人之众，树易生之物，然而不胜一人者，何也？树之难而去之易也。今子虽自树于王，而欲去子者众，则<u>曾去则字</u>。子必危矣。"

23.14　田需死[1]

田需死。昭鱼谓苏代曰："田需死，吾恐张仪、薛公、犀首之有一人相魏者。"代曰："然则相者以<u>一本无者以字</u>。谁而君便之也？"昭鱼曰："吾欲太子之自相也。"代曰："请为君北见梁王，必相之矣。"昭鱼曰："奈何？"代曰："君其为梁王，代请说君。"昭鱼曰："奈何？"

对曰："代也从楚来，昭鱼甚忧。代曰：君何忧？曰：田需死，吾恐张仪、薛公、犀首有一人相魏者。代曰：勿忧也。梁王，长主也，必不相张仪。张仪相魏，必右秦而左魏；薛公相魏，必右齐而左魏；犀首相魏，必右韩而左魏。<u>右，亲也。左，疏外也。</u>梁王，长主也，必不使相也。代曰：莫如太子之自相。是三人皆以太子为非固相也，<u>固，久也。</u>皆将务以其国事魏，而欲丞相之玺。以魏之强，而持<u>一本无持字</u>。三万乘之国辅之，魏必安矣。故曰：不如太子之自相也。"

遂北见梁王，以此语告之，太子果自相。

---

[1] 本章原与上"田需贵于魏王"章接续，今依鲍本、吴本单列一章。

23.15 秦召魏相信安君

秦召魏相信安君，信安君不欲往。苏代为说秦王曰：
"臣闻之，忠不必当，一本作党。当必不❶忠。今臣愿❷大
王陈臣之愚意，恐其不忠于下吏，自使有要领之罪，愿大
王察之。今大王令人执事于魏，以完其交，臣恐魏交之益
疑也。将以塞赵也，臣又恐赵之益劲也。夫魏王之爱习魏
信也甚矣，其智能而任用之也厚矣，其畏恶严尊秦也明
矣。今曾作令。王之使人入魏而不用，则王之使人入魏无
益也。若用，魏必舍所爱习而用所畏恶，此魏王之所以
刘添以字。不安也。夫舍万乘之事而退，此魏信之所难行
也。夫令人之君处所不安，令人之相行所不能，以此为
亲，则难久矣。臣故恐魏交之益疑也。且魏信舍事，则赵
之谋者必曰：舍于秦，秦必令其所爱信者用赵。是赵存而
我亡也，赵安而我危也。则上有野战之气，下有坚守之
心，臣故恐赵之益劲也。大王欲完魏之交，而使赵小心
乎？不如用魏信而尊之以名。魏信事王，国安而名尊；离
王，国危而权轻。然则魏信之事主❸也，上所以为其主者
忠矣，下所以自为者厚矣，彼其事王必完矣。赵之用事者

---

❶ "必不"，鲍本、吴本作"不必"。
❷ "愿"，鲍本下补"为"字。
❸ "主"，鲍本、吴本作"王"。

必曰：魏氏之名族不高于我，土地之实不厚于我。魏信以韩❶魏事秦，秦甚善之，国得安焉，身取尊焉。今我讲难于秦，兵为招质，国处削危之形，非得计也。结怨于外，主❷患于中，身处死亡之垒，非完事也。彼将伤其前事，而悔其过行，冀其利，必多割垒以深下王。则是大王垂拱之一作多。割垒以为利重，尧、舜之所求而不能得也。臣愿大王察之。"

23.16 秦楚攻魏围皮氏

秦、楚攻魏，围皮氏。为魏谓楚王曰："秦楚胜魏，魏王之恐也见亡矣，必舍一作合。于秦，王何不倍秦而与魏王？魏王喜，必内太子，秦恐失楚，必效城垒于王，王虽复与之攻魏可也。"楚王曰："善。"乃倍秦而与魏，魏内太子于楚。秦恐，许楚城垒，欲与之复攻魏。樗里疾怒，欲与魏攻楚，恐魏之以太子在楚不肯也。

为疾谓楚王曰："外臣疾使臣谒之曰：敝邑之王欲效城垒，而为魏太子之尚在楚也，是以未敢。王出魏质，臣曾作太子。请效之，而复固秦楚之交，以疾攻魏。"楚王曰："诺。"乃出魏太子。秦因合魏以攻楚。

---

❶ "韩"，鲍本、吴本以为衍文。
❷ "主"，吴本作"生"。

23.17　庞葱与太子

庞葱孙作恭。与太子质于邯郸，谓魏王曰："今一人言市有虎，王信之乎？"王曰："否。""二人言市有虎，王信之乎？"王曰："寡人疑之矣。""三人言市有虎，王信之乎？"王曰："寡人信之矣。"庞葱曰："夫市之无虎明矣，然而三人言而成虎。今邯郸去大梁也远于市，而议臣者过于三人矣。愿王察之矣。"王曰："寡人自为知。"于是辞行，而谗言先至。后太子罢质，果不得见。曾作：于是辞行，而谗言先至，后果不得见魏君矣。刘作：于是辞行，而谗言先至，后果不见庞君。王曰："寡人自为知。"太子罢质，果不得见。

23.18　梁王魏婴觞诸侯

梁王魏婴觞诸侯于范台。酒酣，请鲁君举觞。鲁君兴，避席择言曰："昔者，帝女令一本无令字。仪狄作酒而美，进之禹，禹饮而甘之，遂疏仪狄，绝旨酒，曰：后世必有以酒亡其国者。齐桓公夜半不嗛，快也。易牙乃煎敖燔炙，和调五味而进之，桓公食之而饱，至旦不觉，曰：后世必有以味亡其国者。晋文公得南之威，三日不听朝，遂推南之一本无之字。威而远之，曰：后世必有以色亡其国者。楚王登强一作荆。台而望崩山，一作崇山。《艺文类聚》引。左江而右湖，以临彷徨，一作方湟。《艺文类聚》引。其乐忘死，遂盟强台而弗登，曰：后世必有以高台陂池亡其国者。今主君之尊，仪狄之酒也；主君之味，易牙之调也；左白台而右闾须，南威之美也；前夹林而后兰台，强台之乐也。有一于此，足以亡其国。今主君兼此四者，可无戒与？"梁王称善相属。

战国策卷第二十三

卷二十四

魏三

24.1 秦赵约而伐魏❶

　　秦、赵约而伐魏，魏王患之。芒卯《淮南子》注：孟卯，齐人也。《战国策》作芒卯。曰："王勿忧也。臣请发张倚。"使谓赵王曰："夫邺，寡人固刑一作形。弗有也。今大王收秦而攻魏，寡人请以邺事大王。"赵一本无赵字。王喜，召相国而命之曰："魏王请以邺曾、刘一作国。事寡人，使寡人绝秦。"相国曰："收秦攻魏，利不过邺。今不用兵而得邺，请许魏。"张倚因谓赵王曰："敝邑之吏效城者，已在邺矣。大王且何以报魏？"赵王因令闭关绝秦。秦、赵大恶。芒卯应赵使曰："敝邑所以事大王者，为完邺也。今郊孙一作效。邺者，使者之罪也，卯不知也。"赵王恐魏承秦之怒，遽割五城，以合于魏而支秦。

_____

❶ 吴本题作"秦约赵而伐魏"，今据正文改。

24.2　芒卯谓秦王

芒卯谓秦王曰："王之士未有为之中者也。臣闻明王不❶胥中而行。王之所欲于魏者，长羊、王屋、洛林之地也。王能使臣为魏之司徒，则臣能使魏献之。"秦王曰："善。"因任之以为魏之司徒。

谓魏王曰："王所患者，上地也。秦之所欲于魏者，长羊、王屋、洛林之地也。王献之秦，则上地无忧患。因请以下兵东击齐，攘地必远矣。"魏王曰："善。"因献之秦。地入数月，而秦兵不下。魏王谓芒卯曰："地已入数月，而秦兵不下，何也？"芒卯曰："臣有死罪。虽然，臣死，则契折于秦，王无以责秦。王因赦其罪，臣为王责约于秦。"乃之秦，谓秦王曰："魏之所以献长羊、王屋、洛林之地者，有意欲以下大王之兵东击齐也。今地已入，而秦兵不可下，臣则死人也。虽然，后山东之士无以利事王者矣。"秦王懽然曰："国有事，未澹下兵也。今以兵从。"后十日，秦兵下。芒卯并将秦、魏之兵，以东击齐，启地二十二县。

---

❶ "不"，金正炜、钟凤年以为当作"必"。

24.3　秦败魏于华走芒卯

秦败魏于华，走芒卯而围大梁。须贾为魏谓穰侯曰：
"臣闻魏氏大臣父兄皆谓魏王曰：初时惠王伐赵，战胜乎
三梁十万之军，拔邯郸，赵氏不割，而邯郸复归。齐人
攻燕，杀子之，破故国，燕不割，而燕国复归。燕、赵
之所以国全兵劲而地不并乎诸侯者，以其能忍难而重出
地也。宋、中山数伐数割，而随以亡。臣_{曾本无臣字。}以
为燕、赵可法，而宋、中山可无为也。夫秦，贪戾之国
而无亲，蚕食魏，尽晋国，战胜睾子，_{《史记》作暴子。}
割八县，地未毕入而兵复出矣。夫秦何厌之有哉？今又
走芒卯，入北地❶，此非但❷攻梁也，且劫王以多割也，
王必勿听也。今王循楚、赵而讲，楚、赵怒而与王争事
秦，秦必受之。秦挟楚、赵之兵以复攻，则国救亡不可
得也已。愿王之必无讲也。王若欲讲，必少割而有质，
不然必欺。是臣之所闻于魏也，愿君之以是虑事也。《周
书》曰：维命不于常。此言幸之不可数也。夫战胜睾子而
割八县，此非兵力之精，非计之工也，天幸为多矣。今又
走芒卯，入北地，以攻大梁，是以天幸自为常也。知者不
然。臣闻魏氏悉其百县_{曾本作姓。}胜兵，以止戍大梁，臣

---

❶ "地"，吴本："《史记》作宅。《策》字讹，下同。"与帛书合。
❷ "非但"，《史记·穰侯列传》作"非敢"，与帛书合。

以为不下三十万。以三十万之众，守十仞之城，臣以为虽汤武复生，弗易攻也。夫轻信❶楚、赵之兵，陵十仞之城，戴三十万之众，而志必举之，臣以为自天下❷之始分以至于今，未尝有之也。攻而不能拔，秦兵必罢，阴必亡，则前功必弃矣。今魏方疑，可以少割收也。愿❸之及楚、赵之兵未任❹于大梁也，亟以少割收魏。方疑❺，而得以少割为和，必欲之，则君得所欲矣。楚、赵怒于魏之先己讲❻也，必争事秦。从是以散，而君后择焉。且君之尝割晋国取地也，何必以兵哉？夫兵不用，而魏效绛、安邑，又为阴启两机，尽故宋，卫效尤惮❼，秦兵已令，续云：《史》：卫效单父，秦兵已全。而君制之，何求而不得？何为而不成？臣愿君之熟计而无行危也。"穰侯曰："善。"乃罢梁围。

附：马王堆汉墓出土帛书《战国纵横家书》第132-147行"须贾说穰侯章"❽

华军，秦战胜魏，走孟卯，攻大梁。须贾说穰侯

❶ "信"，《史记·穰侯列传》作"背"，帛书作"倍"，"背""倍"通。

❷ "天下"，帛书作"天地"。

❸ "愿"，鲍本下补"君"字，与帛书合。

❹ "任"，据《史记·穰侯列传》和帛书，当作"至"。

❺ "方疑"，鲍本、吴本上有"魏"字，与帛书合。

❻ "讲"，据帛书，当为衍文。

❼ "尤惮"，吴本改作"惮尤"。

❽ 图版见裘锡圭主编《长沙马王堆汉墓简帛集成》（壹），第85-86页；释文见《长沙马王堆汉墓简帛集成》（叁），第226-227页。

曰："臣闻魏长吏谓魏王曰：初时者，惠王伐赵，战胜三梁，拔邯郸，赵氏不割而邯郸复归。齐人攻燕，拔故国，杀子之，燕人不割而故国复返。燕、赵之所以国大兵强而地兼诸侯者，以其能忍难而重出地也。宋、中山数伐数割，而国随以亡。臣以为燕、赵可法，而宋、中山可毋为也。秦，贪戾之国也，而无亲，蚕食魏氏，尽晋国，胜暴子，割八县，地未○毕入而兵复出矣。夫秦何餍之有哉。今又走孟卯，入北宅，此非敢梁也，且劫王以多割，王必勿听也。今王循楚、赵而讲，楚、赵怒而与王争秦，秦必受之。秦挟楚、赵之兵以复攻，则国求毋亡，不可得已。愿王之必毋讲也。王若欲讲，必少割而有质，不然必欺。此臣之所闻于魏也，愿君之以是虑事也。《周书》曰：唯命不为常。此言幸之不可数也。夫战胜暴子，割八县之地，此非兵力之精也，非计虑之工也，夫天幸为多。今又走孟卯，入北宅，以攻大梁，是以天幸自为常也。智者不然。臣闻魏氏悉其百县胜甲以上，以戍大梁，臣以为不下卅万。以卅万之众，守七仞之城，臣以为汤武复生，弗易攻也。夫轻背楚、赵之兵，陵七仞之城，犯卅万之众，而志必举之，臣以为自天地始分，以至于今，未之尝有也。攻而弗拔，秦兵必疲，陶必亡，则前功有必弃矣。今魏方疑，可以少割而收也。愿君逮楚、赵之兵未至于梁也，亟以少割收魏。魏方疑而得以少割为和，必欲之，则君得所欲矣。○○楚、赵怒于魏之先己也，必争事秦，纵已散而君后择焉。且君之得地也，岂必以兵哉。割晋国也，秦兵不攻而魏效绛、安邑，又为阴启两几，尽故宋，而卫效单父。秦兵苟全而君制之。何索而不得，奚为而不成。愿君之熟虑之而毋行危也。"君曰："善。"乃罢梁围。

24.4 秦败魏于华魏王且入朝

秦败魏于华，魏王且入朝于秦。周䜣谓王曰："宋人有学者，三年反，而名其母。其母曰：子学三年，反而名我者，何也？其子曰：吾所贤者，无过尧舜，尧舜名。吾所大者，无大天地，天地名。今母贤不过尧舜，母大不过天地，是以名母也。其母曰：子之于学者，将尽行之乎？愿子之有以易名母也。子之于学也，将有所不行乎？愿子之且以名母为后也。今王之事秦，尚有可以易入朝者乎？愿王之有以易之，而以入朝为后。"

魏王曰："子患寡人入而不出邪？许绾为我祝曰：入而不出，请殉寡人以头。"周䜣对曰："如臣之贱也，今人有谓臣曰：入不测之渊而必出，不出，请以一鼠首为女殉者。臣必不为也。今秦，不可知之国也，犹不测之渊也。而许绾之首，犹鼠首也。内王于不可知之秦，而殉王以鼠首，臣窃为王不取也。且无梁孰与无河内急？"王曰："梁急。""无梁孰与无身急？"王曰："身急。"曰："以三者，身上也，河内其下也。秦未索其下，而王

397

效其上，可乎？"王尚未听也。

支期曰："王视楚王。楚王入秦，王以三乘先之，楚王不入，楚魏为一，尚足以捍秦。"王乃止。王谓支期曰："吾始已诺于应侯矣，今不行者欺之矣。"支期曰："王勿忧也。臣使长信侯请无内王，王待臣也。"

支期说于长信侯曰："王命召相国。"长信侯曰："王何以臣为？"支期曰："臣不知也，王急召君。"长信侯曰："吾内王于秦者，宁以为秦邪？吾以为魏也。"支期曰："君无为魏计，君其自为计。且安死乎？安生乎？安穷乎？安贵乎？君其先自为计，后为魏计。"长信侯曰："楼公将入矣，臣今从。"支期曰："王急召君，君不行，血溅君襟矣！"

长信侯行，支期随其后。且见王，支期先入谓王曰："伪病者乎而见之，臣已恐之矣。"长信侯入见王，王曰："病甚，奈何！吾始已诺于应侯矣，意虽道死，<small>曾本作虽欲道死，刘本作意虽死</small>。行乎？"长信侯曰："王毋行矣！臣<small>刘本作且</small>。能得之于应侯，愿王无忧。"

24.5 华军之战魏不胜

华<small>一本有阳字</small>。军❶之战，魏不胜秦。明年，将使段干崇割地而讲。孙臣谓魏王曰："魏不以败之上割，可谓

---

❶ "华军"，吴本作"华阳"。

善用不胜矣。而秦不以胜之上割，可谓不能用胜矣。今处期年乃欲割，是群臣之私而王不知也。且夫欲玺者，段干子也，王因使之割地。欲地者，秦也，而王因使之受玺。夫欲玺者制地，而欲地者制玺，其势必无魏矣。且夫奸臣固皆欲以地事秦。以地事秦，譬犹抱薪而救火也。薪不尽，则火不止。今王之地有尽，而秦之求无穷，是薪火之说也。"魏王曰："善。虽然，吾已许秦矣，不可以革也。"对曰："王独不见夫博者之用枭邪？欲食则食，欲握则握。今君劫于群臣而许秦，因曰不可革，何用智之不若枭也？"魏王曰："善。"乃案其行。

24.6　齐欲伐魏魏使人

　　齐欲伐魏，魏使人谓淳于髡曰："齐欲伐魏，能解魏患，唯先生也。敝邑有宝璧二双，文马二驷，请致之先生。"淳于髡曰："诺。"入说齐王曰："楚，齐之仇敌也。魏，齐之与国也。夫伐与国，使仇敌制其余敝，名丑而实危，为王弗取也。"齐王曰："善。"乃不伐魏。

　　客谓齐王曰："淳于髡言不伐魏者，受魏之璧、马也。"王以谓淳于髡曰："闻先生受魏之璧、马，有诸？"曰："有之。""然则先生之为寡人计之何如？"淳于髡曰："伐魏之事不❶便，魏虽刺髡，于王何益？若

---

❶　"不"，吴本以为衍文。

诚不刘无不字。便，魏曾无魏字。虽封髯，于王何损？且夫王无伐与国之讳，魏无见亡之危，百姓无被兵之患，髯有璧、马之宝，于王何伤乎？"

24.7　秦将伐魏魏王闻之

秦将伐魏。魏王闻之，夜见孟尝君，告之曰："秦且攻魏，子为寡人谋，奈何？"孟尝君曰："有诸侯之救，则国可存也。"王曰："寡人愿子之行也。"重为之约车百乘。

孟尝君之赵，谓赵王曰："文愿借兵以救魏。"赵王曰："寡人不能。"孟尝君曰："夫敢借兵者，以忠王也。"王曰："可得闻乎？"孟尝君曰："夫赵之兵，非能曾无能字。强于魏之兵；魏之兵，非能曾无能字。弱于赵也。然而赵之地不岁危，而民不岁死；而魏之地岁危，而民岁死者，何也？以其西为赵蔽也。今赵不救魏，魏歃盟于秦，是赵与强秦为界也，地亦且岁危，民亦且岁死矣。此文之所以忠于大王也。"赵王许诺，为起兵十万，车三百乘。

又北见燕王，曰："先日公子常约两王之交矣。今秦且攻魏，愿大王之救。"燕王曰："吾岁不熟二年矣，今又行数千里而以助魏，且奈何？"田文曰："夫行数千里而救人者，此国之利也。今魏王出国门而望见军，虽欲行数千里而助人，可得乎？"燕王尚未许也。

田文曰："臣效便计于王，王不用臣之忠计，文请行矣。恐天下之将有大变也。"王曰："大变可得闻乎？"曰："秦攻魏未能克之也，而台已燔，游已夺矣。而燕不救魏，魏王折节割地，以国之半与秦，秦必去矣。秦已去魏，魏王悉韩、魏之兵，又西借秦兵，以因赵之众，以四国攻燕，王且何利？利行数千里而助人乎？利出燕南门而望见军乎？则道里近而输又易矣，王何利？"_{曾添入乎字。}燕王曰："子行矣，寡人听子。"乃为之起兵八万，车二百乘，以从_{一本无从字。}田文。魏王大说，曰："君得燕、赵之兵甚众且亟矣。"

秦王大恐，割地请讲于魏。_{一本添魏字。}因归燕、赵之兵而封田文。

24.8　魏将与秦攻韩朱己

魏将与秦攻韩，朱己谓魏王曰："秦与戎翟同俗，有虎狼之心，贪戾好利而无信，不识礼义德行。苟有利焉，不顾亲戚兄弟，若禽兽耳。此天下之所同知也，非所施厚_{刘作惠。}积德也。故太后，母也，而以忧死。穰侯，舅也，功莫大焉，而竟逐之。两弟无罪，而再夺之国。此于其亲戚兄弟若此，而又况于仇雠之敌国也。今大王与秦伐韩而益近秦❶，臣甚或之。而王弗识也，则不明矣。群臣

---

❶ "秦"，据帛书、《史记·魏世家》，下当有"患"字。

知之，而莫以此谏，则不忠矣。今夫韩氏以一女子承一弱主，内有大乱，外安能支强秦、魏之兵，王以为不破乎？韩亡，秦尽有郑地，与大梁邻，王以为安乎？王欲得故地，而今负强秦之祸也，王以为利乎？秦非无事之国也，韩亡之后，必且便事❶，便事必就易与利。就易与利，必不伐楚与赵矣。是何也？夫越山逾河，绝韩之上党而攻强赵，则是复阏与之事也，秦必不为也。若道河内，倍邺、朝歌，绝漳、滏之水，而以与赵兵决胜于邯郸之郊，是受智伯之祸也，秦又不敢。伐楚，道涉而❷谷，行三十❸里而攻危隘❹之塞，刘作国。所行者甚远，而所攻者甚难，秦又弗为也。若道河外，背大梁，而右上蔡、召陵，以与楚兵决于陈郊，秦又不敢也。故曰：秦必不伐楚与赵矣，又不攻卫❺与齐矣。韩亡之后，兵出之日，非魏无攻矣。秦故有怀地、刑丘、之❻城、垝津，而以之临河内，河内之共、汲，莫不危矣。秦有郑地，得垣雍，决荥泽而水大梁，大梁必亡矣。王之使者大过矣，乃恶安陵氏于秦，秦之欲许之久矣。然而秦之叶阳、昆阳，与舞阳、高陵邻，听使者之恶也，随安陵氏而欲亡之。秦绕舞阳之北，以东临许，则南国必危矣。南国虽无危，则魏国岂得

---

❶ "便事"，吴本："《史》并作更字。"帛书"便"作"更"。

❷ "而"，帛书无。

❸ "三十"，吴本："《史》作三千者，是。"与帛书合。

❹ "危隘"，吴本："《史》作冥阨，即黾阨也。"与帛书合。

❺ "卫"，帛书作"燕"。

❻ "之"，帛书无。

安哉？且夫憎韩不受安陵氏❶，可也，夫不患秦之不爱南国，非也。异日者，秦乃在河西，晋国之去梁也千里有余。河山❷以兰❸之，有周韩而间之。从林军以至于今，秦十攻魏，五入国中❹。边城尽拔，文台堕，垂都焚，林木伐，麋鹿尽，而国继以围。又长驱梁北，东至陶、卫之郊，北至乎阚。所亡乎秦者，山北❺、河外、河内大县数百，名都数十。秦乃在河西晋国，之去大梁也尚千里，而祸若是矣。又况于使秦无韩而有郑地，无河山以兰之，无周、韩以间之，去大梁百里，祸必百此矣。异日者，从之不成矣，刘作也。楚、魏疑而韩不可得而约也。今韩受兵三年矣，秦挠之以讲，韩知亡，犹弗听，投质于赵，而请为天下雁行顿刃。以臣之观之，则楚、赵必与之攻矣。此何也？则皆知秦❻之无穷也，非尽亡天下之兵，而臣海内之民，必不休矣。是故臣愿以从事乎王，王速受楚、赵之约，而挟韩魏❼之质，以存韩为务，因求故地于韩，韩必效之。如此则士民不劳而故地得，其功多于与秦共伐韩，然而无与强秦邻之祸。夫存韩安魏，而利天下，此亦王之大时已。通韩

❶ "不受安陵氏"，吴本："《史》：不爱安陵氏。下文可推。"

❷ "河山"，鲍本上补"有"字，吴本："《史》无上文余字，即以有字属河山云云，策文则当有有字。"

❸ "兰"，鲍本改作"阑"。下同，与帛书合。

❹ "秦十攻魏，五入国中"，帛书作"秦七攻魏，五入圉中"。

❺ "山北"，吴本："《史》：山南、山北。《策》无山南字，疑缺文。"与帛书合。

❻ "秦"，鲍本下补"欲"字。吴本："《史》之下有欲字，《大事记》从之。"

❼ "魏"，鲍本、吴本以为衍文，与帛书合。

之上党于共、莫❶，使道已通，因而关之，出入者赋之，是魏重质韩以其上党也。共有其赋，足以富国，韩必德魏、爱魏、重魏、畏魏，韩必不敢反魏，韩是魏之县也。魏得韩以为县，则卫大梁，河外必安矣。今不存韩，则二周必危，安陵必易。楚、赵楚❷大破，卫❸、齐甚畏，天下之西乡而驰秦入朝为臣之日不久。"集本有矣字。

附：马王堆汉墓出土帛书《战国纵横家书》第147-170行"朱己谓魏王章"❹

谓魏王曰："秦与戎翟同俗，有虎狼之心，贪戾好利，无亲，不识礼义德行。苟有利焉，不顾亲戚弟兄，若禽兽耳。此天下之所识也。非所施厚积德也。故太后，母也，而以忧死。穰侯，舅也，功莫多焉，而竟逐之。两弟无罪而再夺之国。此于亲戚若此，而况仇雠之国乎。今王与秦共伐韩而近秦患，臣甚惑之。而王弗识则不明，群臣莫以闻则不忠。今韩氏以一女子奉一弱主，内有大乱，外支秦、魏之兵，王以为不亡乎？韩亡，秦有郑地，与大梁邻，王以为安乎？王欲得故地而今负强秦之祸，王以为利乎？秦非无事之国也，韩亡之后，必将更事。更事，必就易与利，就易与利，

❶ "共、莫"，吴本："《史》作共、宁。"与帛书合。
❷ "楚"，鲍本、吴本以为衍文，与帛书合。
❸ "卫"，帛书作"燕"。
❹ 图版见裘锡圭主编《长沙马王堆汉墓简帛集成》（壹），第86-87页；释文见《长沙马王堆汉墓简帛集成》（叁），第230-231页。

战国策

404

必不伐楚与赵矣。是何也？夫越山逾河，绝韩上党而○攻强赵，是复阏舆之事也，秦必弗为也。若道河内，背邺、朝歌，绝漳、滏水，与赵兵决于邯郸之郊，是知伯之过也，秦又不敢。伐楚，道涉谷，行三千里而攻冥厄之塞，所行甚远，所攻甚难，秦又弗为也。若道河外，背大梁，右蔡、召，与楚兵决于陈郊，秦又不敢。故曰：秦必不伐楚与赵矣。又不攻燕与齐矣。韩亡之后，兵出之日，非魏无攻已。秦固有怀、茅、邢丘，城垝津，以临河内，河内共莫必危。有郑地，得垣雍，决荥○泽，大梁必亡。王之使者大过，而恶安陵氏于秦。秦之欲许久矣。秦有叶、昆阳，与舞阳邻，听使者之恶，堕安陵氏而亡之，缭舞阳之北以东临许，南国必危，国先害已。夫憎韩，不爱安陵氏，可也。夫不患秦，不爱南国，非也。异日者秦在河西、晋国，去梁千里，有河山以阑之，有周、韩而间之。从林军以至于今，秦七攻魏，五入囿中，边城尽拔，支台堕，垂都焚，林木伐，麋鹿尽，而国续以围。又长驱梁北，东至乎陶、卫之郊，北至乎阑。所亡秦者，山南、山北，河外、河内，大县数十，名部数百。秦乃在河西、晋国，去梁千里而祸若是矣。又况于使秦无韩，有郑地，无河山而阑之，无周、韩而间之，去梁百里，祸必百此矣。异日者，纵之不成也，楚魏疑而韩不可得也。今韩受兵三年，秦挠以讲，识亡不听，投质于赵，请为天下颜行顿刃，楚、赵必疾兵。皆识秦之欲无穷也。非尽亡天下之兵而臣海内，必不休。是故臣愿以纵事王，王□楚、赵之约，挟韩之质以存韩而求故地，韩必效之。此士民不劳而故地尽返矣。其功多于与秦共伐韩，而必无与强秦邻之祸。夫存韩、安魏而利天下，此亦王之大时已。通韩上党于共、宁，使道安成之□，出入赋之，是魏重质韩以其上党也。合有其赋，足以富国。韩必德魏、重魏、畏魏，韩必不敢反魏。是韩，魏之县也。魏得韩以为县，以卫大梁，河北必安矣。今不存韩，二周、安陵必弛，楚、赵大破，燕、齐甚卑，天下西辑而驰秦，而入朝为臣不久矣。"

24.9　叶阳君约魏魏王将封其子

叶**❶**阳君约魏，魏王将封其子，谓魏王曰："王尝身济漳，朝邯郸，抱葛、薛**❷**、曾作薛。阴、成以为赵养邑，而赵无为王有也。王能又封其子问阳、姑曾作茹。衣**❸**乎？臣为王不取也。"魏王乃止。

24.10　秦使赵攻魏魏谓赵王

秦使赵攻魏，魏谓赵王曰："攻魏者，亡赵之始也。

---

❶ "叶"，吴本："奉之讹。"
❷ "薛"，鲍本改作"薜"。吴本："《赵世家》作孽者，是。一本作薛，亦非。"
❸ "问阳姑衣"，鲍本改作"河阳姑密"。

昔者曾作也。晋人欲亡虞而伐虢，伐虢者，亡虞之始也。故荀息以马与璧假道于虞，宫之奇谏而不听，卒假晋道。晋人伐虢，反而取虞。故《春秋》书之以罪虞公。今国莫强于赵，而并齐秦，王贤而有声者相之，所以为腹心之疾者，赵也。魏者，赵之虢也。赵者，魏之虞也。听秦而攻魏者，虞之为也。愿王之熟计之也。"

24.11　魏太子在楚❶

魏太子在楚。谓楼子于鄢陵曰："公必且待齐、楚之合也，以救皮氏。今齐、楚之理，必不合矣。彼翟子之所恶于国者，无公矣。其人皆欲合齐、秦，外楚以轻公，公必❷谓齐王曰：魏之受兵，非秦实首伐之也，楚恶魏之事王也，故劝秦攻魏。齐王故欲伐楚，而又怒其不己善也，必令魏以地听秦而为和。以张子之强，有秦、韩之重，齐王恶之，而魏王不敢据也。今以齐、秦之重，外楚以轻公，臣为公患之。钧之出地以为和于秦也，岂若由楚乎？秦疾攻楚，楚还兵，魏王必惧，公因寄汾北以予秦而为和，合亲以孤齐，秦、楚重公，公必为相矣。臣意秦王与樗里疾之欲之也，臣请为公说之。"

---

❶ 本章原与上"秦使赵攻魏魏谓赵王"章接续，今依鲍本、吴本单列一章。

❷ "公必"，横田本："公必之公衍字。是翟子之徒告齐王之辞。"

乃请❶樗里子曰："攻皮氏，此王之首事也，而不能拔，天下且以此轻秦。且有皮氏，于以攻韩、魏，利也。"樗里子曰："吾已合魏矣，无所用之。"对曰："臣愿以鄙心意公，公无以为罪。有皮氏，国之大利也，而以与魏，公终自以为不能守也，故以与魏。今公曾作攻。之力有余守之，何故而弗有也？"樗里子曰："奈何？"曰："魏王之所恃者，齐、楚也；所用者，楼廮、翟强也。今齐王谓魏王曰：欲讲攻于齐王❷兵之辞也，是弗救矣。楚王怒于魏之不用楼子，而使翟强为和也，怨颜已绝之矣。魏王之惧也见亡，翟强欲合齐、秦，外楚以轻楼廮。楼廮欲合秦、楚，外齐以轻翟强。公不如按魏曾作亲。之和，使人谓楼子曰：子能以汾北与我乎？请合于楚，外齐以重公也，此吾事也。楼子与楚王必疾矣。又谓翟子：子能以汾北与我乎？必为合于齐，外于楚以重公也。翟强与齐王必疾矣。是公外得齐、楚以为用，内得楼廮、翟强以为佐，何故不能有地于河东乎？"

战国策卷第二十四

❶ "请"，鲍本、吴本作"谓"。
❷ "王"，鲍本、吴本作"主"。范本："疑当作止。"

卷二十五

魏四

25.1 献书秦王曰

阙文。献书秦王曰："昔❶窃闻大王之谋出事于梁，谋恐不出于计矣，愿大王之熟计之也。梁者，山东之要也。有蛇于此，击其尾，其首救；击其首，其尾救；击其中身，首尾皆❷救。今梁王❸天下之中身❹也。秦攻梁者，是示天下要断山东之脊也，是山东首尾皆救中身之时也。山东见亡必恐，恐必大合。山东尚强，臣见秦之必大忧，可立而待也。臣窃为大王计，不如南出。事于南方，其兵弱，天下必❺能救，地可广大，曾无大字。国可富，兵可强，主可尊。王不闻汤之伐桀乎？试之弱密须氏以为武教，得密须氏而汤之服桀矣。今秦国❻与山东为仇，不先以弱为武教，兵必大挫，国必大忧。"秦果南攻蓝田、鄢郢。

---

❶ "昔"，鲍本、吴本作"臣"。
❷ "皆"，吴本作"俱"。
❸ "王"，鲍本、吴本作"者"。
❹ "中身"，鲍本、吴本作"脊"。
❺ "必"，鲍本上补"不"字。吴本："作必不，语顺。又下必字，恐当作不。"
❻ "国"，鲍本、吴本作"欲"。

25.2　八年谓魏王曰

八年。阙文。谓魏王曰："昔曹恃齐而轻晋，齐伐釐、莒，而晋人亡曹。缯恃齐以悍越，齐和子乱而越人亡缯。郑恃魏以轻韩，伐[1]榆关而韩氏亡郑。原恃秦、翟以轻晋，秦、翟年谷大凶，而晋人亡原。中山恃齐、魏以轻赵，齐、魏伐楚，而赵亡中山。此五国所以亡者，皆其所恃也。非独此五国为然而已也，天下之亡国皆然矣。夫国之所以不可恃者多，其变不可胜数也。或以政教不修，上下不辑，而不可恃者；或有诸侯邻国之虞，而不可恃者；或以年谷不登，稸积竭尽，而不可恃者；或化于利，比于患。臣以此知国之不可必恃也。今王恃楚之强，而信春申君之言，以是质秦，而久不可知。即春申君有变，是王独受秦患也。即王有万乘之国，而以一人之心为命也。臣以此为不完，愿王之熟计之也。"

25.3　魏王问张旄

魏王问张旄曰："吾欲与秦攻韩，何如？"张旄对曰："韩且坐而胥亡乎？且割而从天下乎？"王曰："韩

---

❶ "伐"，鲍本、吴本上补"魏"字。

且割而从天下。"张旄曰:"韩怨魏乎?怨秦乎?"王曰:"怨魏。"张旄曰:"韩强秦乎?强魏乎?"王曰:"强秦。"张旄曰:"韩且割而从其所强,与所不怨乎?且割而从其所不强,与其所怨乎?"王曰:"韩将割而从其所强,与其所不怨。"张旄曰:"攻韩之事,王自知矣。"

25.4　客谓司马食其

客谓司马食其曰:"虑久<small>刘无久字</small>,以天下为可一者,是不知天下者也。欲独以魏支秦者,是又不知魏者也。谓兹公不知此两者,又不知兹公者也。然而兹公为从,其说何也?从则兹公重,不从则兹公轻。兹公之处重也,<small>不一本添以字。</small>实为期。子何不疾及三国方坚也,自卖于秦,秦必受子。不然,横者将图子,以合于秦,是取子之资,而以资子之仇也。"

25.5　魏秦伐楚魏王不欲

魏、秦<small>刘作秦、魏。</small>伐楚,魏王不欲。楼缓谓魏王曰:"王不与秦攻楚,楚且与秦攻王。王不如令秦、楚战,王交制之也。"

25.6　穰侯攻大梁

　　穰侯攻大梁，乘北郹❶，魏王且从。谓穰侯曰："君攻楚，得宛、穰以广陶，攻齐，得刚、博❷以广陶，得许❸、鄢陵以广陶，秦王不问者，何也？以大梁之未亡也。今日大梁亡，许、鄢陵必议，议则君必穷。为君计者，勿攻便。"

25.7　白珪谓新城君

　　白珪❹刘作圭。谓新城君曰："夜行者能无刘作不。为奸，不能禁狗使无吠己也。故臣能无议君于王，不能禁人议臣于君也。"

---

　　❶ "乘北郹"，吴本："《史·魏冉传》：入北宅，遂围大梁。此讹为乘北郹也。又《策》作入北地，亦字讹。"

　　❷ "博"，吴本以为当作"寿"。

　　❸ "得许"，吴本："上当有攻魏字，缺脱。"

　　❹ "白珪"，鲍本："《秦策》段产语同。"吴本："段产，《策》本在韩，鲍以《史》注新城君为芈戎，故曲为之说。未如（知）即是此人否。"

25.8　秦攻韩之管

秦攻韩之管，魏王发兵救之。昭忌曰："夫秦，强国也，而韩、魏壤，梁_{刘作秦}。不出攻则已，若出攻，非于韩也，必❶魏也。今幸而_{曾添归字}。于韩，此魏之福也。王若救之，夫解攻者，必韩之管也；致攻者，必魏之梁也。"魏王不听，曰："若不因_{刘无因字}救韩，韩怨魏，西合于秦，秦、韩为一，则魏危。"遂救之。

秦果释管而攻魏。魏王大恐，谓昭忌曰："不用子之计而祸至，为之奈何？"昭忌乃为之见秦王，曰："臣闻明主之听也，不以挟私为政，是参行也。愿大王无攻魏，听臣也。"秦王曰："何也？"昭忌曰："山东之从，时合时离，何也哉❷？"秦王曰："不识也。"曰："天下之合也，以王之不必也；其离也，以王之必也。今攻韩之管，国危矣，未卒而移兵于梁，合天下之从，无精于此者矣。以为秦之求索，必不可支也。故为王计者，不如齐❸赵。秦已制赵，则燕不敢不事秦，荆、齐不能独从。天下争敌于秦，则弱矣。"秦王乃止。

---

❶ "必"，鲍本、吴本下有"于"字。
❷ "哉"，鲍本、吴本无。
❸ "齐"，鲍本改作"制"。

25.9　秦赵构难而战

秦、赵构难而战。谓魏王曰："不如齐❶赵而构之秦。王不构赵，赵不以毁构矣。而构之秦，赵必复斗，必❷重魏。是并制秦、赵之事也。王欲焉而收齐、赵攻荆；欲焉而收荆、赵攻齐，欲王之东长之待 曾作侍。之也。"

25.10　长平之役平都君说

长平之役，平都君说魏王曰："王胡不为从？"魏王曰："秦许吾以垣雍。"平都君曰："臣以垣雍为空割也。"魏王曰："何谓也？"平都君曰："秦、赵久相持于长平之下而无 一本添大字。决。天下合于秦则无赵，合于赵则无秦。秦恐王之变也，故以垣雍饵王也。秦战胜赵，王敢责垣雍之割乎？"王曰："不敢。"❸"秦战不胜赵，王能令韩出垣雍之割乎？"王曰："不能。""臣故曰垣雍空割也。"魏王曰："善。"

❶　"齐"，鲍本改作"收"，金正炜以为当读如"济"。
❷　"必"，鲍本、吴本上有"斗"字。
❸　"王曰不敢"，此与下"王曰不能"，王念孙以为皆平都君自为问答之语，两"王"字皆衍。

25.11　楼梧约秦魏

楼梧一作郚。约秦、魏，将令秦王遇于境。谓魏王曰："遇而无相，秦必置相。不听之，一本无之字。则交恶于秦。听之，则后王之臣将皆务事诸侯之能令于王之上者。且遇于秦而相秦❶者，是无齐也，秦必轻王之强矣。有齐者，不若❷相之，齐必喜。是以有雍❸者与秦遇，秦必重王矣。"

25.12　芮宋欲绝秦赵

芮宋欲绝秦、赵之交，故令魏氏收秦太后之养地。秦王于秦❹。芮宋谓秦王曰："魏委国于王，而王不受，故委国于赵也。李郝谓臣曰：子言无秦，而养秦太后以地，是欺我也。故敝邑收之。"秦王怒，遂绝赵也。

---

❶ "秦"，横田本、金正炜以为上脱"有"字。
❷ "不若"，鲍本、吴本上有"王"字。
❸ "雍"，鲍本、吴本作"齐"。
❹ "于秦"，鲍本、吴本作"怒"。

25.13　为魏谓楚王曰❶

为魏谓楚王曰："索攻魏于秦，秦必不听王矣，是智困于秦，而交疏于魏也。楚、魏有怨，则秦重矣。故王不如顺天下，遂伐齐，与魏便地❷，兵不伤，交不变，所欲必得矣。"

25.14　管鼻之令翟强

管鼻之令翟强与秦事，谓魏王曰："鼻之与强，犹晋人之与楚人也。晋人见楚人之急带剑而缓之，楚人恶其缓而急之。令❸鼻之入秦之传舍，舍不足以舍之。强之入，无蔽于秦者。强，王贵臣也，而秦若此其甚，安可？"

25.15　成阳君欲以韩魏听

成阳君欲以韩、魏听秦，魏王弗利。白圭谓魏王曰：

---

❶ 本章原与上"芮宋欲绝秦赵"章接续，今依鲍本、吴本单列一章。
❷ "便地"，范本疑当作"地便"。
❸ "令"，鲍本、吴本作"今"。

"王不如阴侯一作使。人说成阳君曰：君入秦，秦必留君，而以多割于韩矣。韩不听，秦必留君而伐韩矣。故君不如安行求质于秦。成阳君必不入秦，秦、韩不敢合，则王重矣。"

25.16　秦拔宁邑魏王令之

秦拔宁邑，魏王令之❶谓秦王曰："王归宁邑，吾请先天下构。"魏魏❷王❸曰："王无听。魏王见天下之不足恃也，故欲先构。夫亡宁者，宜割二宁以求构。夫得宁者，安能归宁乎？"

25.17　秦罢邯郸攻魏

秦罢邯郸，攻魏，取宁邑。吴庆恐魏王之构于秦也，谓魏王曰："秦之曾无之字。攻王也，王知其故乎？天下皆曰王近也，王不近秦。秦之所去，皆曰王弱也，王不弱二周。秦人去邯郸，过二周而攻王者，以王为易制也。王亦知弱之召攻乎？"

---

❶ "之"，鲍本、吴本作"人"。
❷ "魏"，鲍本、吴本以为衍文。
❸ "王"，鲍本、吴本作"冉"。

25.18　魏王欲攻邯郸

魏王欲攻邯郸，季梁闻之，中道而反，衣焦不申，头尘不去❶，往见王曰："今者臣来，见人于大行，方北面而持其驾，告臣曰：我欲之楚。臣曰：君之楚，将奚为北面？曰：吾马良。臣曰：马虽良，此非楚之路也。曰：吾用多。用，资也。臣曰：用虽多，此非楚之路也。曰：吾御者善。此数者愈善而离楚愈远耳。今王动欲成霸王，举欲信于天下，恃王国之大，兵之精锐，而攻邯郸，以广地尊名。王之动愈数而离王愈远耳，犹至楚而北行也。"

25.19　周肖谓宫他

周肖谓宫他曰："子为肖谓齐王曰，肖愿为外臣，令齐资我于魏。"宫他曰："不可，是示齐轻也。夫齐不以无魏者以害有魏者，故公不如示有魏。公曰：王之所求于魏者，臣请以魏听。齐必资公矣，是公有齐，以齐有魏也。"

---

❶ "衣焦不申头尘不去"，吴本："《文选》申作信，去作浴。"

25.20　周最善齐

周最善齐，翟强善楚。二子者，欲伤张仪于魏。张子
闻之，因使其人为见者啬夫，闻❶见者，因无敢伤张子。

25.21　周最入齐秦王怒

周最入齐，秦王怒，令姚贾让魏王。魏王为之谓秦王
曰："魏之所以为王通天下者，以周最也。今周最遁寡人
入齐，齐无通一本添端字。于天下矣。敝邑之事王，亦无
齐累矣。大国欲急兵，则趣赵而已。"

25.22　秦魏为与国齐楚约

秦、魏为与国。相与同祸福之国也。齐、楚约而欲攻
魏，魏使人求救于秦，冠盖相望。秦救不出。魏人有唐且
者，年九十余，谓魏王曰："老臣请出西说秦，令兵先臣
出，可乎？"魏王曰："敬诺。"遂约车而遣之。
唐且见秦王，秦王曰："丈人芒然乃远至此，甚苦

---

❶　"闻"，鲍本、吴本作"间"。

矣。魏来求救数矣，寡人知魏之急矣。"唐且对曰："大
王已知魏之急而救不至者，是大王筹策之臣无任矣。任，能
也。且夫魏，一万乘之国，称东藩、受冠带、祠春秋者，以
为秦之强足以为与也。今齐、楚之兵已在魏郊矣，大王之救
不至，魏急则且割地而约齐、楚，王虽欲救之，岂有及哉？
是亡一万乘之魏，而强二敌之齐、楚也。窃以为大王筹策之
臣无任矣。"秦王喟然愁悟，遽一作遂。发兵，日夜赴魏。
齐、楚闻之，乃引兵而去。魏氏复全，唐且之说也。

25.23　信陵君杀晋鄙

　　信陵君杀晋鄙，救邯郸，破秦人，存赵国，赵王自
郊迎。唐且谓信陵君曰："臣闻之曰：事有不可知者，有
不可不知者；有不可忘者，有不可不忘者。"信陵君曰：
"何谓也？"对曰："人之憎我也，不可不知也；吾憎人
也，不可得而知也。人之有德于我也，不可忘也；吾有德
于人也，不可不忘也。今君杀晋鄙，救邯郸，破秦人，存
赵国，此大德也。今赵王自郊迎。卒然见赵王，臣愿君之
忘之也。"信陵君曰："无忌谨受教。"

25.24　魏攻管而不下

　　魏攻管而不下。安陵人缩高，其子为管守。信陵君

使人谓安陵君曰："君一本无君字。其遣缩高，吾将仕之以五大夫，使为持节尉。"安陵君曰："安陵，小国也，不能必使其民，使者自往请。"使道使一本添吏字。者至缩❶高之所，复信陵君之命。缩高曰："君之幸高也，将使高攻管也。夫以一本无以字。父攻子守，人大笑也。是❷臣而下，是倍主也。父教子倍，亦非君之所喜也。敢再拜辞。"

使者以报信陵君，信陵君大怒，遣大使之安陵，曰："安陵之地，亦犹魏也。今吾攻管而不下，则秦兵及我，社稷必危矣。愿君之生束缩高而致之。若君弗致也，无忌将发十万之师，以造安陵之城❸。"安陵君曰："吾先君成侯，受诏襄王以守此地也，手受《大府之宪》。《宪》之上篇曰：子弑父，臣弑君，有常不赦。国虽大赦，降城亡子不得与焉。今缩高谨解❹大位，以全父子之义，而君曰必生致之，是使我负襄王诏而废《大府之宪》也，虽死，终不敢行。"

缩高闻之曰："信陵君为人，悍而自用也。此辞反，必为国祸。吾已全己，无一本作己之。为人臣之义矣，岂可使吾君有魏患也。"乃之使者之舍，刎颈而死。

信陵君闻缩高死，素服缟素辟舍，使使者谢安陵君

---

❶ "缩"，鲍本、吴本作"缩"。
❷ "是"，鲍本、吴本作"见"。
❸ "城"，何本下补"下"字。
❹ "解"，鲍本、吴本作"辞"，上有"虽"字。吴本："一本无谨字，姚本谨解，则虽乃谨之讹。"

曰：“无忌，小人也，困于思虑，失言于君，敢再拜释罪。”

25.25　魏王与龙阳君

　　魏王与龙阳君共船而钓，龙阳君得十余鱼而涕下。王曰：“有所不安乎？如是，何不相告也？”对曰：“臣无敢不安也。”王曰：“然则何为涕出？”曰：“臣为王❶之所得鱼也。”王曰：“何谓也？”对曰：“臣之始得鱼也，臣甚喜，后得又益大，今臣直欲弃臣前之所得矣。今以臣❷凶恶，而得为王拂枕席。今臣爵至人君，走人于庭，辟人于途。四海之内，<small>一本添其字。</small>美人亦甚多矣，闻臣之得幸于王也，必褰裳而趋王。臣亦犹曩臣之前所得鱼也，臣亦将弃矣，臣安能无涕出乎？”魏王曰：“误❸！有是心也，何不相告也？”于是布令于四境之内曰：“有敢言美人者族。”

　　由是观之，近习之人，其挚谄也固矣，其自纂繁也完矣。<small>谓帽覆也。</small>今由千里之外欲进美人，所效者庸必得幸乎？假之得幸，庸必为我用乎？而近习之人相与怨我，见有祸，未见有福，见有怨，未见有德，非用知之术也。

---

❶ “王”，鲍本改作“臣”。
❷ “臣”，鲍本、吴本下有“之”字。
❸ “误”，吴本以为当作“譆”，王引之以为当作“誺”。

25.26　秦攻魏急或谓魏王

秦攻魏急。或谓魏王曰："弃之不如用之之易也，死之不如弃之之易也。能弃之弗能用之，一本无之字。能死之弗能弃之，刘无之字。此人之大过也。今王亡地数百里，亡城数十，而国患不解，是王弃之，非用之也。今秦之强也，天下无敌，而魏之弱也甚，而王以是质秦，王又能死而弗能弃之，一本作也字。此重过也。今王能用臣之计，亏地不足以伤国，卑体不足以苦身，解患而怨报。秦自四境之内，执法以下，至于长挽者，故毕曰：与嫪氏乎？与吕氏乎？虽至于门闾之下，廊庙之上，犹之如是也。今王割地以赂秦，以为嫪毐功，卑体以尊秦，以因嫪毐。王以国赞嫪毐，以嫪毐胜矣。王以国赞嫪氏，太后之德王也，深于骨髓，王之交，最为天下上矣。秦、魏百相交也，百相欺也。今由嫪氏善秦而交为天下上，天下孰不弃吕氏而从嫪氏？天下必合一作舍。吕氏而从嫪氏，则王之怨报矣。"

25.27　秦王使人谓安陵君

秦王使人谓安陵君曰："寡人欲以五百里之地易安陵，安陵君其许寡人？"安陵君曰："大王加惠，以大易小，甚善。虽然，受地于先生❶，愿终守之，弗敢易。"秦王不说。安陵君因使唐且使于秦。

秦王谓唐且曰："寡人以五百里之地易安陵，安陵君不听寡人，何也？且秦灭韩亡魏，而君以五十里之地存者，以君为长者，故不错意也。今吾以十倍之地，请广于君，而君逆寡人者，轻寡人与？"唐且对曰："否，非若是也。安陵君受地于先生❷而守之，虽千里不敢易也，岂直五百里哉？"

秦王怫然怒，谓唐且曰："公亦尝闻天子之怒乎？"唐且对曰："臣未尝闻也。"秦王曰："天子之怒，伏尸百万，流血千里。"唐且曰："大王尝闻布衣之怒乎？"秦王曰："布衣之怒，亦免冠徒跣，以头抢地尔。"唐且曰："此庸夫之怒也，非士之怒也。夫专诸之刺王僚也，彗星袭月。聂政之刺韩傀也，白虹贯日。要离之刺庆忌也，仓鹰击于殿上。此三子者，皆布衣之士也，怀怒未发，休祲降于天，<small>曾、刘作休烈隆于天。</small>与臣而将四矣。若士必怒，伏尸二人，流血五步，天下缟素，今日是也。"挺剑而起。秦王色挠，长跪而谢之，曰："先生坐，何至于此！寡人谕矣，夫韩、魏灭亡，而安陵以五十里之地存者，徒以有先生也。"

战国策卷第二十五

---

❶ "生"，鲍本、吴本作"王"。
❷ "生"，鲍本、吴本作"王"。

卷二十六

韩一❶

26.1 三晋已破智氏❷

三晋已破智氏，将分其地。段规谓韩王曰："分地必取成皋。"韩王曰："成皋，石溜之地也，寡人无所用之。"段规曰："不然，臣闻一❸里之厚而动千里之权者，地利也。万❹人之众而破三军者，不意也。王用臣言，则韩必取郑矣。"王曰："善。"果取成皋。至韩之取郑也，果从成皋始。

---

❶ 底本卷名"战国策卷第二十六"下原有小注"自此卷复有钱本"。
❷ 吴本题作"三晋已破知氏"，今据正文改。
❸ "一"，吴本作"百"。
❹ "万"，吴本作"千"。

26.2　大成午从赵来❶

大成午从赵来❷，谓申不害于韩曰："子以韩重我于赵，请以赵重子于韩，是子有两韩，而我有两赵也。"

26.3　魏之围邯郸

魏之围邯郸也，申不害始合于韩王，然未知王之所欲也，恐言而未必中于王也。王问申子曰："吾谁与而可？"对曰："此安危之要，国家之大事也。臣请深惟而苦思之。"乃微谓赵卓、韩晁曰："子皆国之辩士也，夫为人臣者，言可必用，尽忠而已矣。"二人各进议于王以事。申子微视王之所说以言于王，王大说之。

26.4　申子请仕

申子请仕其从兄官，昭侯不许也，申子有怨色。昭侯

---

❶ 本章原与上"三晋已破智氏"章接续，今依鲍本、吴本单列一章。吴本无"大"字。

❷ "来"，王念孙以为衍文。

曰："非所谓刘无谓字。学于子者也。听子之谒而废子之道乎？又亡其行子之术，而废子之谒乎？子尝教寡人循功劳，视次第。今有所求此，我将奚听乎？"申子乃辟舍请罪曰："君真其人也。"

26.5　苏秦为楚合从说韩

苏秦为楚❶合从，说韩王曰："韩北有巩、洛、成皋之固，西有宜阳、常阪之塞，东有宛、穰、洧水，南有陉山，地方千里，带甲数十万。天下之强弓劲弩，皆自韩出。溪子、少府、时力、距来，皆射六百步之外。韩卒超刘作距，钱作帖。足而射，百发不暇止，远者达胸，近者掩心。韩卒之剑戟，皆出于冥山、棠溪、墨阳、合伯曾无伯字。膊。邓师、宛冯、龙渊、大阿，皆陆断马牛，水击鹄雁，当敌即斩。坚甲、盾、鞮鍪、铁幕、革抉、呋❷芮，无不毕具。以韩卒之勇，被坚甲，跖劲弩，带利剑，一人当百，不足言也。夫以韩之劲，与大王之贤，乃欲西面事秦，称东藩，筑帝宫，受冠带，祠春秋，交臂而服焉。夫羞社稷而为天下笑，无过此者矣。是故愿大王之熟计之也。大王事秦，秦必求宜阳、成皋。今兹效之，明年又益求割地。与之，即无地以给之；不与，则弃前功而后

❶　"楚"，鲍本改作"赵"。
❷　"呋"，鲍本作"呿"。

更受其祸。且夫大王之地有尽，而秦之求无已。夫以有尽之地，而逆无已之求，此所谓市怨而买祸者也，不战而地已削矣。臣闻鄙语曰：宁为鸡口，无为牛后。续云：《颜氏家训》引作宁为鸡尸不为牛从。今大王西面交臂而臣事秦，何以异于牛后乎？夫以大王之贤，挟强韩之兵，而有牛后之名，臣窃为大王羞之。"韩王忿然作色，攘臂按剑，仰天太息曰："寡人虽死，必不能事秦。今主君以楚❶王之教诏之，敬奉社稷以从。"

26.6　张仪为秦连横说韩

张仪为秦连横，说韩王曰："韩地险恶，山居，五谷所生，非麦而豆。《史记》《后语》作非菽而麦。民之所食，大抵豆饭续云：古语只称菽，汉以后方呼豆。《史记》：饭菽。《后语》：菽饭。藿羹。一岁不收，民不餍糟糠。地方不满九百里，无二岁之所食。料大王之卒，悉之不过三十万，而厮徒负养在其中矣，为除守徼亭障塞，见卒不过二十万而已矣。秦带甲百余万，车千乘，骑万匹，虎挚之士，跿跔科头，贯颐奋戟者，至不可胜计也。秦马之良，戎兵之众，探前趹后，蹄间三寻曾添腾者二字。者，不可称数也。山东之卒，被甲冒胄以会战，秦人捐甲徒裼以趋敌，左挈人头，右挟生虏。夫秦卒之与山东

---

❶ "楚"，鲍本改作"赵"。吴本："字误，《史》正作赵。"

之卒也，犹孟贲之与怯夫也，以重力相压，犹乌获之与婴儿也。夫战孟贲、乌获之士，以攻不服之弱国，无以异于堕千钧之重，集于鸟卵之上，必无幸矣。诸侯不料兵之弱、食之寡，而听从人之甘言好辞，比周以相饰也，皆言曰：听吾计则可以强霸天下。夫不顾社稷之长利，而听须臾之说，诖误人主者，无过于此者矣。大王不事秦，秦下甲据宜阳，断绝韩之上地，东取成皋、宜阳❶，则鸿台之宫、桑林之菀，非王之有已。夫塞成皋，绝上地，则王之国分矣。先事秦则安矣，不事秦则危矣。夫造祸而求福，计浅而怨深，逆秦而顺楚，虽欲无亡，不可得也。故为大王计，莫如事秦。秦之所欲，莫如弱楚，而能弱楚者，莫如韩。非以韩能强于楚也，其地势然也。今王西面而事秦以攻楚，为敝邑，秦王必喜。夫攻楚而私其地，转祸而说秦，计无便于此者也。是故秦王使使臣献书大王御史，须以决事。"韩王曰："客幸而教之，请比郡县，筑帝宫，祠春秋，称东藩，效宜阳。"

26.7　宣王谓摎留❷

宣一作韩。王谓摎留曰："吾欲两用公仲、公叔，其可乎？"对曰："不可。晋用六卿而国分，简公用田成、

---

❶ "宜阳"，金正炜以为当作"荥阳"。

❷ 本章原与上"张仪为秦连横说韩"章接续，今依鲍本、吴本单列一章。

监止而简公弑，魏两_{刘无两字}。用犀首、张仪而西河之外
亡。今王两用之，其多力者内树其党，其寡力者籍外权。
群臣或内树其党以擅其主，或外为交以裂其地，则王之国
必危矣。"

26.8　张仪谓齐王曰

张仪谓齐王曰❶："王不如资韩朋，与之逐张仪于
魏。魏因相犀首，因以齐、魏废韩朋，而相公叔以伐秦。
公仲闻之，必不入于齐。据公于魏，是公无患。"

26.9　楚昭献相韩

楚昭献相韩。秦且攻韩，韩废昭献。昭献令人谓公叔
曰："不如贵昭_{一本无昭字}。献以固楚，秦必曰：楚、韩
合矣。"

26.10　秦攻陉韩使人

秦攻陉，韩_{曾无韩字}。使人驰南阳之地。秦已驰，又

---

❶ "张仪谓齐王曰"，鲍本、吴本改作"谓张仪臣谓齐王曰"。

攻陉，韩因割南阳之地。秦受地，又攻陉。陈轸谓秦王曰："国形不便故驰，交不亲故割。今割矣而交不亲，驰矣而兵不止，臣恐山东之无以驰割事王者矣。且王求百金于三川而不可得，求千金于韩，一旦而具。今王攻韩，是绝上交而固私府也，窃为王弗取也。"

26.11 五国约而攻秦楚王为

五国约而攻秦，楚王为从长，不能伤秦，兵罢而留于成皋。魏顺谓市**❶**丘君曰："五国罢，必攻市丘，以偿兵费。君资臣，臣请为君止天下之攻市丘。"市丘君曰："善。"因遣之。魏顺南见楚王曰："王约五国而西伐秦，不能伤秦，天下且以是轻王而重秦，故王胡不卜交乎？"楚王曰："奈何？"魏顺曰："天下罢，必攻市丘以偿兵费。王令之勿攻市丘。五国重王，且听王之言而不攻市丘；不重王，且反王之言而攻市丘。然则王之轻重必明矣。"故楚王卜交而市丘存。

26.12 郑强载八百金

郑强载八百金入秦，请以伐韩。泠向谓郑强曰："公

---

❶ "市"，鲍本改作"沛"，范本改作"市"。下同。

以八百金请伐人之与国，秦必不听公。公不如令秦王疑公叔。"郑强曰："何如？"曰："公叔之攻楚也，以几瑟之存焉，故言先楚也。今已令楚王奉几瑟以车百乘居阳翟，令昭献转而与之处，旬有余，彼已觉。而几瑟，公叔之仇也，而昭献，公叔之人也。秦王闻之，必疑公叔为楚也。"

26.13 郑强之走张仪

郑强之走张仪于秦，曰："仪之使者，必之楚矣。"故谓大宰曰："公留仪之使者，强请西图仪于秦。"故因而一本作西。请秦王曰："张仪使人致上庸之地，故使使臣再拜谒秦王❶。"秦王怒，张仪走。

26.14 宜阳之役杨达谓❷

宜阳之役，杨达谓公孙显曰："请为公以五万攻西周，得之，是以九鼎印❸钱、刘作印。甘茂也。不然，秦攻西周，天下恶之，其救韩必疾，则茂事败矣。"

---

❶ "秦王"，鲍本以为衍文。

❷ 本章鲍本、吴本两见，又在卷三《秦策》。

❸ "印"，鲍本卷三《秦策》原作"印"，改作"抑"，卷八《韩策》作"市"。

26.15　秦围宜阳游腾谓

秦围宜阳，游腾谓公仲曰："公何不与赵蔺、离石、祁，以质许地，则楼缓必败矣。收韩、赵之兵以临魏，楼鼻必败矣。韩为一，一本作韩赵为一。魏必倍秦，甘茂必败矣。以成阳资翟强于齐，楚必败之。须秦必败，秦失魏，宜阳必不拔矣。"

26.16　公仲以宜阳之故

公仲以宜阳之故仇甘茂。其后，秦归武遂于韩。已而，秦王固疑甘茂之以武遂解于公仲也。杜赫为公仲谓秦王曰："明❶也愿因茂以事王。"秦王大怒于甘茂，故樗里疾大说杜聊。

26.17　秦韩战于浊泽

秦、韩战于浊泽，韩氏急。公仲明❷谓韩王曰："与

❶　"明"，鲍本、吴本改作"朋"。
❷　"明"，鲍本、吴本改作"朋"。下同。

国不可恃。今秦之心欲伐楚，王不如因张仪为和于秦，赂之以一名都，与之伐楚。此以一易二之计也。"韩王曰："善。"乃儆公仲之行，将西讲于秦。

楚王闻之大恐，召陈轸而告之。陈轸曰："秦之欲伐我久矣，今又得韩之名都一而具甲，秦、韩并兵南乡，此秦所以庙祠而求也。今已得之矣，楚国必伐矣。王听臣，为之儆四境之内选师，言救韩，令战车满道路，发信臣，多其车，重其币，使信王之救己也。纵❶韩为不能听我，韩必德王也，必不为雁行以来。是秦、韩不和，兵虽至楚，国不大病矣。为能听我，绝和于秦，秦必大怒，以厚怨于韩。韩得楚救，必轻秦。轻秦，其应秦必不敬。是我困❷秦、韩之兵，而免楚国之患也。"楚王大说，乃儆四境之内选师，言救韩。发信臣，多其车，重其币，谓韩王曰："弊邑虽小，已悉起之矣。愿大国遂肆意于秦，弊邑将以楚殉韩。"

韩王大说，乃止公仲。公仲曰："不可，夫以实告一作困。我者，秦也；以虚名救我者，楚也。恃楚之虚名，轻绝强秦之敌，必为天下笑矣。且楚、韩非兄弟之国也，又非素约而谋伐秦矣。刘作也。秦欲伐楚，楚因以起师言救韩，此必陈轸之谋也。且王以使人报于秦矣，今弗行，是欺秦也。夫轻强秦之祸，而信楚之谋臣，王必悔之矣。"韩王弗听，遂绝和于秦。秦果大怒，兴师与韩氏战于岸门，楚救不至，韩氏大败。

---

❶ "纵"，鲍本、吴本无。
❷ "困"，鲍本、吴本作"因"。

韩氏之兵非削弱也，民非蒙愚也，兵为秦禽，智为楚笑，过听于陈轸，失计于韩明也。

附：马王堆汉墓出土帛书《战国纵横家书》第255－271行"公仲倗谓韩王章"❶

秦韩战于蜀潢，韩氏急。公仲倗谓韩王曰："与国非可恃也。今秦之心欲伐楚，王不若因张仪而和于秦，赂之以一名县，与之南伐楚，此以一为二之计也。"韩王曰："善。"乃警公仲倗，将使西讲于秦。楚王闻之，大恐。召陈轸而告之。陈轸曰："夫秦之欲伐王久矣。今或得韩一名县具甲，秦、韩并兵南向楚，此秦之所庙祠而求也。今已得之，楚国必伐。王听臣之为之，警四境之内，兴师救韩，命战车，盈夏路；发信臣，多其车，重其币，使信王之救已也。韩为不能听我，韩之德王也，必不为逆以来，是秦、韩不和也。兵虽至楚，国不大病矣。为能听我，绝和于秦，秦必大怒，以厚怨韩。韩南□□必轻秦，轻秦，其应必不敬矣。是我困秦、韩之兵，免楚国｛楚国｝之患也。"王许之："诺。"乃警四境之内，兴师，言救韩；发信臣，多车，厚其币。使之韩，谓韩王曰："不榖虽小，已悉起之矣。愿大国肆意于秦，不榖将以楚徇韩。"韩王悦，止公仲之行，公仲曰："不可。夫以实苦我者秦也，以虚名救我者楚也。

---

❶ 图版见裘锡圭主编《长沙马王堆汉墓简帛集成》（壹），第90-91页；释文见《长沙马王堆汉墓简帛集成》（叁），第256-257页。

恃楚之虚名，轻绝强秦之敌，天下必笑王。且楚韩非兄弟之国也，又非素谋伐秦也，已伐形，因兴师言救韩，此必陈轸之谋也，夫轻绝强秦而强信楚之谋臣，王必悔之。"韩王弗听，遂绝和于秦。秦因大怒，益师，与韩氏战于岸门。楚救不至，韩氏大败。故韩氏之兵非弱也，其民非愚蒙也，兵为秦擒，智为楚笑者，过听于陈轸，失计韩俑，故曰："计听知顺逆，虽王可。"

26.18　颜率见公仲

颜率见公仲，公仲不见。颜率谓公仲之谒者曰："公仲必以率为阳刘作伤。也，故不见率也。公仲好内，率曰好士，仲❶啬于财，率曰散施，公仲无行，率曰好义。自今以来，率且正言之而已矣。"公仲之谒者以告公仲，公仲遽起而见之。

26.19　韩公仲谓向寿❷

韩❸公仲谓向寿曰："禽困覆车。公破韩，辱公仲，

---

❶　"仲"，鲍本、吴本上有"公"字。
❷　本章，吴本与前"秦围宜阳游腾谓"章接续。
❸　"韩"，鲍本、吴本作"为"。

公仲收国复事秦，自以为必可以封。今公与楚解中❶，封小令尹以桂❷阳。秦、楚合，复攻韩，韩必亡。公仲躬率其私徒以斗于秦，愿公之熟计之也。"向寿曰："吾合秦、楚，非以当韩也，子为我谒之公仲，曰秦、韩之交可合也。"对曰："愿有复于公。谚曰：贵其所以贵者贵。今王之爱习公也，不如公孙郝，其知能公也，不如甘茂。今二人者，皆不得亲于事矣，而公独与王主断于国者，彼有以失之也。公孙郝党于韩，而甘戊❸党于魏，故王不信也。今秦楚争强，而公党于楚，是与公孙郝、甘茂同道也。公何以异之？人皆言楚之多<small>刘作多，旧作若。</small>变也，而公必之，是自为贵也。公不如与王谋其变也，善韩以备之，若此，则无祸矣。韩氏先以国从公孙郝，而后委国于甘茂，是韩，公之仇也。今公言善韩以备楚，是外举不辟仇也。"向寿曰："吾甚欲韩合。"对曰："甘茂许公仲以武遂反宜阳之民，今公徒令❹收之，甚难。"向子曰："然则奈何？武遂终不可得已。"对曰："公何不以秦为韩求颖川于楚，此乃韩之寄地也。公求而得之，是令行于楚而以其地德韩也。公求而弗得，是韩楚之怨不解而交走秦也。秦、楚争强，而公过楚以攻韩❺，此利于秦。"向子曰："奈何？"对曰："此善事也。甘茂欲以魏取

---

❶ "中"，吴本："恐是口字讹。"
❷ "桂"，吴本："《史》作杜。"
❸ "戊"，鲍本、吴本作"茂"。
❹ "令"，鲍本、吴本无。
❺ "攻韩"，吴本："姚本收韩，《史》同。"

齐，公孙郝欲以韩取齐，今公取宜阳以为功，收楚、韩以安之，而诛齐、魏之罪，是以公孙郝、甘茂之无事也。"

26.20　或谓公仲曰听者

或钱有或字。谓公仲曰："听者听国，非必听实也。故先王听谤言于市，愿公之听臣言也。公求中立于秦而弗能得也，善公孙郝以难甘茂，劝齐兵以劝止魏，楚、赵皆公之仇也。臣恐国之以此为患也，愿公之复求中立于秦也。"公仲曰："奈何？"对曰："秦王以公孙郝为党于公而弗之听，甘茂不善于公而弗为公言，公何不因行愿以与秦王语？行愿之为秦王臣也公。臣请为公谓秦王曰：齐、魏合与离，于秦孰利？齐、魏别与合，于秦孰强？秦王必曰：齐、魏离，则秦重，合则秦轻。齐、魏别，则秦强，合则秦弱。臣即曰：今王听公孙郝以韩、秦之兵应齐而攻魏，魏不敢战，归地而合于齐，是秦轻也，臣以公孙郝为不忠。今王听甘茂，以韩、秦之兵据魏而攻齐，齐不敢战，不求割地而合于魏，是秦轻也，臣以甘茂为不忠。故王不如令韩中立以攻齐，齐❶王言救魏以劲之，齐、魏不能相听，久离兵史。王欲，则信公孙郝于齐，为韩取南阳，易穀川以归，此惠王之愿也。王欲，则信甘茂于魏，

---

❶ "齐"，吴本以为衍文。

以韩、秦之兵据魏以郄❶曾一作欲，一作邵。齐，此武王之愿也。臣以为令韩以刘无以字。中立以劲❷齐，最秦之大急也。公孙郝党于齐而不肯言，甘茂薄而不敢谒也，此二人，王之大患也。愿王之熟计之也。"

26.21　韩公仲相齐楚之交善

韩公仲相❸。齐、楚之交善。秦秦❹魏遇，且以善齐，而绝齐乎楚。王❺使景鲤之秦，鲤与于秦、魏之遇。楚王怒景鲤，恐齐以楚遇为有阴于秦、魏也，且罪景鲤。为谓楚王曰："臣贺鲤之与于遇也。秦、魏之遇也，将以合齐、秦而绝齐刘作和。于楚也。今鲤与于遇，齐无以信魏之合己于秦而攻于楚也，齐又畏楚之有阴于秦、魏也，必重楚。故鲤之与于遇，王之大资也。今鲤不与于遇，魏之绝齐于楚明矣。齐楚❻信之，必轻王，故王不如无罪景鲤，以视齐于有秦、魏，齐必重楚，而且疑秦、魏于齐。"王曰："诺。"因不罪而益其列。

---

❶ "郄"，吴本作"拒"。

❷ "劲"，鲍本改作"攻"。

❸ "韩公仲相"，鲍本："衍韩公仲相四字，章内初不涉韩也。"吴本："此四字必错简。"缪本："或当在上章之首，误移于此。"

❹ "秦秦"，鲍本、吴本作"秦与"。

❺ "王"，鲍本、吴本上补"楚"字。

❻ "楚"，鲍本、吴本以为衍文。

26.22　王曰向也子曰

王曰："向也子曰天下无道，今也子曰乃且攻燕者，何也？"对曰："今谓马多力则有矣，若曰胜千钧则不然者，何也？夫千钧，非马之任也。今谓楚强大则有矣，若夫越赵、魏而斗兵于燕，则岂楚之任也哉？且非楚之任，而楚为之，是弊楚也。强楚、弊楚，其于王孰便也？"

26.23　或谓魏王王徼

或谓魏王："王徼钱无徼字。四彊❶之内，其从于王者，十日之内备，不具者死。王因取其游之舟上击❷之。臣为王之楚，王胥臣反乃行。"春申君闻之，谓使者曰："子为我反，无见王矣。十日之内，数万之众，今涉魏境。"秦使闻之，以告秦王。秦王谓魏王曰："大国有意必来，以是而足矣。"

---

❶ "彊"，鲍本、吴本作"疆"。
❷ "击"，鲍本、吴本作"系"。

26.24　观鞅谓春申

观一作魏。鞅❶谓春申曰："人皆以楚为强，而君用之弱，其于鞅也不然。先君者二十余年未尝见攻。今秦欲逾兵于渑隘之塞，不使❷；假道两周，倍韩以攻楚，不可。今则不然，魏且旦暮亡矣，不能爱其许、鄢陵与梧，割以予秦，去❸百六十里。臣之所见者，秦、楚斗之日也❹已。"

26.25　公仲数不信于诸侯

公仲数不信于诸侯，诸侯锢之。南委国于楚，楚王弗听。苏代为刘添谓字。楚王曰："不若听而备于其反也。明❺之反也，常仗赵而畔楚，仗齐而畔秦。今四国锢之，而无所入矣，亦甚患之。此方其为尾生之时也。"

战国策卷第二十六

---

❶ "观鞅"，吴本："《史》作观津人朱英。"
❷ "使"，吴本："《史》作便，是。"
❸ "去"，鲍本、吴本上补"相"字。
❹ "也"，鲍本改作"近"。
❺ "明"，鲍本、吴本作"朋"。

卷二十七

韩二

27.1　楚围雍氏五月

楚围雍氏五月。韩令使者求救于秦，冠盖相望也，秦师不下殽。

韩又令尚靳使秦，谓秦王曰："韩之于秦也，居为隐蔽，出为雁行。今韩已病矣，秦师不下殽。臣闻之，唇揭者其齿寒。愿大王之熟计之。"宣太后曰："使者来者众矣，独尚子之言是。"召尚子入。宣太后谓尚子曰："妾事先王也，先王以其髀加妾之身，妾困不疲钱、刘本作支也，尽置其身妾之上，而妾弗重也，何也？以其少有利焉。今佐韩，兵不众，粮不多，则不足以救韩。夫救韩之危，日费千金，独不可使妾少有利焉。"

尚靳归书报韩王，韩王遣张翠。张翠称病，日行一县。张翠至，甘茂曰："韩急矣，先生病而来。"张翠曰："韩未急也，且急矣。"甘茂曰："秦重国知钱改作之。王也，韩之急缓莫不知。今先生言不急，可乎？"张翠曰："韩急则折而入于楚矣，臣安敢来？"甘茂曰："先生毋复言也。"

甘茂入，言秦王曰："公仲柄得秦师，故敢捍楚。今雍氏围而秦师不下殽，是无韩也。公仲且抑首而不朝，公叔且以国南合于楚。楚、韩为一，魏氏不敢不听，是楚以三国谋秦也。如此则伐秦之形成矣。不识坐而待伐，孰与伐人之利？”秦王曰：“善。”果下师于殽以救韩。

27.2 楚围雍氏韩令冷向

楚围雍氏，韩令冷向借救于秦，秦为发使公孙昧入韩。公仲曰：“子以秦为将救韩乎？其不乎？”对曰：“秦王之言曰：请道于南郑、蓝田以入攻楚，出兵于三川以待公，殆不合，军于南郑[1]矣。”公仲曰：“奈何？”对曰：“秦王必祖张仪之故谋。楚威王攻梁，张仪谓秦王曰：与楚攻梁，魏折而入于楚。韩固其与国也，是秦孤也。故不如出兵以劲魏。于是攻皮氏。魏氏劲，威王怒，楚与魏大战，秦取西河之外以归。今也其将扬言救韩，而阴善楚，公恃秦而劲，必轻与楚战。楚阴得秦之不用也，必易与公相支也。公战胜楚，遂与公乘楚，易三川而归。公战不胜楚，塞三川而守之，公不能救也。臣甚恶其事。司马康三反之郢矣，甘茂与昭献[2]遇于境，其言曰收玺，其实犹有约也。”公仲恐曰：“然则奈何？”对曰：“公必先韩而后秦，先身而后张仪。以刘去以字。公不如亟以

---

❶ “南郑”，金正炜以为“南”字涉上文“请道于南郑”而衍，或当作“郑南”。

❷ “献”，何本、范本改作“𢿌（渔）”。

国合于齐、楚，秦必委国于公以解伐。是公之所以外者仪
而已，其实犹之不失秦也。"

27.3 公仲为韩魏易地

公仲为韩、魏易地，公叔争之而不听，且亡。史惕谓
公叔曰："公亡，则易必可成矣。公无辞以后钱、刘一作
复。反，且示天下轻公，公不若顺之。夫韩地易于上，则
害于赵，魏地易于下，则害于楚。公不如告楚、赵。楚、
赵恶之。赵闻之，起兵临羊肠，楚闻之，发兵临方城，而
易必败矣。"

27.4 锜宣之教韩王

锜宣之教韩王取秦，曰："为公叔具车百乘，言之
楚，易三川。因令公仲谓秦王曰：三川之言曰：秦王必取
我。韩王之心，不可解矣。王何不试以襄子为质于韩，令
韩王知王之不取三川也。因以出襄子而德太子。"

27.5 襄陵之役毕长谓

襄陵之役，毕长谓公叔曰："请毋用兵，而楚、魏

皆德公之国矣。夫楚欲置公子高，必以兵临魏。公何不令人说昭子曰：战未必胜，请为子起兵以之魏，子有辞以毋战。于是以太子扁❶，昭扬、梁王皆德公矣。"

27.6 公叔使冯君于秦

公叔使冯君于秦，恐留，教阳向说秦王曰："留冯君以善韩臣，<small>集、钱、刘、曾作辰。</small>非上知也。主君不如善冯君，而资之以秦。冯君广王而不听公叔，以与太子争，则王泽布，而害❷于韩矣。"

27.7 谓公叔曰公欲得

谓公叔曰："公欲得武遂于秦，而不患楚之能扬❸河外也。公不如令人恐楚王，而令人为公求武遂于秦。谓楚王曰：发重使为韩求武遂于秦。秦王听，是令得行于万乘之主也。韩得武遂以恨❹秦，毋秦患而得❺楚。韩，楚之县而已。秦不听，是秦、韩之怨深而交楚也。"

---

❶ "以太子扁"，范本："犹以太子贬，谓贬太子而立公子高也。"
❷ "害"，吴本："疑善字。"
❸ "扬"，吴本："疑伤字讹。"
❹ "恨"，鲍本改作"限"。
❺ "得"，鲍本改作"德"。

27.8　谓公叔曰乘舟

谓公叔曰："乘舟，舟漏而弗塞，则舟沉矣。塞漏舟而轻阳侯之波，则舟覆矣。今公自以辩于薛公而轻秦，是塞漏舟而轻阳侯之波也，愿公之察也。"

27.9　齐令周最使郑立

齐令周最使郑，立韩扰而废公叔。周最患之，曰："公叔之与周君交也，令❶我使郑，立韩扰而废公叔。语曰：怒于室者色于市。今公叔怨齐，无奈何也，必❷周君而深怨我矣。"史舍曰："公行矣，请令公叔必重公。"周最行，至郑，公叔大怒。

史舍入见曰："周最固不欲来使，臣窃强之。周最不欲来，以为公也；臣之强之也，亦以为公也。"公叔曰："请闻其说。"对曰："齐大夫诸子有犬，犬猛不可叱，叱之必噬人。客有请叱之者，疾视而徐叱之，犬不动，复叱之，犬遂无噬人之心。今周最固得事足下，而以不得已之故来使，彼将礼陈其辞而缓其言，郑王必

---

❶ "令"，鲍本、吴本作"今"。
❷ "必"，鲍本、吴本下有"绝"字。

以齐王为不急，必不许也。令周最不来，他人必来。来使者无交于公，而欲德于韩扰，其使之必疾，言之必急，则郑王必许之矣。"公叔曰："善。"遂重周最。王果不许韩扰。

27.10　韩公叔与几瑟争国郑强为楚

韩公叔与几瑟争国。郑强为楚王使于韩，矫_{刘改桥作矫}。以新城、阳人合❶世子，以与公叔争国。楚怒，将罪之。郑疆❷曰："臣之矫与之，以为国也。臣曰世子得新城、阳人，以与公叔争国而得全，魏必急韩氏。韩氏急，必县命于楚，又何新城、阳人敢索？若战而不胜，走而不死，今且以至，又安敢言地？"楚王曰："善。"乃弗罪。

27.11　韩公叔与几瑟争国中庶子强

韩公叔与几瑟争国。中庶子强谓太子曰："不若及齐师未入，急击公叔。"太子曰："不可。战之于国中必

---

❶ "合"，鲍本、吴本作"命"。
❷ "疆"，鲍本作"强"。

分^❶。"对曰:"事不成,身必危,尚何足以图国之_{曾作尚之}全为?"太子弗听,齐师果入,太子出走。

27.12　齐明谓公叔曰

齐明谓公叔曰:"齐逐几瑟,楚善之。今楚欲善齐甚,公何不令齐王谓楚王:王为我逐几瑟以穷之。楚听,是齐、楚合而几瑟走也。楚王不听,是有阴于韩也。"

27.13　公叔将杀几瑟也

公叔将杀几瑟也。谓公叔曰:"太子之重公也,畏几瑟也。今几瑟死,太子无患,必轻公。韩大夫见王老,冀太子之用事也,固欲事之。太子外无几瑟之患,而内收诸大夫以自辅也,公必轻矣。不如无杀几瑟,以恐太子,太子必终身重公矣。"

27.14　公叔且杀几瑟也

公叔且杀几瑟也。宋赫为谓公叔曰:"几瑟之能为乱

---

❶ "必分",鲍本、吴本上有"国"字。

也，内得父兄而外得秦、楚也。今公杀之，太子无患，必轻公。韩大夫知王之老而太子定，必阴事之。秦、楚若无韩，必阴事伯婴。伯婴亦几瑟也。公不如勿杀。伯婴恐，必保于公。韩大夫不能必其不入也，必不敢辅伯婴以为乱。秦、楚挟几瑟以塞伯婴，伯婴外无秦、楚之权，内无父兄之众，必不能为乱矣。此便于公。"

27.15　谓新城君曰

谓新城君曰："公叔、伯婴恐秦、楚之内几瑟也，公何不为韩求质子于楚？楚王听而入质子于韩，则公叔、伯婴必知秦楚之不以几瑟为事也，必以韩合于秦、楚矣。秦、楚挟韩以窘魏，魏氏不敢东，是齐孤也。公又令秦求质子于楚，楚不听，则怨结于韩。韩挟齐、魏以眄楚，楚王必重公矣。公挟秦、楚之重，以积德于韩，则公叔、伯婴必以国事公矣。"

27.16　胡衍之出几瑟

胡衍之出几瑟于楚也，教公仲谓魏王曰："太子在楚，韩不敢离楚也。公何不试奉公子咎，而为之请太子？因令人谓楚王曰：韩立公子咎而弃几瑟，是王抱虚质也。王不如亟归几瑟。几瑟入，必以韩权报仇于魏而德王矣。"

27.17　几瑟亡之楚

几瑟亡之楚，楚将收秦而复之。谓芈戎曰："废公叔而相几瑟者，楚也。今几瑟亡之楚，楚又收秦而复之，几瑟入郑之日，韩，楚之县邑❶。公不如令秦王贺伯婴之立也。韩绝于楚，其事秦必疾，秦挟韩亲魏，齐、楚后至者先亡。此王业也。"

27.18　冷向谓韩咎

冷向谓韩咎曰："几瑟亡在楚，楚王欲复之甚，令楚兵十余万在方城之外。臣请令楚筑万家之都于雍氏之旁，韩必起兵以禁之，公必将矣。公因以楚、韩之兵奉几瑟而内之郑，几瑟得入而德公，必以韩、楚奉公矣。"

27.19　楚令景鲤入韩

楚令景鲤入韩，韩且内伯婴于秦，景鲤患之。冷向谓

---

❶ "邑"，鲍本改作"已"。

伯婴曰："太子入秦，秦必留太子而合楚，以复几瑟也，是太子反弃之。"

27.20　韩咎立为君❶

韩咎立为君而未定也，其弟在周，周欲以车百乘重而送之，恐韩咎入韩之不立也。綦母恢曰："不如以百金从之，韩咎立，因刘改因作曰。也一本添也字。以为戒，不立，则曰来效贼也。"

27.21　史疾为韩使楚

史疾为韩使楚，楚王问曰："客何方所循？"曰："治列子圉寇之言。"曰："何贵？"曰："贵正。"王曰："正亦可为国乎？"曰："可。"王曰："楚国多盗，正可以圉盗乎？"曰："可。"曰："以正圉盗，奈何？"顷间，曾作闻。有鹊止于屋上者，曰："请问楚人谓此鸟何？"王曰："谓之鹊。"曰："谓之乌，可乎？"曰："不可。"曰："今王之国有柱国、令尹、司马、典令，其任官置吏，必曰廉洁胜任。今盗贼公行而弗能禁也，此乌不为乌，鹊不为鹊也。"

---

❶ 本章原与上"楚令景鲤入韩"章接续，今依鲍本、吴本单列一章。

27.22　韩傀相韩

　　韩傀相韩，严遂重于君，二人相害也。严遂政议直指，举韩傀之过。韩傀以之❶叱之于朝。严遂拔剑趋之，以救解。于是严遂惧诛，亡去，游，求人可以报韩傀者。

　　至齐，齐人或言轵深井里聂政，勇敢士也，避仇隐于屠者之间。严遂阴交于聂政，以意厚之。聂政问曰："子欲安用我乎？"严遂曰："吾得为役之日浅，事今薄，奚敢有请？"于是严遂乃具酒，觞聂政母前。仲子奉黄金百镒，前为聂政母寿。聂政惊，愈怪其厚，固谢严仲子。仲子固进，而聂政谢曰："臣有老母，家贫，客游以为狗屠，可旦夕得甘脆以养亲，亲供养备。义不敢当仲子之赐。"严仲子辟人，因为聂政语曰："臣有仇，而行游诸侯众矣。然至齐，闻足下义甚高。故直进百金者，特以为夫人❷粗粝之费，以交足下之欢，岂敢以有求邪？"聂政曰："臣所以降志辱身居市井者，徒幸而养老母。老母在，政身未敢以许人也。"严仲子固让，聂政竟不肯受。然仲子卒备宾主之礼而去。

　　久之，聂政母死，既葬，除服。聂政曰："嗟乎！政乃市井之人，鼓刀以屠，而严仲子乃诸侯之卿相也，不远

－－－－－－－－－－

❶　"以之"，金正炜以为衍文。
❷　"夫人"，鲍本、吴本作"丈人"。

千里，枉车骑而交臣，臣之所以待之，至浅鲜矣，未有大功可以称者，而严仲子举百金为亲寿，我虽不受，然是深知政也。夫贤者以感忿睚眦之意，而亲信穷僻之人，而政独安可嘿然而止乎？且前日要政，政徒以老母。老母今以天年终，政将为知己者用。”

遂西至濮阳，见严仲子曰："前所以不许仲子者，徒以亲在。今亲不幸。仲子所欲报仇者为谁❶？"严仲子具告曰："臣之仇，韩相傀，傀又韩君之季父也，宗族盛，兵卫设，臣使人刺之，终莫能就。今足下幸而不弃，请益具车骑壮士，以为羽翼。"政曰："韩与卫中间❷不远，今杀人之相，相又国君之亲，此其势不可以多人。多人不能无生得失，生得失则语泄，语泄则韩举国而与仲子为仇也，岂不殆哉！"遂谢车骑人徒，辞，独行仗剑至韩。

韩适有东孟之会，韩王及相皆在焉，持兵戟而卫者甚众。聂政直入，上阶刺韩傀。韩傀走而抱哀❸侯，聂政刺之，兼中哀侯，左右大乱。聂政大呼，所杀者数十人。因自皮面抉眼，自屠出肠，遂以死。

韩取聂政尸于❹市，县购之千金。久之，莫知谁子。政姊刘有嫈字。闻之，曰："弟至贤，不可爱妾之躯，灭吾弟之名，非弟意也。"乃之韩。视之曰："勇哉！气矜之隆。是其轶贲、育而高成荆矣。今死而无名，父母既殁

---

❶ "为谁"，鲍本、吴本作"请得从事焉"。

❷ "中间"，鲍本、吴本上有"相去"二字。

❸ "哀"，鲍本改作"列"。下同。

❹ "于"，鲍本、吴本上有"暴"字。

矣，兄弟无有，此为我故也。夫爱身不扬弟之名，吾不忍也。"乃抱尸而哭之曰："此吾弟轵深井里聂政也。"亦自杀于尸下。晋、楚、齐、卫闻之，曰："非独政之能，乃其姊者亦列女也。"聂政之所以名施于后世者，其姊不避菹醢之诛，以扬其名也。

战国策卷第二十七

卷二十八

韩三

28.1 或谓韩公仲曰

或谓韩公仲曾作中。曰："夫孪子之相似者，唯其母知之而已；利害之相似者，唯智者知之而已。今公国，其利害之相似，正如孪子之相似也。得以其道为之，则主尊而身安；不得其道，则主卑而身危。今秦、魏之和成，而非公适束之，则韩必谋矣。若韩随魏以善秦，是为魏从也，则韩轻矣，主卑矣。秦已善韩，必将欲置其所爱信者，令用事于韩以完之，是公危矣。今公与安成君为秦、魏之和，成固为福，不成亦为福。秦、魏之和成，而公适束之，是韩为秦、魏之门户也，是韩重而主尊矣。安成君东重于魏而西贵于秦，操右契而为公责德于秦、魏之主❶，裂地而为诸侯，公之事也。若夫安韩、魏而终身相，公之下服，此主尊而身安矣。秦、魏不终相听者刘有者字。也。齐怒于不得魏，必欲善韩以塞魏，魏不听秦，必务善韩以备秦，是公择布而割也。钱作择豨而割之，曾、刘作择布。秦、魏和，则两

---

❶ "主"，鲍本、吴本作"王"。

国德公。不和，则两国争事公。所谓成为福，不成亦为福者也。愿公之无疑也。"

28.2　或谓公仲曰今有一举

　　或谓公仲曰："今有一举而可以忠于主、便于国、利于身，愿公之行之也。今天下散而事秦，则韩最轻矣；天下合而离秦，则韩最弱矣；合离之相续，则韩最先危矣。此君国长民之大患也。今公以韩先合于秦，天下随之，是韩以天下事钱作予。秦，秦之德韩也厚矣。韩与天下朝秦，而独厚取德焉，公行之计，是其于主也至忠矣。天下不合秦，秦令而不听，秦必起兵以诛不服。秦久与天下结怨构难而兵不决，韩息士民，以待其釁。公行之计，是其于国也，大便也。昔者周佼以西周善于秦，而封于梗阳。周启以东周善于秦，而封于平原。今公以韩善秦，韩之重于两周也无计，而秦之争机也，万于周之时。今公以韩为天下先合于秦，秦必以公为诸侯，以明示天下，公行之计，是其于身大利也。愿公之加务也。"

28.3 韩人攻宋秦王大怒

韩人❶攻宋，秦王大怒，曰："吾爱宋，与新城、阳晋同也。韩珉与我交，而攻我甚所爱，何也？"苏秦为韩❷说秦王曰："韩珉之攻宋，所以为王也。以韩之强，辅之以宋，楚、魏必恐。恐，必西面事秦。王不折一兵，不杀一人，无事而割安邑，此韩珉之所以祷于秦也。"秦王曰："吾固患韩之难知，一从一横，此其说何也？"对曰："天下固令韩可知也。韩故已攻宋矣，其西面事秦，以万乘自辅。不西事秦，则宋地不安矣。中国白头游敖之士，皆积智欲离秦、韩之交。伏轼结靷西驰者，未有一人言善韩者也；伏轼结靷东驰者，未有一人言善秦者也，皆不欲韩、秦之合者，何也？则晋、楚智而韩、秦愚也。晋、楚合，必伺韩、秦；韩、秦合，必图晋、楚。请以决事。"秦王曰："善"。

---

❶ "韩人"，吴本："而《韩策》云：韩珉相齐。尽韩珉为齐伐宋也。首句不云韩攻宋，而云韩人，疑人即珉之讹。"

❷ "为韩"，范本："为韩，为韩珉也。此下各韩字有作韩珉解，有当作齐者。珉时相齐，故称韩犹称齐也。"

28.4 或谓韩王曰秦王欲

或钱添或字。谓韩王曰：“秦王欲出事于梁，而欲攻绛、安邑，韩计将安出矣？秦之欲伐韩，以东窥周室甚，唯寐忘之。今韩不察，因欲与秦，必为山东大祸矣。秦之欲攻梁也，欲得梁以临韩，恐梁之不听也，故欲病钱、刘作痛。之以固交也。王不察，因欲中立，梁必怒于韩之不与己，必折为秦用，韩必举矣。愿王熟虑之也。不如急发重使之赵、梁，约复为兄弟，使山东皆以锐师戍韩、梁之西边。非为此也，山东无以救亡。此万世之计也。秦之欲并天下而王之也，不与古同。事之虽如子之事父，犹将亡之也。行虽钱添此虽字。如伯夷，犹将亡之也。行虽如桀纣，犹将亡之也。虽善事之，无益也，不可以为存，适足以自令亟亡也。然则山东非能从亲，合而相坚如一者，必皆亡矣。”

28.5 谓郑王曰昭釐侯

谓郑王曰：“昭釐侯，一世之明君也；申不害，一世之贤士也；韩与魏，敌侔之国也。申不害与昭釐侯执珪而见梁君，非好卑而恶尊也，非虑过而议失也。申不害之计事曰：我执珪于魏，魏君必得志于韩，必外靡于天下矣，是魏弊矣。诸侯恶魏，必事韩，是我免于一人之下，而信于万人之上也。夫弱魏之兵，而重韩之权，莫如朝魏。昭釐侯听而行之，明君也；申不害虑事而言之，忠臣也。今之韩弱于始之韩，而今之秦强于始之秦。今秦有梁君之心矣，而王与诸臣不事为尊秦以定韩者，臣窃以为王之明为不如昭釐侯，而王之诸臣忠莫如申不害也。昔者穆公一胜于韩原而霸西州，晋文公一胜于城濮而定天下，曾改子作下。此以一胜立尊令，成功名于天下。今秦数世强矣，大胜以千❶数，小胜以百数，大之不王，小之不霸，名尊无所立，制令无所行。然而春秋用兵者，非以求主尊成名于天下也。昔先王之攻，有为名者，有为实者。为名者攻其心，为实者攻其形。昔者吴与越战，越人大败，保于会稽之上，吴人入越而户抚之。越王使大夫种行成于吴，请男为臣，女为妾，身执禽而随诸御。吴人果听其辞，与成而不盟，此攻其心者也。其后越与吴战，吴人大败，亦请男为臣，女为妾，反以越事吴之礼事越。越人不听也，遂残吴国而禽夫差，此攻其形者也。今将攻其心乎，宜使如吴；攻其形乎，宜使如越。夫攻形不如越，而攻心不如吴，而君臣、上下、少长、贵贱毕呼霸王，臣窃以为犹之井中而谓曰：我将为尔求火也。东孟之会，❷聂政、阳坚刺相兼君。许异蹴哀侯而殪之，立以为郑君。韩氏之众无不听令者，则许异为之先也。是故哀侯为君，而许异终身相焉。而韩氏之尊许异也，犹其尊哀侯也。今日郑君不可

---

❶ "千"，鲍本、吴本作"十"。
❷ "东孟之会"，此下原单列一章，今依鲍本、吴本与上合为一章。

得而为也，虽终身相之焉，然而吾弗为云者，岂不为过谋哉！昔齐桓公九合诸侯，未尝不以周襄王之命。然则虽尊襄王，桓公亦定霸矣。九合之尊桓公也，犹其尊襄王也。今日天子不可得而为也，虽为桓公，吾弗为云者，岂不为过谋而不知尊哉！韩氏之士数十万，皆戴哀侯以为君，而许异独取相焉者，无他。诸侯之君，无不任事于周室也，而桓公独取霸者，亦无他也。今强国将有帝王之壁，而以国先者，此桓公、许异之类也。岂可不谓善谋哉？夫先与强国之利，强国能王，则我必为之霸；强国不能王，则可以辟其兵，使之无伐我。然则强国事成，则我立帝而霸，强国之事不成，犹之厚德我也。今与强国，强国曾、刘无下强国两字。之事成则有福，不成则无患，然则先与强国者，圣人之计也。”

28.6　韩阳役于三川

韩阳役于三川而欲归，足强为之说韩王曰：“三川服矣，王亦知之乎？役且共贵公子。”王于是召诸公子役于三川者而归之。

28.7　秦大国也

秦，大国也。韩，小国也。韩甚疏秦，然而见亲秦，

计之，非金无以曾作已。也，故卖美人。美人之贾贵，诸
侯不能买，故秦买之三千金。韩因以其金事秦，秦反得其
金与韩之美人。韩之美人因言于秦曰："韩甚疏秦。"从
是观之，韩亡美人与金，其疏秦乃始益明。故客有说韩
者曰："不如止淫用，以是为金以事秦，是金必行，而
韩之疏秦不明❶。美人知内行者也，故善为计者，不见内
行。"

28.8　张丑之合齐楚讲

张丑之合齐、楚讲于魏也，谓韩公仲曰："今公疾攻
魏之运，魏急，则必以地和于齐、楚，故公不如勿攻也。
魏缓则必战。战胜，攻运而取之，易矣。战不胜，则魏且
内之。"公仲曰："诺。"张丑因谓齐、楚曰："韩已与
魏矣。以为不然，则盖三本同作盖，一作盍。观公仲之攻
也。"公仲不攻，齐、楚恐，因讲于魏，而不告韩。

28.9　或谓韩相国曰人之

或钱添或字。谓韩相国曰："人之所以善扁鹊者，为
有臃肿也。使善扁鹊而无臃肿也，则人莫之为之也。今君

---

❶ "不明"，金正炜以为当作"亦明"。

以所事善平原君者，为恶于秦也，而善平原君乃所以恶于秦也。愿君之熟计之也。"

28.10　公仲使韩珉之秦

公仲使韩珉之秦求武隧，而恐楚之怒也。唐客谓公仲曰："韩之事秦也，且以求武隧也，非弊邑之所憎也。韩已得武隧，其形乃可以善楚。臣愿有言，而不敢为楚计。今**❶**韩之父兄得众者毋相，韩不能独立，势必不**❷**善楚。王曰：吾欲以国辅韩珉**❸**而相之，可乎？父兄恶珉，珉必以国保楚。"公仲说，士钱作仕字。唐客于诸公，而使之主韩、楚之事。

28.11　韩相公仲珉使韩侈**❹**

韩相公仲珉使韩侈之秦**❺**，请攻魏，秦王说之。韩侈

---

❶ "今"，范本以为当作"令"。

❷ "不"，鲍本、吴本以为衍文。

❸ "珉"，缪本以为当作"朋"。下同。

❹ 本章原与上"公仲使韩珉之秦"章接续，今依鲍本、吴本单列一章。

❺ "韩相公仲珉使韩侈之秦"，缪本："《国策》之公仲即侈（侈为佣讹），此珉为佣之讹，而韩侈之侈则又珉之讹也。"范本："窃疑此文珉、侈二字当互涌，本作韩相公仲侈使韩珉入秦，下文侈字并当作珉，因首句误涌，为后人辄改。……公仲侈之侈字乃佣字之讹。"

在唐，公仲珉死。韩侈谓秦王曰："魏之使者谓后相韩辰曰：公必为魏罪韩侈。韩辰曰：不可。秦王仕之，又与约事。使者曰：秦之仕韩侈也，以重公仲也。今公仲死，韩侈之秦，秦必弗入。入，曾有下入字。又奚为挟之以恨魏王乎？韩辰患之，将听之矣。今王不召韩侈，韩侈且伏于山中矣。"秦王曰："何意寡人如是之权也！"令安伏召韩侈，而仕之客卿❶。

28.12　为韩谓秦王❷

为韩谓秦王曰："韩珉之议，知其君不知异君，知其国不知异国。彼公仲者，秦势能诎之。秦之强首之者，珉为疾矣。进齐宋之兵至首坦，曾作垣。远薄梁郭，所以不及魏者，以为成刘作戍。而过南阳之道，欲以四国西首也。所以不者，皆曰以燕亡于齐，魏亡于秦，陈、蔡亡于楚，此皆绝地形。群臣比周以蔽其上，大臣为诸侯轻国也。今王位❸正，张仪之贵，不得议公孙郝，是从臣不事大臣也。公孙郝之贵，不得议甘戊❹，则大臣不得事近臣

---

❶ "客卿"，鲍本、吴本以此二字属下章，范本据吴汝纶、钟凤年说属本章。

❷ 本章原与上"公仲使韩珉之秦""韩相公仲珉使韩侈"两章接续，今依鲍本、吴本单列一章。

❸ "位"，王念孙以为当作"莅"。

❹ "戊"，鲍本、吴本作"茂"。

矣。刘本作也。贵贱不相事，各得其位，辐凑以事其上，则群臣之贤不肖，可得而知也。王之明一也。公孙郝尝疾❶齐、韩而不加贵，则为大臣不敢为诸侯轻国矣。齐、韩尝因公孙郝而不受，则诸侯不敢因群臣以为能矣。外内不相为，则诸侯之情伪，可得而知也。王之明二也。公孙郝、樗里疾请无攻韩，陈四❷辟去，王犹攻之也。甘茂约楚、赵而反敬魏，是其讲我，茂且攻宜阳，王犹校之也。群臣之知，无几于王之明者，臣故愿公仲之国以侍于王，而无自左右也。"

28.13　韩珉相齐

韩珉相齐，令吏逐公畴竖，大❸怒于周之留成阳君也。谓韩珉曰："公以二人者为贤人也，所入之国因用之乎？则不如其处小国。何也？成阳君为秦去韩，公畴竖，楚王善之，今公因逐之，二人者必入秦、楚，必为公患。且明公之不善于天下，天下之不善公者，与欲有求于齐者，且收之，以临齐而市公。"

---

❶ "疾"，吴本疑有误，金正炜以为当作"挟"，范本以为当作"侯（候）"。

❷ "四"，吴本："疑当作而。"

❸ "大"，鲍本作"又"。

28.14　或谓山阳君曰

或钱添入或字。谓山阳君曰："秦封君以山阳，齐封君以莒。齐、秦非重韩，则贤君之行也。今楚攻齐取莒，上及❶不交齐，次弗纳于君，是棘齐、秦之威而轻韩也。"山阳君因使之楚。

28.15　赵魏攻华阳韩谒急

赵、魏攻华阳，韩谒急于秦。冠盖相望，秦不救。韩相国谓田苓❷曰："事急，愿公虽疾，为一宿之行。"田苓见穰侯，穰侯曰："韩急乎？何故使公来？"田苓对曰："未急也。"穰侯怒曰："是何以为公之王使乎？冠盖相望，告弊邑甚急，公曰未急，何也？"田苓曰："彼韩急，则将变矣。"穰侯曰："公无见王矣，臣请令❸发兵救韩。"八日中大败赵、魏于华阳之下。

---

❶ "及"，鲍本、吴本无。
❷ "苓"，范本改作"荼"。下同。
❸ "令"，王念孙以为当作"今"。

28.16　秦招楚而伐齐

秦招楚而伐齐，冷向谓陈轸曰："秦王必外向。楚之齐者知西不合于秦，必且务以楚合于齐。齐、楚合，燕、赵不敢不听。齐以四国三本同去国字。敌秦，是齐不穷也。"向曰："秦王诚必欲伐齐乎？不如先收于楚之齐者。楚之齐者先❶务以楚合于齐，则楚必即秦矣。以强秦而有晋、楚，则燕、赵不敢不听，是齐孤矣。向请为公说秦王。"

28.17　韩氏逐向晋

韩氏逐向晋于周，周成恢为之谓魏王曰："周必宽而反之，王何不为之先言，是王有向晋于周也。"魏王曰："诺。"成恢因为谓韩王曰："逐向晋者韩也，而还之者魏也，岂如道韩反之哉❷？是魏有向晋于周，而韩王❸失之也。"韩王曰："善。"亦因请复之。

---

❶　"先"，横田本、金正炜以为当作"无"。

❷　"岂如道韩反之哉"，范本以为宜从关修龄说，此句当在"韩王失之也"句下。

❸　"王"，横田本以为衍文。

28.18　张登请费缧

张登请❶费缧曰："请令公子年谓韩王曰：费缧，西周仇之，东周宝之。此其家万金，王何不召之以为三川之守？是缧以三川与西周戒也，必尽其家以事王。西周恶之，必效先王之器以止王。韩王必为之。西周闻之，必解子之罪，以止子之事。"

28.19　安邑之御史

安邑之御史死，其次恐不得也。输人为之谓三本同，无谓字。安❷令曰："公孙綦为人请御史于王，王曰：彼固有次乎？吾难败其法。"因遽置之。

28.20　魏王为九里之盟

魏王为九里之盟，且复天子。房喜谓韩王曰："勿听之也，大国恶有曾本作恶有。天子，而小国利之。王与大

---

❶ "请"，鲍本、吴本作"谓"。

❷ "安"，鲍本、吴本下补"邑"字。

国弗听，魏安能与小国立之？”

28.21　建信君轻韩熙

建信君轻韩熙，赵敖为谓建信侯❶曰："国形有之而存，无之而亡者，魏也。不可无而从者，韩也。今君之轻韩熙者，交善楚、魏也。秦见君之交反善于楚、魏也，其收韩必重矣。从则韩轻，横则韩重，则无从轻矣。秦出兵于三川，则南围鄢，蔡、邵之道不通矣。魏急，其救赵必缓矣。秦举兵破邯郸，赵必亡矣。故君收韩，可以无疊。"

28.22　段产谓新城君

段产谓新城君曰："夫宵行者，能无为奸，而不能令狗无吠己。今臣处郎中，能无议君于王，而不能令人毋议臣于君。愿君察之也。"

28.23　段干越人谓新城君

段干越人谓新城君曰："王良之弟子驾，云取千里

---

❶ "侯"，鲍本改作"君"。

马，一无此字。遇造父之弟子。造父之弟子曰：马不千里。王良弟子曰：马，千里之马也。服，千里之服也。而不能取千里，何也？曰：子缧牵长。故缧牵于事，万分之一也，而难曾作维。千里之行。今臣虽不肖，于秦亦万分之一也，而相国见臣不释塞者，是缧牵长也。"

战国策卷第二十八

卷二十九

燕一

29.1　苏秦将为从北说燕

苏秦将为从，北说燕文侯曰："燕东有朝鲜、辽东，北有林胡、楼烦，西有云中、九原，南有呼沱、易水。地方二千余里，带甲数十万，车七百乘，骑六千匹，粟支十年。南有碣石、雁门之饶，北有枣粟❶之利，民虽不由❷田作，枣栗之实，足食于民矣。此所谓天府也。夫安乐无事，不见覆军杀将之忧，无过燕矣。大王知其所以然乎？夫燕之所以不犯寇被兵者，以赵之为蔽于南也。秦、赵五战，秦再胜而赵三胜。秦、赵相弊，而王以全燕制其后，此燕之所以不犯难也。且夫秦之攻燕也，逾云中、九原，过代、上谷，弥垒踵道数千里，虽得燕城，秦计固不能守也。秦之不能害燕亦明矣。今赵之攻燕也，发兴号令❸，不至十日，而数十万之众军于东垣矣。度呼沱，涉易水，不至四五日，距国都矣。故曰：秦之攻燕也，战于千里

---

❶ "粟"，鲍本、吴本作"栗"。
❷ "由"，鲍本、吴本无。
❸ "发兴号令"，鲍本、吴本作"发号出令"。

之外；赵之攻燕也，战于百里之内。夫不忧百里之患，而重千里之外，计无过于此者。是故愿大王与赵从亲，天下为一，则国必无患矣。"燕王曰："寡人国小，西迫强秦，南近齐、赵❶。齐、赵，强国也。今主君幸教诏之合从以安燕，敬以国从。"于是赍苏秦车马金帛以至赵。

29.2　奉阳君李兑

奉阳君李兑甚不取于苏秦。苏秦在燕，李兑❷因为苏秦谓奉阳君曰："齐、燕离则赵重，齐、燕合则赵轻。今君之齐，非赵之利也。臣窃为君不取也。"奉阳君曰："何吾合燕于齐？"对曰："夫制于燕者，苏子也。而燕，弱国也，东不如齐，西不如赵，岂能东无齐、西无赵哉？而君甚不善苏秦，苏秦能抱弱燕而孤于天下哉？是驱燕而使合于齐也。且燕，亡国之余也，其以权立，以重外，以事贵。故为君计，善苏秦则取❸，不善亦取之，以疑燕、齐。燕、齐疑则赵重矣。齐王疑苏秦，则君多资。"奉阳君曰："善。"乃使使与苏秦结交。

❶　"西迫强秦，南近齐、赵"，缪本、范本以为应依《史记》作"西迫强赵，南近齐"。

❷　"李兑"，吴本："此李兑二字误羡也。"

❸　"取"，鲍本、吴本下有"之"字。

29.3　权之难燕再战

权之难，燕再战不胜，赵弗救。唉子❶谓文公❷曰："不如以埊请合于齐，赵必救我。若不吾救，不得不事。"文公曰："善。"令郭任以埊请讲于齐。赵曾本更添齐、赵二字。闻之，遂出兵救燕。

29.4　燕文公时

燕文公❸时，秦惠王以其女为燕太子妇。文公卒，易王❹立。齐宣王因燕丧攻之，取十城。武安君苏秦为燕说齐王，再拜而贺，因仰而吊。齐王桉❺戈而却曰："此一何庆吊相随之速也？"对曰："人之饥所以不食乌喙者，以为虽偷充腹，而与死同患也。今燕虽弱小，强秦之少婿也。王利其十城，而深与强秦为仇。今使弱燕为雁行，而强秦制其后，以招天下之精兵，此食乌喙之类也。"齐王曰："然则奈何？"对曰："圣人之制事也，转祸而为

---

❶　"唉子"，缪本以为当为"郭任"。
❷　"文公"，范本以为当作"易王"。
❸　"文公"，范本以为当作"易王"。下同。
❹　"易王"，范本以为当作"王唉"。
❺　"桉"，当作"按"。

福，因败而为功。故桓公负妇人而名益尊，韩献开罪而交愈固，此皆转祸而为福，因败而为功者也。王能听臣，莫如归燕之十城，卑辞以谢秦。秦知王以己之故归燕城也，秦必德王。燕无故而得十城，燕亦德王。是弃强仇而立厚交也。且夫燕秦之俱事齐，则大王号令，天下皆从。是王以虚辞附秦，而以十城取天下也。此霸王之业矣。所谓转祸为福，因败成功者也。"齐王大说，乃归燕城。以金千斤谢其后，顿首涂中，愿为兄弟而请罪于秦。

29.5 人有恶苏秦于燕王

人有恶苏秦于燕王者曰："武安君，天下不信人也。王以万乘下之，尊之于廷，示天下与小人群也。"武安君从齐来，而燕王不馆曾本云《史》作不官。也。谓燕王曰："臣东周之鄙人也。见足下，身无咫尺之功，而足下迎臣于郊，显臣于廷。今臣为足下使，利得十城，功存危燕，足下不听臣者，人必有言臣不信，伤臣于王者。臣之不信，是足下之福也。使臣信如尾生，廉如伯夷，孝如曾参，三者天下之高行，而以事足下，不❶可乎？"燕王曰："可。"曰："有此，臣亦不事足下矣。"

苏秦曰："且夫孝如曾参，义不离亲一夕宿于外，足下安得使之之齐？廉如伯夷，不取素餐，污武王之义而不

---

❶ "不"，鲍本、吴本无。

臣焉，辞孤竹之君，饿而死于首阳之山。廉如此者，何肯步行数千里，而事弱燕之危主乎？信如尾生，期而不来，抱梁柱而死。《史记》：信如尾生，与女子期于梁下，女子不来，水至不去，抱柱而死。信至如此，何肯杨燕、秦之威于齐而取大功乎哉？且夫信行者，所以自为也，非所以为人也；皆自覆之术，非进取之道也。且夫三王代兴，五霸迭盛，皆不自覆也。君以自覆为可乎？则齐不益于营丘，足下不逾楚境，不窥于边城之外。且臣有老母于周，离老母而事足下，去自覆之术而谋进取之道，臣之趋固不与足下合者。足下皆❶自覆之君也，仆者，进取之臣也，所谓以忠信得罪于君者也。”

燕王曰："夫忠信，又何罪之有也？"对曰："足下不知也。臣邻家有远为吏者，其妻私人。其夫且归，其私之者忧之。其妻曰：公勿忧也，吾已为药酒以待之矣。后二日，夫至。妻使妾奉卮酒进之。妾知其药酒也，进之则杀主父，言之则逐主母，乃阳僵弃酒。主父大怒而笞之。故妾一僵而弃酒，上以活主父，下以存主母也。忠至如此，然不免于笞，此以忠信得罪者也。臣之事，适不幸而有类妾之弃酒也。且臣之事足下，亢义益国，今乃得罪，臣恐天下后事足下者，莫敢自必也。且臣之说齐，曾不欺之也。使之❷说齐者，莫如臣之言也，虽尧舜之智，不敢取也。"

---

❶ "皆"，王念孙以为当作"者"。

❷ "之"，鲍本以为衍文。

附：马王堆汉墓出土帛书《战国纵横家书》第48–55行"苏秦谓燕王章"❶

谓燕王曰："今日愿藉于王前。假臣孝如曾参，信如尾生，廉如伯夷，即有恶臣者，可毋惭乎？"王曰："可矣。""臣有三资者以事王，足乎？"王曰："足矣。""王足之，臣不事王矣。孝如曾参，乃不离亲，不足而益国。信如尾生，乃不诞，不足而益国。廉如伯夷，乃不窃，不足以益国。臣以信不与仁俱彻，义不与王皆立。"王曰："然则仁义不可为与？"对曰："胡为不可。人无信则不彻，国无义则不立。仁义所以自为也，非所以为人也。自复之术，非进取之道也。三王代立，五伯蛇政，皆以不复其常。若以复其常为可，王治官之主，自复之术也，非进取之路也。臣进取之臣也，不事无为之主。臣愿辞而之周负笼操臿，毋辱大王之廷。"王曰："自复不足乎？"对曰："自复而足，楚将不出沮、漳，秦将不出商奄，齐将不出吕隧，燕将不出屋、注，晋将不逾太行，此皆以不复其常为进者。"

29.6　张仪为秦破从连横

张仪为秦破从连横，谓燕王曰："大王之所亲，莫

---

❶ 图版见裘锡圭主编《长沙马王堆汉墓简帛集成》（壹），第82页；释文见《长沙马王堆汉墓简帛集成》（叁），第210页。

如赵。昔赵王以其姊为代王妻，欲并代，约与代王遇于句注之塞。乃令工人作为金斗，长其尾，令之可以击人。与代王饮，而阴告厨人曰：即酒酣乐，进热歠，即因反斗击之。于是酒酣乐，进取热歠。厨人进斟羹，因反斗而击之，代王脑涂地。其姊闻之，摩笄以自刺也。故至今有摩笄之山，天下莫不闻。夫赵王之狼戾无亲，大王之所明见知也。且以赵王为可亲邪？赵兴兵而攻燕，再围燕都而劫大王，大王割十城乃却以谢。今赵王已入朝渑池，效河间以事秦。大王不事秦，秦下甲云中、九原，驱赵而攻燕，则易水、长城，非王之有也。且今时赵之于秦，犹郡县也，不敢妄兴师以征伐。今大王事秦，秦王必喜，而赵不敢妄动矣。是西有强秦之援，而南无齐、赵之患，是故愿大王之熟计之也。"燕王曰："寡人蛮夷辟处，虽大男子，裁如婴儿，言不足以求正，谋不足以决事。今大❶客幸而教之，请奉社稷西面而事秦。"献常山之尾五城。

29.7　宫他为燕使魏

宫他为燕使魏，魏不听，留之数月。客谓魏王曰："不听燕使何也？"曰："以其乱也。"对曰："汤之伐桀，欲其乱也。故大乱者可得其埊，小乱者可得其宝。今

---

❶　"大"，鲍本、吴本作"上"。

燕客之言曰：事苟可听，虽尽宝地，犹为之也。王何为不
见？"魏王说，因见燕客而遣之。

29.8　苏秦死其弟苏代

苏秦死，其弟苏代欲继之，乃北见燕王哙❶曰："臣
东周之鄙人也，窃闻王义甚高甚顺，鄙人不敏，窃释锄耨
而干大王。至于邯郸，所闻于邯郸者，又高于所闻东周。
臣窃负其志，乃至燕廷，观王之群臣下吏，大王天下之明
主也。"王曰："子之所谓天下之明主者，何如者也？"
对曰："臣闻之，明主者务闻其过，不欲闻其善。臣请谒
王之过。夫齐、赵者，王之仇雠也；楚、魏者，王之援国
也。今王奉仇雠以伐援国，非所以利燕也。王自虑此，则
计过。无以谏者，非忠臣也。"

王曰："寡人之于齐、赵也，非所敢欲伐也。"曰：
"夫无谋人之心而令人疑之，殆；有谋人之心而令人知
之，拙；谋未发而闻于外，则危。今臣闻王居处不安，食
饮不甘，思念报齐，身自削甲扎，曰有大数矣。妻自组甲
絣，曰有大数矣，有之乎？"王曰："子闻之，寡人不敢
隐也。我有深怨积怒于齐，而欲报之二年矣。齐者，我仇

---

❶ "王哙"，吴本："《大事记》云：《战国策》载苏代说燕之辞，
误以为哙。使哙能有志如是，岂至覆国乎。论其世，考其事，皆说昭王之辞
也。按《史记》误同。"

国也，故寡人之所欲伐也。直患国弊，力不足矣。子能以燕敌齐，则寡人奉国而委之于子矣。"

对曰："凡天下之战国七，而燕处弱焉。独战则不能，有所附则无不重。南附楚则楚重，西附秦则秦重，中附韩、魏则韩、魏重。且苟所附之国重，此必使王重矣。今夫齐王，长主也，而自用也。南攻楚五年，畜积散；西困秦三年，民憔瘁，士罢弊；北与燕战，覆三军，获二将。而又以其余兵南面而举五千乘之劲宋，而包十二诸侯。此其君之欲得也，其民力竭也，安犹取哉？且臣闻之，数战则民劳，久师则兵弊。"

王曰："吾闻齐有清济、浊河，可以为固；有长城、巨防，足以为塞。诚有之乎？"对曰："天时不与，虽有清济、浊河，何足以为固？民力穷弊，虽有长城、巨防，何足以为塞？且异日也，济西不役，所以备赵也；河北不师，所以备燕也。今济西、河北，尽以役矣，封内弊矣。夫骄主必不好计，而亡国之臣贪于财。王诚能毋爱宠子母弟以为质，宝珠玉帛以事其左右，彼且德燕而轻亡宋，则齐可亡已。"王曰："吾终以子受命于天矣！"曰："内寇不与，外敌不可距。王自治其外，臣自报其内，此乃亡之之势也。"

29.9　燕王哙既立

燕王哙既立，苏秦死于齐。苏秦之在燕也，与其相子之为婚，而苏代与子之交。及苏秦死，而齐宣王复用苏代。燕哙三年，与楚、三晋攻秦，不胜而还。子之相燕，贵重主断。苏代为齐使于燕，燕王问之曰："齐宣王何如？"对曰："必不霸。"燕王曰："何也？"对曰："不信其臣。"苏代欲以激燕王以厚任子之也。于是燕王大信子之。子之因遗苏代百金，听其所使。

鹿毛寿谓燕王曰："不如以国让子之。人谓尧贤者，以其让天下于许由，由必不受，有让天下之名，实不失天下。今王以国让相子之，子之必不敢受，是王与尧同行也。"燕王因举国属子之，子之大重。

或曰："禹授益而以启❶为吏，及老，而以启为不足任天下，传之益也。启与支党攻益而夺之天下，是禹名传天下于益，其实令启自取之。今王言属国子之，而吏无非太子人者，是名属子之，而太子用事。"王因收印，自三百石吏而效之子之。子之南面行王事，而哙老不听政，顾为臣，国事皆决子之。

子之三年，燕国大乱，百姓恫怨。将军市被、太子平谋将攻子之。储子谓齐宣王："因而仆之，破燕必矣。"王因令人谓太子平曰："寡人闻太子之义，将废私而立公，饬君臣之义，正父子之位。寡人之国小，不足先后。虽然，则唯太子所以令之。"太子因数党聚众，将军市被围公宫，攻子之，不克。将军市被及百姓乃反攻太子平。将军市被死，已殉国，构难数月，死者数万众，燕人恫

---

❶ "启"，鲍本、吴本下有"人"字。

怨，百姓离意。

孟轲谓齐宣王曰："今伐燕，此文、武之时，不可失也。"王因令章子将五都之兵，以因北地之众以伐燕。士卒不战，城门不闭，燕王哙死。齐大胜燕，子之亡。二年，燕人立公子平，是为燕昭王。

29.10 初苏秦弟厉**❶**

初，苏秦弟厉，因燕质子而求见齐王。齐王怨苏秦，欲囚厉，燕质子为谢乃已，遂委质为臣。燕相子之与苏代婚，而欲得燕权，乃使苏代持**❷**质子于齐。齐使代报燕，燕王哙问曰："齐王其伯也乎？"曰："不能。"曰："何也？"曰："不信其臣。"于是燕王专任子之，已而让位，燕大乱。齐伐燕，杀王哙、子之。燕立昭王。而苏代、厉遂不敢入燕，皆终归齐，齐善待之。

29.11 苏代过魏

苏代过魏，魏为燕执代。齐使人谓魏王曰："齐请以宋封泾阳君，秦不受。秦非不利有齐而得宋地也，不信齐

---

❶ 本章原与上"燕王哙既立"章接续，今依鲍本、吴本单列一章。
❷ "持"，鲍本改作"侍"。吴本："《史》作侍。"

486

王与苏子也。今齐、魏不和，如此其甚，则齐不欺秦。秦信齐，齐秦合，泾阳君有宋地，非魏之利也。故王不如东苏子，秦必疑而不信苏子矣。齐、秦不合，天下无变，伐齐之形成矣。"于是出苏伐❶之宋，宋善待之。

29.12　燕昭王收破燕

燕昭王收破燕后，即位，卑身厚币，以招贤者，欲将以报仇。故往见郭隗先生曰："齐因孤国之乱而袭破燕。孤极知燕小力少，不足以报。然得贤士与共国，以雪先王之耻，孤之愿也。敢问以国报仇者奈何？"郭隗先生对曰："帝者与师处，王者与友处，霸者与臣处，亡国与役处。诎指而事之，北面而受学，则百己者至。先趋而后息，先问而后嘿，则什己者至。人趋己趋，则若己者至。冯几据杖，眄视指使，则厮役之人至。若恣睢奋击，呴藉叱咄，则徒隶之人至矣。此古服道致士之法也。王诚博选国中之贤者，而朝其门下，天下闻王朝其贤臣，天下之士必趋于燕矣。"昭王曰："寡人将谁朝而可？"郭隗先生曰："臣闻古之君人❷，有以千金求千里马者，三年不能得。涓人言于君曰：请求之。君遣之。三月得千里马，马已死，买其首五百金。反以报君，君大怒曰：所求者生

---

❶ "伐"，鲍本、吴本作"代"。
❷ "君人"，范本据王念孙说改作"人君"。

马，安事死马而捐五百金？涓人对曰：死马且买之五百金，况生马乎？天下必以王为能市马，马今至矣。于是不能期年，千里之马至者三。今王诚欲致士，先从隗始，隗且见事，况贤于隗者乎？岂远千里哉？"

于是昭王为隗筑宫而师之。乐毅自魏往，邹衍自齐往，剧辛自赵往，士争凑燕。燕王吊死问生，与曾、钱作于，刘作与。百姓同其甘苦。二十八年，燕国殷富，士卒乐佚轻战。于是遂以乐毅为上将军，与秦、楚、三晋合谋以伐齐。齐兵败，闵王出走于外。燕兵独追北，入至临淄，尽取齐宝，烧其宫室宗庙。齐城之不下者，唯独莒、即墨。

29.13　齐伐宋宋急

齐伐宋，宋急。苏代乃遗燕昭王书曰："夫列在万乘，而寄质于齐，名卑而权轻。秦❶齐，助之伐宋，民劳而实费。破宋，残楚淮北，肥大齐，仇强而国弱也。此三者，皆国之大败也，而足下行之，将欲以除害取信于齐也。而齐未加信于足下，而忌燕也愈甚矣。然则足下之事齐也，失所为矣。夫民劳而实费，又无尺寸之功，破宋肥仇，而世负其祸矣。足下❷以宋加淮北，强万乘之

---

❶ "秦"，鲍本改作"奉"。吴本补曰："《史》作奉万乘助齐。"
❷ "足下"，帛书作"夫"。

国也，而齐并之，是益一齐也。北❶夷方七百里，加之以鲁、卫，此所谓强万乘之国也，而齐并之，是益二齐也。夫一齐之强而燕犹不能支也，今乃以三齐临燕，其祸必大矣。虽然，臣闻知者之举事也，转祸而为福，因败而成功者也。齐人紫败素也，而贾十倍。越王勾践栖于会稽，而后残吴，霸天下。此皆转祸而为福，因败而为功者也。今王若欲转祸而为福，因败而为功乎？则莫如遥伯齐而厚尊之，使使盟于周室，尽焚天下之秦符，约曰：夫上计破秦，其次长宾之秦。秦挟宾客以待破❷，秦王必患之。秦五世以结诸侯，今为齐下，秦王之志，苟得穷齐，不惮以一国都为功。然而王何不使布衣之人，以穷齐之说说秦。谓秦王曰：燕、赵破宋肥齐，尊齐而为之下者，燕、赵非利之也。弗利而势为之者，何也？以不信秦王也。今王何不使可以信者接收燕、赵。今❸泾阳君若高陵君先于燕、赵，秦有变，因以为质，则燕、赵信秦矣。秦为西帝，赵为中帝，燕为北帝，立为三帝而以令诸侯。韩、魏不听，则秦伐之；齐不听，则燕、赵伐之；天下孰敢不听？天下服听，一作德。因驱一作驰。韩、魏以攻齐，曰：必反宋地而归楚之淮北。夫反宋地，归楚之淮北，燕、赵之所同利也；并立三帝，燕、赵之所同愿也。夫实得所利，名得所愿，则燕、赵之弃齐也，犹释弊躧。一云脱屣也。今

---

❶ "北"，王念孙以为当作"九"，与帛书合。
❷ "长宾之秦秦挟宾客以待破"，吴本："《史》：长宾之，秦挟宾以待破。《史》文为是。"
❸ "今"，鲍本、吴本作"令"。

王之不收燕、赵，则齐伯必成矣。诸侯戴齐，而王独弗从也，是国伐_{曾改作代}也。诸侯戴齐，而王从之，是名卑也。王不收燕、赵，名卑而国危，王收燕、赵，名尊而国宁。夫去尊宁而就卑危，知者不为也。秦王闻若说也，必如刺心，然则王何不务使知士以若此_{刘去此字}言说秦？秦伐齐必矣。夫取秦，上交也，伐齐，正利也。尊上交，务正利，圣王之事也。"

燕昭王善其书，曰："先人尝有德苏氏。子之之乱，而苏氏去燕。燕欲报仇于齐，非苏氏莫可。"乃召苏氏，复善待之。与谋伐齐，竟破齐，闵王出走。

附：马王堆汉墓出土帛书《战国纵横家书》第209-223行"谓燕王章"❶

谓燕王曰："列在万乘，寄质于齐，名卑而权轻。奉万乘助齐伐宋，民劳而实费。夫以宋加之淮北，强万乘之国也，而齐兼之，是益齐也。九夷方□百里，加以鲁、卫，强万乘之国也，而齐兼之，是益二齐也。夫一齐之强，燕犹弗能支，今以三齐临燕，其祸必大。虽然，夫智者之举事，因祸而为福，转败而为功。齐紫，败素也，价十倍。勾践栖会稽，其后残吴，霸天下。此皆因祸为福，转败而为功。今王若欲因祸而为福，转败而为功，则莫若招霸齐而尊之，使盟周室而焚秦符，

---

❶ 图版见裘锡圭主编《长沙马王堆汉墓简帛集成》（壹），第88-89页；释文见《长沙马王堆汉墓简帛集成》（叁），第245页。

曰：太上服秦，其次必长摈之。秦挟摈以待破，秦王必患之。秦五世伐诸侯，今为齐下，秦王之心苟得穷齐，不难以国壹揵，然则王何不使辩士以若说说秦王曰：燕、赵破宋肥齐，尊之，为之下者，燕、赵非利之也。燕、赵弗利而势为者，以不信秦王也。然则王何不使可信者揵收燕、赵，如泾阳君，如高陵君，先于燕、赵曰：秦有变。因以为质。则燕、赵信秦。秦为西帝，燕为北帝，赵为中帝，立三帝以令于天下。韩、魏不听则秦伐，齐不听则燕、赵伐，天下孰敢不听。天下服听因驱韩、魏以伐齐，曰：必返宋，归楚淮北。返宋，归楚淮北，燕、赵之所利也。并立三帝，燕、赵之所愿也。夫实得所利，尊得所愿，燕、赵之弃齐，脱躧也。今不收燕、赵，齐伯必成。诸侯赞齐而王弗从，是国伐也。诸侯赞齐而王从之，是名卑也。今收燕、赵，国安名尊，不收燕、赵，国危而名卑。夫去尊、安，取卑、危，智者弗为。秦王闻若说，必如刺心。然则王何不使辩士以如说说秦，秦必取，齐必伐矣。夫取秦，上交也；伐齐，正利也。尊上交，务正利，圣王之事也。”

29.14　苏代谓燕昭王曰

苏代谓燕昭王曰：“今有人于此，孝如曾参、孝己，信如尾生高，廉如鲍焦、史鰌，兼此三行以事王，奚如？”王曰：“如是足矣。”对曰：“足下以为足，则臣不事足下矣。臣且处无为之事，归耕乎周之上壄，耕而食之，织而衣之。"王曰："何故也？"对曰："孝如曾参、孝己，则不过养其亲其❶。信如尾生高，则不过不欺人耳。廉如鲍焦、史鰌，则不过不窃人之财耳。今臣为进取者也。臣以为廉不与身俱达，义不与生俱立。仁义者，自完之道也，非进取之术也。"

王曰："自忧不足乎？"对曰："以自忧为足，则秦不出殽塞，齐不出营丘，楚不出疏章。三王代位，五伯改政，皆以不自忧故也。若自忧而足，则臣亦之周负笼耳，何为烦大王之廷耶？昔者楚取章武，诸侯北面而朝。秦取西山，诸侯西面而朝。曩者使燕毋去周室之上，则诸侯不为别马❷而朝矣。臣闻之，善为事者，先量其国之大小，而揆其兵之强弱，故功可成而名可立也。不能为_{曾作其}事者，不先量其国之大小，不揆其兵之强弱，故功不可成而名不可立也。今王有东向伐齐之心，而愚臣知之。"王曰："子何以知之？"对曰："矜戟砥剑，登丘东向而叹，是以愚臣知之。今夫乌获举千钧之重，行年八十，而求扶持。故齐虽强国也，西劳于宋，南罢于楚，则齐军可败，而河间可取。"

燕王曰："善。吾请拜子为上卿，奉子车百乘，子以此为寡人东游于齐，何如？"对曰："足下以爱之故与，则何不与爱子与诸舅叔父负床之孙？不得，而乃以与无能

---

❶ "其"，鲍本、吴本作"耳"。

❷ "马"，吴本作"驾"。

之臣，何也？王之论臣，何如人哉？今臣之所以事足下者，忠信也。恐以忠信之故，见罪于左右。"

王曰："安有为人臣尽其力竭其能而得罪者乎？"对曰："臣请为王譬。昔周之上墐尝有之。其丈夫官❶三年不归，其妻爱人。其所爱者曰：子之丈夫来，则且奈何乎？其妻曰：勿忧也，吾已为药酒而待其来矣。已而，其丈夫果来，于是因令其妾酌药酒而进之。其妾知之，半道而立。虑曰：吾以此饮吾主父，则杀吾主父，以此事告吾主父，则逐吾主母。与杀吾父❷、逐吾主母者，宁佯踬而覆之。于是因佯僵而仆之。其妻曰：为子之远行来之，故为美酒，今妾奉而仆之。其丈夫不知，缚其妾而笞之。故妾所以笞者，忠信也。今臣为足下使于齐，恐忠信不谕于左右也。臣闻之曰：万乘之主，不制于人臣。十乘之家，不制于众人。匹夫徒步之士，不制于妻妾。而又况于当世之贤主乎？臣请行矣，愿足下之无制于群臣也。"

29.15　燕王谓苏代曰

燕王谓苏代曰："寡人甚不喜訑者言也。"苏代对曰："周墐贱媒，为其两誉也。之男家曰女美，之女家曰男富。然而旧作乎，刘又改作而。周之俗，不自为取妻。

---

❶ "官"，鲍本、吴本作"宦"。
❷ "父"，鲍本、吴本上补"主"字。

且夫处女无媒，老且不嫁，舍媒而自衒，弊而不售。顺而无败，售而不弊者，唯媒而已矣。且事非权不立，非势不成。夫使人坐受成事者，唯讹者耳。"王曰："善矣。"

战国策卷第二十九

卷三十

燕二

30.1　秦召燕王

　　秦召燕王，燕王欲往。苏代约燕王曰："楚得枳而国亡，齐得宋而国亡，齐、楚不得以有枳、宋事秦者，何也？是则有功者，秦之深仇也。秦取天下，非行义也，暴也。秦之行暴于天下，正告楚曰：蜀地之甲，轻舟浮于汶，乘夏水而下江，五日而至郢。汉中之甲，乘舟出于巴，乘夏水而下汉，四日而至五渚。寡人积甲宛，东下随，知者不及谋，勇者不及怒，寡人如射隼矣。王乃待天下之攻函谷，不亦远乎？楚王为是之故，十七年事秦。秦正告韩曰：我起乎少曲，一日而断太行。我起乎宜阳而触平阳，二日而莫不尽繇。我离两周而触郑，五日而国举。韩氏以为然，故事秦。秦正告魏曰：我举安邑，塞女戟，韩氏太原卷。我旧无我字，曾有。下枳道、南阳、封、冀，包两周，乘夏水，浮轻舟，强弩在前，铦戈在后，决荥口，一作荥阳之口。魏无大梁；决白马之口，魏无济阳；决宿胥之口，魏无虚、顿丘。陆攻则击河内，水攻则灭大梁。魏氏以为然，故事秦。秦欲攻安邑，恐齐救之，则以宋委于齐，曰：宋王无道，为木人以写寡人，射

其面。寡人地绝兵远，不能攻也。王苟能破宋有之，寡人
如自得之。已得安邑，塞女戟，因以破宋为齐罪。秦欲
攻齐❶，恐天下救之，则以齐委于天下曰：齐王四与寡人
约，四欺寡人，必率天下以攻寡人者三。有齐无秦，无齐
有秦，必伐刘作代。之，必亡之！已得宜阳❷、少曲，致
蔺、石❸，三本同作君。因以破齐为天下罪。秦欲攻魏，
重楚，则以南阳委于楚曰：寡人固与韩且绝矣！残均陵，
塞鄗隘，苟利于楚，寡人如自有之。魏弃与国而合于秦，
因以塞鄗隘为楚罪，兵困于林中。重燕、赵，以胶东委
于燕，以济西委于赵。赵❹得讲于魏，至❺公子延，因犀
首属行而攻赵。兵伤于离石，遇败于马陵，曾改马陵作阳
马。而重魏，则以叶、蔡曾改叶蔡作南阳。委于魏。已得
讲于赵，则劫魏，魏❻不为割。困则使太后、穰侯为和，
嬴❼则兼欺舅与母。适燕者曰以胶东，适赵者曰以济西，
适魏者曰以叶、蔡，适楚者曰以塞鄗隘，适齐者曰以宋。
此必令其言如循环，用兵如刺蜚钱本添入蜚字。绣，母不
能制，舅不能约。龙贾之战、岸门之战、封陆❽之战、高
商之战、钱本无此上八字。赵庄之战，秦之所杀三晋之民

---

❶ "齐"，鲍本改作"韩"。
❷ "宜阳"，杨宽以为当作"曲阳"。
❸ "石"，鲍本、吴本上补"离"字。
❹ "赵"，鲍本、吴本作"已"。
❺ "至"，鲍本改作"质"。
❻ "魏"，范本以为衍文。
❼ "嬴"，鲍本、吴本作"赢"。
❽ "陆"，鲍本、吴本作"陵"。

数百万。今其生者，皆死秦之孤也。西河之外，上雒之垦，三川、晋国之祸，三晋之半。秦祸如此其大，而燕、赵之秦者，皆以争事秦说旧本作议。其主，此臣之所大患。"

燕昭王不行，苏代复重于燕。燕反约诸侯从亲，如苏秦时，或从或不，而天下由此宗苏氏之从约。代、厉皆以寿死，名显诸侯。

30.2　苏代为奉阳君

苏代为奉阳君说燕于赵以伐齐，奉阳君不听。乃入齐，恶赵，令齐绝于赵。齐已绝于赵，因之燕，谓昭王曰："韩为谓臣曰：人告奉阳君曰：使齐不信赵者，苏子也。今❶齐王召蜀子使不伐宋❷，苏子也。与齐王谋，道❸取秦以谋赵者，苏子也。令齐守赵之质子以甲者，又苏子也。请告子以请❹，齐果以守赵之质子以甲，吾必守子以甲。其言恶矣。虽然，王勿患也。臣故知入齐之有赵累也，出❺为之以成所欲。臣死而齐大恶于赵，臣犹生

---

❶ "令"，鲍本、吴本作"令"。
❷ "宋"，鲍本、吴本下补"者"字。
❸ "道"，鲍本、吴本作"遁"。
❹ "以请"，金正炜："当读以情。"
❺ "出"，范本："读为绌。"

也。令❶齐、赵绝，可大纷已。持❷臣非张孟谈也，使臣也如张孟谈也，齐、赵必有为智伯者矣。奉阳君告朱欢与赵足曰❸：齐王使公王❹曰命说曰：必不反韩珉，今召之矣。必不任苏子以事，今封而相之。令❺不合燕，今以燕为上交。吾所恃者顺也，今其言变，有甚于其父。顺始与苏子为仇，见之知❻无❼厉，今贤之两之。已矣，吾无齐矣！奉阳君之怒甚矣。如齐王王❽之不信赵，而小人奉阳君也，因是而倍之。不以今时大纷之，解而复合，则后不可奈何也。故齐、赵之合，苟可循❾钱一作修。也，死不足以为臣患，逃不足以为臣耻，为诸侯不足以为臣荣，被发自漆为厉，不足以为臣辱。然而臣有患也。臣死而齐、赵不循，恶交分于臣也，而后相效，是臣之患也。若臣死而必相攻也，臣必勉之而求死焉。尧舜之贤而死，禹汤之知而死，孟贲之勇而死，乌获之力而死，生之物固有不死者乎？在❿必然之物，以成所欲，王何疑焉？臣以为不若

❶ "令"，鲍本、吴本作"今"。

❷ "持"，吴本："疑特。"

❸ "奉阳君告朱欢与赵足曰"，此下原单列一章，今据鲍本、吴本合上为一章。

❹ "王"，鲍本、吴本作"玉"。吴本："《新序》有公玉丹，《史》公玉带，则公玉姓也。此疑有缺误。"

❺ "令"，鲍本改作"必"。

❻ "知"，鲍本改作"如"。

❼ "无"，缪本以为衍文。

❽ "王"，鲍本、吴本以为衍文。

❾ "循"，范本："当读为遁。"下同。

❿ "在"，金正炜："疑当作任。"

逃而去之。臣以韩、魏循自一作曰。齐，而为之取秦，深结赵以劲之，如是则近于相攻。臣虽为之，累燕？奉阳君告朱欢曰：苏子怒于燕王之不❶以吾故，弗予相又不予卿也，殆无燕矣。其疑至于此。故臣虽为之，不累燕，又不欲❷玉。伊尹再逃汤而之桀，旧无再逃汤而之桀六字，曾、钱有。再逃桀而之汤，果与鸣条之战，而以汤为天子。伍子胥逃楚而之吴，果与伯举之战，而报其父之仇。今臣逃而纷齐、赵，始可著于春秋。且举大事者，孰不逃？桓公之难，管仲逃于鲁。阳虎之难，孔子逃于卫。张仪逃于楚。白珪逃于秦。望诸相中山也，使赵，赵劫之求垒，望诸攻关而出逃。外孙之难，薛公释戴，逃出于关，三晋称以为士。故举大事，逃不足以为辱矣。"卒绝齐于赵，赵合于燕以攻齐，败之。

30.3 苏代为燕说齐

苏代为燕说齐，未见齐王，先说淳于髡曰："人有卖骏马者，比三旦立市，人莫之知。往见伯乐，曰：臣有骏马，欲卖之，比三旦立于市，人莫与言，愿子还而视之，去而顾之，臣请献一朝之贾。伯乐乃还而视之，去而顾之，一旦而马价十倍。今臣欲以骏马见于王，莫为臣先后

---

❶ "不"，金正炜以为衍文。
❷ "欲"，金正炜以为当作"辱"，范本疑为"谷"之借字。

者，足下有意为臣伯乐乎？臣请献白璧一双，黄金千镒，以为马食。"淳于髡曰："谨闻命矣。"入言之王而见之，齐王大说苏子。

30.4　苏代自齐使人谓燕

苏代自齐使人谓燕昭王曰："臣闻❶离齐、赵，齐、赵已孤矣，王何不出兵以攻齐？臣请为王弱之。"燕乃伐齐攻晋。

令人谓闵王曰："燕之攻齐也，欲以复振古埊也。燕兵在晋而不进，则是兵弱而计疑也。王何不令苏子将而应燕乎？夫以苏子之贤，将而应弱燕，燕破必矣。燕破则赵不敢不听，是王破燕而服赵也。"闵王曰："善。"乃谓苏子曰："燕兵在晋，今寡人发兵应之，愿子为寡人为之将。"对曰："臣之于兵，何足以当之，王其改举。王使臣也，是败王之兵而以臣遗燕也。战不胜，不可振也。"王曰："行，寡人知子矣。"

苏子遂将，而与燕人战于晋下，齐军败，燕得甲首二万人。苏子收其余兵，以守阳城，而报于闵王曰："王过举，令臣应燕。今军败亡二万人，臣有斧质之罪，请自归于吏以戮。"闵王曰："此寡人之过也，子无以为罪。"

---

❶ "闻"，鲍本改作"间"。

明日又使燕攻阳城及狸。又使人谓闵王曰："日者齐不胜于晋下，此非兵之过，齐不幸而燕有_{曾作有}天幸也。今燕又攻阳城及狸，是以天幸自为功也。王复使苏子应之，苏子先败王之兵，其后必务以胜报王矣。"王曰："善。"乃复使苏子，苏子固辞，王不听。遂将以与燕战于阳城。燕人大胜，得首三万。

齐君臣不亲，百姓离心。燕因使乐毅大起兵伐齐，破之。

30.5 苏代自齐献书于燕

苏代自齐献书于燕王曰："臣之行也，固知将有口事，故献御书而行。曰：臣贵于齐，燕大夫将不信臣。臣贱，将轻臣。臣用，将多望于臣。齐有不善，将归罪于臣。天下不攻齐，将曰善为齐谋；天下攻齐，将与齐兼鄎臣。臣之所重❶处重卵也。王谓臣曰：吾必不听众口与谗言，吾信汝也，犹刈刈者也。上可以得用于齐，次可以得信于下，苟无死，女无不为也。以女❷自信可也。与之言曰❸去燕之齐可也，期于成事而已。臣受令以任齐，及五年，齐数出兵，未尝谋燕。齐、赵之交，一合一离，燕

---

❶ "重"，帛书无。
❷ "女"，帛书作"拏"。
❸ "曰"，帛书无。

王❶下与齐谋赵，则与赵谋齐。齐之信燕也，至于虚北垦行其兵。今王信田伐与参、去疾之言，且攻齐，使齐犬马骎而不言燕❷。今王又使庆令臣曰：吾欲用所善。王苟欲用之，则臣请为王事之。王欲醳臣，剸任所善，则臣请归醳事。臣苟得见，则盈愿。"

　　附：马王堆汉墓出土帛书《战国纵横家书》第28-48行"苏秦自齐献书于燕王章"❸

　　……臣受教任齐交五年，齐兵数出，未尝谋燕。齐赵之交，壹美壹恶，壹合壹离。燕非与齐谋赵，则与赵谋齐。齐之信燕也，虚北地而行其甲。王信田伐、缲去疾之言攻齐，使齐大戒而不信燕。……臣之行也，固知必将有口，故献御书而行。曰："臣贵于齐，燕大夫将不信臣。臣贱，将轻臣。臣用，将多望于臣。齐有不善，将归罪于臣。天下不攻齐，将曰：善为齐谋。天下攻齐，将与齐兼弃臣。臣之所处者重卵也。"王谓臣曰："吾必不听众口与造言，吾信若犹龁也。大，可以得用于齐；次，可以得信；下，苟毋死，若无不为也。以孥自信，可；与言去燕之齐，可；甚者，与谋燕，可。期于成事而已。"臣恃之诏，是故无不以口齐王而得用焉。今王以众口与造言罪臣，臣甚惧。王之于臣

---

❶ "王"，鲍本以为衍文，与帛书合。
❷ "使齐犬马骎而不言燕"，帛书作"使齐大戒而不信燕"。
❸ 图版见裘锡圭主编《长沙马王堆汉墓简帛集成》（壹），第81-82页；释文见《长沙马王堆汉墓简帛集成》（叁），第206页。

也，贱而贵之，辱而显之，臣未有以报王。以求卿与封，不中意，王为臣有之两，臣举天下使臣之封不惭。臣止于赵，王谓韩徐为："止某不道，犹免寡人之冠也。"以振臣之死。臣之德王，深于骨髓。臣甘死、辱，可以报王，愿为之。今王使庆命臣曰："吾欲用所善。"王苟有所善而欲用之，臣请为王事之。王若欲剗舍臣而专任所善，臣请归释事，苟得时见，盈愿矣。

30.6　陈翠合齐燕

陈翠合齐、燕，将令燕王之弟为质于齐，燕王许诺。太后闻之大怒，曰："陈公不能为人之国，亦则已矣，焉有离人子母者，老妇欲得志焉。"陈翠欲见太后，王曰："太后方怒子，子其待之。"陈翠曰："无害也。"

遂入见太后，曰："何臞也？"太后曰："赖得先王雁鹜之余食，不宜臞。臞者，忧公子之且为质于齐也。"陈翠曰："人主之爱子也，不如布衣之甚也。非徒不爱子也，又不爱丈夫子独甚。"太后曰："何也？"对曰："太后嫁女诸侯，奉以千金，赍墊百里，以为人之终也。今王愿封公子，百官持职，群臣郊忠，曰：公子无功不当封。今王之以公子为质也，且以为公子功而封之也。太后弗听，臣是以知人主之不爱丈夫子独甚也。且太后与王幸而在，故公子贵。太后千秋之后，王弃国家，而太子即位，公子贱于布衣。故非及太后与王封公子，则公子终身不封矣。"太后曰:"老妇不知长者之计。"乃命公子束车制衣为行具。

30.7　燕昭王且与天下伐齐❶

燕昭王且与天下伐齐,而有齐人仕于燕者,昭王召而谓之曰:"寡人且与天下伐齐,旦暮出令矣。子必争之。争之而不听,子因去而之齐。寡人有时复合和也❷,且以因子而事齐。"当此之时也,燕、齐不两立,然而常独欲有复收之之志若此也。

30.8　燕饥赵将伐之

燕饥,赵将伐之。楚使将军之燕,过魏,见赵恢。赵恢曰:"使除患无至,易于救患。伍子胥、宫之奇不用,烛之武、张孟谈受大赏。是故谋者皆从事于除患之道,而先使除患无至者。今予以百金送公也,不如以言。公听吾言而说赵王曰:昔者吴伐齐,为其饥也,伐齐未必胜也,而弱越乘其弊以霸。今王之伐燕也,亦为其饥也,伐之未必胜,而强秦将以兵承王之西,曾、刘改西作北。是使弱

---

❶ 本章原与上"陈翠合齐燕"章接续,今依鲍本、吴本单列一章。

❷ "和也",鲍本无。

赵居强吴之处，而使强秦处弱越之所以霸也。愿王之熟计之也。"使者乃以说赵王，赵王大悦，乃止。燕昭王闻之，乃封之以地。

30.9　昌国君乐毅

昌国君乐毅为燕昭王合五国之兵而攻齐，下七十余城，尽郡县之以属燕。三❶城未下，聊、即墨、莒。而燕昭王死。惠王即位，用齐人反间，疑乐毅，而使骑劫代之将。乐毅奔赵，赵封以为望诸君。齐田单欺诈骑劫，卒败燕军，复收七十城以复齐。

燕王悔，惧赵用乐毅承燕之弊以伐燕。燕王乃使人让乐毅，且谢之曰："先王举国而委将军，将军为燕破齐，报先王之仇，天下莫不振动，寡人岂敢一日而忘将军之功哉？会先王弃群臣，寡人新即位，左右误寡人。寡人之使骑劫代将军者，曾本添者字。为将军久暴露于外，故召将军且休计事。将军过听，以与寡人有郄，遂捐燕而归赵。将军自为计则可矣，而亦何以报先王之所以遇将军之意乎？"

望诸君乃使人献书报燕王，曰："臣不佞，不能奉承先王之教，以顺左右之心，恐抵斧质之罪，以伤先王之明，而又害于足下之义，故遁逃奔赵。自负以不肖之

---

❶ "三"，吴本作"王"。

罪，故不敢为辞说。今王使使者数之罪，臣恐侍御者之不察先王之所以畜幸臣之理，而又不白于臣之所以事先王之心，故敢以书对。臣闻贤圣之君，不以禄私其亲，功多者授之。不以官随其爱，能当之❶者处之。故察能而授官者，成功之君也，论行而结交者，立名之士也。臣以所学者观之，先王之举错，有高世之心，故假节于魏王而以身得察于燕。先王过举，擢之乎宾客之中，而立之乎群臣之上，不谋于父兄，而使臣为亚卿。臣自以为奉令承教，可以幸无罪矣，故受命而不辞。先王命之曰：我有积怨深怒于齐，不量轻弱，而欲以齐为事。臣对曰：夫齐，霸国之余教也❷，而骤胜之遗事也，闲于兵甲，习于战攻。王若欲攻之，则必举天下而图之。举天下而图之，莫径于结赵矣。且又淮北、宋地，楚、魏之所同愿也。赵若许约，楚、魏、宋❸尽力，四国攻之，齐可大破也。先王曰：善。臣乃口受令，具符节，南使臣于赵。顾反命，起兵随而攻齐。以天之道，先王之灵，河北之地，随先王举而有之于济上。济上之军，奉令击齐，大胜之。轻卒锐兵，长驱至国。钱作齐。齐王逃遁走莒，仅以身免。珠玉财宝，车甲珍器，尽收入燕。大吕陈于元英，故鼎反于历室，齐器设于宁台。蓟丘之植，植于汶皇。自五伯以来，功未有及先王者也。先王以为惬其志，以臣为不顿命，故

---

❶ "之"，鲍本、吴本无。
❷ "也"，鲍本、吴本无。
❸ "宋"，黄丕烈、金正炜以为衍文。

裂地而封之，使之得比乎小国诸侯。臣不佞，自以为奉令承教，可以幸无罪矣，故受命而弗辞。臣闻贤明之君，功立而不废，故著于《春秋》；蚤知之士，名成而不毁，故称于后世。若先王之报怨雪耻，夷万乘之强国，收八百岁之蓄积，及至弃群臣之日，余令诏后嗣之遗义，执政任事之臣，所以能循法令，顺庶孽者，施及萌隶，皆可以教于后世。臣闻善作者不必善成，善始者不必善终。昔者五子胥说听乎阖闾，故吴王远迹至于郢。夫差弗是也，赐之鸱夷，而浮之江。故吴王夫差不悟先论之可以立功，故沉子胥而不悔。子胥不蚤见主之不同量，故入江而不改。夫免身全功以明先王之迹者，臣之上计也。离毁辱之非，堕先王之名者，臣之所大恐也。临不测之罪，以幸为利者，义之所不敢出也。臣闻古之君子，交绝不出恶声，忠臣之去也，不洁其名。臣虽不佞，数奉教于君子矣。恐侍御者之亲左右之说，而不察疏远之行也。故敢以书报，唯君之留意焉。"

30.10　或献书燕王

或钱本添或字。献书燕王："王而不能自恃，不恶卑名以事强，事强可以令国安长久，万世之善计。以事强而不可以为万世，则不如合弱。将奈何合弱而不能如一，此臣之所为山东苦也。比目之鱼，不相得则不能行，故古之人称之，以其合两而如一也。今山东合弱而不能如一，是

508

山东之知不如鱼也。又譬如车士之引车也，三人不能行，索二人，五人而车因行矣。今山东三国弱而不能敌秦，索二国，因能胜秦矣。然而山东不知相索❶，智固不如车士矣。胡与越人言语不相知，志意不相通，同舟而凌波，至其相救助如一也。今山东之相与也，如同舟而济，秦之兵至，不能相救助如一，智又不如胡、越之人矣。三物者，人之所能为也，山东之主遂不悟，此臣之所为山东苦也。愿大王之熟虑之也。山东相合，之主者不卑名，之国者可长存，之卒者出士以戍韩、梁之西边，此燕之上计也。不急为此，国必危矣，主必大忧。今韩、梁、赵三国以合矣，秦见三晋之坚也，必南伐楚。赵见秦之伐楚也，必北攻燕。物固有势异而患同者。秦久伐韩，故中山亡，今久伐楚，燕必亡。臣窃为王计，不如以兵南合三晋，约戍韩、梁之西边。山东不能坚为此，此必皆亡。"燕果以兵南合三晋也。

30.11　客谓燕王曰

客谓燕王曰："齐南破楚，西屈秦，用韩、魏之兵，燕、赵之众，犹鞭策也。使齐北面伐燕，即虽五燕不能当。王何不阴出使，散游士，顿齐兵，弊其众，使世世无患。"燕王曰："假寡人五年，寡人得其志矣。"苏子

---

❶ "相索"，鲍本、吴本下有"者"字。

曰："请假王十年。"燕王说，奉苏子车五十乘，南使于齐。

谓齐王曰："齐南破楚，西屈秦，用韩、魏之兵，燕、赵之众，犹鞭策也。臣闻当世之举❶王，必诛暴正乱，举无道，攻不义。今宋王射天笞埊，铸诸侯之象，使侍屏匽，展其臂，弹其鼻，此天下之无道不义，而王不伐，王名终不成。且夫宋，中国膏腴之地，邻民之所处也，与其得百里于燕，不如得十里于宋。伐之，名则义，实则利，王何为弗为？"齐王曰："善。"遂与❷兵伐宋，三覆宋，宋遂举。燕王闻之，绝交于齐，率天下之兵以伐齐，大战一，小战再，顿齐国，成其名。故曰：因其强而强之，乃可折也。因其广而广之，乃可缺也。

30.12　赵且伐燕苏代为燕

赵且伐燕，苏代为燕谓惠王曰："今者臣来，过易水，蚌方出曝，而鹬啄其肉，蚌合而拑其喙。鹬曰：今日不雨，明日不雨，即有死蚌。蚌亦谓鹬曰：今日不出，明日不出，即有死鹬。两者不肯相舍，渔者得而并禽之。续云：谣语、谚语皆叶。《后语》：必见死蚌脯，即多一字。《艺文类聚》引云蚌将为脯，如此则叶韵。然不闻蚌鹬得雨则

---

❶ "举"，吴本："举字恐因下误衍。"

❷ "与"，鲍本、吴本作"兴"。

解也。陆农师乃云：今日不两，明日不两，必有死蚌。两谓辟口。一本作雨，非是。恐别有所据。**今赵且伐燕，燕、赵久相支，以弊大众，臣恐强秦之为渔父也。故愿王之熟计之也。**"惠王曰："**善。**"乃止。

30.13　齐魏争燕

齐、魏争燕。齐谓燕王曰："吾得赵矣。"魏亦谓燕王曰："吾得赵矣。"燕无以决之，而未有适予也。苏子一作代，曾作子。**谓燕相曰："臣闻辞卑而币重者，失天下者也；辞倨而币薄者，得天下者也。今魏之辞倨而币薄。"燕因合于魏，得赵，齐遂北矣。**

战国策卷第三十

刘原父所传本至三十卷而止。

燕三

31.1　齐韩魏共攻燕

　　齐、韩、魏共攻燕，燕使太子请救于楚。楚王使景阳将而救之。暮舍，使左右司马各营壁地，已稙表，景阳怒曰："女所营者，水皆至灭表。此焉可以舍！"乃令徙。明日大雨，山水大出，所营者水皆灭表。军吏乃服。于是遂不救燕，而攻魏雍丘，取之，以与宋。三国惧，乃罢兵。魏军其西，齐军其东，楚军欲还，不可得也。景阳乃开西和门，昼以车骑，暮以烛，见通使于魏。齐师怪之，以为燕❶、楚与魏谋之，乃引兵而去。齐兵已去，魏失其与国，无与共击楚，乃夜遁。楚师乃还。

31.2　张丑为质于燕

　　张丑为质于燕，燕王欲杀之，走且出境，境吏得丑。

---

❶ "燕"，楼兰残卷无。

丑曰："燕王所为❶将杀我者，人有言我有宝珠也，王欲得之。今我已亡之矣，而燕王不我信。今子且致我，我且言子之夺我珠❷而吞之，燕王必当杀子，刳子腹及子之肠续云：别本作反子之肠。矣。夫欲得之君，不可说以利❸。吾要且死，子肠亦且寸绝。"境吏恐而赦之。

31.3　燕王喜使栗腹

燕王喜使栗腹以百金为赵孝成王寿，酒三日，反报曰："赵民其壮者皆死于长平，其孤未壮，可伐也。"王乃召昌国君乐间而问曰："何如？"对曰："赵，四达之国也，其民皆习于兵，不可与战。"王曰："吾以倍攻之，可乎？"曰："不可。"曰："以三，可乎？"曰："不可。"王大怒。左右皆以为赵可伐，遽起六十万以攻赵。令栗腹以四十万攻鄗，使庆秦以二十万攻代。赵使廉颇以八万遇栗腹于鄗，使乐乘以五万遇庆秦于代，燕人大败。乐间入赵。

燕王以书且谢焉，曰："寡人不佞，不能奉顺君意，故君捐国而去，则寡人之不肖明矣。敢端其愿，而君不肯听，故使使者陈愚意，君试论之。语曰：仁不轻绝，智不

---

❶ "为"，楼兰残卷无。
❷ "珠"，楼兰残卷无。
❸ "以利"，楼兰残卷无。

轻怨。君之于先王也，世之所明知也。寡人望有非，则君掩盖之，不虞君之明罪之也；望有过，则君教诲之，不虞君之明罪❶之也。且寡人之罪，国人莫不知，天下莫不闻。君微出明怨以弃寡人，寡人必有罪矣。虽然，恐君之未尽厚也。谚曰：厚者不毁人以自益也，仁者不危人以要名。以故掩人之邪者，厚人之行也；救人之过者，仁者之道也。世有掩寡人之邪，救寡人之过，非君心❷所望之？今君厚受位于先王以成尊，轻弃寡人以快心，则掩邪救过，难得于君矣。且世有薄于故厚施，行有失而故惠用。今使寡人任不肖之罪，而君有失厚之累，于为君择之也，无所取之。国之有封疆，犹家之有垣墙，所以合好掩恶也。室不能相和，出语邻家，未为通计也。怨恶未见而明弃之，未尽厚也。寡人虽不肖乎，未如殷纣之乱也。君虽不得意乎，未如商容、箕子之累也。然则不内盖寡人而明怨于外，恐其适足以伤于高而薄于行也。非然也，苟可以明君之义，成君之高，虽任恶名，不难受也。本欲以为明寡人之薄，而君不得厚；扬寡人之辱，而君不得荣，此一举而两失也。义者不亏人以自益，况伤人以自损乎！愿君无以寡人不肖，累往事之美。昔者，柳下惠吏于鲁，三黜而不去。或谓之曰：可以去。柳下惠曰：苟与人之异，恶往而不黜乎？犹且黜乎，宁于故国尔。柳下惠不以三黜自累，故前业不忘；

---

❶ "罪"，鲍本、吴本作"弃"。
❷ "心"，黄丕烈、王念孙以为当作"恶"。

不以去为心，故远近无议。今寡人之罪，国人未知，而议寡人者遍天下。语曰：论不修心，议不累物，仁不轻绝，智不简功。弃❶大功者，辍也；轻绝厚利者，怨也。辍而弃之，怨而累之，宜在远者，不望之乎君也。今以寡人无罪，君岂怨之乎？愿君捐怨，追惟先王，复以教寡人！意君曰：余且愿心以成而过，不顾先王以明而恶。使寡人进不得修功，退不得改过，君之所揣_{曾作}剒也，唯君图之！此寡人之愚意也。敬以书谒之。"乐间、乐乘❷怨不用其计，二人❸卒留赵不报。

31.4　秦并赵北向迎燕

秦并赵，北向迎燕。燕王闻之，使人贺秦王。使者过赵，赵王系之。使者曰："秦、赵为一，而天下服矣。兹❹之所以受命于赵者，为秦也。今臣使秦，而赵系之，是秦、赵有郄。秦、赵有郄，天下必不服，而燕不受命矣。且臣之使秦，无妨于赵之伐燕也。"赵王以为然而遣之。

使者见秦王曰："燕王窃闻秦并赵，燕王使使者贺千金。"秦王曰："夫燕无道，吾使赵有之，子何贺？"

---

❶ "弃"，鲍本、吴本上有"简"字。

❷ "乐乘"，金正炜以为衍文。

❸ "二人"，金正炜以为衍文。

❹ "兹"，鲍本改作"燕"，吴本："恐燕字讹。"

使者曰："臣闻全赵之时，南邻为秦，北下曲阳为燕，赵广三百里，而与秦相距五十余年矣，所以不能反胜秦者，国小而地无所取。今王使赵北并燕，燕、赵同力，必不复受❶于秦矣。臣切为王患之。"秦王以为然，起兵而救 曾作攻。燕。

31.5　燕太子丹质于秦

燕太子丹质于秦，亡归。见秦且灭六国，兵以临易水，恐其祸至。太子丹患之，谓其太傅鞠❷武曰："燕秦不两立，愿太傅幸而图之。"武对曰："秦地遍天下，威胁韩、魏、赵氏，则易水以北，未有所定也。奈何以见陵之怨，欲排一作批，曾、钱作排。其逆鳞哉？"太子曰："然则何由？"太傅曰："请入图之。"

居之有间，樊将军亡秦之燕，太子容之。太傅鞠武谏曰："不可。夫秦王之暴，而积怨于燕，足为寒心，又况闻樊将军之在乎！是以委肉当饿虎之蹊，祸必不振矣！虽有管、晏，不能为谋。愿太子急遣樊将军入匈奴以灭口。请西约三晋，南连齐楚，北讲于单于，然后乃可图也。"太子丹曰："太傅之计，旷日弥久，心惽然恐不能须臾。且非独于此也，夫樊将军困穷于天下，归身于丹，丹终不

---

❶ "受"，鲍本、吴本下补"命"字。
❷ "鞠"，鲍本、吴本作"鞫"。下同。

迫于强秦而弃所哀怜之交，置之匈奴，是丹命固卒之时也。愿太傅更虑之。"鞫武曰："燕有田光先生者，其智深，其勇沉，可与之谋也。"太子曰："愿因太傅交于田先生，可乎？"鞫武曰："敬诺。"

出见田光，道太子曰❶："愿图国事于先生。"田光曰："敬奉教。"乃造焉。太子跪而逢迎，却行为道，跪而拂席。田先生坐定，左右无人，太子避席而请曰："燕、秦不两立，愿先生留意也。"田光曰："臣闻骐骥盛壮之时，一日而驰千里。至其衰也，驽马先之。今太子闻光壮盛之时，不知吾精已消亡矣。虽然，光不敢以乏国事也。所善荆轲，可使也。"太子曰："愿因先生得愿❷交于荆轲，可乎？"田光曰："敬诺。"即起，趋出。太子送之至门，曰❸："丹所报，先生所言者，国大事也，愿先生勿泄也。"田光俯而笑曰："诺。"

偻行见荆轲，曰："光与子相善，燕国莫不知。今太子闻光壮盛之时，不知吾形已不逮也，幸而教之曰：燕、秦不两立，愿先生留意也。光窃不自外，言足下于太子，愿足下过太子于宫。"荆轲曰："谨奉教。"田光曰："光闻长者之行，不使人疑之，今太子约光曰：所言者，国之大事也，愿先生勿泄也。是太子疑光也。夫为行使人疑之，非节侠士也。"欲自杀以激荆轲，

---

❶ "曰"，鲍本以为衍文。

❷ "愿"，鲍本以为衍文。

❸ "曰"，鲍本、吴本上有"戒"字。

曰："愿足下急过太子，言光已死，明不言也。"遂自刭而死。

轲见太子，言田光已死，明不言也。太子再拜而跪，膝下❶行，流涕，有顷而后言曰："丹所请田先生无言者，欲以成大事之谋，今田先生以死明不泄言，岂丹之心哉？"荆轲坐定，太子避席顿首曰："田先生不知丹不肖，使得至前，愿有所道。此天所以哀燕，不弃其孤也。今秦有贪饕之心，而欲不可足也。非尽天下之地、臣海内之王者，其意不餍。今秦已虏韩王，尽纳其地，又举兵南伐楚，北临赵。王翦将数十万之众临漳、邺，而李信出太原、云中。赵不能支秦，必入臣。入臣，则祸至燕。燕小弱，数困于兵，今计举国不足以当秦。诸侯服秦，莫敢合从。丹之私计，愚以为诚得天下之勇士，使于秦，窥以重利，秦王贪其贽，必得所愿矣。诚得劫秦王，使悉反诸侯之侵地，若曹沫之与齐桓公，则大善矣。则不可，因而刺杀之。彼大将擅兵于外，而内有大乱，则君臣相疑。以其间诸侯，诸侯❷得合从，其偿破秦必矣。此丹之上愿，而不知所以委命，唯荆曾本无荆字。卿留意焉。"久之，荆轲曰："此国之大事，臣驽下，恐不足任使。"太子前顿首，固请无让。然后许诺。于是尊荆轲为上卿，舍上舍，太子日日

---

❶ "下"，王念孙以为衍文。
❷ "诸侯"，鲍本、吴本无。

造问，供太牢，异物❶，间进车骑美女，恣荆轲所欲，以顺适其意。

久之，荆卿未有行意。秦将王翦破赵，虏赵王，尽收其地，进兵北略地，至燕南界。太子丹恐惧，乃请荆卿曰："秦兵旦暮渡易水，则虽欲长侍足下，岂可得哉？"荆卿曰："微太子言，臣愿得谒之。今行而无信，则秦未可亲也。夫今樊将军，秦王购之金<small>曾、钱作秦王悬金。</small>千斤，邑万家。诚能得樊将军首与燕督亢之地图献秦王，秦王必说见臣，臣乃得有以报太子。"太子曰："樊将军以穷困来归丹，丹不忍以己之私而伤长者之意，愿足下更虑之。"

荆轲知太子不忍，乃遂私见樊於期曰："秦之遇将军，可谓深矣。父母宗族皆为戮没。今闻购将军之首金千斤，邑万家，将奈何？"樊将军仰天太息流涕曰："吾每念，常痛于骨髓，顾计不知所出耳。"轲曰："今有一言，可以解燕国之患而报将军之仇者，何如？"樊於期乃前曰："为之奈何？"荆轲曰："愿得将军之首以献秦，秦王必喜而善见臣，臣左手把其袖，而右手揕抗<small>一无抗字。曾、钱作揕抗。</small>其胸，然则将军之仇报，而燕国见陵之耻除矣。将军岂有意乎？"樊於期偏袒扼腕而进曰："此臣日夜切齿拊心也，乃今得闻教。"遂自刎。太子闻之，驰往，伏尸而哭，极哀。既已无可奈何，乃遂收盛樊於期之首，函封之。

---

❶ "异物"，鲍本、吴本上有"具"字。

于是，太子预求天下之利匕旨，得赵人徐夫人之匕首，取之百金。使工以药淬之。以试人，血濡缕，人无不立死者。乃为装遣荆轲。燕国有勇士秦武阳，年十二杀人，人不敢与❶忤视。乃令秦武阳为副。荆轲有所待，欲与俱，其人居远未来，而为留待。顷之未 曾作不。发。太子迟之，疑其有改悔，乃复请之曰："日以尽矣，荆卿岂无意哉？丹请先遣秦武阳。"荆轲怒，叱太子曰："今日往而不反者，竖子也！今提一匕首入不测之强秦，仆所以留者，待吾客与俱。今太子迟之，请辞决矣。"遂发。太子及宾客知其事者，皆白衣冠以送之，至易水上。既祖取道。高渐离击筑，荆轲和而 曾无而字。歌，为变徵 一作濮上。之声，士皆垂泪涕泣。又前而为歌曰："风萧萧兮易水寒，壮士一去兮不复还！"复 曾作后。为忼慨羽声，士皆瞋目，发尽上指冠。于是荆轲遂就车而去，终已不顾。

既至秦，持千金之资币物，厚遗秦王宠臣中庶子蒙嘉。嘉为先言于秦王曰："燕王诚振畏，慕❷大王之威，不敢兴兵以拒大王， 拒大王，一作逆军吏。愿举国为内臣，比诸侯之列，给贡职如郡县，而得奉守先王之宗庙。恐惧不敢自陈，谨斩樊於期头，及献燕之督亢之地图，函封，燕王拜送于庭，使使以闻大王。唯大王命之。"秦王闻之，大喜。乃朝服，设九宾，见燕使者咸阳宫。

---

❶ "与"，鲍本、吴本无。
❷ "畏慕"，鲍本、吴本作"怖"。

荆轲奉樊於期头函，而秦武阳奉地图匣，以次进至陛下。秦武阳色变振恐，群臣怪之，荆轲顾笑武阳，前为谢曰："北蛮夷之鄙人，未尝见天子，故振慑，愿大王少假借之，使❶毕使于前。"秦王谓轲曰："起，取武阳所持图。"轲既取图奉之，发图，图穷而匕首见。因左手把秦王之袖，而右手持匕首揕抗之。未至身，秦王惊，自引而起，绝袖，拔剑；剑长，掺其室。时怨曾作恐。急，剑曾本无剑字。坚，故不可立拔。荆轲逐秦王，秦王还柱而走。群臣惊愕，卒起不意，尽失其度。而秦法，群臣侍殿上者，不得持尺❷兵。诸郎中执兵，皆陈殿下，非有诏不得上。方急时，不及召下兵，以故荆轲逐秦王，而卒惶急无以击轲，而乃以手共搏之。是时侍医夏无且以其所奉药囊提轲。秦王之方还柱走，卒惶急不知所为，左右乃曰："王负剑！王负剑！"遂拔以击荆轲，断其左股。荆轲废，乃引其匕首提秦王，不中，中柱。秦王复击轲，被八创。轲自知事不就，倚柱而笑，箕踞以骂曰："事所以不成者，乃欲以生劫之，必得约契以报太子也。"左右既前，斩荆轲，秦王目眩良久。而❸论功赏群臣及当坐者，各有差。而赐夏无且黄金二百镒，曰："无且爱我，乃以药囊提轲❹也。"

于是秦大怒燕，益发兵诣赵，诏王翦军以伐燕。十

---

❶ "使"，鲍本、吴本下有"得"字。
❷ "尺"，鲍本、吴本下有"寸之"二字。
❸ "而"，鲍本、吴本上有"已"字。
❹ "轲"，鲍本、吴本上有"荆"字。

月而拔燕蓟城。燕王喜、太子丹等，皆率其精兵东保于辽东。秦将李信追击燕王，王急，用代王嘉计，杀太子丹，欲献之秦。秦复进兵攻之。五岁而卒灭燕国，而虏燕王喜。秦兼天下。其后荆轲客高渐离以击筑见秦皇帝，而以筑击秦皇帝，为燕报仇，不中而死。

战国策卷第三十一

卷三十二

宋 卫

32.1 齐攻宋宋使臧子

齐攻宋，宋使臧子索救于荆。荆王大说，许救甚劝。劝，力也。臧子忧而反。其御曰："索救而得，有忧色，何也？"臧子曰："宋小而齐大。夫救于小宋而恶于大齐，此王❶之所忧也。而荆王说甚，必以坚我。我坚而齐弊，荆之利也。"臧子乃归。齐王果攻拔宋五城，而荆王不至。

32.2 公输般为楚设机

公输般为楚设机❷，将以攻宋。公输般，鲁班之号也。机，械。云梯之属也。墨子闻之，百舍重茧，墨子，墨翟也。百舍，百里一舍也。重茧，累胝也。往见公输般。谓之曰：

---

❶ "王"，王念孙以为当作"人"。

❷ "机"，王念孙以为下当有"械"字。

"吾自宋闻子。吾欲藉子杀王❶。"公输般曰："吾义固不杀王。"墨子曰："闻公为云梯，将以攻宋。宋何罪之有？梯长而高，上至于云，故曰云梯也。楚欲广土而起伐宋，宋非有罪也，故曰宋何罪之有乎。义不杀王而攻国，是不杀少而杀众。敢问攻宋何义也？"公输般服焉，请见之王。

墨子见楚王曰："今有人于此，舍其文轩，文轩，文错之车也。邻有弊舆而欲窃之。舍其锦绣，邻有短一作裋。褐而欲窃之。舍其梁肉，邻有糟糠而欲窃之。此为何若人也？"言名此为何等人也。王曰："必为有窃疾矣。"墨子曰："荆之地方五千里，宋方五百里，此犹文轩之与弊舆也。荆有云梦，犀、兕、麋、鹿盈之，江汉鱼、鳖、鼋、鼍，为天下饶，下民也。宋所谓无雉、兔、鲋鱼者也，此犹梁肉之与糟糠也。荆有长松、文梓、楩、楠、豫樟，皆大木也。宋无长木，此犹锦绣之与短褐也。恶❷以王吏之攻宋，为与此同类也。"王曰："善哉！请无攻宋。"

32.3　犀首伐黄

犀首伐黄，黄，国名也。过卫，使人谓卫君曰："弊

---

❶ "杀王"，吴本："一本三杀王并作杀壬云。人、壬，并而邻反。《集韵》云：唐武后字作壬。如臣字作恶。壬即人也。"
❷ "恶"，鲍本改作"臣"。

邑之师过大国之郊，曾无一介之使以存之乎？敢请其罪。今黄城将下矣，已，将移兵而造大国之城下。"造，诣也。言至卫国之城下。卫君惧，束组三百绲，组，斜文纷绶之属也。十首为一绲也。黄金三百镒，以随使者。南文子止之曰：南文子，卫大夫。"是胜黄城，必不敢来，不胜亦不敢来。来，敢移兵来至城也。是胜黄城，则功大名美，内临其伦。伦，等。夫在中者恶临，议其事。恶其临己，故将议其事也。蒙大名，挟成功，坐御以待中之议。犀首虽愚，必不为也。是不胜黄城，破心而走归，恐不免于罪矣！彼安敢攻卫，以重其不胜之罪哉？"果胜黄城，帅师而归，遂不敢过卫。

32.4　梁王伐邯郸

梁王伐邯郸，而征师于宋。征，召也。宋君使使者请于赵王曰："夫梁兵劲而权重，劲，强也。今征师于弊邑，弊邑不从，则恐危社稷。若扶梁伐赵，以害赵国，扶，助也。则寡人不忍也。愿王之有以命弊邑。"弊邑，宋也。赵王曰："然。夫宋之不足如梁也，如，当也。寡人知之矣。弱赵以强梁，宋必不利也。梁必兼宋，故宋不利之也。则吾何以告子而可乎？"使者曰："臣曾、钱作悫。自此卷尾，曾本皆作悫。请受边城，徐其攻而留其日，徐，缓。留其日，稽留其日也。以待下吏之有城而已。"赵王曰："善。"宋人因遂举兵入赵境，而围一城焉。梁王甚说，曰："宋人助我攻矣。"
以宋人围赵一城，故云助我攻。赵王亦说曰："宋人止于
此矣。"以宋使者言徐攻留其日，赵王亦说，言宋人止于
此。故兵退难解，德施于梁而无怨于赵。故名有所加而
实有所归。

32.5　谓大尹曰

谓大尹曰："君日长矣，自知政，则公无事。大
尹，宋卿也。言宋王年日长大，自能制法布政也，则大尹无
复有专政之事也。公不如令楚贺君之孝，则君不夺太后之
事矣，事，政事也。则公常用宋矣。"太后，尹母也。与
后共为政。太后不见夺政，则大尹亦不见废也，故云常用于
宋也。

32.6　宋与楚为兄弟

宋与楚为兄弟。齐攻宋，楚王言救宋。宋因卖楚重以
求讲于齐，齐不听。齐伐宋，楚将救宋，宋恃楚之重求和于
齐者。苏秦为宋谓齐相曰："不如与之，不如与之和也。
以明宋之卖楚重于齐也。楚怒，必绝于宋而事齐，齐、楚
合，则攻宋易矣。"

32.7　魏太子自将[1]

魏太子自将，过宋外黄。魏惠王太子申也，自将攻齐。外黄，今陈留外黄，故宋城也，后徙睢阳也。外黄徐子曰："臣有百战百胜之术，太子能听臣乎？"太子曰："愿闻之。"客曰："固愿效之。客，徐子也。今太子自将攻齐，大胜，并莒，则富不过有魏，而贵不益为王。益，亦过也。若战不胜，则万世无魏。不胜，则太子灭，复何魏之有？故云万世无魏也。此臣之百战百胜之术也。"太子曰："诺。请必从公之言而还。"客曰："太子虽欲还，不得矣。彼利太子之战攻而欲满其意者众，彼，谓魏战士也。欲使太子战，得其利，以盈满其志意。众，多也。太子虽欲还，恐不得矣。"太子上车请还。其御曰："将出而还，与北同，北，退走也。与退走者同罪。不如遂行。"遂行。与齐人战而死，卒不得魏。齐入败之马陵，虏庞涓，而杀太子申。故云卒不得魏也。

32.8　宋康王之时

宋康王之时，有雀生鷃续云：《新序》：爵生鹯。《通

---

[1] 本章原与上"宋与楚为兄弟"章接续，今依鲍本、吴本单列一章。

鉴》作䲰。**于城之陬。**康王，辟公之子，剔成之弟。䲰，王鹏也，羽虫之孽也。陬，隅也。《王**❶**行传》：思，心之不容，是谓不圣，时则有黄眚。黄，祥也。**使史占之，曰："小而生巨，必霸天下。"**史，太史。曰能辨吉凶之妖祥。康王无道，不敢正对，故云必霸天下。危行言逊，太史有焉。**康王大喜。于是灭滕伐薛，取淮北之地，乃愈自信。欲霸之亟成，**亟，速也。**故射天笞地，斩社稷而焚灭之，曰威服天下❷鬼神。骂国老谏曰❸。为无颜之冠以示勇。剖伛❹之背，**剖，劈也。**锲朝涉之胫，而国人大骇。**骇，乱忧也。**齐闻而伐之，民散，城不守。王乃逃倪侯之馆，遂得而死。见祥而不为，祥反为祸。**祸，谓齐湣王与魏、楚共伐宋，杀康王而灭国，三分其地也。

32.9 智伯欲伐卫

智伯欲伐卫，遗卫君野马四，百白璧❺一。野马，驹骎也。四，百❻乘也。璧，玉环也，肉倍好曰璧。**卫君大悦，**

---

❶ "王"，当作"五"。
❷ "下"，缪本、范本改作"地"。
❸ "曰"，王念孙以为当作"者"。
❹ "伛"，缪本、范本下补"者"字。
❺ "百白璧"，鲍本、吴本作"百璧"。吴本："一本白璧，姚同。"
❻ "百"，黄丕烈以为当作"一"。

群臣皆贺，南文子有忧色。卫君曰："大国大❶欢，而子有忧色何？"文子曰："无功之赏，无力之礼，不可不察也。野马四，百璧一，此小国之礼也，而大国致之，君其图之。"卫君以其言告边境。智伯果起兵而袭卫，至境而反，反，还。曰："卫有贤人，先知吾谋也。"

32.10　智伯欲袭卫

智伯欲袭卫，乃佯亡其太子，使奔卫。南文子曰："太子颜为君子也，甚爱而有宠，颜，智伯太子名也。智伯甚爱颜而宠禄之。非有大罪而亡，必有故。"不有大罪而亡来，必有他故者也。使人迎之于境，曰："车过五乘，慎勿纳也。"智伯闻之，乃止。上太子颜也。

32.11　秦攻卫之蒲

秦攻卫之蒲。蒲，卫邑也。胡衍谓樗里疾曰："公之伐蒲，以为秦乎？以为魏乎？为魏则善，为秦则不赖矣。赖，利也。卫所以为卫者，以有蒲也。今蒲入于魏，卫必

---

❶ "大"，金正炜以为当作"交"。

折于魏❶。卫知必失蒲，必自入于魏，以求救也。魏亡西河
之外而弗能复取者，弱也。西河，魏邑也，秦兼取之。魏
弱于秦，故云不能取。今并卫于魏，魏必强。魏强之日，
西河之外必危。魏得卫而强，必更取西河之外，故云西河之
外必危。且秦王亦将观公之事。害秦以善魏，秦王必怨
公。"樗里疾曰："奈何？"胡衍曰："公释蒲勿攻，臣
请为公入戒蒲守，以德卫君。"樗里疾曰："善。"

胡衍因入蒲，谓其守曰："樗里子知蒲之病也，疾
困也。其言曰：吾必取蒲。今臣能使释蒲勿攻。"蒲守
再拜，因效金三百镒焉，曰："秦兵诚去，请厚子于卫
君。"胡衍取金于蒲，以自重于卫。樗里子亦得三百金而
归，又以德卫君也。

32.12 卫使客事魏

卫使客事魏，三年不得见。卫客患之，乃见梧下先
生，先生，长者有德者称。家有大梧树，因以为号，若柳下
惠。许之以百金。梧下先生曰："诺。"乃见魏王曰：
"臣闻秦出兵，未知其所之。秦、魏交而不修之日久
矣。温故曰修。愿王博❷事秦，无有佗计。"魏王曰：

---

❶ "蒲入于魏卫必折于魏"，吴本："一本蒲入于秦。司马贞引
《策》云：今蒲入于秦，卫必折而入于魏。樗里疾传有，亦作入于秦。"
❷ "博"，鲍本改作"专"。

"诺。"

客趋出，至郎门续作郭门。而反，曰："臣恐王事秦之晚。"客，梧下先生也。出，反乃说事者而以亦不故为此事秦也，若偶思念得之，故还而言也。王曰："何也？"先生曰："夫人于事己者过急，于事人者过缓。今王缓于事己者，安能急于事人。""奚以知之？""卫客曰：事王三年不得见。臣以是知王缓也。"魏王趋见卫客。

32.13　卫嗣君病

卫嗣君病。嗣君，卫平侯之子也。秦王贬其号为君也。富术谓殷顺且曰："子听吾言也以说君，勿益损也，君必善子。子，殷顺且者也。人生之所行，与死之心异。始君之所行于世者，食高丽也；食，用也。丽，美也。诸所行为者，务用高美观目而已，不务用德也。所用者，缧错、挐薄也。群臣尽以为君轻国而好高丽，缧错、挐薄，之二人君所幸，非贤也。长曰不肖，国必危，故群臣尽以君为轻国也。必无与君言国事者。子谓君：君之所行天下者甚谬。缧错主断于国，而挐薄辅之，自今以往者，公孙氏必不血食矣。"公孙氏，谓嗣君也。卫鞅之孙，故云公孙氏。君曰："善。"与之相印，曰："我死，子制之。"嗣君死，殷顺且以君令相公期。公期，嗣君子也。缧错、挐薄之族皆逐也。

32.14　卫嗣君时胥靡

卫嗣君时，胥靡逃之魏，<small>胥靡，有罪之贤臣也。</small>卫赎之百金，不与。乃请以左氏。<small>左氏，卫邑也。</small>群臣谏曰："以百金之地，赎一胥靡，无乃不可乎？"君曰："治无小，乱无大。教化喻于民，三百之城，足以为治。民无廉耻，虽有十左氏，将何以用之？"

32.15　卫人迎新妇

卫人迎新妇，妇上车，问："骖马，谁马也？"御曰："借之。"新妇谓仆曰："拊骖，无笞服。"<small>拊，击也。两旁曰骖，辕中曰服。击其骖，则中两服马不劳笞也。</small>车至门，扶，<small>扶，谓下车。</small>教送母："灭灶，将失火。"入室见臼，曰；"徙之牖下，妨往来者。"主人笑之。此三言者，皆要言也。然而不免为笑者，蚤晚之时失也。<small>虽要，指非新妇所宜言也。以喻忠臣可以言而不言，失忠；未可以言而言，危身。故云蚤晚之时失也。</small>

战国策卷第三十二

卷三十三

中山

33.1　魏文侯欲残中山

魏文侯欲残中山。文侯，魏桓子之孙也。残，灭之也。常庄谈谓赵襄子曰："魏并中山，必无赵矣。常庄谈，襄子臣也。并，兼也。兼有中山，必复以次取赵。公何不请公子倾以为正妻，因封之中山，是中山复立也。"公子倾，魏君之女，封之于中山以为邑，是则中山不残也。故云中山复立，犹存也。

33.2　犀首立五王

犀首立五王，而中山后持。立五国使称王，齐、赵、魏、燕、中山也。持，中山小，故后立之。齐谓赵、魏曰："寡人羞与中山并为王，愿与大国伐之，以废其王。"伐中山，使不得称王。中山闻之，大恐。召张登而告之张登，中山臣也。曰："寡人且王，齐谓赵、魏曰羞与寡人并为王，而欲伐寡人。恐亡其国，不在索王。非子莫能吾救。"登对曰："君为臣多车重币，臣请见田婴。"中山之君遣之齐。

见婴子曰："臣闻君欲废中山之王，将与赵、魏伐之，过矣。以中山之小而三国伐之，中山虽益废王，犹且听也。益，大也。犹，尚也。虽大废之，尚且听命，不敢贰也。且中山恐，必为赵、魏废其王而务附焉。务附，亲也。必为赵、魏不敢称王，而亲附赵、魏以自昵也。是君为赵、魏驱羊也，言君以赵、魏伐中山，中山恐亡，必受命于赵、魏，是君为赵、魏驱羊，而使得食之。非齐之利也。岂若中山废其王而事齐哉？"田婴曰："奈何？"张登曰："今君召中山，与之遇而许之王，中山必喜而绝赵、魏。赵、魏怒而攻中山，中山急而为君难其王，则中山必恐，为君废王事齐。彼患亡其国，是君废其王而亡❶其国，贤于为赵、魏驱羊也。"田婴曰："诺。"张丑曰："不可。臣闻之，同欲者相憎，同忧者相亲。今五国相与王也，负海不与焉。负海，齐也。五国之中，齐不欲与之同王也。此是欲皆在为王，而忧在负海。今召中山，与之遇而许之王，是夺五❷国而益负海也。致中山而塞四国，四国寒心。必先与之王而故亲之，是君临中山而失四国也。且张登之为人也，善以微计荐中山之君久矣，荐，进也。张登善以微计进其君也。难信以为利。"不可信其言以为己利也。田婴不听。不听张丑之言也。果召中山君而

---

❶ "亡"，鲍本、吴本作"立"。钟凤年以为"攰"字之讹，范本以为"攰"之借字。

❷ "五"，鲍本改作"四"。

许之王。

张登因谓赵、魏曰："齐欲伐河东。何以知之？齐羞与中山之❶为王甚矣，今召中山，与之遇而许之王，是欲用其兵也。岂若令大国先与之王，以止其遇哉？"赵、魏许诺，果与中山王而亲之。中山果绝齐而从赵、魏。

33.3 中山与燕赵为王

中山与燕、赵为王，齐闭关不通中山之使，其言曰："我万乘之国也，中山千乘之国也，何侔名于我？"侔，等。欲割平邑以赂燕、赵，平邑，燕邑。出兵以攻中山。蓝诸君患之。张登谓蓝诸君曰："公何患于齐？"蓝诸君曰："齐强，万乘之国，耻与中山侔名，不惮割地以赂燕、赵，出兵以攻中山。燕、赵好位一作倍，曾作位。而贪地，吾恐其不吾据也。大者危国，次者废王，奈何吾弗患也？"张登曰："请令燕、赵固辅中山而成其王，事遂定。公欲之乎？"蓝诸君曰："此所欲也。"曰："请以公为齐王，而登试说公，可乃行之。"蓝诸君曰："愿闻其说。"

登曰："王之所以不惮割地以赂燕、赵，出兵以攻中山者，其实欲废中山之王也。王曰：然。然则王之为费且危。夫割地以赂燕、赵，是强敌也；出兵以攻中山，首

---

❶ "之"，鲍本改作"并"。

难也。<small>首，始也。</small>王行二者，所求中山未必得。王如用臣之道，地不亏而兵不用，中山可废也。王必曰：子之道奈何？"蓝诸君曰："然则子之道奈何？"张登曰："王发重使，使告中山君曰：寡人所以闭关不通使者，为中山之独与燕、赵为王，而寡人不与闻焉，是以隘之。王苟举趾以见寡人，请亦佐君。中山恐燕、赵之不己据也，今齐之辞云即佐王，中山必遁燕、赵与王相见。燕、赵闻之，怒**❶**绝之，<small>绝中山也。</small>王亦绝之，是中山孤，孤何得无废？以此说齐王，齐王听乎？"蓝诸君曰："是则必听矣，此所以废之，何在其所存之矣？"<small>言以此说齐，齐必从。然适足废其王耳，何所以存之利。</small>张登曰："此王所以存者也。齐以是辞来，因言告燕、赵而无往，以积厚于燕、赵。燕、赵必曰：齐之欲割平邑以赂我者，非欲废中山之王也，徒欲以离我于中山，而己亲之也。虽百平邑，燕、赵必不受也。"蓝诸君曰："善。"

遣张登往，果以是辞来。中山因告燕、赵而不往，燕、赵果俱辅中山而使其王。事遂定。

33.4　司马憙使赵

司马憙使赵，为己求相中山。<small>憙，中山臣也。使于赵，为之求相于中山也。</small>公孙弘阴知之。<small>知其因赵求为相</small>

---

❶ "怒"，鲍本、吴本上有"必"字。

也。中山君出，司马憙御，公孙弘参乘。弘曰："为人臣，招大国之威，以为己求相于君，何如？"君曰："吾食其肉，不以分人。"司马憙顿首于轼曰："臣自知死至矣！"君曰："何也？""臣抵罪。"抵，当也。君曰："行，吾知之矣。"居顷之，赵使来，为司马憙求相。中山君大疑公孙弘，公孙弘走出。

33.5　司马憙三相中山

司马憙三相中山，阴简难之。阴简，中山君美人也。难，恶也。田简谓司马憙曰："赵使者来属耳，独不可语阴简之美乎？赵必请之，君与之，即公无内难矣。君弗与赵，公因劝君立之以为正妻。阴简之德公，无所穷矣。"果令赵请，君弗与。司马憙曰："君弗与赵，赵王必大怒，大怒则君必危矣。然则立以为妻，固无请人之妻不得而怨人者也。"田简自谓取使，可以为司马憙，可以为阴简，可以令赵勿请也。

33.6　阴姬与江姬争为后

阴姬与江姬争为后。司马憙谓阴姬公曰："事成则有土子民，不成则恐无身。欲成之，何不见臣乎？"阴姬公稽首曰："诚如君言，事何可豫道者。"司马憙即奏书中山王曰："臣闻弱赵强中山。"中山王悦而见之，曰："愿闻弱赵强中山之说。"司马憙曰："臣愿之赵，观其地形险阻，人民贫富，君臣贤不肖，商敌为资，未可豫陈也。"中山王遣之。

见赵王，曰："臣闻赵，天下善为音，佳丽人之所出也。佳，大。丽，美。今者，臣来至境，入都邑，观人民谣俗，容貌颜色，殊无佳丽好美者。以臣所行多矣，周流无所不通，未尝见人如中山阴姬者也。不知者，特以为神，力❶言不能及也。其容貌颜色，固已过绝人矣。若乃其眉目准颊权衡，犀角偃月，彼乃帝王之后，非诸侯之姬也。"赵王意移，大悦曰："吾愿请之，何如？"司马憙曰："臣窃见其佳丽，口不能无道尔。即欲请之，是非臣所敢议，愿王无泄也。"

司马憙辞去，归报中山王曰："赵王非贤王也。不好道德而好声色，不好仁义而好勇力。臣闻其乃欲请所谓阴姬者。"中山王作色不悦。司马憙曰："赵，强国也，其请之必矣。王如不与，即社稷危矣；与之，即为诸侯笑。"中山王曰："为将奈何？"司马憙曰："王立为后，以绝赵王之意。世无请后者。虽欲得请之，邻国不与也。"礼无请后之义，邻国必责之而不与。中山王遂立以为后，赵王亦无请言也。

---

❶ "力"，范本疑为"方"之讹。

33.7　主父欲伐中山

主父欲伐中山，主父，赵武灵王也。使李疵观之。疵，赵臣也。李疵曰："可伐也。君弗攻，恐后天下。"主父曰："何以？"对曰："中山之君，所倾盖与车而朝穷闾隘巷之士者七十家。"主父曰："是贤君也，安可伐？"李疵曰："不然。举士，则民务名不存本；朝贤，则耕者惰而战士懦。若此不亡者，未之有也。"

33.8　中山君飨都士大夫

中山君飨都士大夫，司马子期在焉。羊羹不遍，司马子期怒而走于楚，说楚王伐中山，中山君亡。亡，走也。有二人挈戈而随其后者，中山君顾谓二人："子奚为者也？"二人对曰："臣有父，尝饿且死，君下壶餐饵之。臣父且死，曰：中山有事，汝必死之。故来死君也。"中山君喟然而仰叹曰："与不期众少，其于当厄；言人之施与，不期多少，当其厄之时而惠及之，必厚德己也。一餐之施，而有二子之报。怨不期深浅，其于伤心。人之相怨，不在深浅也。苟伤其心则怨重也。羊羹不遍，而有出亡之患也。吾以一杯羊羹亡国，以一壶餐得士二人。"《诗》云：无言不雠，无德不报。此之谓也。

33.9　乐羊为魏将攻中山

乐羊为魏将，攻中山。其子时在中山，中山君烹之，作羹，致于乐羊。乐羊食之。古今称之❶。乐羊食子以自信，明害父以求法。

33.10　昭王既息民

昭王既息民缮兵，复欲伐赵。武安君曰："不可。"王曰："前年国虚民饥，君不量百姓之力，求益军粮以灭赵。今寡人息民以养士，蓄积粮食，三军之俸有倍于前，而曰不可，其说何也？"武安君曰："长平之事，秦军大克，赵军大破，秦人欢喜，赵人畏惧。秦民之死者厚葬，伤者厚养，劳者相飨，饮食餔馈，吴谓食为馈，祭鬼亦为馈。古文通用，读与馈同。以靡其财。靡，犹浓丽也。若靡依之比。赵人之死者不得收，伤者不得疗，涕泣相哀，勠力同忧，勠力，勉力也。其字从力。耕田疾作，以生其财。今王发军，虽倍其前，臣料赵国守备，亦以十倍矣。赵自长平已来，君臣忧惧，早朝晏退，卑辞重币，四面出嫁，结亲燕、魏，连好齐、楚，积虑并心，备秦为务。其国内

---

❶　"之"，鲍本、吴本下补"曰"字。

实，其交外成。当今之时，赵未可伐也。"王曰："寡人既以兴师矣。"

乃使五校❶大夫王陵五役❷，军营也。校音明孝反。将而伐赵。陵战失利，亡五校。盖亡其营校之部也。王欲使武安君，武安君称疾不行。王乃使应侯往见武安君，责之曰："楚，地方五千里，持戟百万。君前率数万之众入楚，拔鄢郢，焚其庙，东至竟陵，楚人震恐，东徙，而不敢西向。韩、魏相率，兴兵甚众，君所将之❸不能半之，而与战之于伊阙，大破二国之军，流血漂卤，卤，大漂也，言杀人多而流血漂浮卤也。斩首二十四万。韩、魏以故至今称东藩。此君之功，天下莫不闻。今赵卒之死于长平者已十七八，言十分死其七八分也。其国虚弱，是以寡人大发军，人数倍于赵国之众，愿使君将，必欲灭之矣。君尝以寡击众，取胜如神，况以强击弱，以众击寡乎？"武安君曰："是时楚王恃其国大，不恤其政，而群臣相妒以功，谄谀用事，良臣斥疏，百姓心离，城池不修。既无良臣，又无守备。故起所以得引兵深入，多倍城邑，发梁焚舟，以专民以❹，掠于郊野，以足军食。当此之时，秦中士卒，以军中为家，将帅为父母，不约而亲，不谋而信，一心同功❺，死不旋踵。战亡必死，无还踵者。楚人自

---

❶ "校"，黄丕烈以为衍文。

❷ "役"，范本以为当作"校"。

❸ "之"，鲍本、吴本下补"卒"字，范本疑为衍文。

❹ "以"，吴本："《大事记》云：此作心字。"

❺ "功"，鲍本、吴本作"力"。

战其地，咸顾其家，各有散心，诸侯自战其地，为散地也。
莫有斗志。是以能有功也。伊阙之战，韩孤顾魏，不欲先
用其众。魏恃韩之锐，欲推以为锋。二军争便之力不同，
是以臣得设疑兵以待韩阵，专军并锐，触魏之不意。魏军
既败，韩军自溃，乘胜逐北，以是之故能立功。皆计利形
势，自然之理，何神之有哉！今秦破赵军于长平，不遂以
时乘其振惧而灭之，畏而释之，使得耕稼以益蓄积，养孤
长幼以益其众，缮治兵甲以益其强，增城浚池以益其固。
主折节以下其臣，臣推体以下死士。至于平原君之属，皆
令妻妾补缝于行伍之间。臣人一心，上下同力，犹勾践困
于会稽之时也。越王勾践为吴所逼，栖于会稽，卒成霸功。
以合❶伐之，赵必固守；挑其军战，必不肯出；围其国
都，必不可克；攻其列城，必未可拔；掠其郊野，必无所
得。兵出无功，诸侯生心，外救必至。臣见其害，未睹其
利。又病，未能行。"应侯惭而退，以言于王。

王曰："微白起，吾不能灭赵乎？"复益发军，更使
王龁代王陵伐赵。围邯郸八九月，死伤者众，而弗下。赵
王出轻锐以寇其后，秦数不利。武安君曰："不听臣计，
今果何如？"王闻之怒，因见武安君，强起之，曰："君
虽病，强为寡人卧而将之。有功，寡人之愿，将加重于
君。如君不行，寡人恨君。"武安君顿首曰："臣知行虽
无功，得免于罪。虽不行无罪，不免于诛。然惟愿大王览
臣愚计，释赵养民，以诸侯之变，抚其恐惧，伐其憍慢，

---

❶ "合"，鲍本、吴本作"今"。

诛灭无道，以令诸侯，天下可定，何必以赵为先乎？此所谓为一臣屈而胜天下也。大王若不察臣愚计，必欲快心于赵，以致臣罪，此亦所谓胜一臣而为天下屈者也。夫胜一臣之严焉，孰若胜天下之威大耶？言不能为起屈，欲以胜为严，则不若屈于起之言，而以胜天下为威之大。臣闻明主爱其国，忠臣爱其名。破国不可复完，死卒不可复生。臣宁伏受重诛而死，不忍为辱军之将。愿大王察之。"王不答而去。子由《古史》云《战国策》文，并收入。

战国策卷第三十三

重校战国策序录

曾子固序

刘向所定著《战国策》三十三篇，《崇文总目》称十一篇者阙。臣访之士大夫家，始尽得其书，正其误谬，而疑其不可考者，然后《战国策》三十三篇复完。叙曰：向叙此书，言周之先明教化，修法度，所以大治。及其后，诈谋用，而仁义之路塞，所以大乱。其说既美矣。率以谓此书战国之谋士，度时君之所能行，不得不然，则可谓惑于流俗，而不笃于自信者也。夫孔孟之时，去周之初已数百岁，其旧法已亡，其旧俗已熄久矣。二子乃独明先王之道，以为不可改者，岂将强天下之主以后世之所不可为哉？亦将因其所遇之时、所遭之变，而为当世之法，使不失乎先王之意而已也。二帝、三王之治，其变固殊，其法固异，而其为国家天下之意，本末先后，未尝不同也。二子之道，如是而已。盖法者，所以适变也，不必尽同；道者，所以立本也，不可不一。此理之不易者也。故二子者守此，岂好为异论哉？能勿苟而已矣。可谓不惑于流俗而笃于自信者也。战国之游士则不然。不知道之可信，而乐于说之易合。其设心注意，偷为一切之计而已。故论诈之便而讳其败，言战之善而蔽其患。其相率而为之者，莫不有利焉，而不胜其害也。有得焉，而不胜其失也。卒至苏秦、商鞅、孙膑、吴起、李斯之徒，以亡其身，而诸侯及秦用之，亦灭其国。其为世之大祸明矣，而俗犹莫之悟也。惟先王之道，因时适变，法不同，而考之无疵，用之无敝。故古之圣贤，未有以此而易彼也。或曰：邪说之害正也，宜放而绝之。则此书之不泯，不泯其可乎？对曰：君子之禁邪说也，固将明其说于天下，使当世之人皆知其说之不可从，然后以禁则齐；使后世之人皆知其说之不可为，然后以戒则明。岂必灭其籍哉？放而绝之，莫善于是。故孟子之书，有为神农之言者，有为墨子之言者，皆著而非之。至于此书之作，则上继春秋，下至秦汉之起，二百四五十年之间，载其行事，固不得而废也。此书有高诱注者二十一篇，或曰三十二篇，《崇文总目》存者八篇，今存者十篇云。编校史馆书籍臣曾巩序。

李文叔书战国策后

《战国策》所载，大抵皆从横捭阖，谲诳相轻，倾夺之说也。其事浅陋不足道。然而人读之，则必乡其说之工，而忘其事之陋者，文辞之胜，移之而已。且寿考安乐、富贵尊荣、显名爱好、便利得意者，天下之所欲也。然激而射之，或将以致人之忧；死亡忧患、贫贱苦辱、弃损亡利失意者，天下之所恶也。然动而竭之，或将以导人之乐。至于以下求小，以高求大，纵之以阳，闭之以阴，无非微妙难知之情，虽辩士抵掌而论之，犹恐不白。今寓之文字，不过一二言，语未必及，而意已隐然见乎其中矣。由是言之，则为是说者非难，而载是说者为不易得也。呜呼！使秦汉而后复有为是说者，必无能载之者矣。虽然，此岂独人力哉。盖自尧舜夏商积制作，以至于周，而文物大备。当其盛时，朝廷宗庙之上，蛮貊穷服之外，其礼乐制度，条施目设，而威仪文章可著之简册者，至三千数，此圣人文章之实也。及周道衰，浸淫陵迟，幽厉承之，于是大坏。然其文章所从来既远，故根本虽代，而气焰未易遽熄也。于是浮而散之，钟于谈舌，而著于言语。此庄周、屈原、孙武、韩非、商鞅与夫仪、秦之徒，所以虽不深祖吾圣人之道，而所著书文辞，骎骎乎上薄六经，下绝来世者，岂数人之力也哉？今《战国策》宜有善本传于世，而舛错不可疾读。意天之于至宝，常不欲使人易得。故余不复审定，而其完篇皆以丹圈其上云。

王觉题战国策

《战国策》三十三篇，刘向为之序，世久不传。治平初，始得钱塘颜氏印本读之，爱其文辞之辩博，而字句脱误，尤失其真。丁未岁，予在京师，因借馆阁诸公家藏数本参校之，盖十正其六七。凡诸本之不载者，虽杂见于

《史记》他书，然不敢辄为改易，仍从其旧，盖慎之也。当战国之时，强者务并吞，弱者患不能守。天下方争于战胜攻取，驰说之士因得以其说取合时君，其要皆主于利言之。合从连横，变诈百出。然自春秋之后以迄于秦，二百余年兴亡成败之迹，粗见于是矣。虽非义理之所存，而辩丽横肆，亦文辞之最，学者所不宜废也。会有求予本以开板者，因以授之，使广其传，庶几证前本之失云。清源王觉题。

孙元忠书阁本战国策后

臣自元祐元年十二月入馆，即取曾巩三次所校定本，及苏颂、钱藻等不足本，又借刘敞手校书肆印卖本参考，比巩所校补，去是正凡三百五十四字。八年，再用诸本及集贤院新本校，又得一百九十六字。共五伯五十签。遂为定本，可以修写黄本，入秘阁。集贤本最脱漏，然亦间得一两字。癸酉岁臣朴校定。

右十一月十六日书阁本后，孙元忠。

孙元忠记刘原父语

此书舛误特多，率一岁再三读，略以意属之而已。比刘原父云，吾老当得定本正之否耶。

姚宏校正战国策后序❶

右《战国策》。《隋·经籍志》三十四卷，刘向录。高诱注止二十一卷。汉京兆尹延笃论一卷。《唐·艺文志》刘向所录已阙二卷，高诱注乃增十一卷。延叔坚之论尚存。今世所传三十三卷。《崇文总目》高诱注八篇，今十篇，第一、第五阙。前八卷、后三十二、三十三，通有十篇。武安君事在中山卷末，不知所谓。叔坚之论，今他书时见一二。旧本有未经曾南丰校定者，舛误尤不可读。南丰所校乃今所行，都下、建阳刻本，皆祖南丰，互有失得。余顷于会稽得孙元忠所校于其族子恶，殊为疏略。后再扣之，复出一本，有元忠跋，并标出钱、刘诸公手校字，比前本虽加详，然不能无疑焉。如用坖、恶字，皆武后字，恐唐人传写相承如此。诸公校书改用此字，殊所不解。窦苹作《唐史释音》，释武后字，内坖字云：古字，见《战国策》。不知何所据云然。然坴乃古地字，又坖字见《亢仓子》《鹖冠子》，或有自来。至于恶字，亦岂出于古软？幽州僧行均韵训诂以此二字皆古文，岂别有所见耶？孙旧云五百五十签，数字虽过之，然间有谬误，似非元书也。括苍所刊因旧，无甚增损。余萃诸本，校定离次之，总四百八十余条，太史公所采九十余条，其事异者，

---

❶ 标题原无，为整理者所加。

止五六条。太史公用字，每篇间有异者，或见于他书，可以是正，悉注于旁。辨爕水之为渍水，案字之为语助，与夫不题校人，并题续注者，皆余所益也。正文遗逸，如司马贞引马犯谓周君，徐广引韩兵入西周，李善引吕不韦言周三十七王，欧阳询引苏秦谓元戎以铁为矢，《史记正义》碣石九门本有宫室以居，《春秋后语》武灵王游大陵梦处女鼓瑟之类，略可见者如此，今本所无也。至如张仪说惠王，乃韩非初见秦，厉怜王引诗，乃韩婴《外传》，后人不可得而质矣。先秦古书见于世者无几，而余居穷乡，无书可检阅，访《春秋后语》，数年方得之。然不为无补，尚觊博采。老得定本，无刘公之遗恨。绍兴丙寅中秋，剡川姚宏伯声父题。

黄丕烈题识一[1]

高注《战国策》行世者，惟雅雨堂本，此外曾见小读书堆所藏影宋钞本。若宋刻仅载诸《读书敏求记》中，云是购于绛云楼者。然绛云所藏有梁溪安氏本、梁溪高氏本，未知所购果何本也。既闻海内藏书家尚有两宋本，一在桐乡金云庄家，一在歙汪秀峰家，余渴欲一见为幸。去冬鲍绿饮来苏，以金本介袁绶阶示余，订观于钮非石寓楼。遂议交易，以白镪八十金得之。此本楮墨精好，殆所谓梁溪高氏本欤？属涧薲取影宋钞本参校，识是胜于钞本。涧薲已详跋之矣。

余谓古书流传不可不详其原委。姚宏所注补者，非一本，见于吴正传之言。正传云：予见姚注凡二本，其一冠以目录、刘序，而置曾序于卷末。其一冠以曾序，而刘序次之。盖先刘序者，元本也，先曾序者，重校本也。今观此本字画，定为绍兴初刻。影钞者，当是重刻本，故行款略为改窜，宋刻本每叶廿二行，行廿字。影宋钞本每叶廿行，行廿字。而字句亦微有不同。序录一篇，此本在卷末李文叔等书后四条之前，姚宏题语又隔一行，而附于后。影钞本则

曾序居卷首，而李跋等仍在后，姚宏题语不隔一行。其非一本可知。盖影钞之本或即梁溪安氏本，逊而居乙者耶？至于此本之疑为绛云所藏，别无确证，惟首册缺目录四叶，一卷一至六叶，末册序后五、六叶，当是藏书者图章题识，浅人撕去之故，岂不可叹。特未识汪本又何如耳，俟徐访之。汪秀峰与钱听默最友善，尝谓钱曰：吾有宋刻高注《战国策》，有人需此，当以美妾易之。今闻作古，未知书在何处。

嘉庆岁在己未二月望日，检书至此，爰题数语，以志颠末。回忆去冬得书之时，在腊月望日，雨雪载涂。肩舆出金阊门，与绿饮、绥堦、非石盘桓茶话，以为消寒计者，已两阅月矣。非石有诗赠余，当倩渠录于此册，以志一时韵事云。

棘人黄丕烈识

诸家题诗❶

雨雪帘纤至，同心聚一楼。
不嫌疏食薄，忘却旅人愁。
宋本今才见，牙签昔已收。
延津欣会合，岁暮足优游。
为荛圃二兄志题新得宋本《战国策》跋尾后。

洞庭山人钮树玉拜稿

昔余赴礼部试，入都，于收旧摊买得宋板《战国策》牙签二，未知谁氏物，书去而签存，殊令人系思也。携归，弃置箧中久矣。今得此书，不啻签为之兆。爰属涧薲影摹于册❷，俾得附丽长存云。荛圃

忽睹奇书至，来从五砚楼。此书耳熟已久。云庄有亲程念鞠，于去秋曾以书目一纸，需直五百金，一并售去，此书与焉。冬间，鲍丈来苏，云独买此书，须待岁莫。及季冬中浣，

---

❶ 此部分内容原在书前黄丕烈题识后，今冠以"诸家题诗"，附录于此。

❷ 底本此段前有一牙签影摹图像，上有"宋板战国策"字样。

果由袁绶堦处携来，始得见之。**岁阑惊客去，**得书之日，绶堦先有札来，云鲍丈急欲归去，如不成议，即还之。余因出城面晤。**金尽动余愁。**鲍丈前晤时曾说五十金，既绶堦札中有非百金断不可之说。时余因往购宋本《咸淳临安志》，摒挡殆尽，携六十金而去，余就非石处暂贷之。**秘册谁先购，**此书为郡中毛榕坪购得，云庄其亲也，豪夺而去。涧薲为余言。**余函待续收。**书目一纸有元吴草庐《春秋纂言》、高注《战国策》、大字元本《唐律疏议》廿四本、《王摩诘集》二本、宋板《孟浩然集》五本、宋本《韦骧集》、宋本《林之奇集》、《元秘史》。今《战国策》既为余得，而韦、林两集，余亦见过，当访其全。**所藏吾许借，**余有影宋钞孙之翰《唐史论断》，云庄曾托念鞠来借校，余惜书癖复萌，拒之。后以钞本托校，又因补录文繁，未及竣事。云庄遂有嫌，属鲍丈以此书来苏，可归袁，勿归黄。**好作浙东游。**涧薲与云庄友善，去秋见书目，属念鞠取示各样本，未之许，拟买舟往访之。

二月二十六日，积雨闷人，非石着屐见访。出书，索非石诗，因题于首。余复用此诗韵，续补前跋所未尽之意，率成一首。适绶堦亦来，在书塾与方米聚谈，遂录于后，仍请非石、绶堦、方米诸君正之。尧圃

书付无双士，图归五砚楼。良朋多作合，卒岁亦无愁。不惜饼金掷，惟欣秘笈收。今来观跋尾，题句胜清游。重无字，以可消易亦无。

己未仲春，访荛圃二兄于士礼居，重观所得宋刊《战国策》，次非石题句，韵请正。去腊君得此书由余，而余得《南田画册》由君，故诗中及之。

渔隐主人袁廷梼拜稿

琅函来有自，跋认绛云楼。
君只藏书乐，人都卒岁愁。
聚真缘所好，美亦定胜收。
今日重开卷，同观集旧游。

方米居士夏文焘草

人间真本在，胜借目耕楼。
我获铭心赏，君担交臂愁。
兼金夸未抵，双璧拟都收。
请捄桐乡柁，相期换歊游。

应荛圃命继和，涧薲顾广圻稿

黄丕烈题识二[1]

　　此书为毛榕坪故物，余与榕坪虽居在同城，踪迹不甚密，故未及细问其原委。前月杪，榕坪偕阳湖孙渊如观察访余，因畅叙两日，晤言及此。榕坪谓余曰："余得此书于冯秋崔家，其先世有名黔者，为显宦，从他省得来。"榕坪从秋崔手易归，卷中所钤"冯氏秋崔"即其印也。爰志其书之来历如此。至卷中"泽存堂"藏书印，不知何人。康熙时有张姓名士俊者，曾翻雕宋本《玉篇》《广韵》于泽存堂，岂其人欤？夏五月端午后三日，丕烈识。

---

[1] 此篇原在卷五末。标题原无，为整理者所加。

顾广圻跋[1]

是书雅雨堂刊行者，颇有改易，赖此始见其真，不仅古香醃醷为可宝也。惟剜修处，未能尽善。如第六卷第四叶首三行，与小读书堆所藏钞本不同。鄙意以为，初椠当如钞本，附录于后，以俟莞圃论定之。己未二月，顾广圻书。

楚怒秦合，最为楚王曰："魏王遇于境，楚使者，是以鲤与之遇也。弊邑之于遇善之，故齐不合也。"楚王因不罪景鲤，而德周秦。秦使周最解说楚王与魏遇之意，故不罪景鲤，弟德周与秦也。

---

❶ 标题原无，为整理者所加。